U0510134

国家社科基金后期资助项目
出版说明

后期资助项目是国家社科基金设立的一类重要项目，旨在鼓励广大社科研究者潜心治学，支持基础研究多出优秀成果。它是经过严格评审，从接近完成的科研成果中遴选立项的。为扩大后期资助项目的影响，更好地推动学术发展，促进成果转化，全国哲学社会科学工作办公室按照"统一设计、统一标识、统一版式、形成系列"的总体要求，组织出版国家社科基金后期资助项目成果。

全国哲学社会科学工作办公室

鄂尔多斯乌兰木伦遗址
石器工业

刘扬 著

文物出版社

图书在版编目（CIP）数据

鄂尔多斯乌兰木伦遗址石器工业 / 刘扬著. -- 北京：
文物出版社, 2024.9

ISBN 978-7-5010-8279-7

Ⅰ.①鄂… Ⅱ.①刘… Ⅲ.①石器—考古—鄂尔多斯
市 Ⅳ.①K876.2

中国国家版本馆CIP数据核字(2023)第230197号

鄂尔多斯乌兰木伦遗址石器工业

著　　者：刘　扬

责任编辑：乔汉英
责任印制：王　芳

出版发行：文物出版社
社　　址：北京市东城区东直门内北小街 2 号楼
邮　　编：100007
网　　址：http://www.wenwu.com
邮　　箱：wenwu1957@126.com
经　　销：新华书店
印　　刷：北京荣宝艺品印刷有限公司
开　　本：710mm×1000mm　1/16
印　　张：22
版　　次：2024 年 9 月第 1 版
印　　次：2024 年 9 月第 1 次印刷
书　　号：ISBN 978-7-5010-8279-7
定　　价：158.00 元

Wulanmulun Lithic Industry of Ordos, North China

By

LIU Yang

Cultural Relics Press

摘 要

乌兰木伦遗址发现于 2010 年，是鄂尔多斯高原继 20 世纪 20 年代发现萨拉乌苏和水洞沟遗址以来，时隔近九十年的一次新的重要发现。遗址地层堆积厚，地层分为 8 层；遗物丰富，包含大量的石制品、动物化石和一些用火遗迹；光释光测年结果为距今 6.5 万～5 万年，属于古人类和旧石器技术演化一个重要的时间节点。古环境研究显示，遗址气候属温凉偏干类型。

本书以乌兰木伦遗址第 1 地点 2010～2012 年发掘获得的 13146 件石制品为研究对象，从原料来源与利用、石核剥片技术、工具类型和修理技术、石制品拼合等几个方面对遗址石器工业进行研究，并通过实验考古学的方法对石片生产过程和方式等人类行为予以分析。研究结果表明，古人类在距离遗址约 2km 的基岩砾石层采集原料后带回遗址并打制石器，其中主要是 40～80mm 的优质石英岩，体现出对砾石大小、岩性、岩石质量等方面的选择性。石核剥片主要采用了硬锤锤击法，此外还有砸击法以及可能使用的压制法。剥片技术和序列的研究采用了阶段类型学的方法，将剥片过程分为预备和生产两个阶段。各阶段不同的剥片方法和技术共同构成了 17 个剥片序列。不同剥片序列对石核初始毛坯形状和原料等具有一定的选择性，体现出在石核剥片方面的原料经济。此外，石核剥片还体现出很强的预制性。工具类型是以锯齿刃器、凹缺器和刮削器为代表的小石器工业组合，具有旧石器时代中期文化的一般特征；一些石器类型和加工技术还体现出旧石器时代晚期文化的特点。

与国内相关遗址对比表明，乌兰木伦遗址石器工业具有非常鲜明的本土化特点，是中国华北地区小石器工业传统连续演化的重要一环，也为中国古人类"连续演化、附带杂交"理论提供了文化上的证据。乌兰木伦遗址下部相对较早到上部相对较晚文化层，石制品面貌变化不大，体现出石器技术的稳定性和连续性。与国外相关遗址对比表明，乌兰木伦遗址石器工业表现出一些西方旧石器文化元素，如 Kombewa（孔贝瓦）技术和 Tanged point（带铤石镞）。特别是后者，很有可能是北非 Aterian（阿梯尔）文化传播的结果。带铤石镞的传播路线与现代人走出非洲的北线迁徙路线在一定程度上重合，即早期现代人向北最先到达北非，并将该地区 Aterian 文化流行的带铤石镞带到世界其他地区，而乌兰木伦遗址是连接东亚的重要中转站。

本书研究认为乌兰木伦遗址具有狩猎屠宰场的性质，而不是人类长期居住的场所。古人类在这里狩猎、打制石器、屠宰动物，并发生了生活行为。较厚的地层堆积以及不同文化层连续稳定的石器技术，表明遗址被同一人群长期重复利用。

本书还从组织能力和计划深度两个方面对乌兰木伦遗址古人类的认知能力进行了分析，并探讨其行为的现代性。古人类在原料选择、石核剥片的预制性和复杂性、工具修理、复杂工具设计等方面体现出一定的策划型技术，表明已具备较强的认知能力。特别是带铤石镞的出现表明"安全狩猎"和"系统狩猎"已经出现，而这正是行为现代性的重要标志。

ABSTRACT

The Wulanmulun(WLML) site, found in 2010, is another important paleolithic site discovered again in the Ordos Plateau since 1920s when Salawusu and Shuidonggou sites were initially known. The site sediment was rapidly deposited and rather thick of 7 cultural layers which are abundant of stone artifacts with numbers of 13146 and mammalian fossils more than ten thousand. Some remains of hearth and ostrich shell are also found. The present report is a primary result from study on so far discovered lithic materials from different aspects of raw materials exploitation, knapping technology, core reduction, tool typology retouching techniques, refitting work of stone artifacts. Experimental methods have been also used on analyzing procedures, patterns of flake producing, and human behaviors.

The research result shows that the ancient people mainly chose the quartzite with size of 40-80mm from the WLML River terrace at distance of 2 km far away of site and brought them back to make artifacts. In this procedure the people had made good consideration on pebble size and rock quality. The direct hard hammer percussion was the principal method used knapping accompanied with bipolar technique and pressure method possibly used for producing flakes and retouching. The debitage work shows some features of variety and complexity and prepared-core technology exists somehow. Strategy adopted on raw materials quality and forms reflects the materials economy of flaking technologies. The majority numbers of tools are denticulates, notches and scrapers, which posses general character of Middle Paleolithic. Some even appears few Upper Paleolithic elements. Comparing with relevant sites at home and abroad, the lithic industry of WLML site has distinct mainland character and is one of important link of continuous evolution of lithic industry tradition in North China, and provides new cultural evidence for the "Continuity with Hybridization" theory of human evolution in China. Some "western elements" appear in the industry might be important clue as evidence of communication between east and west and migration or dispersal of modern human. The study also suggested the Wulanmulun site is a kill-butchery site with long-term and continuous use rather than a home base. It is distinguished more as a hunter-butchering site than a long term home base. The thicker deposit with several layers of culture reflecting succession of stabilized lithic technology indicates the site was used in a long term by same group of population. The industry has shown certain technological characters of "planning pattern（策划型）". A tanged point may imply the appearance and forms of "safe hunting" and "systematic hunting" and the modern human's cognitive capability.

The most recent verified dating provides an age of 65ka-50ka BP based on AMS and OSL methods. A primary paleobotany study points out environment of dry grass land with cold-dry climate. To summarize, it is believed that main Wulanmulun site would hopefully become a new representative site in East Asia.

序 一

2024 年 7 月上旬，参访丹尼索瓦洞穴遗址的悷动和下午学术研讨与交流的热烈之情，在蓝天白云掩映下行进于深浅随海拔而变化的绿色系阿尔泰山谷的史前考古之旅中继续酝酿；与我们中方访团成员一样也是第一次来到 Kara Bom 遗址的安德烈所长与他的爱犬"麦"特地在此合照纪念。经俄方专业地导——美丽的植物学家娜塔莎鉴定属于菊科的蓝星球（*Echinops sphaerocephalus* L.）摇曳着如细绸般舞动的球形花朵，妩媚绽放之后回归平凡与朴素，好比在此纷繁忙碌生计的史前人类销声匿迹之后，被考古人再次在此点亮灯火，映照他们在尘器中的事迹，展现他们生活的脉络，记录他们的轨迹，用科学技术的方法和手段对前人所创造的文化以研究的形式加以解读，赋予最大的尊重。

一顿有大包子搭配小菜芥末为主餐的晚餐，加上额外享用了自己在阿尔泰山谷，传说是一位中国王爷的墓地路边采摘的苋菜烫就的蔬菜汤，分外清爽！此时，丹尼索瓦考古营地西边的落日余晖给云彩镶上了闪耀的金边，东面乌云密布电闪雷鸣中两道彩虹显得如此靓丽，大家纷纷用手机拍摄这天赐的美景。雨还在不停地下，为一天的旅途劳顿洗礼。我们兴致勃勃地与本次访团的组织者之一——西北大学丝绸之路研究院万翔老师交流彼此的心得，还先后与安德烈所长交换了想法，希望为中俄双方的进一步交流创造良机。夜幕中已是第二天的凌晨，遂提笔为本书作序。

16 年前的 2008 年，那个色彩斑斓的年份，继三个硕士研究生和一中一法两个博士研究生之后，一位来自我的母校吉林大学考古学系的应届毕业生通过免试推荐确定为我当年新招收的研究生：刘扬，一个很有朝气的名字。从此，这份因缘际会的师生纽带在时间的流淌中细密地编织出了铺就我们事业地毯的一个个美好的图案。

入学前他为当时我和法国专家 Boëda 教授在所里共同组织的一个打制石器培训班从吉林和龙运送来了适宜的原料，为培训工作的顺利进行提供了最为重要的保障和默默的奉献。2008 年北京奥运会似乎也为当时即将读研的刘扬启动了人生新的篇章。回顾过往，从 2008 年入学前到 2010 年秋便参与了泥河湾盆地三棵树遗址（2008～2010年）、广西百色杨屋遗址（2009～2010年）和乌兰木伦遗址的试掘（2010年）工作，直到将博士论文从百色盆地旧石器遗址材料改为乌兰木伦遗址的材料，并在博士毕业后于2013年植根于鄂尔多斯当地工作，选择内蒙古作为自己事业发展的广阔天地，随后2015年去内蒙古师范大学，2018年就职于广州中山大学，期间有关内蒙古的工作一直在做，其中还包括汉代沙梁子古城的发掘（入选考古中国重大项目）。继早年我们共同调查的西乌兰木伦河77个地点之外，又率队在东乌兰木伦河发现了99个地点。

2010年乌兰木伦遗址的发现、试掘及其后连续8年的野外发掘与研究工作，为我们认识中国北方数万年前现代人存续时期本地古人类的文化与生活面貌提供了难得的契机。2011年乌兰木伦遗址获评年度中国考古新发现；2022年乌兰木伦遗址入选《新世纪中国考古新发现（2011～2020）》。从参与试掘到主动发掘，伴随着每一年的精耕细作，从当年与王志浩馆长领导下的鄂尔多斯青铜器博物馆合作伊始到与杨泽蒙院长开始到继任尹春雷院长领导的鄂尔多斯市文物考古研究院继续合作至今，从遗址发掘的每一道工序、整理与保管，伴随着一年又一年持续出土的丰富的石制品、古生物化石遗存、密集的动物足印、几近完整的披毛犀动物骨架包括稀有的舌骨，从旧石器考古学、古生物学、年代学、古环境学、动物考古学、实验考古学、微痕学以及古生物基因研究的进展，团队合作共同付出的心血与汗水通过促进鄂尔多斯市文物考古研究院年轻人的成长，高等院校学生的人才培养以及数十篇中外学术期刊论文的发表和2022年调查报告、出土遗物图录和2023年发掘报告三部专著的先后出版，林林总总从艰苦繁复的基础工作到材料整理，进而到学术研究的总结提炼，特别是在所有这些工作过程中带领鄂尔多斯市文物考古研究院的一群年轻人在旧石器考古学的业务方面从零基础到进一步参与、担当野外调查任务或是各项研究工作，刘扬无疑是发挥了骨干核心的引领和凝聚作用，其个人的学术笔墨依着良好的时空条件得到淋漓地挥洒和尽情地描绘：本书是他从事乌兰木伦遗址工作取得成果的一个最好见证。

本书最后作者尽可能在较宽的全球视野中进行了大范围的比较研究，承认其工业特点具有一定的西方旧石器文化元素，认为其鲜明的中国本土特点，与华北小石器文化一脉相承，是中国古人类"连续演化、附带杂交"理论的有力佐证。

令人欣慰的是，在《乌兰木伦——鄂尔多斯旧石器时代中期遗址发掘报告》的出版序言中，法国波尔多大学史前考古学教授Jacques Jaubert对刘扬的博士论文给予肯定，同时也表达了他对于乌兰木伦遗址旧石器工业面貌与法国比利牛斯山脚下同为旧石器时代中期晚段的莫兰（Mauran）遗址面貌相似性的惊讶，肯定其为莫斯特工业的变体类型之外，还提出了关于长距离趋同现象背后原因的思考，特别是关于其背后主人的深远话题，跨越了欧亚大陆的尼安德特人还是丹尼索瓦人？更多现有证据表明距今 5 万年前后全球各地的史前人类进入新的活跃期，甘肃夏河一件新筛选出的人类肋骨即被认为是属于该阶段（距今 5.5 万～ 4 万年）已知最为年轻的丹尼索瓦人，而这一与尼安德特人共存过的人类在青藏高原延续了十几万年，其基因特性带给东亚人群的影响所引发巨大的谜团正待揭开。

外访期间巧遇俄罗斯卡通河边古丝路要道上的许愿堆，我也兴起堆上和留下一个九层许愿塔，实现与时空的对话，寄许人类自古以来追求和平安稳充足生活的向往；那未曾被古人赋名的史前"石器（技术）之路"上发生过多少不为人知的迁徙、交流与融合？这条路是否记录了欧亚大陆两端人群的双向奔赴？行走在世界上参观人数最多的大英博物馆内，可以看到来自欧洲、两河流域、印度次大陆的早期考古学发现如手斧或其他石器工业，但中国史前人类创造的文化却了无行踪。

中国的史前考古人仍需负重前行，正可谓：莫道前路多险阻，揽月摘星未可知。2024 年，考古的路上师徒二人将继续携手于海南白沙南或河遗址的发掘，开启寻觅我国南部海岛先民史前文化的征程。

2024 年 8 月 19 日凌晨 2 点 13 分于香格里拉

序　二

　　在刘扬《鄂尔多斯乌兰木伦遗址石器工业》一书即将付梓之际，侯亚梅和刘扬要我为此书写个序。本来我由于工作岗位的变动，离开乌兰木伦遗址的管理研究已经很长时间了，有些情况不是很了解，想推辞，但是侯亚梅和刘扬一再坚持一定要我写。思考再三，便将当时乌兰木伦遗址的发现、调查、发掘和对遗址保护的过程，以及由此而产生的一些想法，形成以下短文，权当为序。

　　2010年5月下旬的一天，忽然接到一个电话，说有人在康巴什发现了一些骨骼，不知是动物骨骼还是人的骨骼，要我去看看。那时康巴什还在大建设时期，包括位于康巴什的博物馆新馆正在建设中，我们还在东胜区办公，当时鄂尔多斯博物馆更名为鄂尔多斯青铜器博物馆，我正好在康巴什协调处理博物馆新馆建设中的问题。接完电话，即刻赶到存放骨骼的地方，发现是一些动物骨骼，可以辨认的主要是披毛犀的骨骼。马上联系了发现者古日扎布，由他带领去了发现地——正在建设中的乌兰木伦景观河工地，整个施工现场塔吊林立，机器声隆隆，数百台挖掘机、推土机昼夜不停，工程推进速度极快。在其北岸的白垩系豁口处发现其断面上挂着一些动物骨骼，并有石器出露，在地面也有散落的石器，这些石器有着明显的打制痕迹，在地层断面下部有水流不断渗出，显示可能有暗河。我立刻意识到这可能是一处旧石器时代遗址，联想到自发现萨拉乌苏遗址以来，这么多年在鄂尔多斯地区还没有发现第二处旧石器遗址的情况，心中不免有些激动。当即找到工程施工负责人，告诉他们对这一片区域暂时停工，进行保护，并立即将此情况给鄂尔多斯市文化局的领导和分管副市长进行了汇报，督促市相关部门给乌兰木伦景观河施工单位下达遗址所在区域的停工令。

　　将标本带回馆里后，我们进行了研究和讨论，形成几点认识：（1）骨骼与石器当属旧石器时代具有确定性；（2）遗址是否是原生地层存疑；（3）不排除河水将所发现标本从上游某处推动至现在地方的可能；（4）这是一次难得的重要发现。

　　由此，我们认为首先要弄清楚是否是原生遗址的问题。于是我们迅速给内蒙古自治区文物局汇报情况，同时申请进行小面积试掘。自治区文物局对此高度重视，立即向国家文物局进行了汇报，于是便在当年 6 月进行了第一次小型试掘，试掘面积 12 平方米。成果出乎意料，出土了大量石制品和动物骨骼化石，还发现了古人用火遗迹，将地层分为 8 层。同时在其左右两侧我们也进行了调查，重点对几处豁口进行了探查，东侧几个豁口被排除，发现西侧两个豁口内地层堆积中包含有文化遗物，所以将几个点分别编为第 1、2、3 地点。

　　这次发掘说明该遗址就是一处原生旧石器遗址无疑，排除了其他可能，遗址埋藏状况良好，地层序列可靠，人类遗物和遗迹丰富，这一切均表明这是一处极其重要的旧石器遗址，应当予以足够重视。在讨论对此遗址的命名时，比照萨拉乌苏遗址，我提议将此遗址命名为"乌兰木伦旧石器时代遗址"，于是"乌兰木伦旧石器时代遗址"横空出世！

　　鉴于该遗址的重要性，试掘结束后我们认为应当立即开展深度研究工作。我们馆的考古业务力量在内蒙古自治区横向比算是较好的，我虽然具有考古领队资格，但主要侧重于新石器时代以来的考古，过去曾经有一位同志搞旧石器时代考古，但是也已经调出，对如此重要的旧石器遗址开展考古工作，我们的力量显然是不能够胜任的。

　　于是我们决定邀请中国科学院古脊椎动物与古人类研究所的黄慰文先生，并通过黄先生邀请中国科学院地质与地球物理研究所的袁宝印先生，一同前来鄂尔多斯市康巴什，对遗址的性质和年代进行认定。两位先生到达后，仔细观察了发现遗物点的地层、周围环境，同时还到有可能是石器原料地的周围进行了调查（根据袁先生的提议，我们还去了距康巴什区东北 40 千米处，东胜地区海拔最高点神山进行了地质调查）。经过几天认真调查和对所发现遗物的观察，两位先生一致认为，这里不仅是一处旧石器时代原生遗址，而且可以与萨拉乌苏遗址进行比对，年代应当在距今 10 万～3 万年，处于旧石器时代中期，文化面貌上显示出欧洲旧石器中期的一些特征，此发现意义重大！

　　有了这个结论，我们立刻感到信心倍增，非常激动，这是自 80 多年以前法国人桑志华、德日进发现萨拉乌苏遗址以来，由我们本地人和专家发现的第二处重要的旧石器时代遗址！

　　与此同时，我们决定与中国科学院古脊椎动物与古人类研究所合作，开展对该遗址的考古发掘与研究。经我提议，黄慰文先生同意，拟邀请侯亚梅研究员担任该项目的考古领队，侯亚梅研究员当时特别忙，正在广西开展工作，经过黄先生对遗址情况的介绍和我的邀请，侯亚梅研究员对遗址进行考察后愉快地接受了我们的邀请。

本书作者刘扬就是这次随他的导师侯亚梅研究员一起来到鄂尔多斯康巴什与我们相识，那时的刘扬还是一个正在读博士的青涩的小伙子，没有想到从此刘扬便与乌兰木伦遗址紧紧地联系到了一起。

经内蒙古自治区文物局、国家文物局批准，我们与侯亚梅所代表的中国科学院古脊椎动物与古人类研究所以及她的几个学生组成乌兰木伦遗址联合考古队，于同年9月又对遗址进行了第二次小型试掘，这次试掘又发现了大量的石制品和动物化石。从这次试掘中，我们的同志不仅学习到了旧石器考古的一些最新的发掘方法，侯亚梅研究员考古发掘过程的科学态度和一丝不苟的认真精神，也在深深地影响和感染着大家，参与试掘的同志们深感受益良多。

由此，我联想到我们过去在文物普查中的一个很大的遗憾，由于缺乏旧石器考古的知识，我们可能失去了很多发现旧石器遗址的机会。既然能够在这里发现具有这么丰富的文化内涵的遗址（第1、2、3地点），那么，乌兰木伦河上游和下游两岸就应该还有可能发现新的地点，此处的遗址一定不会是一个孤立的地点，况且有侯亚梅团队在，由他们带队调查，既可以认识地层，认识石制品，又可以使我们的队员得到学习和提高。于是，我与侯亚梅博士商量，我们可以利用资料整理的机会，举办一个旧石器考古培训班，同时组织考古队和学员开展对乌兰木伦河上下游两岸的考古调查，既可以锻炼队伍，又可以站在一个宏观的角度，以突破我们的视野与研究范围。侯博士欣然同意。在开展对乌兰木伦河田野调查时，我也参加了此次调查，采集到了许多石制品。此后，由刘扬带队，又多次在更大范围内进行了调查，先后发现176个地点，其中西乌兰木伦河77处、东乌兰木伦河99处，这为我们进一步深入研究乌兰木伦遗址的文化性质与文化内涵提供了非常重要的资料。

有了第一次和第二次试掘的成果，大家对该遗址的重要性得到了一致的认可，认为应当马上申报计划，进行正式考古发掘。经申报，国家文物局批准了2011年度的考古发掘计划。在项目实施前，我与侯博士就这次正式考古发掘的有关事项进行了详细讨论，比如，鉴于鄂尔多斯地区在旧石器时代考古和第四纪地质领域的敏感性与重要位置，这个项目应当是一个开放式的发掘和研究，要从一开始就多学科介入、各方联合研究，信息共享、成果共享；充分利用现代科技手段展开对文化遗物的保护和提取，最大程度地采集各类文化信息，严格遵守国家文物局颁布的《田野考古工作规程》，在此基础上我们又根据实际情况制定了一些更严格的规则，使发掘工作更加规范，更加科学。由于遗址就处于城市中心，具备了好多优势条件，所以当我们确定了这些指导思想和原则后，在接下来的工作实践中，均得到了实现。同时还就我们和中国科学院古脊椎动物与古人类研究所的合作方式进行了约定，我还提出要求，在考古发掘成果尚未正式公布之前，禁止公开报道。

联合考古队于 2011 年 4 ~ 6 月进行了正式考古发掘，发掘面积 24 平方米。又出土了大量的石制品和动物化石，在第③层的西侧发现了古人用火遗迹。由于此次发掘是在侯亚梅研究员的亲自带领下进行的，同时又有刘扬等侯博士的学生参加，因此，这次发掘全过程不仅更加科学规范，而且成果显著，许多信息得到了很好的采集和保存。与此同时，我们邀请了其他学科的科学家加入研究，涉及地质学、年代学、古动物学、古植物学、古环境学、微痕学等学科。他们的加入使乌兰木伦遗址所蕴含的丰富信息得到立体式的采集和研究。结合前两次的试掘和本次的正式发掘，大家对乌兰木伦遗址的文化内涵和文化性质有了一个逐渐清晰的认识，我们将此初步研究成果向内蒙古自治区文物局、国家文物局和中国科学院古脊椎动物与古人类研究所分别进行了汇报，与此同时，也向学界一些老先生，诸如张忠培、徐苹芳、严文明、黄慰文等，以及中国社会科学院考古研究所负责人等进行了汇报。社科院考古所的领导要求我们申报材料，参评年度六大新发现。

根据工作的进展，我们认为应当召开一次小型学术研讨会，同时以此为契机，邀请各方媒体参会，到了该向社会正式公布消息的时候。经请示有关方面同意，我们在这一年年底，在当时被认为是"鬼城"的康巴什——一个平地起建的、2002 年新搬迁的中共鄂尔多斯市委员会和市政府所在地，召开了"乌兰木伦旧石器时代遗址学术研讨会"，会议由中国科学院古脊椎动物与古人类研究所和鄂尔多斯市政府主办，鄂尔多斯市文化局、鄂尔多斯青铜器博物馆承办，国内 20 余位专家学者参会，我们特别邀请了中央、内蒙古以及鄂尔多斯地方各级新闻媒体参会。大家参观了遗址，观摩了出土遗物。会上由我做了关于乌兰木伦旧石器遗址的发现、保护与发掘情况的介绍，侯亚梅研究员做了主旨学术报告。本次会议肯定了乌兰木伦遗址旧石器考古学研究的重要价值，及其与古地质学、古生物学、年代学、古环境学相结合的多学科研究潜质，确立了其旧石器时代中期遗址的性质。

由于事先进行了布局，所以相关媒体进行了集中报道，立刻引起全国媒体的关注，有些外国媒体也给予了关注。

　　正是这些具有前瞻性的决策，以及科学、系统、规范化的工作流程、技术支持和多学科并举的工作格局，极大提升了乌兰木伦遗址科学发掘、研究的整体层次，不仅捕获了更多的科学数据、信息，使我们对乌兰木伦遗址的全面认识较常规大大迈进了一步，而且对于我们准确把握遗址的重要性、地位，确定工作方案、研究方向等奠定了坚实的基础，同时也为政府决策遗址科学保护规划提供了科学佐证。

　　2012 年 1 月 6 日，由中国社会科学院主办，中国社会科学院考古研究所和考古杂志社承办的"中国社会科学院考古学论坛·2011 年中国考古新发现"在北京举行。会上，我和侯亚梅研究员应邀出席报告，侯亚梅做学术陈述，鉴于内蒙古鄂尔多斯市乌兰木伦旧石器时代遗址在考古学、地质学、古生物学、年代学、古环境学等研究领域的重要价值，获评"2011 年度中国（六大）考古新发现"。

　　这是鄂尔多斯考古历史上第一次获得全国性重要考古发现的提名入选，足见其重要的学术价值。鄂尔多斯市委、市政府非常重视，对此给予了重奖，并且财政核定了足够的经费，以保障每年的保护与发掘、研究等业务工作的开展，同时启动了遗址公园的规划。

　　2012 年 7 ～ 9 月进行了第二次发掘。同样获得了大量石制品和动物化石，四次发掘出土（含筛洗）和采集石制品共计 13146 件，加上之后的发掘，到目前为止，共获得石制品 17000 余件。还发现了国内考古出土最完整的披毛犀骨骼化石、世界首例保存最完整的披毛犀肋软骨化石、罕见的大规模动物群脚印和植物遗迹化石面、具有现代人起源和迁徙指示意义的带链石镞等重要文物。

　　乌兰木伦遗址文化层年代为距今 6.5 万～ 5 万年，相当于晚更新世中期、欧洲冰期序列中的末次冰期、深海氧同位素第 4 阶段（MIS 4）结束和第 3 阶段开始（MIS 3）或旧石器时代中期。年代上乌兰木伦遗址与萨拉乌苏遗址几近同时，在旧石器文化序列上均属于旧石器中期。

　　刘扬主要的研究对象集中在前四次发掘和调查材料之上，通过对石制品的深入研究，得出了一些很好的结论和想法，同时还提出了一些很有意思的推论，比如通过石器的研究，探讨背后的人类行为。刘扬专门组织几位鄂尔多斯市文物考古研究院的业务人员，进行了一次模拟考古实验。他们从石料产地采集原料，然后对石料的质量进行分析，以不同质量分为不同等级，再分别进行石器制作，以模拟古人类的行为来"将今论古"。得出乌兰木伦遗址石核剥片使用了多种技术和方法、类型丰富、主体原料单

一、原地快速埋藏的结论。进而分析，对其中落点"不集中"者，"这是否意味着乌兰木伦遗址存在少数剥片经验相对不高或者属于'练习者'的剥片人员，非常值得进一步深入研究"。也就是说是否表明，在乌兰木伦遗址生活着的人群存在着专业和非专业石器制作者？在当时社会领域是否已经存在社会专业分工？他还注意到"不同类型原料在对等利用的情况下，它们的剥片产品在数量上会有很大的差别。因此，一个遗址优质原料石制品数量比劣质原料石制品少，并不能说明优质原料的利用频率低。反过来说，劣质原料因为会产生大量的废片和碎片，相对来说其蕴含的剥片技术等人类行为方面的信息容易淹没在这些不起眼的剥片产品之中。这提醒我们在面对劣质原料石制品时需要加倍认真对待。如果说要探讨旧石器时代原料与技术在东西方文化中的差异及影响，位于东方的劣质原料区可能需要研究者更多地重视"。

乌兰木伦遗址石器具有数量多、类型丰富、主体原料单一、原地快速埋藏等特点，总体上说该遗址文化内涵丰富，信息量大。本地区从旧石器时代起便开启了中西文化交流的序幕，在人类历史文化发展的长河中，成为中西文化交流的重要节点地区。

鄂尔多斯地区在旧石器考古和第四纪地质时期，是个良好的人类活动场所与十分敏感的地区，萨拉乌苏遗址、水洞沟遗址以及乌兰木伦遗址的发现，黄河沿岸以及乌兰木伦河两岸的旧石器地点的发现，预示着鄂尔多斯地区一定还会有其他重要的旧石器时代遗址的发现。目前所发现的这些遗址和地点不仅具有鲜明的地域特点，而且具有中西文化交流的因素。鄂尔多斯乌兰木伦遗址的发现与研究，已经为下一步更加深入地研究搭建起了一个良好的平台，其重要意义正在被揭示。

借刘扬《鄂尔多斯乌兰木伦遗址石器工业》一书出版之际，衷心希望我们的考古工作者们能够尽快把鄂尔多斯地区乃至整个内蒙古地区的旧石器时代考古年代序列建立起来。我们期待着有更多有志于第四纪地质与旧石器时代考古的年轻人，投入这个神圣的领域，为中国的旧石器时代考古和第四纪地质事业做出积极的贡献。

2024 年 8 月 19 日于康巴什

目　录

序　一 ··· 侯亚梅 / v
序　二 ··· 王志浩 / viii

第一章　引言 ·· 1
　第一节　研究背景 ·································· 1
　　一、从鄂尔多斯高原旧石器考古史看乌兰木伦遗址新发现 ······ 1
　　二、乌兰木伦遗址石制品研究关联的重要学术课题 ············ 10
　第二节　研究问题 ·································· 23
　第三节　研究目标 ·································· 23
　第四节　研究材料和方法 ···························· 24
　　一、研究材料 ···································· 24
　　二、研究方法 ···································· 25
　　三、石制品分类的基本概念和术语及观察测量项目的方法和指标 ··· 29

第二章　乌兰木伦遗址概况 ···························· 47
　第一节　地理、地质和地貌概况 ······················ 47
　第二节　遗址堆积形成过程及地层的划分和描述 ·············· 48
　　一、遗址堆积成因的初步认识 ························ 48
　　二、地层划分和描述 ······························ 50
　第三节　遗址的发现、发掘和室内工作 ·················· 52
　　一、发现、发掘与野外工作方法 ······················ 52
　　二、室内工作 ···································· 54
　第四节　主要收获 ·································· 55
　　一、石制品 ······································ 55
　　二、动物化石 ···································· 56
　　三、其他（火塘遗迹和颜料块） ······················ 57

第五节　年代学背景 ･･･････････････････････････････････････ 58

第六节　古环境背景 ･･･････････････････････････････････････ 59

　　一、遗址年代对应的黄土、深海氧同位素和冰期阶段 ･･･････ 59

　　二、遗址生态环境记录 ･･････････････････････････････････ 61

第三章　埋藏学背景･･ 64

第一节　石制品组合 ･･･････････････････････････････････････ 65

第二节　石制品拼合 ･･･････････････････････････････････････ 66

　　一、研究背景和研究目的 ･･･････････････････････････････ 66

　　二、拼合结果 ･･ 69

　　三、拼合石制品的空间分布 ･････････････････････････････ 71

　　四、石制品拼合结果所反映的遗址埋藏情况 ･････････････ 74

　　五、拼合案例描述 ･････････････････････････････････････ 79

第三节　火塘、炭屑层的埋藏学指示意义 ･････････････････････ 89

第四节　遗物出土状态 ･････････････････････････････････････ 90

　　一、倾向和长轴方向 ･･･････････････････････････････････ 91

　　二、磨蚀和风化 ･･･････････････････････････････････････ 93

第五节　乌兰木伦遗址埋藏性质 ･････････････････････････････ 93

第四章　原料的来源和利用･･･････････････････････････････････ 95

第一节　研究背景 ･･･ 95

第二节　乌兰木伦遗址的原料类型和特征 ･････････････････････ 101

　　一、类型 ･･ 101

　　二、等级 ･･ 101

　　三、石皮面和表面状态 ･････････････････････････････････ 102

　　四、尺寸 ･･ 103

　　五、早期利用过原料的再利用 ･･･････････････････････････ 104

第三节　地质调查 ･･･ 104

　　一、调查区域地质背景 ･････････････････････････････････ 104

　　二、调查方法和技术路线 ･･･････････････････････････････ 105

　　三、调查结果 ･･･ 107

第四节　乌兰木伦遗址原料的开发利用方略 ･･･････････････････ 112

第五章 石制品技术与功能 ································· 115

　第一节　石制品总体考察 ································· 115

　第二节　剥片技术研究 ································· 119

　　一、石核剥片技术与程序 ························· 119

　　二、石片类型和技术特征 ························· 139

　第三节　工具类型和修理技术 ························· 155

　　一、工具类型与标本描述 ························· 155

　　二、工具的制作与修理 ························· 166

　第四节　微痕观察 ································· 177

　　一、观察结果 ································· 177

　　二、标本举例 ································· 178

　　三、认识 ································· 182

　第五节　石制品技术和功能的认识与相关问题 ················· 182

　　一、石器工业特点 ································· 182

　　二、相关问题讨论 ································· 187

第六章 石英岩剥片实验研究 ························· 194

　第一节　研究背景 ································· 194

　第二节　实验材料和方法 ························· 200

　　一、实验材料的获取和评价 ························· 200

　　二、实验设计 ································· 202

　第三节　实验结果和分析 ························· 208

　　一、剥片产品 ································· 208

　　二、石核 ································· 230

　第四节　剥片实验的认识与启示 ························· 232

　　一、实验小结 ································· 232

　　二、启示 ································· 235

第七章 文化对比 ································· 245

　第一节　与鄂尔多斯高原旧石器遗址对比 ················· 246

　　一、与萨拉乌苏遗址对比 ························· 246

　　二、与水洞沟遗址对比 ························· 254

　　三、与调查采集石制品对比 ························· 260

　　四、小结 ……………………………………………………………… 262

　第二节　与邻近地区旧石器遗址对比 …………………………………… 264

　　一、与周口店对比 ……………………………………………………… 264

　　二、与泥河湾盆地对比 ………………………………………………… 268

　　三、小结 ………………………………………………………………… 274

　第三节　与国外相关旧石器工业对比 …………………………………… 275

　　一、亚洲邻近地区 ……………………………………………………… 276

　　二、欧洲 ………………………………………………………………… 281

　　三、非洲 ………………………………………………………………… 282

　　四、小结 ………………………………………………………………… 283

　第四节　乌兰木伦遗址在旧石器文化演化中的位置 …………………… 284

第八章　结论与讨论 ………………………………………………………… 287

　第一节　结论 ……………………………………………………………… 287

　　一、年代、环境与埋藏状况 …………………………………………… 287

　　二、石器工业特点 ……………………………………………………… 288

　　三、乌兰木伦遗址石器工业及其文化意义 …………………………… 291

　第二节　讨论 ……………………………………………………………… 293

　　一、乌兰木伦遗址的性质和功能 ……………………………………… 293

　　二、乌兰木伦遗址石器工业关于东西方文化交流的证据 ………… 298

　　三、乌兰木伦遗址石器工业体现的现代性人类行为 ……………… 303

　　四、剥片实验对石制品研究的意义 ………………………………… 306

附　录 ………………………………………………………………………… 308

　附录一　剥片实验过程描述 …………………………………………… 308

　附录二　剥片实验石核特征与描述 …………………………………… 309

　附录三　剥片实验剥片产品特征与描述 ……………………………… 310

　附录四　剥片实验石锤特征与描述 …………………………………… 312

后　记 ………………………………………………………………………… 313

插图目录

图1 片疤修整形态（Retouch morphologies） ……………45

图2 乌兰木伦遗址地理位置示意图 …………………47

图3 地层堆积粒度分析 ………………………………49

图4 乌兰木伦遗址地层剖面示意图 …………………51

图5 乌兰木伦遗址发现的火塘遗迹 …………………57

图6 各层≥20mm和＜20mm石制品统计 ……………65

图7 2011年发掘≥20mm和＜20mm石制品分布 ……66

图8 第②层拼合石制品水平以及沿x、y轴垂直分布 …73

图9 拼合组平均重量与平均水平距离的线性回归分析 …78

图10 拼合组平均重量与平均垂直距离的线性回归分析……79

图11 第1拼合组 ……………………………………80

图12 第2拼合组 ……………………………………81

图13 第4拼合组 ……………………………………82

图14 第5拼合组 ……………………………………82

图15 第11拼合组 ……………………………………84

图16 第20拼合组……………………………………84

图17 第21拼合组……………………………………84

图18 第24拼合组……………………………………85

图19 第25拼合组……………………………………86

图20 第27拼合组……………………………………87

图21 第28拼合组……………………………………87

图22 剥片实验拼合组………………………………88

图23 发掘区西壁保存的火塘遗迹……………………89

图24 发掘区北壁的炭屑层和炭粒……………………90

图25　遗物出土状态（长轴和倾向）记录方法·················91

图26　各层石制品长轴方向玫瑰图·······················92

图27　乌兰木伦遗址原料类型·························101

图28　乌兰木伦遗址不同等级原料数量与乘积··············102

图29　乌兰木伦遗址砾石毛坯石核、备料尺寸················103

图30　鄂尔多斯新生代地质略图·······················105

图31　调查取样与测量·····························106

图32　基岩砾石层的分布与调查点位置··················107

图33　各调查点≥20mm和＜20mm砾石统计··············108

图34　各调查点砾石岩性统计························108

图35　各调查点石英岩等级统计·······················109

图36　各调查点砾石尺寸统计························110

图37　各调查点砾石形状统计························111

图38　乌兰木伦河流域发现的优质原料··················112

图39　乌兰木伦遗址第②层遗物分布··················116

图40　各层石制品数量与发掘体积（估算）对比············117

图41　各层石制品类型比较·························117

图42　各层石制品原料比较·························118

图43　各层石制品剥片技术比较·······················118

图44　各层石制品尺寸分布·························119

图45　石核剥片技术和序列模式·······················122

图46　砸击开料石核·····························123

图47　初次剥片阶段采用不同剥片方法的石核最大长、宽··········124

图48　初次剥片阶段采用不同剥片方法与原料的关系··········125

图49　C1方法石核台面角统计·······················127

图50　C1方法石核尺寸统计·························128

图51　C1方法石核原料统计·························129

图52　C1方法石核平均重量统计·······················129

图53　C1方法石核平均剥片疤层数统计··················130

图54　C1.2.2.1盘状石核技术·······················130

图55　C1.2.2方法石核 ··· 131

图56　初次剥片阶段采用不同方法下初始石核可剥下石片的最大长、宽··· 133

图57　孔贝瓦剥片技术 ··· 134

图58　孔贝瓦石器 ··· 135

图59　砸击石核、砸击石片 ··· 135

图60　石核类型统计 ··· 138

图61　石片类型统计 ··· 140

图62　石片边缘形态统计 ··· 141

图63　石片远端形态统计 ··· 141

图64　完整石片技术长/宽、技术宽/厚和技术长/厚 ······················· 143

图65　各层石片尺寸的最大、最小、中间、平均值和标准偏差 ············· 144

图66　石片台面类型统计 ··· 145

图67　石片台面长、宽散点图 ··· 146

图68　台面大小与石片大小的关系 ······································· 147

图69　石片内角区间分布 ··· 147

图70　石片背面疤数量统计 ··· 150

图71　更新石核台面桌板、修理台面石片 ································· 152

图72　双锥石片 ··· 153

图73　长石片技术特征 ··· 154

图74　各层工具类型统计（重点研究标本） ······························· 156

图75　锯齿刃器、凹缺器、刮削器 ······································· 158

图76　钻具等其他工具类型 ··· 161

图77　石镞 ··· 163

图78　各类工具不同原料统计 ··· 167

图79　各类工具最大长、宽分布 ··· 168

图80　工具修理最大修疤长、宽分布 ····································· 171

图81　锯齿刃器、刮削器刃口形态指数统计 ······························· 173

图82　刃角 ··· 175

图83　不同变量相关性分析 ··· 176

图84　使用方式统计 ··· 178

图85　标本OKW③24-3的使用微痕与装柄微痕 ·········· 179

图86　标本OKW④22-1的使用微痕与装柄微痕 ·········· 180

图87　标本OKW⑦5-4的"翻越状"微痕 ·········· 180

图88　标本OKW-C5的使用微痕 ·········· 181

图89　标本OKW⑦7-32的捆绑和使用微痕 ·········· 182

图90　石片开裂类型 ·········· 196

图91　原料采集点与遗址位置关系图 ·········· 201

图92　乌兰木伦河岸基岩砾石层 ·········· 201

图93　用于剥片实验的石核与石锤 ·········· 204

图94　预剥片训练 ·········· 204

图95　剥片实验布局 ·········· 206

图96　剥片事件之一 ·········· 207

图97　实验事件举例 ·········· 207

图98　各组≥10mm剥片产品破裂率 ·········· 210

图99　各组≥10mm剥片产品比例 ·········· 212

图100　不同类型裂片数量统计 ·········· 213

图101　各组≥10mm不同阶段产生的剥片类型比例 ·········· 215

图102　假台面脊利用标本（12EKBC10：26.1） ·········· 218

图103　完整石片、近端石片台面厚/宽 ·········· 219

图104　完整石片、近端石片的石片内角、外角统计 ·········· 220

图105　实验双锥石片 ·········· 222

图106　完整石片侧边形态统计 ·········· 223

图107　完整石片边缘形态统计 ·········· 223

图108　各组完整石片平均尺寸 ·········· 224

图109　完整石片技术长、宽和最大长、宽分布散点图 ·········· 224

图110　剥片实验产生的长石片和长型废片 ·········· 226

图111　长石片的拼合 ·········· 226

图112　各组不同剥片阶段石皮比例变化 ·········· 228

图113　剥片产品不同剥片阶段石皮比例变化 ·········· 228

图114　剥片产品背面石皮比例 ·········· 228

图115　完整石片远端形态统计　………………………………………　229

图116　初始石核、最终石核重量比例　………………………………　231

图117　初始石核（n=18）与剥片产品（≥10mm）数量…………………　231

图118　遗址与实验石制品类型组合对比　……………………………　243

图119　范家沟湾遗址剖面　……………………………………………　247

图120　萨拉乌苏遗址的地层和年代　…………………………………　249

图121　黄河—水洞沟地貌综合剖面图　………………………………　255

图122　乌兰木伦河流域调查发现的石制品　…………………………　262

图123　周口店第15地点可能修柄的尖状器　…………………………　268

图124　小长梁、东谷坨遗址新识别出的部分砸击制品　……………　271

图125　东谷坨遗址（带肩）尖状器　…………………………………　272

图126　Denisova遗址第11层发现的石镞　……………………………　277

图127　印度Jwalapuram遗址第22地点发现的带铤石镞　……………　280

图128　乌兰木伦遗址石器动态链　……………………………………　295

图129　现代人走出非洲的两条迁徙路线与带铤石镞的传播路线图　……　302

插表目录

表1　乌兰木伦遗址历次发掘所获石制品统计表（不含筛洗）…………55

表2　乌兰木伦遗址出土动物化石统计表 …………………………………56

表3　乌兰木伦遗址在黄土、氧同位素和冰期阶段中的位置 …………61

表4　各层石核统计 ……………………………………………………………66

表5　各拼合组石制品的原料、类型和拼合形式 …………………………70

表6　各层不同类型拼合组水平距离 ………………………………………73

表7　各层不同类型拼合组垂直距离 ………………………………………74

表8　拼对关系分布位置信息统计 …………………………………………75

表9　不同数量石制品拼合统计 ……………………………………………76

表10　拼接关系分布位置信息统计…………………………………………77

表11　乌兰木伦遗址原料类型、特征与原料产地对比 …………………113

表12　乌兰木伦遗址历次发掘和采集石制品类型统计 …………………115

表13　不同考古层位石制品类型统计 ……………………………………116

表14　石核初次剥片阶段采用的不同方法统计……………………………121

表15　石核持续剥片阶段不同方法石核统计 ……………………………126

表16　石核初次和持续剥片阶段的关系 …………………………………137

表17　各层石片统计 …………………………………………………………139

表18　石片腹面特征统计 ……………………………………………………148

表19　石片腹面曲度统计 ……………………………………………………149

表20　石片背面石皮比例统计 ……………………………………………149

表21　石片背面疤方向统计 ………………………………………………150

表22　石片背面性质和方向统计 …………………………………………151

表23　工具类型统计 …………………………………………………………156

表24　各类工具毛坯类型统计 ……………………………………………168

表25 工具尺寸、重量测量统计 ·· 169

表26 各类工具加工方式统计 ·· 170

表27 工具加工位置统计 ··· 170

表28 工具加工长度、深度指数 ··· 172

表29 实验原料和分组信息 ·· 203

表30 实验人员信息 ··· 204

表31 各类型剥片产品数量、重量统计 ··· 208

表32 各组剥片产品统计 ··· 209

表33 各组≥10mm不同类型剥片产品统计 ·· 212

表34 完整石片和近端石片统计 ··· 216

表35 各组石片台面类型统计 ·· 217

表36 完整石片、近端石片腹面特征统计 ··· 221

表37 特殊剥片产品统计 ··· 222

表38 完整石片曲度统计 ··· 227

表39 一元线性回归分析结果 ·· 231

表40 燧石、石英岩、石英实验数据比较 ··· 235

表41 实验、遗址完整石片类型统计 ··· 239

表42 实验与遗址石英岩原料完整石片技术特征比较 ······························ 241

表43 萨拉乌苏、乌兰木伦和水洞沟遗址石制品类型比较 ··························· 251

表44 乌兰木伦遗址与水洞沟遗址原料利用对比 ··································· 257

第一章　引言

第一节　研究背景

一、从鄂尔多斯高原旧石器考古史看乌兰木伦遗址新发现

鄂尔多斯高原（Ordos Plateau）的地理区划有狭义和广义之分。狭义的鄂尔多斯高原主要指内蒙古自治区南部伊克昭盟地区，即现在的鄂尔多斯市。而从地理、地貌上来看，黄河因流向急剧转折而三面环绕并形成一个大弓形的地区，是广义的内蒙古高原南部，也是广义上的鄂尔多斯高原。广义上的范围在 37°20′～40°50′N，106°24′～111°28′E，行政区划包括内蒙古自治区伊克昭盟全境和乌海市海勃湾区，以及陕西省神木、榆林、横山、靖边、定边 5 县市的北部风沙区，宁夏回族自治区的盐池、灵武 2 县市的部分地域和陶乐县全境。本书所指是广义上的鄂尔多斯高原。

目前还少有学者对鄂尔多斯高原旧石器考古研究史进行综述。卫奇[1]、张森水[2]、杨泽蒙[3]、黄慰文等[4]曾对萨拉乌苏遗址研究史有过不同程度的论述。其中，卫奇将其分为四个时期：开拓时期、稳固时期、充实时期和综合科学研究时期。张森水则分为前后两期：前期称"合二为一时期"或"鄂尔多斯工业时期"，后期称"一分为二时期"或"河套文化松绑时期"。水洞沟遗址的研究史主要在 1980 年的发掘报告一书中略有论述[5]。本书着眼于整个鄂尔多斯高原，将该地区的旧石器考古研究史分为三个时期，并以此考察乌兰木伦遗址考古新发现的重要意义。

---

[1] 卫奇：《萨拉乌苏河旧石器时代考古史（上）》，《文物春秋》2005年第5期；卫奇：《萨拉乌苏河旧石器时代考古史（下）》，《文物春秋》2005年第6期。

[2] 张森水：《萨拉乌苏河遗址旧石器研究史略及浅议》，《文物春秋》2007年第5期。

[3] 杨泽蒙：《萨拉乌苏遗址发现八十五周年回顾与思考》，《内蒙古文物考古》2007年第2期。

[4] 黄慰文、侯亚梅：《萨拉乌苏遗址的新材料：范家沟湾1980年出土的旧石器》，《人类学学报》2003年第4期。

[5] 宁夏文物考古研究所：《水洞沟——1980年发掘报告》，科学出版社，2003年。

（一）发现期（20 世纪 20 年代）

20 世纪 20 年代是该地区旧石器考古研究序幕的开启，也可以说是中国旧石器考古研究工作的开端。

这一时期的工作主要由国外学者开展，最重要的成果是萨拉乌苏和水洞沟遗址的发现与研究。早在 20 世纪初，中国的旧石器时代考古还处于空白时期，甚至很多学者都不相信中国存在过石器时代。直到 1920 年，法国神父桑志华（Emile Licent）在甘肃庆阳县的赵家岔和辛家沟的黄土层及其下的砂砾层中发现了一块人工打击的石核和两件石片[①]，这一境况才被打破。随后的 1922 年，桑志华初访鄂尔多斯，在蒙古族人旺楚克（汉名石王顺）的协助下于萨拉乌苏河河谷发现了丰富的哺乳动物化石和鸟类化石。值得一提的是，在整理这批采集的动物化石中鉴定出一枚幼儿的左上外侧门齿，并被加拿大古人类学家布达生（Davidson Black）命名为 "The Ordos Tooth"。1923 年，法国古生物学家德日进（Pierre Teilhard de Chardin）受巴黎国家自然博物馆派遣，于 5 月到达中国并对包头北面和鄂尔多斯高原开展了野外考察，并于 8 月和 9 月先后发现了萨拉乌苏河邵家沟湾和水洞沟两处旧石器遗址，随即进行了发掘。其中萨拉乌苏河邵家沟湾地点发掘面积约 2000m²，出土了大约 200 件石制品以及大量动物化石和一些人工打制的骨角工具。文化层出土的化石破碎，表面因风化和铁氧化物浸染而呈褐色，报告称它们就像堆在"餐桌"上的食物[②]。水洞沟遗址发掘面积为 80m²，出土了大量的石制品，按当时的描述达 300kg 以上[③]。此外，还有一些动物化石。

研究者及时对这两个遗址开展了多学科综合研究，这也是该时期旧石器考古工作的一个重要特点。研究内容涉及遗址的地层和年代属性、人类化石、动物化石、文化性质和渊源等方面，并由不同学者分工合作完成。成果主要表现为 1924 ～ 1928 年间一系列简报[④]以及 1928 年

[①] Barbour G. B., Licent E., Teilhard D. C. P., 1926. Geological study of the deposit of the Sanganho basin. *Bulletin of Geological Society of China*, 5:263-278.

[②] Teilhard D. C. P., Licent E., 1924. On the discovery of a Palaeolithic industry in Northern China. *Bulletin of Geological Society of China*, 3:45-50.

[③] 宁夏文物考古研究所：《水洞沟——1980 年发掘报告》，科学出版社，2003 年。

[④] Teilhard D. C. P., Licent E., 1924. On the discovery of a Palaeolithic industry in Northern China. *Bulletin of Geological Society of China*, 3:45-50；Teilhard D. C. P., Licent E., 1924. On the geology of the northern, western and southern borders of the Ordos, China. *Bulletin of Geological Society of China*, 3:37-44；Licent E., Teilhard D. C. P., 1925. Le Paléolithique de la Chine. *L'Anthropologie*, 25: 201-234；Teilhard D. C. P., 1926. Fossil man in China and Mongolia. *Natural History*, 26: 238-245.

Le paléolithique de la Chine[①] 一书的发表。其中 1928 年以前发表的简报由德日进和桑志华撰写,主要对两个遗址的地层状况、地质剖面以及发现的石制品和动物化石进行了报道,并注意到中国和西方旧石器时代的相关性,认为中国的旧石器时代人类大概与西方的莫斯特人或早期奥瑞纳人同时,且中国发现的工具类型没有超出欧洲。德日进还注意到河套地区的旧石器遗址与西伯利亚可能具有相关性[②]。

1928 年出版的 *Le paléolithique de la Chine*[③] 一书是对 1920 年以来中国境内发现旧石器遗址的一个总结。该书涉及萨拉乌苏和水洞沟遗址的研究成果主要可以概括为以下几个方面。(1)地貌和地层:对这两处遗址的地层进行了描述,例如将萨拉乌苏河谷分为 6 级阶地。(2)动物化石研究:注意到遗址发现的碎骨可能是人类行为所致,并且可能有加工的骨器。(3)石制品分类与描述:相对早前发表的简报,该书对发现的石制品进行了详细的描述,步日耶在描述萨拉乌苏遗址的石制品时,将其分为非细石器和细石器两类,这里的"细石器"显然不是指以细石核和细石叶以及以它们为毛坯加工的工具为代表的细石器[④],而仅仅是大小上的区别,但这一区别甚至连步日耶也认为"没有明显的界线"[⑤]。此外,研究者还注意到了原料对萨拉乌苏石器工业的影响。(4)文化对比:首先是与西方的旧石器文化对比,认为这两个遗址都与西方的莫斯特甚至奥瑞纳有相似之处;其次是两个遗址间的相互比较,可能是考虑到萨拉乌苏遗址石制品之细小,认为水洞沟遗址要更为古老,但同时也强调,时代问题需要地层学才能最终解决。

总的来说,这一时期主要由国外学者发现、发掘并研究萨拉乌苏和水洞沟遗址;多学科综合研究是特色。研究结果表明,这两个遗址的石器工业面貌与西方旧石器文化有很大的关联。

---

① Boule M., Breuil H., Licent E., et al., 1928. *Le paléolithique de la Chine*. Archives de L'Institut de Paléontoloqie Humaine, Mémoire 4.

② Teilhard D. C. P., 1926. Fossil man in China and Mongolia. *Natural History*, 26: 238-245.

③ Boule M., Breuil H., Licent E., et al., 1928. *Le paléolithique de la Chine*. Archives de L'Institut de Paléontoloqie Humaine, Mémoire 4.

④ 安志敏:《中国细石器研究的开拓和成果——纪念裴文中教授逝世20周年》,《第四纪研究》2002年第1期。

⑤ Boule M., Breuil H., Licent E., et al., 1928. *Le paléolithique de la Chine*. Archives de L'Institut de Paléontoloqie Humaine, Mémoire 4.

（二）持续期（20 世纪 50 年代至 21 世纪初叶）

20 世纪 20 年代以后该地区的旧石器考古工作经历了近 20 年的中断期。直到 20 世纪 50 年代以后，才陆续开展了一些工作，但基本没有新的遗址发现。考古调查和发掘间断开展，但对萨拉乌苏和水洞沟遗址的研究工作则一直持续。主要的工作都是在上一阶段的基础上进行，新的考古发现包括两个方面：一是在原遗址附近考察并陆续发现了一些新的地点，二是在高原其他地区调查采集了一批石制品。此外，中国学者进入并成为研究工作的主导力量。

这一时期的主要工作可以概括为三个方面。

（1）调查。根据调查区域的不同，可分为两种情况。

一是在原遗址附近区域的调查，又可分为两个阶段。较早的 20 世纪 50 ~ 60 年代，主要工作是由内蒙古自治区博物馆的汪宇平先生进行的。汪宇平于 1956 年（2 次）和 1957 年到萨拉乌苏河流域开展了 3 次调查。前两次调查发现了 1 处旧石器地点即范家沟湾，还采集了一些石制品和动物化石，以及 1 件右侧顶骨和 1 件左股骨远端部分的人类化石，经吴汝康先生研究认为“有一定的原始性”[1]。这次调查具有重要意义，是该地区旧石器考古工作中断 30 年后的第一次调查，新的发现极大地丰富了萨拉乌苏遗址的材料；这也是该地区首次由中国人进行的考古调查，并撰写了中文考古报告[2]。1960 年的调查发现 1 件人的顶骨和几件石制品，以及被他认为是最为重要的发现——灰烬遗迹。这次调查还引起了裴文中先生的注意，并于 1963 ~ 1964 年与张森水先生来到萨拉乌苏进行核查，发现所谓的灰烬遗迹是现代人所为[3]。汪宇平还于 1957 年对水洞沟遗址进行了考察，采集了一批石制品并发表了简报[4]。2000 年以后，调查区域集中在水洞沟遗址附近，主要由中国科学院古脊椎动物与古人类研究所高星研究员与宁夏文物考古研究所合作主持，发现多处新的地点，水洞沟遗址编号地点达 12 个。

二是在高原其他地区（主要是东北地区）的调查。张森水先生于 1958 年和 1959 年两次对内蒙古中南部进行了旧石器考古调查，其中涉及

① 吴汝康：《河套人类顶骨和股骨化石》，《古脊椎动物与古人类》1958 年第 4 期。
② 汪宇平：《伊盟萨拉乌苏河考古调查简报》，《文物参考资料》1957 年第 4 期。
③ 张森水：《萨拉乌苏河遗址旧石器研究史略及浅议》，《文物春秋》2007 年第 5 期。
④ 汪宇平：《水洞沟村的旧石器文化遗址》，《考古》1962 年第 11 期。

鄂尔多斯高原的主要是准格尔旗地区。经报道①，这两次调查发现多处旧石器地点（其中仅第 2 次就有 68 个），但均没有原生地层。虽然报道没有公布发现石制品的具体数量，但它们类型丰富，且不乏加工精致者，与萨拉乌苏和水洞沟遗址发现的石制品颇为不同。类型有单独命名的准格尔式尖状器、半月形刮削器、长条形刮削器、圆头刮削器、两面器等，以及细石核、细石叶和石叶。通过与当地的新石器时代石制品、萨拉乌苏和水洞沟遗址、欧洲旧石器文化等对比，以及石制品器身保留的钙化物质，张森水判断它们的时代应该属于旧石器时代晚期而不会更晚。这两次调查丰富了对鄂尔多斯高原旧石器文化的认识，一些以前没有报道过的石器类型表明该地区可能还存在一种新的旧石器文化。

（2）发掘。主要是对原遗址附近新发现地点的发掘。

萨拉乌苏遗址范家沟湾地点于 1980 年 8 月由中国科学院古脊椎动物与古人类研究所黄慰文研究员主持发掘②。这是继 1923 年邵家沟湾地点之后，对萨拉乌苏遗址的第 2 次正式发掘，相隔近 60 年之久。发掘面积约 140m²，出土石制品约 200 件，此外还有大量的碎骨以及一些骨器和炭屑。该地点还于 2006 年由中国科学院古脊椎动物与古人类研究所侯亚梅研究员与内蒙古博物馆联合进行了一次新的发掘③，共获得石制品千余件。

水洞沟遗址直到 1960 年才再次开启新一轮的发掘，至今已有 5 次。1960 年中苏古生物考察队主持的第 2 次发掘，部分材料由贾兰坡等整理发表④。1963 年裴文中先生领导的第 3 次发掘⑤，首次揭示出水洞沟遗址是包含了旧石器时代和新石器时代两个不同时代的遗存，只有底砾层之下的堆积才是旧石器时代文化层即水洞沟文化层。1980 年由宁夏博物馆考古队主持的第 4 次发掘，再次肯定了裴文中先生对水洞沟遗址地层分两个时期的判断。发掘出土旧石器时代石制品 5500 余件。研究成果最初以简

① 张森水：《内蒙中南部和山西西北部新发现的旧石器》，《古脊椎动物与古人类》1959 年第 1 期；张森水：《内蒙中南部旧石器的新材料》，《古脊椎动物与古人类》1960 年第 2 期。

② 黄慰文、侯亚梅：《萨拉乌苏遗址的新材料：范家沟湾 1980 年出土的旧石器》，《人类学学报》2003 年第 4 期。

③ 侯亚梅：《萨拉乌苏遗址范家沟湾地点 2006 年发掘概要》，《鄂尔多斯文化》2006 年第 3 期。

④ 贾兰坡、盖培、李炎贤：《水洞沟旧石器时代遗址的新材料》，《古脊椎动物与古人类》1964 年第 1 期。

⑤ 裴文中、李有恒：《萨拉乌苏河系的初步探讨》，《古脊椎动物与古人类》1964 年第 2 期。

报的形式发表在《考古学报》①，后经再次研究以专著发表②。该部专著是目前为止了解水洞沟遗址文化面貌最为翔实的资料。2003 年和 2007 年由宁夏文物考古研究所和中国科学院古脊椎动物与古人类研究所联合对遗址进行了第 5、6 次发掘。这两次发掘的成果部分材料作为博士论文的研究成果，并形成了一部综合性的研究报告③。目前，水洞沟遗址的发掘仍在持续中。

（3）学术讨论。虽然萨拉乌苏和水洞沟遗址发现至今已有 90 年的历史，但学术界对它们的认识仍处于不断深化的过程。主要讨论的问题集中在两个方面：一是地层和时代，二是文化性质和渊源。

地层和时代是旧石器遗址研究和定位的基础④。萨拉乌苏和水洞沟遗址地层和年代的研究经历了一个长期的过程，特别是前者在中国第四纪地质年表和旧石器文化序列中的位置至今仍未达成共识。

萨拉乌苏遗址在 1928 年的报告中⑤，研究者将其放在黄土系统。因为遗址动物化石与古老的北京猿人动物群不同，而与"欧洲黄土动物群是同时代的"，不属于"寒冷动物群"。不过，报告的作者之一德日进后来又将其置于水洞沟之上⑥。 1963 年裴文中等对萨拉乌苏河和水洞沟考察后，建议用"萨拉乌苏河系（Sjara-osso-gol Series）"的专用名词取代以前用过的"萨拉乌苏组"，而对萨拉乌苏河地层的划分与德日进并无本质差别⑦。随着我国黄土研究的进展，刘东生先生提出不应再用黄土期一名，而应用萨拉乌苏动物群，并在"中国区域第四纪地层简表"中将晚更新统划分为"马兰黄土"（上）和"萨拉乌苏组"（下）⑧。1978 ～ 1980 年，董光荣主持了对萨拉乌苏的多学科考察。他们将萨拉乌苏河谷出露的晚更新世堆积分成"城川组"和"萨拉乌苏组"，而遗址文化层在"萨拉乌

① 宁夏博物馆、宁夏地质局区域地质调查队：《1980年水洞沟遗址发掘报告》，《考古学报》1987年第4期。
② 宁夏文物考古研究所：《水洞沟——1980年发掘报告》，科学出版社，2003年。
③ 宁夏文物考古研究所、中国科学院古脊椎动物与古人类研究所：《水洞沟——2003～2007年度考古发掘与研究报告》，科学出版社，2016年。
④ 黄慰文：《中国旧石器文化序列的地层学基础》，《人类学学报》2000年第4期。
⑤ Boule M., Breuil H., Licent E., et al., 1928. *Le paléolithique de la Chine*. Archives de L'Institut de Paléontoloqie Humaine, Mémoire 4.
⑥ Teilhard D. C. P., 1941. *Early Man in China*. Institut de Geo-Biologie, Pekin.
⑦ 裴文中、李有恒：《萨拉乌苏河系的初步探讨》，《古脊椎动物与古人类》1964年第2期。
⑧ 刘东生、刘敏厚、吴子荣等：《关于中国第四纪地层划分问题》，《第四纪地质问题》，科学出版社，1964年，第45～64页。

苏组"的下部①。新测年技术的引入无疑为解决萨拉乌苏的年代带来了希望。^{14}C、铀系和释光等测年方法都被用来测定萨拉乌苏旧石器文化层,但不同方法的年代测定结果存在较大的差异。总的来看,^{14}C 和铀系的年代偏晚②,释光的则年代较早③。黄慰文倾向于释光方法所测年代,认为萨拉乌苏遗址层位相当于晚更新世早期、文化序列上属于旧石器时代中期④。他还将研究视角回归到石制品本身⑤,注意到在世界范围内旧石器文化的整个发展过程中从早到晚都存在小石器,甚至在意大利罗马地区旧石器时代中期的露天和洞穴遗址出土的石器尺寸极小,被博尔德(Bordes)称为"微型莫斯特"⑥。萨拉乌苏遗址石制品的细小可能主要受到原料的影响,因此不能作为判断其分期的主要依据。尽管如此,仍有学者持保留意见⑦。新的发掘和测年工作为萨拉乌苏文化层的确切年代带来了曙光,最新的测年结果显示文化层的年代可能为距今 5 万年左右(与周力平先生交流,未发表)。

水洞沟遗址发现之初也被认为属于黄土地层,并可能与萨拉乌苏遗址年代相近,甚至更老;同时强调这只是臆测,需要地层学才能解决⑧。1937 年,裴文中等在介绍德日进的工作时,将水洞沟和萨拉乌苏统称为"河套文化",并将它们作为中国旧石器时代中期的代表⑨,这一观点到 20 世纪 60 年代才被取消。直到 1974 年,贾兰坡等才认为水洞沟要晚于萨拉乌

---

① 董光荣、苏志珠、靳鹤龄:《晚更新世萨拉乌苏组时代的新认识》,《科学通报》1998 年第 17 期。

② 黎兴国、刘光联、许国英等:《河套人及萨拉乌苏文化的年代》,《第一次全国^{14}C 学术会议文集》,科学出版社,1984 年,第 141～143 页;原思训、陈铁梅、高世君:《用铀子法测定河套人和萨拉乌苏文化的年代》,《人类学学报》1983 年第 2 期。

③ 董光荣、苏志珠、靳鹤龄:《晚更新世萨拉乌苏组时代的新认识》,《科学通报》1998 年第 17 期;尹功明、黄慰文:《萨拉乌苏遗址范家沟湾地点的光释光年龄》,《人类学学报》2004 年增刊。

④ 黄慰文、董光荣、侯亚梅:《鄂尔多斯化石智人的地层、年代和生态环境》,《人类学学报》2004 年增刊;黄慰文:《萨拉乌苏河石器工业在旧石器文化序列中的位置》,《鄂尔多斯文化》2006 年第 3 期。

⑤ 黄慰文:《萨拉乌苏河石器工业在旧石器文化序列中的位置》,《鄂尔多斯文化》2006 年第 3 期。

⑥ Bordes F., 1968. *The Old Stone Age*. McGraw-Hill Book Company.

⑦ 张森水:《萨拉乌苏河遗址旧石器研究史略及浅议》,《文物春秋》2007 年第 5 期。

⑧ Boule M., Breuil H., Licent E., et al., 1928. *Le paléolithique de la Chine*. Archives de L'Institut de Paléontoloqie Humaine, Mémoire 4.

⑨ Pei W.C., 1937. Paleolithic industries in China. *Early Man*, 221-232.

苏①。其后的工作主要是不同学者对水洞沟地层的不同划分②，但对遗址时代的总体认识一致，即属于晚更新世晚期。大量的年代测定结果③表明水洞沟遗址在35ka～20ka BP，属于旧石器时代晚期。

　　不过，水洞沟遗址的文化渊源至今没有统一的认识。早期研究者认为水洞沟石器工业可以与欧洲、西亚和北非已演变的莫斯特文化材料相提并论，处在发达的莫斯特文化和正在成长的奥瑞纳文化的半路上，或者是这两个文化的混合体；但同时也指出，由于两地相距遥远，文化交流说的臆测成分明显多于科学的论断④。当然，有学者试图将水洞沟与距离相近的遗址对比⑤，但都缺乏全面而令人信服的证据，而难以将其归入到中国旧石器文化的任何一个系统内⑥。在此情况下，侯亚梅将注意力转换到华北地区更早的旧石器文化⑦。她在泥河湾盆地距今约100万年的东谷坨遗址发现并命名了具有预制特征且以剥制细小长石片为主的"东谷坨石核"⑧，而这一石核类型在水洞沟遗址也存在。因此认为在西方技术到达水洞沟之前，存在一个植根于东方的文化传统。这一研究非常新颖，强调了东方文

① 贾兰坡：《追索我们的过去》，《贾兰坡旧石器时代考古论文选》，科学出版社，1984年。

② 宁夏博物馆、宁夏地质局区域地质调查队：《1980年水洞沟遗址发掘报告》，《考古学报》1987年第4期；周昆叔、胡继兰：《水洞沟遗址的环境与地层》，《人类学学报》1988年第3期；孙建中、赵景波等：《黄土高原第四纪》，科学出版社，1991年；袁宝印、侯亚梅、Budja M.等：《中国北方晚第四纪史前文化与地层划分框架》，《旧石器时代论集——纪念水洞沟遗址发现八十周年》，文物出版社，2006年；刘德成、王旭龙、高星等：《水洞沟遗址地层划分与年代测定新进展》，《科学通报》2009年第19期。

③ 刘德成、王旭龙、高星等：《水洞沟遗址地层划分与年代测定新进展》，《科学通报》2009年第19期；原思训、陈铁梅、高世君：《用铀子法测定河套人和萨拉乌苏文化的年代》，《人类学学报》1983年第2期；Madsen D. B., Li J. Z., Brantingham P. J., et al., 2001. Dating Shuidonggou and the Upper Palaeolithic blade industry in North China. *Antiquity*, 75: 706-716.

④ Boule M., Breuil H., Licent E., et al., 1928. *Le paléolithique de la Chine*. Archives de L'Institut de Paléontoloqie Humaine, Mémoire 4.

⑤ 贾兰坡、盖培、李炎贤：《水洞沟旧石器时代遗址的新材料》，《古脊椎动物与古人类》1964年第1期；盖培、黄万波：《陕西长武发现的旧石器时代中期文化遗物》，《人类学学报》1982年第1期；贾兰坡：《追索我们的过去》，《贾兰坡旧石器时代考古论文选》，科学出版社，1984年；宁夏文物考古研究所：《水洞沟——1980年发掘报告》，科学出版社，2003年；李炎贤：《中国旧石器时代晚期文化的划分》，《人类学学报》1993年第3期。

⑥ 宁夏文物考古研究所：《水洞沟——1980年发掘报告》，科学出版社，2003年。

⑦ 侯亚梅：《水洞沟：东西方文化交流的风向标？——兼论华北小石器文化和"石器之路"的假说》，《第四纪研究》2005年第6期。

⑧ 侯亚梅：《"东谷坨石核"类型的命名与初步研究》，《人类学学报》2003年第4期。

化的自源性和发展的稳定性，同时也注意到东西方文化的交流性。但这一研究的基础，即距今 100 万年的东谷坨石核与旧石器时代晚期的（细）石叶石核之间的巨大缺环还难以让人信服①。水洞沟遗址与北部西伯利亚和蒙古地区的关系，研究者们认为，水洞沟石叶遗存属于欧亚大陆西部的旧石器考古框架，代表了该区域旧石器晚期早段在东亚的最晚阶段，可能与西伯利亚南部和蒙古戈壁滩上的旧石器文化有密切关系②。目前，水洞沟遗址石叶工业的年代已被推到距今 3.8 万年前③。

（三）新时期（2010 年以来）：兼谈乌兰木伦遗址新发现的意义

这一时期以 2010 年乌兰木伦遗址的发现为标志。

鄂尔多斯高原在萨拉乌苏遗址和水洞沟遗址后近 90 年的时间里都没有新的旧石器遗址发现，原因很多。首先，该地区第四纪堆积较为松散，后期剥蚀严重，地层状况保存不好；其次，学者们的注意力主要集中在萨拉乌苏和水洞沟两个遗址，而对鄂尔多斯高原其他区域关注较少。张森水先生的调查到达了高原的东北部，但所发现的地点均没有保存较好的地层，缺乏进一步工作的价值。因此，单从以上这一层意义上讲，乌兰木伦遗址的发现便已经足够重要。

由于鄂尔多斯高原第四纪地层良好剖面难得，乌兰木伦遗址的发现也属偶然。2010 年上半年的某天，蒙古族小伙古日扎布出于对古生物化石的爱好，在鄂尔多斯市康巴什新城景观湖工地旁边一个白垩系地层豁口处发现了古动物化石，随即报告给相关部门负责人，鄂尔多斯青铜器博物馆馆长王志浩到现场查看并发现了几件石制品。自此，乌兰木伦遗址被确认为一处具有古人类活动的遗存。当地文物工作者很快意识到这是一处重要发现，于是请中国科学院的黄慰文和袁宝印研究员到现场考察，确认遗址地层可与萨拉乌苏对比，是一处重要的旧石器时代遗址。随后，鄂尔多斯当地文物考古部门与中国科学院古脊椎动物与古人类研究所合作，组成联合考古队先后对遗址进行了试掘和正式的发掘。有关遗址的具体发掘过程

① 谢飞、李珺、刘连强：《泥河湾旧石器文化》，花山文艺出版社，2006 年。

② Brantingham P. J., Krivoshapkin A. I., Li J., et al., 2001. The initial Upper Paleolithic in Northest Asia. *Current Anthropology*, 42:735-747; Madsen D. B., Li J. Z., Brantingham P. J., et al., 2001. Dating Shuidonggou and the Upper Palaeolithic blade industry in North China. *Antiquity*, 75: 706-716.

③ Li F., Kuhn S. L., Gao X., et al., 2013. Re-examination of the dates of large blade technology in China: a comparison of Shuidonggou Locality 1 and Locality 2. *Journal of Human Evolution*, 64:161-168.

和收获将在下文详细论述。

乌兰木伦遗址的发现也使研究者们再次意识到鄂尔多斯高原是旧石器时代考古发现和研究的宝地，值得进一步展开调查。因此，联合考古队开展了对乌兰木伦河流域的调查工作，发现了大量的旧石器地点和丰富的石制品。此外，对 20 世纪 50 年代末张森水先生在准格尔旗的调查区域展开复查工作，并在上榆树湾新发现一个地点。值得注意的是，在乌兰木伦河流域和准格尔旗调查发现的石制品具有关联，也与张森水先生调查发现的石制品十分吻合。其时代和文化属性值得进一步探讨。

鄂尔多斯高原旧石器考古的新发现经历了近 90 年的中断期。相对于这样一个中断期，新的发现无疑最为重要。因此，乌兰木伦遗址的发现是一件具有历史性意义的大事，它将重新开启鄂尔多斯高原旧石器考古新发现的大门。而对遗址石器工业的研究和对其文化内涵进行探讨，则是历史所赋予旧石器考古研究者的重要使命。

二、乌兰木伦遗址石制品研究关联的重要学术课题

乌兰木伦遗址的发掘在联合考古发掘队成立后，制定了野外发掘、室内整理和学术研究等一套科学规范的工作流程，遗址考古信息得到了较全面的提取。

遗址发掘十分注重多学科协同合作，并取得了初步研究成果。年代学研究表明，乌兰木伦遗址为距今 6.5 万～5 万年[①]，为旧石器时代中期。旧石器时代中期在旧石器考古研究中是一个敏感时段，特别是关于旧石器时代中期在中国乃至东亚是否缺失的问题在学术界一直有所讨论，乌兰木伦遗址无疑为探讨中国旧石器文化分期特别是旧石器时代中期在中国的面貌与传承以及为旧石器时代中期石器技术起源的多样性提供重要的考古学证据。遗址年代处于旧石器时代中期向晚期过渡的前夕，与同属鄂尔多斯高原的具有奥瑞纳文化特征的水洞沟遗址为探讨我国北方旧石器时代中晚期过渡的技术演化提供了宝贵资料。此外，遗址所处年代范围亦是现代人起源和迁徙的重要时段，在一定程度上为探讨现代人迁徙等重大学术热点

① Rui X., Zhang J. F., Hou Y. M., et al., 2015. Feldspar multi-elevated-temperature post-IR IRSL dating of the Wulanmulun Paleolithic Site and its implication. *Quaternary Geochronology*, 30:438-444；Zhang J. F., Hou Y. M., Guo Y. J., et al., 2022. Radiocarbon and luminescence dating of the Wulanmulun Site in Ordos, and its implication for the chronology of Paleolithic sites in China. *Quaternary Geochronology*, 72: 1-10.

提供本土考古学证据。动物考古学研究表明[1]，遗址动物群为萨拉乌苏动物群，大型食草类动物化石和众多小型啮齿类动物化石肢骨、牙齿的发现说明当时这一带正是这类动物生活的活跃期。古环境学相关研究表明[2]，遗址年代所处范围在气候变化上属于末次冰期，其中还包括几次冷暖干湿的变化。沉积相分析和磁化率研究表明遗址深受东亚冬夏季风规律的影响，气候旋回明显，夏季风来临时水草丰美，气候湿润区域随之向北扩张，适合生命活动，软体动物化石所在层位代表了温暖湿润型的气候阶段；冬季风时气候带南移，环境干冷。乌兰木伦遗址的环境背景为晚更新世华北古人群生活方式转变与环境背景的相应研究提供不可或缺的宝贵资料与数据。

具体而言，乌兰木伦遗址所处的年代范围及其考古学证据所代表的文化属性，在旧石器考古学研究中有以下几个相关的课题尤为引人注目。

1. 莫斯特文化

莫斯特文化是代表性的旧石器时代中期文化，其以最早发现于法国多尔多涅的典型莫斯特文化遗址 Le Moustier 而命名[3]。传统上从里斯—玉木间冰期（Riss-Wurm Interglacial）开始，大约为距今 12.8 万年，结束于玉木冰期前段的间冰阶（Wurm Ⅰ / Ⅱ Interstadial），不晚于距今 3.5 万～3.4 万年[4]。莫斯特文化以预制石核技术和用其产生的石片加工不同比例的边刮器、琢背石刀、手斧、锯齿刃器和尖状器为主要特征。

一般认为，莫斯特文化与欧洲的尼安德特人相联系，不过现在的研究发现早期现代人以及其他地区的尼安德特人也存在莫斯特文化。莫斯特文化在法国有非常好的表现，博尔德根据是否存在特定的石器类型及其比例的多少将其分为四个主要类型，此外还有一些地方变种[5]。这四个类型和变种一般被认为代表了不同人类群体以及不同的文化传统、生活方式

---

[1] Dong W., Hou Y. M., Yang Z. M., et. al., 2014. Late Pleistocene mammalian fauna from Wulanmulun Paleolithic Site, Nei Mongol, China. *Quaternary International*, 347: 139-147.

[2] 侯亚梅、王志浩、杨泽蒙等：《内蒙古鄂尔多斯乌兰木伦遗址2010年1期试掘及其意义》，《第四纪研究》2012年第2期；李小强、高强、侯亚梅等：《内蒙古鄂尔多斯乌兰木伦遗址 MIS 3 阶段的植被与环境》，《人类学学报》2014年第1期。

[3] Wymer J., 1982. *The Palaeolothic Age*.ST. Martin's Press.

[4] Bordes F., 1968. *The Old Stone Age*. McGraw-Hill Book Company.

[5] Bordes F., 1968. *The Old Stone Age*. McGraw-Hill Book Company.

等①。这四个类型分别是：

（1）典型莫斯特（Typical Mousterian）：石制品组合包括不常见的勒瓦娄哇技术、少量手斧、大量的刮削器、精致的尖状器、少量的琢背石刀、不常见的锯齿刃器，不见石叶。

（2）奎纳—菲拉西莫斯特（Quina-Ferrassie Mousterian）：石器组合包括勒瓦娄哇技术（在奎纳中不见，但在菲拉西中可以见到）、缺失或者少量的手斧、非常普遍的刮削器、少量锯齿刃器，不见尖状器、琢背石刀和石叶。

（3）锯齿刃器型莫斯特（Denticulate Mousterian）：石制品组合包括不常见的勒瓦娄哇技术、少量刮削器、少量或者没有尖状器、非常普遍的锯齿刃器，不见手斧和石叶。

（4）阿舍利传统的莫斯特（Mousterian of Acheulian Tradition）：其中又可以分为两个小类型：Type A，石制品组合中手斧、刮削器、尖状器、锯齿刃器都非常普遍；少量的琢背石刀，石叶也有出现，不见勒瓦娄哇技术；Type B，石制品组合中琢背石刀、锯齿刃器、石叶非常普遍，手斧、刮削器和尖状器都发现较少，不见勒瓦娄哇技术。

从以上博尔德对莫斯特文化的认识可以看出，勒瓦娄哇技术并非莫斯特文化的必要条件。事实上，代表莫斯特文化的石制品组合具有多样性。一些考古学家在诠释欧洲旧石器中期的技术基础时不再突出勒瓦娄哇技术，而采用配套工具是否从预制石核上打下的毛坯所制来表述②。

目前，莫斯特文化在世界范围内都有发现。地中海东部地区的以色列就有多处发现。Qafzeh 洞穴遗址③，经 TL（热释光）和 ESR（电子自旋共振）年代测定为距今 10 万～ 8 万年，发现有火塘；石制品为放射状

① Mellars P. A., 1969. The chronology of Mousterian industries in the Perigord Region of South-west France. *Proc. Prehist. soc.*, 35:134-171; Mellars P. A., 1973. The character of the Middle to Upper Paleolithic transition in South-west France. In: Rengrew C. (Ed.), *The explanation of culture change*. Duckworth. 255-276; Bordes F., 1961. *Typologie du paleolithique ancien et Moyen*. C.N.R.S.

② Otte M., Kozlowski J. K., 2001. The transition from the Middle to Upper Paleolithic in North Eurasia. *Archaeology, Ethnology and Anthropology of Eurasia*, 3:20-31.

③ Bar-Yosef Mayer D. E., Vandermeersch B., Bar-Yosef O., 2009. Shells and ochre in Middle Paleolithic Qafzeh Cave, Israel: indications for modern behavior. *Journal of Human Evolution*, 56:307-314; Robert H. G., 1999. Middle Palaeolithic burial is not a dead issue: the view from Qafzeh, Saint-Cesaire, Kebara, Amud, and Dederiyeh. *Journal of Human Evolution*, 37:27-90.

或向心的勒瓦娄哇技术石片工业；并有用赭石埋葬的现代行为。Skhul 洞穴遗址 [1]，年代为距今 13 万～ 10 万年，发现具有现代人行为特征的埋葬习俗。Kebara 洞穴遗址 [2]，年代为距今 6 万～ 4.8 万年，有勒瓦娄哇技术的石制品发现。Hayonim 洞穴遗址 [3]，年代为距今 25 万～ 1 万年，发现有圆形房屋遗迹，且有精致的地面，并有火塘；有很厚的石器堆；加工过的骨头（worked bone）；石制品主要是勒瓦娄哇石片和石叶加工的石制工具。

北非也有一些发现 [4]。Rhafas 洞穴遗址，光释光测年为距今 8 万～ 7 万年，石制品包括勒瓦娄哇石片、各类型边刮器和锯齿刃器以及带柄的石制工具。Dar es Soltan 遗址，光释光测年为距今 8 万～ 6 万年，为勒瓦娄哇石器工业；原料来自河床的燧石；石片工具以边刮器、端刮器和锯齿刃器为主，还有以勒瓦娄哇和非勒瓦娄哇石片为毛坯的有铤尖状器。

中亚也有发现。Kaletepe Deresi 遗址 [5]，经火山灰测年为距今 7 万～ 4 万年，石制品主要为勒瓦娄哇石片以及以其为毛坯的刮削器和尖状器。

欧洲大陆普遍都有发现，例如直布罗陀海峡附近的 Gorham's Cave 遗

---

[1] Francesco d'. Errico, Salomon H., Vignaud C., et al., 2010. Pigments from the Middle Palaeolithic levels of Es-Skhul (Mount Carmel, Israel). *Journal of Archaeological Science*, 37:3099-3110; Grun R., Stringer C., McDermott F., et al., 2005. U-series and ESR analyses of bones and teeth relating to the human burials from Skhul. *Journal of Human Evolution*, 49:316-334.

[2] Lev E., Kislev M. E., Bar-Yosef O., 2005. Mousterian vegetal food in Kebara Cave, Mt. Carmel. *Journal of Archaeological Science*, 32:475-484; Rebollo N. R., Weiner S., Brock F., et al., 2011. New radiocarbon dating of the transition from the Middle to the Upper Paleolithic in Kebara Cave, Israel. *Journal of Archaeological Science*, 38:2424-2433.

[3] Albert R. M., Bar-Yosef O., Meignen L., et al., 2003. Quantitative phytolith study of hearths from the Natufian and Middle Palaeolithic Levels of Hayonim Cave (Galilee, Israel). *Journal of Archaeological Science*, 30:461-480.

[4] Bouzouggar A., Barton N., Vanhaeren, et al., 2007. 82,000-year-old shell beads from North Africa and implications for the origins of modern human behavior. *PNAS*, 104:9964-9969.

[5] Slimak L., Kuhn S. L., Roche H., et al., 2008. Kaletepe Deresi 3 (Turkey): Archaeological evidence for early human settlement in Central Anatolia. *Journal of Human Evolution*, 54:99-111; Slimak L., Roche H., Mouralis, et al., 2004. Kaletepe Deresi 3 (Turquie), aspects archeologiques, chronologiques et paleontologiques d'une sequence Pleistocene en Anatolie centrale Comptes Rendus. *Palevol*, 3:411-420.

址 [①]、西班牙的 L'Arbreda 洞穴遗址 [②]、乌克兰的 Molodova 遗址 [③] 以及克罗地亚的 Vindija 遗址 [④] 等。其中，与中国最近且目前来看关系较为密切的是位于阿尔泰地区的 Denisova 洞穴遗址 [⑤]，年代测定为距今 12.5 万～3 万年。其地层连续、文化遗物丰富精美，还发现具有现代人和尼安德特人镶嵌特征的人类化石，这些重要发现为东北亚地区现代人起源与迁徙等都提供了非常好的资料。本书所研究的乌兰木伦遗址与该遗址在年代和地理上均较为接近，具备对比基础，有望为东北亚地区旧石器时代中期石器技术和现代人迁徙等研究提供新思路。

2. 旧石器时代中期

旧石器时代中期是一个以技术学和年代学两方面共同定义的概念。

在非洲，被认为是旧石器时代早期与晚期的中间这样一个范畴 [⑥]。以与之相关史前人类的技术学和形态学为基础的旧石器时代中期最早被等同于或者被认为是与欧洲旧石器晚期同时代的，并且这种错误的认识被错

---

① Finlayson C., Fa D. A., Jiménez Espejo, et al., 2008. Gorham's Cave, Gibraltar-the persistence of a neanderthal population. *Quaternary International*, 181: 64-71.

② Bischoff J. L., Soler N., Maroto J., et al., 1989. Abrupt Mousterian/Aurignacian boundary at c. 40 ka B.P.: accelerator ^{14}C dates from L'Arbreda Cave (Catalunya, Spain). *Journal of Archaeological Science*, 16:563-576.

③ Iakovleva L., Djindjian F., Maschenko E. N., et al., 2012. The late Upper Palaeolithic site of Gontsy (Ukraine): a reference for the reconstruction of the hunter-gatherer system based on a mammoth economy. *Quaternary International*, 255: 86-93; Demay L., Pean S., Patou-Mathis M., Mammoths used as food and building resources by neanderthals: zooarchaeological study applied to layer 4, Molodova I (Ukraine). *Quaternary International*, 2012, 276/277: 212-226.

④ Ahern J. C. M., Karavanic I., Paunovic M., et al., 2004. New discoveries and interpretations of hominid fossils and artifacts from Vindija Cave, Croatia. *Journal of Human Evolution*, 46:27-67.

⑤ Derevianko A. P., Shunkov M.V., Volkov P.V., 2008. A Paleolithic Bracelet form Denisova Cave. *Archaeology, Ethnology and Anthropology of Eurasia*, 34:13-25; Martinon-Torres M., Dennell R.,Bermudez De Castro J. M., 2011. The Denisova hominin need not be an out of Africa story. *Journal of Human Evolution*, 60:251-255; Madsen B., 2011. A proximal pedal phalanx of a Paleolithic hominin from Denisova Cave, Altai. *Archaeology, Ethnology and Anthropology of Eurasia*, 39:129-138; Kuzmin Y.V., 2008. Siberia at the Last Glacial Maximum: environment and archaeology. *Journal of Archaeological Research*, 16:163-221.

⑥ Goodwin A. J. H., 1928. An Introduction to the Middle Stone Age in South Africa. *South African Journal of Science*, 25:410-418; Goodwin A. J. H., C. Van Riet Lowe., 1929. The Stone Age Cultures of South Africa. *Annals of the South African Museum*:1-146; Deacon H. J., Deacon J., 1999. *Human Beginnings in South Africa*. David Philip, Cape Town.

误的 ^{14}C 年代所加强 ①。后来，Sampson 在年代学基础上指出非洲的旧石器时代中期与欧洲的莫斯特文化时期相当 ②，又因为解剖学上的现代人在非洲有比欧洲更大的时间长度，非洲旧石器时代中期从此被广泛地接受为与欧洲旧石器中期相当的一个时期 ③。当然也有一些学者反对这样的观点 ④。实际上非洲最早的旧石器分期只有早、晚两期 ⑤，其中旧石器早期的定义主要以大的石片工具尤其是显著的阿舍利手斧为特征，旧石器晚期的定义则以细石器技术为特征，其中包括细石器工业的产品，其年代范围一般认为是距今 4 万年以来。旧石器时代中期以时间和技术为标准随后被定义为介于旧石器早期和晚期的一个时段 ⑥。然而，旧石器时代中期最早其实是一个消极的定义，因为这个定义更多的是说它不是什么而不是说它是什么。所以，一开始一般认为旧石器中期的开端是以石制品组合中不再包含手斧直到细石器技术产品的出现为止。到后来，旧石器时代中期独有的特征被识别出来并有了一个积极的定义，即以石叶技术为基础的石制品组合超过以石片技术为基础的石制品组合，以及石核的预备技术比如勒瓦娄哇技术变得普遍 ⑦。不过，旧石器中期定义中早期所认为的特征也沿用至今，但它却把旧石器早期和旧石器中期以及旧石器中期和旧石器晚期是

① Klein R. G., 1970. Problems in the study of the Middle Stone Age of South Africa. *South African Archaeological Bulletin*, 66:127-135.

② Sampson C. G., 1974. *The Stone Age Archaeology of Southern Africa*. Academic Press.

③ Klein R. G., 1999. *The human career: human biological and cultural origins (2nd edition)*. The University of Chicago Press.

④ Wurz S., 2000. *The Middle Stone Age at Klasies River*. unpublished PhD thesis, University of Stellenbosch.

⑤ Goodwin A. J. H., 1926. South African stone implement industries. *South African Journal of Science*, 23:784-788.

⑥ Goodwin A. J. H., 1928. An Introduction to the Middle Stone Age in South Africa. *South African Journal of Science*, 25:410-418; Goodwin A. J. H.,1928. Sir Lanham Dale's collection of stone implements. *South African Journal of Science*, 25:419-425.

⑦ Goodwin A. J. H., 1946. The Loom of prehistory. *South African Archaeological Society Handbook Series*, 2:1-151; Inskeep R. R., 1978. *The Peopling of Southern Africa*. David Philip, Cape Town; Mason R. J., 1962. *Prehistory of the transvaal: a record of human activity*. Witwatersrand University Press; Sampson C. G., 1974. *The Stone Age Archaeology of Southern Africa*. Academic Press.

何时以及如何过渡的这样一个问题搞得更模糊①。

旧石器早、中期和旧石器中、晚期过渡界定的模糊导致其过渡状态在时间和空间上的不协调，就如欧亚大陆旧石器中、晚期的过渡就显得十分突兀②。必须注意的是，只有在非洲这样长的技术演化中有一个完整的序列，即使有些技术仅仅是一阵的。这个特点也被认为是现代人非洲起源说的一个重要证据③。

东亚地区旧石器时代演化是否存在旧石器时代中期这样一个阶段则更是多有争论。早在1944年莫维士（Hallam L. Movius）就认为远东缺少典型旧大陆西方典型的旧石器文化序列，并且从旧石器初期开始远东地区就是一个按不同生长模式独立发展的石核工具文化。他把东亚和东南亚广大地区称为"砍砸器文化圈（the great chopper-chopping tool complexes）"，而非洲、西欧、西亚和印度半岛为"手斧文化圈（the great-hand-axe complexes）"④。这就是对旧石器考古学界影响深远的两种文化理论（亦称"莫氏线假说"）。这实际上是在说东亚缺乏西方旧石器中、晚期元素⑤。东亚无旧石器中期的提法于1973年8月在加拿大蒙特利尔召开的东亚早期旧石器会议上，一些与会者以东亚缺少西方旧石器中期和晚期文化元素为由，建议用"前期旧石器（Early Paleolithic）"和"后期旧石器（Late Paleolithic）"两分模式取代欧洲旧石器文化三期模式来

① Villa P., Delagnes A., Wadley L., 2005. A Late Middle Stone Age artifact assemblage from Sibudu (KwaZulu-Natal): comparisons with the European Middle Paleolithic. *Journal of Archaeological Science*, 32:399-422；Tryon C. A., McBrearty S., 2002. Tephrostratigraphy and the Acheulean to Middle Stone Age transition in the Kapthurin Formation, Kenya. *Journal of Human Evolution*, 42:211-235；Wadley L., 2005. Putting ochre to the test: replication studies of adhesives that may have been used for hafting tools in the Middle Stone Age. *Journal of Human Evolution*, 49:587-601.

② Bar-Yosef O., 2002. The Upper Paleolithic revolution. *Annual Review of Anthropology*, 31:363-393.

③ Foley R. A., 1987. Hominid species and stone tool assemblages: how are they related? *Antiquity*, 61:380-392; Marean C. W., Assefa Z., 2004. The Middle and Upper Pleistocene African Record for the biological and behavioral origins of Modern Humans. In: Stahl A. (Ed.), *African Archaeology: a critical introduction*.Blackwell, Malden.

④ Movius H., 1944. *Early man and Pleistocene stratigraphy in Southern and Eastern Asia*. Papers of the Peabody Museum of American Archaeology and Ethnology, 14:1-125.

⑤ 黄慰文、侯亚梅、高立红：《中国旧石器文化的"西方元素"与早期人类文化进化格局》，《人类学学报》2009年第1期。

划分东亚旧石器文化[①]。也有学者认为"中国旧石器时代中期"不是一个严格和有意义的学术概念，加上晚更新世晚期以前的中国旧石器时代文化在石器技术与类型方面没有质的发展与变化，因此以旧石器文化的发展变化为依据，在中国旧石器时代考古实践中应摒弃三期断代的传统模式，而代之以早、晚两期的二分法[②]。不过，这种以文化为标准的旧石器分期，实际上也存在一些问题[③]。

文化作为人对环境适应性的产物，其所形成的特殊技术和工具类型如阿舍利技术、勒瓦娄哇技术等，以及不同地区文化的交流，使得这样的技术类型在一定程度上确实可以作为文化划分的标志之一，但是这样的文化框架也并不会很稳定，特别是随着测年技术和新的考古发现，其划分框架往往会被打破，如作为欧洲旧石器时代中期文化同义词的莫斯特文化，目前的发现表明其在西伯利亚也普遍存在，而且年代可以追溯到距今30万年[④]，这个年代显然已经超出了传统旧石器时代中期的范畴。此外，完全以文化作为标准而不考虑年代学，会使得在对不同地区进行文化对比时缺少一致的时间定位，因而使得文化对比因无法反映不同地区文化发展的速度而失去意义。

3. 旧石器中、晚期过渡

处于晚更新世环境背景下的旧石器时代中期向晚期过渡阶段是人类文化演变和生物演化的一个重要分水岭[⑤]，对这一阶段文化演变过程的研究一直是旧石器考古的一个热点问题[⑥]。这一过渡阶段，一方面代表着尼

① Iakovleva L., Djindjian F., Maschenko E. N., et al., 2012. The Late Upper Palaeolithic site of Gontsy (Ukraine): a reference for the reconstruction of the hunter-gatherer system based on a mammoth economy. *Quaternary International*, 255: 86-93.

② 高星：《关于"中国旧石器时代中期"的探讨》，《人类学学报》1999年第1期。

③ 黄慰文：《中国旧石器文化序列的地层学基础》，《人类学学报》2000年第4期。

④ Derevianko A. P., Shimkin D.B., Powers W.R., 1998. *The Paleolithic of Siberia: new discoveries and interpretations*. University of Illinois Press.

⑤ Jöris O., Adler D. S., 2008. Settingward the record straight: toward a syatematic chronological understanding of the Middle to Upper Paleolithic boundary in Eurasia. *Journal of Human Evolution*, 55:761-763.

⑥ Otte M., Kozlowski J. K., 2001. The transition from the Middle to Upper Paleolithic in North Eurasia. *Archaeology, Ethnology and Anthropology of Eurasia*, 3:20-31.

安德特人的灭绝和旧石器时代中期的结束[1]，另一方面也代表着最早现代人[2]、现代人行为[3]以及旧石器晚期[4]开始出现。

近年来，中欧、西亚及东非地区都不断发现该阶段人类化石和旧石器文化新材料。在以色列 Skhul 洞穴[5]和 Qafzeh 洞穴[6]遗址出土的人类化石被认为属于距今 9 万年前解剖学上的现代人，伴生以典型的勒瓦娄哇莫斯特石片石器工业；东非肯尼亚的 Kapthurin 遗址[7]发现的石叶年代甚至早到距今 50 万年前。在中亚、俄罗斯阿尔泰地区发现了许多重要的旧石器时代中期到晚期过渡遗址。其中乌兹别克斯坦的 Obi-Rahmat 洞穴遗址[8]以及土耳其的 Kaletepe Deresi 3 遗址[9]，阿尔泰地区的 Denisova 洞穴遗址[10]均发现有与石制品共存的人类化石。

中国也有不少可以与欧洲、西亚、北非旧石器时代中晚期材料进行对

① Adler D. S., Bar-Yosef O., Belfer-Cohen A.,et al., 2008. Dating the demise: neandertal extinction and the establishment of modern humans in the Southern Caucasus. *Journal Human Evolution*, 55: 817-833.

② Jacobi R. M., Higham T. F. G., 2008. The "Red Lady" ages gracefully: new ultrafiltration AMS determinations from Paviland. *Journal Human Evolution*, 55:898-907.

③ Henshilwood C. S., Marean C. W., 2003. The origin of Modern Human behavior. *Current Anthropology*, 44:627-651; Pettitt P. B., 2008. Art and the Middle to Upper transition in Europe: comments on the archaeological arguments for an Early Upper Palaeolithic antiquity of the Grotte Chauvet art. *Journal of Human Evolution*, 55:908-917.

④ Hoffecker J. F., Holliday V. T., Anikovich M.V., et al., 2008. From the Bay of Naples to the River Don: the Campanian Ignimbrite eruption and the Middle-Upper Paleolithic transition in Eastern Europe. *Journal of Human Evolution*, 55:858-870.

⑤ Grun R., Stringer C., McDermott F., et al., 2005. U-series and ESR analyses of bones and teeth relating to the human burials from Skhul. *Journal of Human Evolution*, 49:316-334.

⑥ Robert H. G., 1999. Middle Palaeolithic burial is not a dead issue: the view from Qafzeh, Saint-Cesaire, Kebara, Amud, and Dederiyeh. *Journal of Human Evolution*, 37:27-90.

⑦ Johnson C. R., McBrearty S., 2010. 500,000 year old blades from the Kapthurin Formation, Kenya. *Journal of Human Evolution*, 58:193-200.

⑧ Anne R. S., 2011. Current topics in ESR dating. *Radiation Measurements*, 46:749-753.

⑨ Slimak L., Kuhn S. L., Roche H., et al., 2008. Kaletepe Deresi 3 (Turkey): archaeological evidence for early human settlement in Central Anatolia. *Journal of Human Evolution*, 54:99-111；Slimak L., Roche H., Mouralis D., et al., 2004. Kaletepe Deresi 3 (Turquie), aspects archeologiques, chronologiques et paleontologiques d'une sequence Pleistocene en Anatolie centrale Comptes Rendus. *Palevol*, 3:411-420.

⑩ Martinon-Torres M., Dennell R., Bermudez De Castro J. M., 2011. The Denisova hominin need not be an out of Africa story. *Journal of Human Evolution*, 60:251-255.

比的遗址，例如萨拉乌苏[1]、小孤山[2]、周口店第 15 地点[3]、水洞沟[4]等。但除了水洞沟外，其他遗址的文化性质多少存有争议。水洞沟自 1923 年被发现以来就一直以其不同于中国北方其他旧石器时代晚期遗址的特性在东北亚晚更新世考古研究中占据着重要地位。Breuil H. 曾称其处于发达的莫斯特文化和正在成长的奥瑞纳文化之间的半路上，或者是这两个文化的混合体[5]。博尔德在对 20 世纪 20 年代材料进行再研究后则认为其是一个勒瓦娄哇技术的莫斯特工业，是一个处于向旧石器晚期过渡的十分发达的莫斯特工业[6]。中国学者在对水洞沟文化内涵进行深入研究后基本将其归入旧石器时代晚期[7]，同时根据其中的石叶、石叶工具和预制石核技术也认可其存在勒瓦娄哇技术和奥瑞纳文化特征。可以说，水洞沟是探讨旧石器时代中晚期过渡的一处重要遗址。而最新发现与水洞沟地处同一区域并初步判断具有莫斯特文化性质的乌兰木伦旧石器中期遗址与水洞沟遗址两者间的文化对比对探讨我国北方旧石器时代中、

[1] Boule M., Breuil H., Licent E., et al., 1928. *Le paléolithique de la Chine*. Archives de L'Institut de Paléontoloqie Humaine, Mémoire 4；Licent E., Teilhard D. C. P., 1925. Le Paléolithique de la Chine. *L'Anthropologie*, 25, 201-234；黄慰文、侯亚梅：《萨拉乌苏遗址的新材料：范家沟湾1980年出土的旧石器》，《人类学学报》2003年第4期；内蒙古博物院、华南师范大学地貌与区域环境研究所、中国科学院寒区旱区环境与工程研究所等：《萨拉乌苏河晚第四纪地质与古人类综合研究》，科学出版社，2017年。

[2] Zhang J.F., Huang W. W, Yuan B.Y., et al., 2010. Optically stimulated luminescence dating of cave deposits at the Xiaogushan prehistoric site, Northeastern China. *Journal of Human Evolution*, 55: 1-11.

[3] Gao X., 2000. *Explanations of typological variability in Paleolithic remains from Zhoukoudian Locality 15, China*. The thesis for the degree of PhD of the University of Aruizona; Shen G. J., Gao X., Zhao J. et al., 2004. U-series dating of Locality 15 at Zhoukoudian, China, and implications for hominid evolution. *Quaternary Research*, 62: 208-213.

[4] Bettinger R. L., Barton L., Richerson P. J., et al., 2007. The transition to agriculture in Northwestern China. *Developments in Quaternary Sciences*, 9: 83–101；宁夏文物考古研究所：《水洞沟——1980年发掘报告》，科学出版社，2003年。

[5] Boule M., Breuil H., Licent E., et al., 1928. *Le paléolithique de la Chine*. Archives de L'Institut de Paléontoloqie Humaine, Mémoire 4.

[6] Bordes F., 1968. *The Old Stone Age*. McGraw-Hill Book Company.

[7] 贾兰坡、盖培、李炎贤：《水洞沟旧石器时代遗址的新材料》，《古脊椎动物与古人类》1964年第1期；张森水：《中国北方旧石器工业区域渐进与文化交流》，《人类学学报》1990年第4期；李炎贤：《中国旧石器时代晚期文化的划分》，《人类学学报》1993年第3期；宁夏文物考古研究所：《水洞沟——1980年发掘报告》，科学出版社，2003年。

晚期过渡的文化特征具有重要意义。

4. 现代人行为

一般认为，现代人在非洲起源。目前的研究成果表明旧石器时代中期文化至少开始于 30 万年前，直到距今 3.5 万年结束[①]，当然在一些局部地区可能会更晚。解剖学上的现代人材料出现在距今 19.5 万～ 16 万年的考古记录中[②]，虽然对这些人类化石是否是现代人的直系祖先还有一些争论，但是有来自基因证据的支持[③]。如果说尚有争论的现代人起源问题由于化石和基因证据的强力支持，我们还能接受非洲起源学说，那么关于现代人何时开始和如何才具有我们现在这样的行为，即什么时候具有了"现代行为（Modern Behavior）"则是一个更大的争论性课题。如果从现代行为发展的时间问题上来考量，学术界主要有四种模式来阐述[④]。

（1）更新世晚期早段模式（Early Upper Pleistocene Model），又称神经系统发展模式（Neural Advance Model）[⑤]。该模式认为现代人行为在考古记录中是相对较晚时候才出现的，至少距今 4 万年以后[⑥]。古老型智人被公认具有体质的现代性，但是行为现代性的发展则是距今 5 万～ 4 万年。这个模式日益与新发现的考古证据不一致，而且在基因研究背景下也显得没有太大意义，此外也很难与生物进化相匹配。Coolidge 和 Wynn[⑦] 又提出了以大脑功能分区和石制品类型为基础的这个模式新的版本，因此其大脑突变发生的时间范围就显得要大些，而且也不与其他认为现代行为起源要

---

① Straus L. G., 2012. The emergence of modern-like forager capacities & behaviors in Africa and Europe: abrupt or gradual, biological or demographic? *Quaternary International*, 247: 350-357.

② Grine F. E., Bailey R. M., Harvati K., et al., 2007. Late Pleistocene Human Skull from Hofmeyr, South Africa, and Modern Human origins. *Science*, 315:227-229; Goebel T., Waters M. R., Rourke D. H. O., 2008. The Late Pleistocene dispersal of Modern Humans in the Americas. *Science*, 319:1497-1502.

③ Mellars P., 2006. Going East: new genetic and archaeological perspectives on the Modern Human Colonization of Eurasia. *Science*, 5788:796-800.

④ Henshilwood C. S., Marean C. W., 2003. The origin of Modern Human behavior. *Current Anthropology*, 44:627-651.

⑤ Ambrose S. H., 2001. Paleolithic technology and human evolution. *Science*,291: 1748-1753.

⑥ Henshilwood C. S., Marean C. W., 2004. The origin of Modern Human behavior: a review and critique of models and test implications. *Current Anthropology*, 44: 627-651.

⑦ Coolidge F. L., Wynn T., 2005. Working memory, its executive functions, and the emergence of modern thinking. *Cambridge Archaeological Journal*, 15: 5-26.

早些的模式相冲突。

（2）晚更新世早期模式（Early Upper Pleistocene Model），又称渐进模式（Gradualist Model）①。现代行为是在体质现代性出现后一个逐步积累的过程，但很明显比上一个模式即更新世晚期早段模式要早几万年。该模式的缺陷是其归纳性结论来源于考古记录，保存和复原了无数具体化的偏差。该模式与现有证据如此的紧密结合以至于其不得不随时更新以匹配新的考古材料。

（3）晚更新世更早阶段模式（Earlier Upper Pleistocene Model），又称早期模式（Early Model）②。该模式认为现代行为和解剖学至少在距今 10 万年以来都是粗略一致的，在时间和地域上都有许多小的变体。其自提出以来显得越来越具有可靠性，因为一直有新的考古和基因方面的证据支持，并且新的测年方法也使得一些测年数据越来越接近这个模式所建议的年代。

（4）中更新世模式（Middle Pleistocene Model），又称最早模式（Earliest Model）③。现代行为的起源有时候要早于体质学上的进化。该模式认为旧石器中期的开端就是现代行为起源的标志。如此，东非现代行为起源就提早到了距今 28 万年前④，几乎比最早的现代人还要早 10 万年⑤。这种模式在生物进化的背景下显得很有意义，因为行为的改变会导致解剖学上的变化。

实际上，现代行为起源研究最为困难的一点是如何界定现代行为，即什么是所谓的"现代"。标准化的骨制工具、长距离交易、壮观的岩画艺术这些被认为是现代行为的典型特征，但它们可能在大多数考古遗址中难以见到。这也就使得对现代行为的判断出现了问题，即要有多少现代行为

① McBrearty S., Brooks A. S., 2000. The revolution that wasn't: a new interpretation of the origin of Modern Human behavior. *Journal of Human Evolution*, 39:453-536.

② Deacon H. J., 1989. Late Pleistocene Paleoecology and archaeology of the Southern Cape. In: Mellars P., Stringer C. B.(Eds.), *The human revolution: behavioral and biological perspectives on the origins of Modern Humans*. Edinburgh University Press; Henshilwood C. S., Marean C. W., 2004. The origin of Modern Human behavior: a review and critique of models and test implications. *Current Anthropology*, 44: 627-651.

③ Foley R. A., 1987. Hominid species and stone tool assemblages: how are they related? *Antiquity*, 61:380-392; Foley R. A., Lahr M. M., 1997. Mode 3 technologies and the evolution of Modern Humans. *Cambridge Archaeological Journal*, 7:3-36.

④ Tryon C. A., McBrearty S., 2002. Tephrostratigraphy and the Acheulean to Middle Stone Age transition in the Kapthurin Formation, Kenya. *Journal of Human Evolution*, 42:211-235.

⑤ McDougall I., Brown F. H., Fleagle J. G., 2005. Stratigraphic placement and age of the Modern Humans from Kibish, Ethiopia. *Nature*, 433:733-736.

标准的出现才能真正算是已经有了现代行为。所以，现代行为是一个多元化的概念，也是一个极度模糊的概念。行为由技术、习俗、语言、饮食、智力以及很多其他方面共同组成。可能在考古材料上分为技术上的现代性或者在解决问题上的现代性来界定现代行为会更有帮助，而不是将以上所谓典型特征部分或全部进行考虑。有学者提出用遗传学的概念"表型可塑性（phenotypic plasticity）"来定义现代行为[1]。表型可塑性即一种具有压倒性优势技术的动物能够非常迅速进行调整以至于能够应对新的自然和文化环境，而不是等待生长出一些特化的东西。工具的使用在灵长类动物中是广泛存在的，而且不仅仅是使用工具，而是他们能够迅速地产生新的技术手段来使自己变得不一样。因此，从这样一个角度来说，没有一种单一的技术能够作为行为现代性的标准，现代性只能在一个组合（context）中观察到。

在欧洲的旧石器晚期常常被认为是现代人的时代，被用来与欧洲旧石器中期的尼安德特人进行对比[2]。一些被认为是现代行为的特征因此被归纳出来，具体有这么几点[3]：人工制品的多样性；人工制品类型的标准化；石叶技术；骨器和其他有机材料的运用；个人装饰品和艺术或者图像的出现；生活空间的结构及功能分区；仪式（retual）；经济上的强化，例如水生动物和其他需要特殊技术来源物的使用；地理领域的扩大；交易网络的扩大等。

在东亚，近年来关于现代行为的研究取得了一些新的成果。例如，宁夏水洞沟遗址的遗迹、遗物显示出石器类型呈现多样化和标准化，使用骨器，大量制作鸵鸟蛋皮串珠饰品，大规模使用火塘，居住面存在功能分区以及人类营生方式发生转变等，表明水洞沟遗址史前人类所反映的现代人

[1] Minichillo T. J., 2005. *Middle Stone Age lithic study, South Africa: an examination of Modern Human origins.* unpublished PhD thesis, University of Washington.

[2] Klein R. G., 1995. Anatomy, behavior, and Modern Human origins. *Journal of Word Prehistory*, 9:167-198; Clark G. A., Lindly J. M., 1989. The case of continuity: observations on the biocultural transition in Europe and Western Asia. In: Mellars P., Stringer C. B. (Eds.), *The Human revolution: behavioral and biological perspectives on the origins of Modern Humans*, Edinburgh University Press, Edinburgh; Hayden B., 1993. The cultural capacity of neandertals: a review and reevaluation. *Journal of Human Evolution*, 24:113-146; White R., 1982. Rethinking the Middle/Upper Paleolithic transition. *Currrent Anthropology*, 23:169-192.

[3] McBrearty S., Brooks A. S., 2000. The revolution that wasn't: a new interpretation of the origin of Modern Human behavior. *Journal of Human Evolution*, 39:453-536.

行为，为讨论中国早期现代人群的起源与演化提供了考古学视角①。河南许昌灵井遗址的动物考古学研究表明该遗址史前人类已经具备了专业的狩猎策略，并已形成了成熟而系统的狩猎能力和群体组织行为，为东亚地区现代人行为起源的早期理论提供了证据②。

第二节 研究问题

乌兰木伦遗址石制品数量多，类型丰富，且属于原地埋藏，较为完好地保存了古人类活动的全貌。遗址自发现以来，就注重多学科的综合性研究，已有较好的年代学和古环境等研究成果，为在年代学框架下探讨遗址文化面貌和在古环境背景下探讨古人类生存行为方式提供了可能。

乌兰木伦遗址石器工业的研究在以下几个方面需要深入探讨：

（1）乌兰木伦遗址石制品类型中包含有大量的石片和碎片，其中石片不仅包含各个类型，而且裂片数量非常多。这是否表明乌兰木伦古人类就在遗址进行了剥片行为？那么，又采用了什么样的剥片方式？

（2）乌兰木伦遗址发现的石制工具数量很多，类型也很丰富，其中锯齿刃器和凹缺器占了主要部分。从工具组合上看，乌兰木伦遗址石器工业具备什么样的文化特征？这样的工具组合是否可以与欧洲同时期的莫斯特文化进行比较？

（3）碎片所占比例之大是遗址石器工业的一个重要特征。它们是如何产生的？是来自工具修理还是在剥片过程中自己掉下来的？如何区分它们？反映了古人类活动什么样的信息？

（4）一些特殊技术行为的出现，反映了乌兰木伦史前人类什么样的行为方式？是否代表了现代行为的出现和发展？

第三节 研究目标

本书拟通过对乌兰木伦遗址石制品的研究，进而探讨古人类的行为方式和适应策略。主要包括以下几个方面：

---

① 关莹、高星、王惠民等：《水洞沟旧石器时代晚期遗址结构的空间利用分析》，《科学通报》2011年第33期；关莹、高星、李锋等：《MIS 3晚期阶段的现代人行为与"广谱革命"：来自水洞沟遗址的证据》，《科学通报》2012年第1期。

② 张双权、李占扬、张乐等：《河南灵井许昌人遗址大型食草类动物死亡年龄分析及东亚现代人类行为的早期出现》，《科学通报》2009年第19期。

通过观察地层、石制品拼合、遗物出土状态、火塘等方面分析遗址的埋藏性质，为遗址空间分析等提供前提，为遗址石器工业研究提供埋藏学基础；

通过对乌兰木伦遗址石核和石片的研究，探讨乌兰木伦史前人类的剥片方式和方法，进而复原其剥片程序；

通过对遗址石制品组合的研究，探讨遗址的石器工业特征，并与同时期和邻近地区遗址进行对比，进一步了解遗址的文化面貌及其文化源流；

通过剥片模拟实验检验对遗址剥片程序的复原，并结合剥片实验的结果对比遗址石片组合，推测古人类是否在遗址进行过剥片行为；

通过遗址地质地貌的考察，结合石制品的分析、火塘等遗迹的分布以及微痕分析等，探讨遗址的动能和性质；

在对遗址石器工业深入研究的基础上，对比同时期或相邻地区的旧石器遗址，推断其在中国乃至世界旧石器文化演化中的位置。

第四节　研究材料和方法

一、研究材料

乌兰木伦遗址自 2010 年发现以来，在 2010 年 6～7 月和 2010 年 9 月进行过两次试掘以及 2011 年以来多次进行正式考古发掘。目前，早期的发掘已有两篇阶段性的研究报告[①]，其后又陆续发表了进一步的发掘成果[②]。

本书主要研究对象是乌兰木伦遗址第 1 地点截至 2012 年的发掘标本。因为 2013 年及其之后的发掘主要集中在第 2 地点，第 1 地点发掘面积小，出土标本不多。本书研究的标本包括 2010～2012 年历次发掘和采集获得

---

① 侯亚梅、王志浩、杨泽蒙等：《内蒙古鄂尔多斯乌兰木伦遗址2010年1期试掘及其意义》，《第四纪研究》2012年第2期；王志浩、侯亚梅、杨泽蒙等：《内蒙古鄂尔多斯市乌兰木伦旧石器时代中期遗址》，《考古》2012年第7期。

② 鄂尔多斯市文物考古研究院、中国科学院古脊椎动物与古人类研究所：《鄂尔多斯乌兰木伦遗址第1地点2013年发掘简报》，《文物春秋》2017年第4期；鄂尔多斯市文物考古研究院、中山大学社会学与人类学学院、中国科学院古脊椎动物与古人类研究所：《内蒙古鄂尔多斯市乌兰木伦遗址第1和第2地点2014年发掘简报》，《北方文物》2022年第3期；雷蕾、刘扬、侯亚梅等：《鄂尔多斯乌兰木伦遗址第2地点2014—2015出土的石制品》，《人类学学报》2019年第2期。

的石制品共计 13146 件。考虑到 2010 年第 1 次试掘作为抢救性发掘因而材料和数据采集不全，所以又分为重点研究材料和补充研究材料。其中，重点研究材料为 2010 年 9 月试掘（208 件）和 2011 年（1517 件）、2012年（985 件）正式发掘所获得的石制品，一共 2710 件。2010 年 6 月第 1次试掘（1333 件）、各年度采集石制品（1054 件）和各年度筛洗石制品（8049件）则作为研究补充材料，共计 10436 件。

二、研究方法

（一）地质调查

地质调查的目的主要包括两个方面，一是确定原料的来源地及其与遗址的距离，二是进而探讨古人类对原料产地原料状况的认识和采取的适应策略。这也被学者称为原料经济[1]。在旧石器考古研究中，对用于制作工具的原料进行分类非常重要，特别是对原料产地的研究。石制品原料产地研究最好的方式就是地质调查[2]。通过详细的地质调查，甚至可以为一个区域内史前人类石料的利用、运输、交换等建立一个体系图。有学者对法国南部旧石器中期不同遗址原料来源地选择的研究为该地区原料的分布以及史前人类对原料的认识和有效利用提供了一个参考体系[3]。

地质调查的工作方法是在遗址附近区域开展地毯式调查以确定与遗址原料一致的地点，然后对确定的地点进行采样分析。在正式调查之前，一般来说，对地质学家和史前学家已有研究成果的利用将会使工作事半功倍，因为这些成果中可能包含对该地区或者遗址区域范围内有关地质地貌和岩石情况的详细介绍。对于乌兰木伦遗址而言，原料产地的调查并不需要如此，因为乌兰木伦河流域地质地貌的考察已经可以确定遗址的砾石原料就来源于河流两岸裸露的基岩砾石层。

在地质调查的过程中，需要对原料产地进行信息的记录。一般需要记录产地的地理坐标、地质地貌环境、岩相特征、产状、尺寸以及丰富度

[1] Montet-White A., Holen S., 1991. *Raw material economies among prehistoric hunter-gatherers*. University of Kansas publications in anthropology 19.

[2] Andrefsky Jr. W., 1998. *Lithics: macroscopic approches to analysis*. Cambridge University Press.

[3] Browne C. L., Wilson L., 2011. Resource selection of lithic raw materials in the Middle Palaeolithic in Southern France. *Journal of Human Evolution*, 61:597-608.

等①。本研究在确定了原料产地后，随机选择了一个范围并对该范围内的所有砾石进行记录、描述和测量，以确定古人类面对原料的真实状况，进而探讨他们对原料采取的策略。

地质调查的最后结果要与遗址的原料分布进行对比，来分析古人类原料利用方面的行为特征。

（二）埋藏学研究

在旧石器考古学研究中，石制品及其共生的动物牙骨化石和一些有幸保存下来的遗存如用火遗迹等，是研究古人类行为和生活方式的主要证据②。然而，在旧石器遗址地层堆积的形成过程中，大量的其他埋藏营力，如水流、风力、大型动物的踩踏等因素都会对石制品的空间分布造成影响③，从而影响对遗址性质的判断。因此，在对遗址性质、古人类对空间的利用等进行研究之前，有必要对遗址的形成过程进行详细地研究④。而埋藏学正是解决这一问题的重要手段。

埋藏学最早运用于古生物学研究，主要探讨古生物死亡、破坏、风化、搬运、堆积和埋藏的这一整个过程⑤。在20世纪60年代末"新考古学"思潮的影响下，考古学家开始运用埋藏学的方法来对考古遗址的文化堆积和文化遗物进行形成过程分析，并致力于把影响遗址形成过程的各种自然因素识别出来，以评估这些自然因素对遗址形成过程的影响程度，从而客观地了解古人类的行为和生活方式。

埋藏学的研究方法很多，但最为广泛运用的还是动物考古埋藏学⑥。

① Grégoire S., 2000. *Origine des matières premières des industries lithiques du Paléolithique pyrénéen et méditerranéen. Contribution à la connaissance des aires de circulations humaines*. Thèse de doctorat à l'Université de Perpignan.

② Kluskens S. L., 1995. Archaeological taphonomy of Combe-Capelle Bas from artifact orientation and density analysis. In: Dibble H. L., Lenoir M. (Eds.), *The Middle Paleolithic Site of Combe-Capelle Bas (France)*. The University Museum Press, pp. 199-243.

③ Gifford D. P., 1981. Taphonomy and paleoecology: a critical review of archaeology's sister disciplines. In: Schiffer M. B. (Ed.), *Advances in archaeological method and theory*, Vol.4. Academic Press, pp.365-438.

④ Egeland C. P., Domínguez-Rodrigo M., 2008. Taphonomic perspectives on hominid site use and foraging strategies during Bed Ⅱ times at Olduvai Gorge, Tanzania. *Journal of Human Evolution*, 55:1031-1052.

⑤ 尤玉柱：《史前考古埋藏学概论》，文物出版社，1989年。

⑥ Bar-Oz G., Dayan T., 2002. "After 20 years": a taphonomic re-evaluation of Nahal Hadera V, an Epipalaeolithic Site on the Israeli Coastal Plain. *Journal of Archaeological Science*, 29:145-156.

本书的研究为了更好地了解遗址的形成过程和较为准确地判断人类行为的保存程度，拟采用多种手段来进行研究，这些手段包括地层观察、石制品拼合、石制品组合、遗物出土状态、动物考古埋藏学等。

（三）类型学研究和操作链分析

类型学是研究石器工业的基础[①]，其是对考古遗址出土的各类遗物进行定性、识别和分类的科学。乌兰木伦石器工业的研究采用博尔德的经典类型学对石制品进行分类。虽然有学者认为该类型学有它的局限性[②]，但旧石器考古的器物分类是必需的[③]，因为这是进一步理解古人类文化的前提。本书将在传统类型学基础上，根据乌兰木伦遗址石制品的实际情况，设计了一系列各类型石制品的观察和测量指标。

在类型学研究的基础上，本书还采用"操作链"的手段对石制品进行分析。因为石器的制作是个"离心过程"，在打制过程中会产生许多因失误而非刻意造成的器物形变[④]，这就需要一种动态的而不是静态的研究方法。"操作链分析"正是一种石制品的动态分析方法。"操作链"概念基于这样一个理论前提，石器生产的所有阶段都是可以通过仔细观察进行复原的，因为石制品这个载体会以表面片疤的形式记录下打制过程，同时生产流程也会或多或少在环境中留下痕迹与线索，所以石制遗存在构建历时与共时性框架方面具有双重优势[⑤]。因此，片疤分析在操作链分析中显得尤为重要。

通过模拟实验产生的一系列完整产品组合，考虑到实验者技术水平、原料条件和所采用的技术等方面，应用动态思维来分析实验标本的生命轨迹，从而与遗址出土标本进行对比，将静态类型学和动态类型学相结合，为正确判断遗址的性质打下坚实的理论基础。本书将通过古人类对原料的采集、剥片和工具制作、使用、废弃来复原石制品生命的全过程，进而分

[①] Bordes F., 1968. *The Old Stone Age*. McGraw-Hill Book Company.

[②] Bisson M. S., 2000. Nineteenth century tools for twenty-first century archaeology? Why the Middle Paleolithic typology of Francois Bordes must be replaced. *Journal of Archaeological Method and Theory*, 7:1-48.

[③] 陈淳：《谈旧石器类型学》，《人类学学报》1994年第4期。

[④] Dibble H., Rolland N., 1991. Beyond the Bordes-Binford debate: a new synthesis of factors underlying assemblage variability in the Middle Paleolithic of Western Europe. In: Dibble H., Mellars P. (Eds.), *New perspectives on human adaptation and behavior in the Middle Paleolithic*. University Museum Press.

[⑤] 李英华、侯亚梅、Bodin E.：《法国旧石器技术研究概述》，《人类学学报》2008年第1期。

析古人类的石器生产和使用等行为方式。在实际操作中，将更侧重石器制作与使用这一技术流程的中间环节即石核剥片上，采用阶段类型学的方法，着重研究乌兰木伦古人类的剥片程序以及工具类型和技术多样化特征。

（四）数理统计分析：数据的记录、统计和分析方法

数理统计分析是考古学中不可或缺的手段。在设定了一系列石制品观察和测量指标后，通过对石制品的测量，将会得到一大堆数据。仅这些原始数据，研究者很难从中得到有用的信息，而数理统计分析有助于解释数据并得出有意义的结论。数理统计分析通过将庞大而杂乱无章的材料与信息体系进行精简、提炼、组织和综合，将其化解为小的和明了易懂的信息单元，并提取出可靠的信息，使研究者能获知其所观察的若干项目的相关性或内在联系，推理类型、形态、技术、原料等现象的能动关系，进而建立人类在特定环境下的适应生存模式。

在对乌兰木伦遗址石制品类型有了初步了解与分类后，针对不同类型的石制品设计了相应的观测项目和指标，仔细测量认真记录，并运用相关软件进行统计分析，以求从石制品的这些数据中得到更多的信息以获得有意义的结论。

（五）实验考古研究

著名考古学家保罗·巴恩曾说，如果不做实验，那我们的猜想仅仅是猜想而已[1]。模拟实验是用实践、尝试或实验来判断一种有关古人类行为解释的理论或想法。它并不满足于复原与记录古代的遗物和遗迹，而是要更深入地了解古人类的行为方式，以检验一些复杂的考古学理论阐释模式。

本书将进行石英岩剥片实验研究。该实验意在了解石英岩剥片机理，并对剥片的可控性进行探讨；通过控制不同剥片过程产生的石片形态，讨论石英岩剥片过程中石片类型、大小的变化以及碎片的类型和产生量的变化，进而讨论 Nich Toth 六型石片分类法[2]在分析石核利用率等问题上的可靠性等；通过对特定数量石核的剥片实验，推测遗址石片数量是否来源于发现的所有石核，进而说明乌兰木伦史前人类原料的利用方式，例如将砾石毛坯带进来还是打好石片再带进来以及是否有石片工具被带走，然后更

---

①　〔英〕保罗·巴恩著，覃方明译：《当代学术入门——考古学》，辽宁教育出版社，1988年。

②　Toth N., 1985. The Oldowan reassessed: a close look at early stone artifacts. *Journal of Archaeological Science*, 12:101-120.

进一步探讨遗址的功能与性质。

此外，本书还将对乌兰木伦遗址发掘的石制品进行初步的微痕观察，以探讨遗址石制品的使用率、使用方式和使用对象等问题。

三、石制品分类的基本概念和术语及观察测量项目的方法和指标

旧石器时代考古研究需要有一套完整规范的操作体系[①]，例如，遗址发掘的程序和记录格式、标本的观察内容和测量方法、考古报告的编写规则等。良好的发掘程序和记录格式有助于从考古遗址中尽可能多地提取出有价值的信息；而规范明了的标本观察项目和测量方法等指标的设计，则不仅是研究者从遗物中提取有价值的信息的前提条件，更是与其他遗址进行对比以及后来研究者再次研究的基础。如果能够建立一套统一的术语、标本观察测量项目[②]，那当然是再好不过。但在实际的考古研究中，不同的考古学者在这些项目的设计上会有所不同；即使是同一个考古学者在面对不同考古材料时，由于研究问题的需要，其研究设计也会不一样。这也是这样一套考古标准急需建立却又迟迟甚至无法建立的重要原因。也因此，为了便于考古学者之间的交流和不同遗址材料的对比，在对一批材料进行系统研究之前，将研究者采用的实验设计完整地展现出来就显得十分必要。本节主要罗列乌兰木伦遗址石制品研究的分类方法、类型学术语、观察和测量项目指标，并对其中一些研究设计进行适当的解释。

（一）石制品分类的基本概念和术语

石制品分类和描述是石制品研究的基础和前提。在旧石器考古学研究中，石制品类型划分与形态分析是最早被应用到旧石器时代文化研究的方法之一[③]。采用形态特征对石制工具进行辨别在旧石器时代各个时段的修理石制品分类中被广泛运用。通过类型学的研究，可以了解遗址石制品的组合特点，对石制品类型在时间和空间的发展变化做出科学的解释，从而对古人类在特定环境条件下的技术行为模式和技术水平做出解释；甚至通过对不同的类型组合的研究，探讨其背后所具有的文化上的意义，例如博

---

① 卫奇：《〈西侯度〉石制品之浅见》，《人类学学报》2000年第2期。

② 卫奇、陈哲英：《中国旧石器时代考古反思》，《文物春秋》2001年第5期。

③ Dibble H., Rolland N., 1991. Beyond the Bordes-Binford debate: a new synthesis of factors underlying assemblage variability in the Middle Paleolithic of Western Europe. In: Dibble H., Mellars P. (Eds.), *New perspectives on human adaptation and behavior in the Middle Paleolithic*. University Museum Press.

尔德对法国莫斯特文化的研究 ①。

乌兰木伦遗址光释光测年结果为距今 6.5 万～ 5 万年，在时代上属于旧石器时代中期。此外，通过对遗址石制品的初步观察和研究，其工具组合被认为具有欧洲旧石器中期文化的特征。因此，为了便于与欧洲同时期旧石器中期文化对比，乌兰木伦遗址石制品的分类采用博尔德的分类方案 ②，并主要参考 *Handbook of Paleolithic typology* ③ 一书。

根据博尔德的分类体系，结合乌兰木伦遗址石制品的特征，将其分为石核、石片、长石片（石叶）、碎片、工具、备料和断块等。基本概念和术语说明如下。

1. 石核（Core）

石器制作者选择漂砾、粗砾、卵石、结核或石块打下石片（或石叶）之后而留下的剩余部分称为石核。石核表面一般保存有打片后留下的石片疤。需要提到的是，在石制品分类的过程中，石核和砍砸器常常不好区分，因为砍砸器刃缘修理也常常表现出一些大的石片阴疤。一般认为，如果一件标本的刃部单纯由大石片疤构成则应归入石核；而构成该标本刃部的石片疤边缘经过修整则应归入砍砸器。当然这样的区分标准还是会使人迷惑，因为在石核剥片过程中一方面会有台面修理的情况而在台面边缘形成小的修疤，另一方面剥片同时掉下的一些细小碎片也会在石核剥片面上形成小的疤痕，最终导致与刃缘修理的砍砸器无法区分。此外，这样的区分标准也常常难以把握，往往不同的研究者会产生不同的分类。在乌兰木伦遗址石制品的分类过程中，考虑到石制品整体组合是以小石片工具为主体的特征，石核剥片生产制造工具的石片毛坯是打制者的主要目的，因此把有多次剥片的漂砾、粗砾、卵石、结核或石块全部归为石核，而没有归入砍砸器类。

石核的进一步划分主要根据剥片技术与台面数量和关系来划分，主要分为单台面石核、双台面石核、多台面石核、向心石核和石片石核五类。

2. 石片（Flake）

一般定义石片为从石核上剥下来的产品 ④。但实际上，石片的产生可

①　Bordes F., 1961. *Typologie du paleolithique ancient et moyen*. C. N. R. S.

②　Bordes F. 1961. *Typologie du paleolithique ancient et moyen*. C. N. R. S.

③　Debénath A., Dibble H., 1994. *Handbook of Paleolithic typology volume one: the Lower and Middle Paleolithic of Europe*. University of Pennsylvania Museum Press.

④　张森水：《中国旧石器文化》，天津科学技术出版社，1987年。

以有完全不同的途径：一是石核预制过程中产生石片，一般称为预备石片（preparation flake or preliminary flake）；二是生产制作工具的毛坯而从石核上剥下来的石片，一般称为打片石片（knapping flake）或者剥片石片（debitage flake）；三是在将粗砾、卵石、结核或大石块甚至石片毛坯打制成工具的过程中也会产生大量大小不等的石片，称为加工石片（retouch flake or shaping flake）。这三类产生于完全不同的技术过程或者石制品生命流程中的石片在一个遗址中往往不可区分，特别是在大型砾石工具遗址，虽然也有学者对此进行过尝试[①]。乌兰木伦遗址发现的石片大多数不存在这样的问题，一是乌兰木伦遗址石制品少有预制技术，二是乌兰木伦遗址发现的工具修理阴疤都不大，与石片的尺寸有差别。

完整石片的进一步分类按照石片台面和背面的技术特征来分，主要参考 Nick Toth 的六型石片动态分类法[②]：

Ⅰ型石片：自然台面，自然背面；

Ⅱ型石片：自然台面，自然和人工混合背面；

Ⅲ型石片：自然台面，人工背面；

Ⅳ型石片：人工台面，自然背面；

Ⅴ型石片：人工台面，自然和人工混合背面；

Ⅵ型石片：人工台面，人工背面。

不完整石片以台面朝上的腹面观来进行分类描述，可分为：左、右裂片，近端、中段和远端，以及"不确定"，即无法归类的断片。

需要说明的是，乌兰木伦遗址石制品在石片的分类过程中，并没有采用"使用石片"这个概念。因为使用石片的判断主要是根据肉眼观察石片边缘是否有微小破损或者微小锯齿状痕迹。本书研究者通过剥片实验发现这一判断标准极不可靠，因为实验过程中发现绝大部分石片由于原料的内部结构以及用力的不同也会导致边缘出现类似使用石片判断标准这样一个结果的出现。虽然乌兰木伦遗址部分石制品已进行过初步的微痕观察，其中就识别出很多使用过的石片。但本书也不将这些使用过的石片单独分成使用石片，而是在未来的石制品微痕分析中再详细进行研究。

---

①　高丽红：《百色盆地高岭坡遗址石制品的研究》，中国科学院硕士论文，2010年。

②　Toth N., 1985. The Oldowan reassessed: a close look at early stone artifacts. *Journal of Archaeological Science*, 12:101-120.

3. 长石片 / 石叶（Blade）

石叶是石片的一种，通常是指那些长度等于或大于宽度两倍者。但石叶的概念实际上一直有所争论。有研究者[①]通过对部分以前学者对石叶定义的回顾，总结出石叶的四个属性，并将石叶定义为：从预制有平直脊的石核上剥制的两侧边中上部平行或近平行，背面有平直的脊，长度一般为宽度的两倍或以上，宽度超过 12mm 的石片。不过，具有丰富模拟打制经验的 Tixier 不赞成这种附加标准，因为这样的定义只具有理论上的完美效用，但实际上难以操作[②]。

Tixier 对石叶的划分标准提出如下建议[③]：

（1）长度等于或大于宽度的两倍；

（2）长度等于或大于 5cm 者；

（3）宽度等于或大于 1.2cm 者。

乌兰木伦遗址石制品分类过程中发现有完全符合以上三项标准的"石叶"，但是研究者在进行剥片实验时发现采用锤击法试图去剥下石片时往往会随机带下符合以上三项标准的"石叶"。如果仅此就可称为石叶的话，那么石叶的概念就失去了文化的指示意义。因此，本项研究将符合以上三项标准的石片不采用石叶的命名，而将这类石片称为长石片。

4. 碎片（Fragment）

将最大尺寸小于 10mm 的石制品定义为碎片[④]，可以是石片、断块和断片。乌兰木伦遗址发现有大量的碎片，其来源推测有两种，一是剥片时随机落下，二是修理工具时产生的废片。如何确定其来源将是本项研究需要讨论的问题。

5. 废片（Debris）

英文单词"debris"实际上来源于法语的"débris"，被用来指代废片。在北美史前学界"debris"和"debitage"通用，都是指代废片，即旧石器

---

① 李锋：《石叶概念探讨》，《人类学学报》2012年第1期。

② Tixier J., 1974. Glossary for the description of stone tools, with special reference to the Epipalaeolithic of the Maghreb. In: Muto R.(Ed.), *Newsletter of lithic technology*. Washington State University.

③ Tixier J., 1974. Glossary for the description of stone tools, with special reference to the Epipalaeolithic of the Maghreb. In: Muto R.(Ed.), *Newsletter of lithic technology*. Washington State University.

④ Bar-Yosef O., Belfer-Cohen A., Mesheviliani T., et al., 2011. Dzudzuana: an Upper Palaeolithic cave site in the Caucasus foothills (Georgia). *Antiquity*, 85:331-349.

遗址中发现的大量石片和碎屑。但这个"debitage"与法语的"débitage"意思截然不同，后者指的是剥坯这样一个动态的过程，是操作链的一个阶段，与修型（façonnage）相对应 [1]。本书为了不引起误会，采用 debris 一词。

　　然而，关于废片的定义在国际学术界也有不同的认识。Shott 将废片定义为石器加工过程中产生的副产品 [2]。而 Andrefsky 则定义为剥片过程中丢弃的废料 [3]。很显然，Shott 的定义忽视了石核剥片过程中产生的副产品，而 Adrefsky 的定义则有点指代不明，因为剥片的副产品包括石片、碎屑及断块等，其中部分石片可能被用来作为毛坯而进一步加工成工具使用，部分石片未经加工直接使用。鉴于此，王春雪将以上两者的定义综合了一下，将废片定义为古人类在石核剥片和工具修理过程中产生的石片、碎屑等副产品，主要包括石核、工具、使用石片、断块以外的石制品，即包括非工具类石片和碎屑 [4]。但实际上，这是一个很难操作的定义，例如非工具类石片的分类标准就容易陷入僵局，因为一个遗址往往有大量的非修理类石片发现，但其有没有直接使用过则很难也很花费时间去判别；此外，未加工的断块是不是属于副产品即废片，在该定义中也交代不清。

　　因此，本书关于废片的定义，采用 Inizan 等学者的定义，即形态不规则且没有任何石片特征的片状石块 [5]。

　　6. 工具（Tool）

　　乌兰木伦遗址主要是石片工具，主要类型有：锯齿刃器、凹缺器、刮削器、尖状器、鸟喙状器、钻具、雕刻器等。

　　A. 锯齿刃器（Denticulates）　　是一种由两个或多个连续小凹缺在边缘上组成锯齿状刃口的石片工具。

　　B. 凹缺器（Notches）　　石片边缘带有深、窄凹缺的工具。凹缺器可分两类：一类凹缺由一次性打击所生，称为"克拉克当凹缺器（Clactonian notches）"；另一类凹缺通过一系列连续的细小打击而成，称为"标准凹缺器（Ordinary or Complex notches）"。根据凹口的数量可以分为单凹缺器和双凹缺器。由一系列连续打击而成的标准型凹缺器和双凹缺器与锯齿

---

[1]　李英华、侯亚梅、Bodin E.：《法国旧石器技术研究概述》，《人类学学报》2008年第1期。

[2]　Shott M. J., 1994. Size and form in the analysis of flake debris: review and recent approaches. *Journal of Archaeological Method and Theory*, 1:69-110.

[3]　Andrefsky Jr. W., 1998. *Lithics: macroscopic approches to analysis*. Cambridge University Press.

[4]　王春雪：《水洞沟遗址第八地点废片分析和实验研究》，中国科学院博士论文，2010年。

[5]　Inizan M. L., Roche H., Tixier J., 1992. *Technology of knapped stone*. Nanterre:CREP.

刃器在分类时常常使人迷糊，有研究者[①]尝试过采用数理统计的方法以凹缺的长度及其在毛坯上的分布为基础对这两类工具进行区分。本书规定双凹缺的两个凹缺必须分开，即两凹缺之间有一个平的面而不是尖，即不能连接起来[②]；由连续打击而成的标准型凹缺器其修理片疤最后构成的结果必须不足以构成一个长型刃缘。

C. **刮削器**（Scrapers） 在欧洲的旧石器中期，刮削器和凹缺器、锯齿刃器一起是出现频率最高和最为重要的工具。刮削器指对石片的一个、两个侧边以至周边进行连续修整以获得锋利刃口的工具。刃口的形态可以是平直的、呈弧形凸出或凹入的；可以是单刃的，也可以是双刃的，双刃可以是一侧一个，也可以两侧最后在远端汇聚到一起；可以是正向修整或反向修整，也可以是错向或两面修整。

在博尔德对刮削器的定义中[③]最主要的刮削器的类别依据修理边缘的数量、修理点以及被修理的边缘之间的关系确定。在大多数的分类中，最小的类群依据边缘形状确定，比如说刃缘是直的、凹的还是凸的。这三种类型的划分应用一条直线（比如一根铅笔）抵住边缘的中部，如果接触面为一条线，则边缘为直的；如果接触为一个点，则边缘为凸的；如果接触为两个点，则边缘为凹的。

D. **尖状器**（Points） 是旧石器考古中具有悠久研究历史的工具之一，早在 18 世纪即已出现 "point" 的分类名称。然而，直到 20 世纪 20 年代之前研究者并未对它给予清楚而明确的定义。一般来说，尖状器是一类石片或石叶工具，从两侧进行修整并使远端变尖。在欧洲，尖状器是旧石器中期文化的标志性工具之一。通常分为"莫斯特尖状器（Mousterian points）"和"勒瓦娄哇尖状器（Levallois points）"两种。

尖状器在分类时最大的困难是如何与汇聚刃刮削器（Convergent scrapers）分开，因为后者两个修整的边缘最后也汇聚成尖。本书提出三个区分标准：首先，尖状器两个侧边形成的夹角和尖端处上下面形成的夹

---

① Picin A., Peresani M., Vaquero M., 2011. Application of a new typological approach to classifying denticulate and notched tools: the study of two Mousterian lithic assemblages. *Journal of Archaeological Science*, 38:711-722.

② Debénath A., Dibble H., 1994. *Handbook of Paleolithic typology volume one: the Lower and Middle Paleolithic of Europe*. University of Pennsylvania Museum Press.

③ Bordes F., 1961. Mousterian Culture in France. *Science*, 134:803-810.

角必须是锐角；其次，尖状器器身较平，以便装柄①；最后，尖状器两个侧边修理必须延续到尖部。

E. 鸟喙状器（Becs or breaks） 博尔德定义这种由两个相邻的交互打击产生的小凹缺（一个在腹面而另一个在背面）构成的末端尖锐的石片或石叶工具为鸟喙状器。鸟喙状器出现于旧石器初期而流行于中期，是欧洲莫斯特文化基本工具之一。这种刃口旋转的末端成为鸟喙状器区别于钻具的主要技术特征。

F. 钻具（Borers） 或称石锥，虽然可能是不同类型的工具，但实际上很难区分。从毛坯两侧加工并相交于一端生成一个尖刃，其尖刃总是在器物顶端的中部。它的加工方法与尖状器相似，但它的尖刃与尖状器的尖刃稍有不同，其尖刃较钝或相当短而扁②。一般器形很小。其出现于旧石器初期而流行于中期，是欧洲莫斯特文化基本工具之一。

G. 雕刻器（Burins） 是一种由一个、两个或多个窄长小石片疤和一个、两个或多个断口（或台面）相交形成两面角的凿状刃口的石片或石叶工具。从器身上剥下的小石片称为"雕刻器削片（burin spall）"。在欧洲，雕刻器是旧石器晚期的标志性工具之一，不仅形式多样，加工也十分规范和精致。我国也发现有雕刻器，但除个别地点（如山西下川③）外，总的来说并不流行，类型也很单调。

H. 琢背石刀（Backed knives） 在石片或石叶毛坯一侧边进行较陡的修理而在对边则是一个锋利的刃缘。其在旧石器早、中期广泛存在。

I. 自然背石刀（Naturally backed knives） 在石片或石叶毛坯上没有任何修理，但有一个侧边是非常锋利的刃缘而另一个侧边是背面带石皮。

J. 端刮器（End-scraper） 一般在石片或石叶的一端或两端进行连续修理的角度较陡的刃缘，这个刃缘或多或少要是圆的或者略直。端刮器的毛坯一般窄长，至少在修理刃缘端是窄小的。值得说明的是，刃缘修理不能过于陡直，否则将成为截断（Truncation），截断一般作为打制雕刻器的台面用。

K. 薄刃斧（Cleavers） 是西方手斧文化的主要成分之一。它的主要特点有三：一是以大石片特别是轮廓稳定的孔贝瓦石片为毛坯；二是刃部

① Debénath A., Dibble H., 1994. *Handbook of Paleolithic typology volume one: the Lower and Middle Paleolithic of Europe*. University of Pennsylvania Museum Press.
② 张森水：《中国旧石器文化》，天津科学技术出版社，1987年。
③ 陈哲英：《下川遗址的新材料》，《中原文物》1996年第4期。

为生产石片时形成的薄刃（位于远端或侧边）而不做加工；三是对柄部或侧边施以修整使之适于手握。薄刃斧在非洲很普遍,欧洲亦有出现。在中国,以丁村[①]、洛南[②]等遗址的薄刃斧最为突出,不仅形式多样,而且制作规范。

L. 石锤（Hommer stones） 是打制石器的工具,其上常有打击过程中反作用力造成的斑痕或重叠片疤。石锤一般以从河床采集来的卵石、粗砾充任。

7. 备料（Manuports）

备料是指和石制品共生、无明显人工打击和使用痕迹,对其出现在遗址里亦无法用非人为因素（如水流搬运等自然力）解释的卵石、粗砾和石块等。

8. 断块（Chunk）

断块是指剥片时沿自然节理断裂的石块或破裂的碎块。多呈不规则状,个体变异较大。在统计分析时很难将它们划归某种特定的石制品类型。

（二）观察测量项目和指标

乌兰木伦遗址石制品观察和测量项目很多,除一些通用的基本项目外,不同类石制品还有不同的项目。在一些石制品如石核和石片的观察项目中,大的项目下还有具体若干个小的项目。每个项目以阿拉伯数字代替输入表格然后进行统计。该节将详细列出石制品观察测量的各个项目并做出必要的解释。

1. 基本项目

A.标本编号 即发掘时标本的编号,由发掘年份、区县名称、遗址名称、地层、序号共同组成。如 12KW②1,首两位 12 是指 2012 年,K 是康巴什的首字母,W 是乌兰木伦遗址的首字母,②是地层,最后的数字 1 是标本序号。乌兰木伦遗址早期的发掘由不同单位主持,对标本编号有不同理解,所以出现了多种编号的情况。除上述编号之外,还有 OKW、KW11 等。其中,OKW 的 O 是鄂尔多斯,K 是康巴什,W 是乌兰木伦遗址;KW11 则是把年份放了后面。用火遗迹出土标本单独编号,如 YHYJ②1,YHYJ 即用火遗迹的缩写,②是地层,最后的数字 1 是标本序号。编号在

---

① 裴文中、吴汝康、贾兰坡等：《山西襄汾县丁村旧石器时代遗址发掘报告》,科学出版社,1958年。

② 王社江：《洛南盆地的薄刃斧》,《人类学学报》2006年第4期。

已发表的报告[①]中进行了统一。乌兰木伦遗址有 3 个地点，但是本项研究只涉及第 1 地点的标本。

B. **坐标** 即遗物出土的三维坐标，用 X= 东读数、Y= 北读数、Z= 垂直读数来表示。乌兰木伦遗址的发掘采用了全站仪进行三维坐标的测量，其三维坐标精确到了小数点后 4 位。

C. **原料** 乌兰木伦遗址原料以 1 石英岩为主，根据石英岩质地的差别又可分为 1a 优等石英岩、1b 中等石英岩和 1c 差等石英岩。其他还有 2 石英、3 燧石、4 砂岩、5 片麻岩、6 硅质岩、7 玛瑙、8 玉髓。

D. **磨蚀程度** 指标本因搬运或碰撞等作用造成的标本物理状态的变化，可以反映标本埋藏后所经历的变化。分为 4 个等级：1 无、2 轻度、3 中度、4 重度。

E. **风化程度** 指标本在大气和水的作用下，经化学分解作用而导致化学成分和矿物成分的改变。分为 4 个等级：1 无、2 轻度、3 中度、4 重度。

F. **尺寸** 主要包括石制品的长、宽、厚等尺寸信息。根据其最大长度或宽度所在的变异范围，将其划分为 5 个级别[②]：微型（< 20mm），小型（≥ 20mm，< 50mm），中型（≥ 50mm，< 100mm），大型（≥ 100mm，< 200mm），巨型（≥ 200mm）。

G. **重量** 根据标本重量的变异区间可分为 5 个级别：很轻（< 1g），较轻（≥ 1g，< 25g），中等（≥ 25g，< 100g），偏重（≥ 100g，< 500g），较重（≥ 500g）。

H. **刃角** 包括尖刃器的尖角和非尖刃器的角度。

2. 石核的定位和观察、测量项目

（1）定位

乌兰木伦遗址有锤击石核和砸击石核，这两类石核的定位方法说明如下：

A. **锤击石核定位** 台面朝上，剥片面朝前，面向观察者，观察者的左侧为石核的左侧，观察者的右侧即为石核的右侧。

B. **砸击石核定位** 核体两端较尖的一端朝上，核体两侧较平的一面朝向观察者。

---

① 中国科学院古脊椎动物与古人类研究所、鄂尔多斯市文物考古研究院、中山大学社会学与人类学学院：《乌兰木伦——鄂尔多斯旧石器时代中期遗址发掘报告》，文物出版社，2023年。

② 卫奇：《〈西侯度〉石制品之浅见》，《人类学学报》2000年第2期。

（2）观察和测量项目

A. **类型**　石核的进一步划分主要根据剥片技术与台面数量和关系来划分，分为5类：1 单台面石核、2 双台面石核、3 多台面石核、4 向心石核、5 石片石核。

B. **毛坯**　即作为石核使用前的状态，分为4类：1 砾石、2 断块、3 石片、4 先前利用过的石核。

C. **剥片方法**　分为2种：1 硬锤锤击、2 硬锤砸击。

D. **最大长、最大宽**　石核的最大长度和宽度。

E. **技术长**　石核的剥片面与其相对面之间的最大垂直距离。

F. **技术宽**　石核左侧切面和右侧切面之间的最大垂直距离。

G. **厚**　石核台面与其相对面的最大垂直距离。

H. **台面类型**　剥片面所依的台面类型，分为2种：1 自然台面（本书指石皮台面）、2 破裂面台面（plain platform，一般学者称为素台面，但本书认为素台面指代不太清楚；日本学者往往翻译成平坦打面[①]，而这里采用破裂面台面，是考虑到台面不一定是平坦的）。

I. **台面数量**　剥片面所依台面的数量，主要针对非单台面石核而言，用阿拉伯数字 1～9 表示，可以知道台面转换的次数。

J. **理论台面特征**　理论上，从石核打击点延伸过去的整个平面均可以成为继续剥片的台面，这个大范围的台面称为理论台面。分为3种：1 平、2 凸、3 不规则。类型依台面类型。

K. **理论台面石皮比例**（按等级估算）　指理论台面石皮面积占整个台面面积的比例，用阿拉伯数字 1～10 分别代表 10%～100%。

L. **理论台面长**　理论台面由剥片面到相对面的最大长度。

M. **理论台面宽**　理论台面由左侧面到右侧面的最大长度。

N. **有效台面类型**　在剥片过程中，打制者利用到的剥片台面并不一定包括整个理论台面，而仅仅是理论台面的一部分，我们将打制者利用到的剥片台面称为有效台面。有效台面代表已经利用的剥片技术，但这种剥片技术并不一定一直延续到理论台面的终结。通过对理论台面的形态和石皮等特征的统计，我们可以知道打制者喜欢选择什么样的台面，然后与有效台面对比，又可以知道打制者需要对特定台面进行怎样的修整以达到所需要台面的目的。有效台面的特征有：1 自然台面、2.1 修理台面、2.2 破

---

① 大场正善、佐川正敏：《平城京左京二条二坊十四坪发掘调查报告——旧石器时代编（法华寺南遗迹）》，《奈良文化财研究所学报第67册》，奈良文化财研究所，2003年。

裂面台面。

O. **有效台面比例** 即有效台面与理论台面的比值。按等级估算，用阿拉伯数字 1 ～ 10 分别代表 10% ～ 100%。

P. **有效台面边缘形态** 有效台面与剥片面夹边的形态，分为 4 种：1 平直、2 平弧、3 波浪直、4 波浪弧。

Q. **有效台面角** 石核有效台面与剥片面的夹角。

R. **剥片面形态** 分为：1 平、2 凸、3 凹。需要说明的是，对于非单台面石核剥片面进行观察和测量是以剥片面转换的先后顺序来进行的。这样通过不同时间段的剥片面特征可以知道为什么要转换剥片面。在对不同的台面和剥片面测量和输入数据时在 EXCEL 表中一律另起一行。

S. **剥片面片疤数量**（大于 5mm 的片疤数） 剥片面上可见到的片疤数量。

T. **剥片面片疤层数** 指石核上石片疤之间的覆盖打破关系。

U. **剥片面片疤方向** 剥片面上可见到的剥片阴疤的方向，分为：1.1 从台面向下、1.2 从末端向上、1.3 向左、1.4 向右、2.1 上下相对、2.2 左右相对、3 多向。

V. **剥片面最大片疤长** 剥片面可见到的最大完整石片疤的长度。

W. **剥片面最大片疤宽** 剥片面可见到的最大完整石片疤的宽度。

X. **剥片面最小片疤长** 剥片面可见到的最小完整石片疤的长度。

Y. **剥片面最小片疤宽** 剥片面可见到的最小完整石片疤的宽度。

Z. **剥片面完整片疤的远端特征** 分为 1 羽状（正常收聚的一种）、2 背向卷（向背面方向卷曲）、3 腹向卷（向腹面方向卷曲）、4 台阶状（因折断而呈现台阶状，这种折断是自然折断，即在截面看不到人为打击点而与人为截断石片区分开来）、5 Plunging（远端圆钝棱状，向背面微卷）、6 Hinge（远端部分同心波呈凸起的棱，与边缘构成双贝壳状）。

AA. **剥片面完整片疤的边缘形态** 分为 1 平行、2 汇聚、3 反汇聚、4 扇形、5 三角形。

AB. **可推测的剥片疤类型** 根据石核残留的石片阴疤与石核台面以及石核表面的关系，判断该石核产生的石片疤的类型。按石片的分类方法，分为 Ⅰ ～ Ⅵ 型和不确定，分别用阿拉伯数字 1 ～ 7 代替。

AC. **剥片范围** 整个石核上剥片的范围占整个石核面积的百分比，可以反映剥片程度。按等级估算，用阿拉伯数字 1 ～ 10 代表 10% ～ 100%。

3. 石片的定位和观察、测量项目

（1）石片定位

乌兰木伦遗址发现的石片主要由锤击法和砸击法剥下，即有锤击石片和砸击石片两种，它们的定位方法分别说明如下：

A. 锤击石片定位　台面朝下，背面正对观察者，腹面朝后。靠近台面处为近端，与台面相对一端为远端，近端和远端之间为中段；左侧即为石片左侧，右侧即为石片右侧。

B. 砸击石片定位　与砸击石核相对，较尖一端朝上，较凸的一面朝向观察者。

（2）石片的观察和测量项目

A. 类型　根据石片的形态特征，分为：1 完整石片、2 非完整石片和 3 不确定。

完整石片根据 Nich Toth 的六型分类体系进一步划分为六大类：1.1 Ⅰ型石片（自然台面，自然背面）、1.2 Ⅱ型石片（自然台面，自然和人工混合背面）、1.3 Ⅲ型石片（自然台面，人工背面）、1.4 Ⅳ型石片（人工台面，自然背面）、1.5 Ⅴ型石片（人工台面，自然和人工混合背面）、1.6 Ⅵ型石片（人工台面，人工背面）。

非完整石片分为：2.1 左裂片、2.2 右裂片、2.3 近端、2.4 远端、2.5 中段。

B. 特殊石片　将具有特殊技术或文化指示意义的石片单独区分出来，但是这些类别之间并不一定具有特定的逻辑性。主要有以下几类：

1 双锥石片：在石片腹面可以观察到两个半锥体。

2 长石片：符合 Tixier 石叶划分三项标准的石片，一般要求石片的长度大于宽的两倍以上，且两侧边基本平行。

3 带唇石片：石片台面的腹面缘呈较细的凸棱状。

4 两极石片（砸击石片）：利用砸击法产生的石片。

5 孔贝瓦石片（双阳面石片）：以石片为毛坯产生的另一个石片，一般可观察到两个腹面。

6 更新石核台面桌板[①]（rejuvenation core tablet）：是修复石核台面时打下的一种特殊石片。这种特殊石片的背面由一些修复台面时先行连续打片所产生的石片阴疤组成，柄部亦由一组半截的（常常是石片近端）石片阴疤组成。上述两点使得此类石片有一个厚"边"与平面呈多边形的轮廓[②]。

---

① 黄慰文、侯亚梅、斯信强：《盘县大洞的石器工业》，《人类学学报》1997年第3期。

② Inizan M. L., Roche H., Tixier J., 1992. *Technology of knapped stone*. Nanterre:CREP.

7 人为截断石片：人为截断的石片，在截断面必须能观察到打击点。

8 纵脊石片：指对背面已有纵脊的利用，主要是对先前剥片形成纵向棱脊的有效利用。

9 修脊石片：指在石片背面可观察到有意修理近远端向纵脊，并形成一个三角形的截面，从而达到有效控制该石片的走向、长度和宽度，这是石叶生产工艺中的重要技术。

C. **剥片技术**　分为：1 硬锤锤击、2 硬锤砸击。

D. **最大长**　石片几何形态的最大长度。

E. **最大宽**　石片几何形态的最大宽度。

F. **技术长**　主要针对石片和石片毛坯工具，与打击方向平行从台面到石片远端的最大直线距离。

G. **技术宽**　主要针对石片和石片毛坯工具，与技术长垂直的石片左侧到右侧的最大距离。

H. **厚**　石片腹面与背面的最大垂直距离。

I. **最厚处位置**　石制品前后两个面的最大厚度所在位置，一般用八分法来描述，如在中心则用数字 9 表示，如在对应的 8 个区域，则用相应的 8 个数字来表示。

J. **石片形态**　分为：1 长型（石片技术长大于技术宽）、2 宽型（石片技术长小于技术宽）。

K. **边缘形态**　对石片左侧边和右侧边关系的观察描述。分为：1 平行（石片的左右两边相互平行）、2 准平行（石片的左右两边基本平行）、3 汇聚（石片两边向下汇拢）、4 反汇聚（与 3 相反）、5 三角形（两边汇拢后石片呈三角形）、6 扇形（呈圆钝状）、7 不规则。

L. **台面类型**　分为：1 自然台面（石皮台面）、2 破裂面台面（详见石核台面描述）、3 修理台面（人工修理台面）、4 点状台面（台面缩小成一个点，以至于肉眼无法区分是自然石皮还是破裂面）、5 线状台面（台面缩小成一条线，以至于肉眼无法区分是自然石皮还是破裂面）。

M. **台面片疤数**　主要针对破裂面台面和修理台面而言，指石片台面可观察到的片疤数量。

N. **台面石皮比例**　石片台面石皮面积占整个台面面积的比例。按等级估算，用阿拉伯数字 1 ～ 10 分别代表 10% ～ 100%。

O. **台面长**　石片腹面与背面之间在台面处的最大长度。

P. **台面宽**　石片左侧与右侧之间在台面处的最大长度。

Q. **台面内角**　石片台面与石片腹面之间的夹角。

R. **台面外角**　石片台面与石片背面之间的夹角。

S. **打击点**　分为：1 明显、2 不明显、0 不确定。

T. **石片后缘**　即石片背面与石片台面的相交线，一般分为：1 平整、2 波纹、3 曲折。

U. **石片后缘可见打击点数量**　用阿拉伯数字表示。

V. **唇**　分为：1 有、0 无。

W. **半锥体**　分为：1 明显（鼓凸）、2 一般（可见但不很凸出）、3 无。

X. **锥疤**　分为：1 有、2 散漫、0 无。

Y. **放射线**　分为：1 明显、0 不明显。

Z. **同心波**　分为：1 明显、0 不明显。

AA. **末端形态**　石片的末端形态与打击力度和原料等因素有关，可分为：1 羽状（指正常收聚的一种）、2 背向卷（向背面方向卷曲）、3 腹向卷（向腹面方向卷曲）、4 台阶状（因折断而呈现台阶状，这种折断是自然折断，即在截面看不到人为打击点而与人为截断石片区分开来）、5 Plunging（远端圆钝棱状，向背面微卷）、6 Hinge（远端部分同心波呈凸起的棱，与边缘构成双贝壳状）。

AB. **背面石皮比例**　石片背面石皮面积与背面面积的比例。按等级估算，用阿拉伯数字 1 ～ 10 代表 10% ～ 100%。

AC. **背面石皮位置**　用八分法来描述，如在中心则用数字 9 表示，如在对应的 8 个区域，则用相应的 8 个数字来表示。

AD. **背面形态**　分为：1 平、2 凸、3 凹。

AE. **背面疤数量**（大于 5mm 者）　可见背面疤的数量，用阿拉伯数字表示。

AF. **背面疤方向**　石片背面阴疤的方向，可以反映剥片的技术特征，分为：1.1 从台面向下、1.2 从末端向上、1.3 向左、1.4 向右、2.1 上下相对、2.2 左右相对、3 多向。

AG. **背面最大疤（完整）长**　背面可见的最大剥片疤的技术长。

AH. **背面最大疤（完整）宽**　背面可见的最大剥片疤的技术宽。

AI. **背面最小疤（完整）长**　背面可见的最小剥片疤的技术长。

AJ. **背面最小疤（完整）宽**　背面可见的最小剥片疤的技术宽。通过对背面疤大小的统计可以知道在剥片时一般产生石片大小的幅度。

AK. **背面疤层数**　可见最多有几层阴疤打破关系，用阿拉伯数字表示。可以知道该件石片至少是在第几次剥片之后。

AL. **最早层背面疤方向**　分为：1.1 从台面向下、1.2 从末端向上、1.3

向左、1.4 向右、2.1 上下相对、2.2 左右相对、3 多向。

AM. 第 2 层背面疤数量和方向 方向同 AL。

AN. 第 3 层背面疤数量和方向 方向同 AL。

AO. 背脊数 背面疤形成脊的数量，用阿拉伯数字表示。

AP. 最后背脊方向 最后一层剥片阴疤形成的脊的方向，分为：1 与石片方向同向、2 与石片方向垂直、3 不规则。

AQ. 边缘破损位置 判断边缘破损的规律，并与本研究要进行的踩踏实验进行比较，具体位置采用八分法进行描述：1 腹面（结合八分法图用1.1 ～ 1.9 分别代表腹面不同位置）、2 背面（用 2.1 ～ 2.2 分别代表不同位置）。

AR. 石片腹面曲度 分为：1 平、2 凸、3 凹。

4. 工具的定位和观察、测量项目

（1）定位

主要根据工具毛坯而定，具体如下：

A. 石片毛坯工具 按石片的定位方式定位。

B. 非石片（如石核、断块、砾石等）毛坯工具 一般刃缘朝上，较凸的一面称为正面朝向观察者，较平的一面称为背面背向观察者，左侧即为工具左侧，右侧即为工具右侧。

（2）观察和测量项目

A. 类型 即本章 4.3.1 中所列工具的类别。

B. 毛坯 分为：1 石片（1.1 Ⅰ 型石片、1.2 Ⅱ 型石片、1.3 Ⅲ 型石片、1.4 Ⅳ型石片、1.5 Ⅴ型石片、1.6 Ⅵ型石片、1.7 左裂片、1.8 右裂片、1.9 近端、1.10 远端、1.11 中段）、2 石核、3 断块、4 砾石、5 其他。

C. 毛坯估计边缘形态 分为：1 平行、2 汇聚、3 反汇聚、4 扇形、5 三角形。

D. 工具边缘形态 同 C。通过对毛坯边缘形态的估计，可以知道毛坯的最初形态，然后对比加工后的工具边缘形态及工具形态，我们可以知道工具修理对于毛坯形态的改变程度。

E. 技术长 主要对石片毛坯工具而言，按石片的技术长测量方法测量。

F. 技术宽 同 E。

G. 最厚处 工具最厚处所在位置，按八分法表示。

H. 石片类型 可准确知道的石片类型，即石片的六个类型。可以知道工具偏好于什么类型的石片，甚至可以知道什么样的工具偏好于什么样的石片。

I. **石核类型** 可准确知道的石核类型，分为：1 单台面、2 双台面、3 多台面石核。可以知道工具修理对石核类型的选择性，比如，假如在一个遗址发现的石核毛坯工具多为多台面石核，表明剥片程度较高的石核形成了多个新鲜剥片面，进一步的工具修理和加工选择这样的石核显然事半功倍。

J. **加工方式** 分为：1 正向（石片毛坯由腹面向背面单向加工）、2 反向（石片毛坯由背面向腹面单向加工）、3 错向（一侧正向，一侧反向）、4 交互（正反向连续交替）、5 对向（在两个相对的边上向同一方向加工）、6 两面（在工具的两个面上同时有修疤）、7 复向（在一个边一段为正向，一段为反向）。

K. **加工方法** 分为：1 硬锤锤击、2 硬锤砸击、3 软锤锤击、4 压制。

L. **加工位置** 分为：1 石片毛坯（1.1 腹面，判断边缘破损的规律，并与本研究要进行的踩踏实验进行比较，具体位置采用八分法进行描述，分别用 1.11 ~ 1.19 来表示；1.2 背面，分别用 1.21 ~ 1.29 来表示）、2 石核毛坯（2.1 剥片面靠近台面处、2.2 剥片面底边、2.3 剥片面左侧、2.4 剥片面右侧、2.5 非剥片面位置）、3 砾石（3.1 砾石较宽边、3.2 砾石较短边）、4 周边修理。

M. **加工长度** 修理疤的延续长度。

N. **加工所在边长度** 加工所在边的总长度。

O. **加工长度指数** 在一条边上修理长度与该边总长度的比值。

P. **加工深度** 加工片疤在加工所在面上的延伸长度。

Q. **加工面宽** 加工所在面的最大宽度。

R. **加工深度指数** 加工深度与加工面宽的比值。比值越大表示加工指数越高，表明加工越精细，用具体数值表示。分为：1 边缘修理、2 深度修理。

S. **过中线片疤数** 以工具长轴为中心将其分为两部分，单面修理片疤超过该线的数量。

T. **修疤层数** 修理的次数。

U. **单个修疤形状** 分为：1 长型、2 宽型。

V. **修疤形态** 分为：1 "鳞状（scalar）"修整、2 "台阶状（stepped）"修整、3 "平行"或"准平行"（parallel or subparallel）修整。"鳞状"修整是欧洲旧石器中期的一种典型修整片疤。"台阶状"修整亦称"奎纳（Quina）"修整，以法国旧石器中期的奎纳遗址最具代表性，这种技术形成厚刃。"平行"或"准平行"修整是欧洲旧石器晚期梭鲁特（Solutrean）文化的标志，与压制法有关（图 1）。

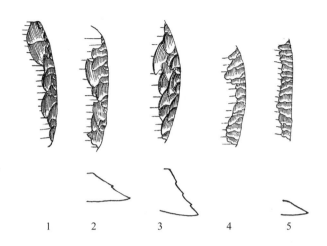

图1 片疤修整形态（Retouch morphologies）[1]

1、2.鳞状修整（scalar retouch） 3.台阶状修整（stepped retouch） 4.准平行修整（subparallel retouch） 5.平行修整（parallel retouch）

W. 修疤连续性 分为：1 连续（continuous）、2 非连续（discontinuous）。

X. 修疤远端形态 分为：1 弧形、2 汇聚、3 反汇聚、4 不规则。

Y. 刃口形态 刃口形态是划分石器类型以及在器型内部进一步划分亚型的重要标准，而且具有不同刃口形态的工具往往被认为具有不同的功能[2]。为了准确地说明和描绘刃口形态变异，并探索和阐释这些变异在类型学和功能上的意义，Barton 创设了刃口形态指数 (SI-Shape Index) 的概念[3]。本书采用 Barton 的刃口形态指数概念，但不采用其计算方法。本书的计算方法是将不同形态的刃口变异为理想化的标准圆弧，然后以该圆弧的中线高除以两端连线的长，得到的结果乘以 100 即可反映圆弧弧度。这实际上计算的是理想圆弧的 tan 角度值。数值越大，则表示弧度越大；凸弧和凹弧分别用正数和负数来表示，直刃则为 0。

Z. 几类工具独有的观察和测量项目

a.锯齿刃器 锯齿数量、锯齿高度最大、锯齿高度最小、齿间距。

---

① Debénath A., Dibble H., 1994. *Handbook of Paleolithic typology volume one: the Lower and Middle Paleolithic of Europe.* University of Pennsylvania Museum Press.

② 高星：《关于周口店第15地点石器类型和加工技术的研究》，《人类学学报》2001年第1期。

③ Barton C., 1988. *Lithic variability and Middle Paleolithic behavior: new evidence from the Iberian Peninsula.* BAR International Series 408.

b.凹缺器   类型（单凹缺、双凹缺）、单缺口宽、单缺口高、单缺口弧度（缺口高与缺口宽的 1/2 的比值）、凹缺修理方法（1 单次打击，即克拉克当型；2 两次打击；3 多次打击）、凹缺修疤数、双凹缺间距。

c.雕刻器   台面剥片长、剥片面剥片长、剥片数、刃口长、刃角。

5.其他（断块、废片）定位和观察项目

（1）定位

以其长轴方向上较平的一面为底面，相对较凸的一面为顶面；较宽一端为近端，较窄的一端为远端。观察者的左侧就是断块的左侧，右侧为断块的右侧。

（2）观察和测量项目

断块的观测项目相对较少，主要包括基本项目中的几项。

第二章　乌兰木伦遗址概况

第一节　地理、地质和地貌概况

乌兰木伦遗址位于内蒙古鄂尔多斯市康巴什新区乌兰木伦河左岸，地理坐标为 $39°35.152'N$，$109°45.659'E$，海拔 1281m（图2），是一处露天遗址。

遗址所在的鄂尔多斯高原地处青藏高原外围的东北部，大部分地区海拔在 $1300 \sim 1400m$。地势从西北向东南微倾，起伏和缓。鄂尔多斯陆台向斜处于一个"井"字形构造体系中间。该陆台继白垩纪整体大幅度下降之后，从第三纪早期开始又逐渐上升。陆台边缘形成断续分布的第三系红土层，西部边缘较深厚，越向东越薄，至鄂尔多斯境内的达拉特旗盐店以东该地层缺失。乌兰木伦古水文网就是在白垩纪末至第三纪早中期陆台开始上升之后逐渐形成的。起初由一些相互分隔但彼此接近的湖盆组成，以后随着

图2　乌兰木伦遗址地理位置示意图

上升幅度加大,湖盆串联在一起,形成宽大但浅的葫芦形古水文网[①]。

位于鄂尔多斯高原的乌兰木伦河属黄河干流水系,发源于鄂尔多斯东胜区,向东南流入陕西与悖牛川河汇合后称窟野河,再向南注入黄河。总河长138km。河流两岸地形平缓,属于黄土高原和毛乌素沙漠过渡地带。河流中上游横穿伊金霍洛旗中西部地区,地形呈波状起伏,海拔在1400m左右。为外流水系,沟壑较多,但切割较浅,属于流域面积不大的季节性河流。由于第四纪鄂尔多斯陆台间歇性的上升或下降,稳定沉积期露出水面高处的岩层风化,在河道两侧或湖盆中沉积;抬升下切期则新沉积物或新老沉积物被局部或全部下蚀,这样就形成了河道两侧现存的一些明显或模糊的片段形河湖阶地或河流阶地。

乌兰木伦遗址就发育在乌兰木伦河岸白垩系红砂层冲沟的晚更新世地层中,上部覆盖着较厚的浅湖相和风沙沉积物。遗址是一个地点群,目前命名的有3个地点,其中第1地点发现最早,位置靠东。第2地点位于第1地点西侧约50m,第3地点位于第1地点西侧约160m。

目前第2、3地点仅进行了初步的发掘,发掘面积和深度都不大,获得材料不多,还难以较完整地窥探其文化面貌。因此,本书的研究材料主要来自乌兰木伦遗址第1地点。第1地点第四纪堆积宽约15m;发掘深度尚未到达基岩面,但经探铲试探可知基岩面到顶部地表最大高度超过17m,其中包含文化遗物的地层超过7m。遗址堆积的形成过程可分为河流下切底部基岩并形成小峡谷,然后结束下切反转开始接受河湖相堆积两个阶段。古人类自后一阶段开始在此活动,打制、使用过的石器和生活垃圾(如动物碎骨、用火遗迹等)被随后的坡积物、洪积物和河湖相沉积物所埋藏。正是这些被埋藏的文化遗物为研究乌兰木伦古代先民的生产、生活等提供了珍贵的实物材料。

第二节 遗址堆积形成过程及地层的划分和描述

一、遗址堆积成因的初步认识

遗址堆积形成过程目前还没有一个统一的认识。主要问题集中在堆积成因是湖相、河流相、泉水作用、风成还是白垩系的红砂岩坡积物?抑或

---

① 武润虎、蔺水泉、高建中等:《乌兰木伦河的调查与水土保持造林》,《内蒙古林业调查设计》2000年增刊。

是这几种成因均有作用?

　　遗址堆积粒度分析为这一问题提供了有益视角。该项工作由北京大学城市与环境学院地表过程分析与模拟教育部重点实验室完成。结果表明（图3），上部地层沙丘样品L1803几乎不含黏土，粉砂含量也很

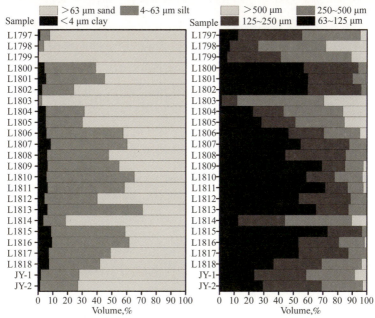

图3　地层堆积粒度分析

低，基本由粗砂组成；湖相（L1800、L1801）的粒度分布相似，黏土成分相对多一些。文化层中的样品，基本以粉砂为主，含部分黏土成分。样品 L1814 主要由红色砂组成，该样品与基岩的粒度相似，这说明样品 L1814 的物质主要来源于红色砂岩的基岩。与此类似的还有 L1804 和 L1805。可见从粒度的角度来看，堆积物的来源是多样的。

目前关于遗址堆积成因的认识有两种较为合理。一是认为遗址堆积主要是河湖作用的结果。遗址所处位置原来是一条南北向的古河道，前方是一个古湖，而遗址正处于河道入湖口处。由于古河道流经之地为不太致密的白垩系红砂岩，加上地壳抬升导致红砂岩长期暴露风化严重，因此河水会带来大量的白垩系砂质沉积，并在入湖口形成三角洲河漫滩。河湖水较浅的季节河漫滩露出来，古人类和动物都来此饮水，而古人类还从事生产和生活等活动。古人类和动物离开后，残留物被下一次的河流堆积物掩埋。在此过程中，一直伴随的还有湖水漫向河漫滩所带来的堆积物。此外，由于遗址长期受到风沙影响，风沙也起到一定作用。河道两侧白垩系红砂岩的崩塌则主要影响了遗址两侧的堆积，部分块状红砂岩也会滚落到遗址中部。

另一个认识是，遗址所处位置并不是一个古河道，而遗址前方的湖（或没有湖）也不是淡水湖。因为鄂尔多斯高原属于内陆地区，其发育的湖泊多为咸水湖。咸水湖并不适合古人类和动物饮用。遗址堆积的形成应该始于遗址下方至今还在流淌的泉水。泉水也是吸引古人类和动物来此活动的重要原因。泉水的来源是雨季雨水顺着白垩系红砂岩的向斜构造渗透汇合，最终在遗址处流出。由于受到长年的泉水作用影响，导致白垩系红砂岩崩塌，最后形成了现在的豁口。在泉水作用的过程中，也常年受到风沙和水流的影响。

二、地层划分和描述

遗址地层分 8 层，文化遗物主要出在第②～⑧层（图 4）。由于下部地层泉水丰富，发掘无法继续，因此第⑧层没有发掘到底部基岩面。地层描述如下：

第①层：主要为白垩纪基岩风化后的红色砂状堆积，内部包含大块的基岩风化块。自西向东倾斜。发现有动物化石。厚约 1 ～ 2.1m。

第②层：上部为红色砂状堆积，局部有少量白垩纪基岩风化块，出土遗物较少；下部为青灰色粉砂堆积，自西向东倾斜，石制品和动物化石丰富。厚约 0.6 ～ 1.4m。

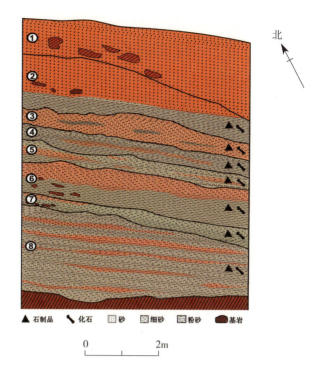

北

图4　乌兰木伦遗址地层剖面示意图

（底部基岩线参考遗址外围基岩面）

第③层：为红色夹灰色细砂堆积。自西向东倾斜。石制品和动物化石丰富。厚约 0.3 ～ 0.8m。

第④层：以青灰色粉砂堆积为主，局部为红色细砂。自西向东倾斜。石制品和动物化石丰富。厚约 0.2 ～ 0.6m。

第⑤层：青灰色粉砂与红色细砂交错堆积。自西向东倾斜。石制品和动物化石丰富。厚约 0.15 ～ 0.6m。

第⑥层：上部为红色细砂堆积，夹杂少量白垩纪基岩风化块；下部为青灰色粉砂堆积。自西向东倾斜。石制品和动物化石丰富。厚约 0.6 ～ 1m。

第⑦层：青灰色粉砂堆积，顶部偏西为红色细砂，夹杂少量白垩纪基岩风化块。自西向东倾斜。石制品和动物化石丰富。厚约 0.2 ～ 0.4m。

第⑧层：红色细砂与青灰色粉砂交错堆积，底部直接与白垩纪基岩相接。自西向东倾斜。石制品和动物化石丰富。在遗址发掘位置未到底。从遗址外围露出的基岩面看，厚约 1.1 ～ 2.1m。

第三节 遗址的发现、发掘和室内工作

一、发现、发掘与野外工作方法

（一）发现和发掘

旧石器时代遗址的发现大多偶然，原因很多。首先，旧石器时代人群密度相对较小，因此能留下的人类活动遗址自然也不会很多；其次，由于年代久远，长期遭受后期埋藏影响，人类活动遗存不易保存；最后，旧石器时代人群对自然改造较弱，遗址堆积实际上也是自然堆积形成的过程，因此，一般旧石器考古遗址特别是旷野遗址的发现主要靠从断裂的剖面找到文化遗物后，再通过试掘来确认地层。乌兰木伦遗址即如此。

鄂尔多斯高原第四纪沉积较为松散，极易遭受后期破坏。因此，在该地区要找到保存良好的第四纪剖面甚为难得。这也是该地区在萨拉乌苏和水洞沟遗址发现近 90 年来一直没有新遗址发现的重要原因。随着鄂尔多斯市经济的快速发展，城市建设步调加快，在乌兰木伦河河畔崛起了一座新城康巴什新区。在新城的建设过程中，乌兰木伦河新城段要改造成一个景观湖，需要对河流两岸剖面进行清理。2010 年 5 月某天，鄂尔多斯市一名文物考古爱好者古日扎布于正在建设的景观湖畔发现了几件动物化石，报告当地主管部门后，时任鄂尔多斯青铜器博物馆馆长王志浩到现场考察，又发现几件具有人工打制痕迹的石制品，推测这可能是一处古人类遗址。同年 6 月，鄂尔多斯青铜器博物馆对遗址进行了试掘。这便是乌兰木伦遗址 2010 年的第一次试掘，揭露面积 12m^2，获得了大量石制品和动物化石，并揭露多处用火遗迹。本次试掘将遗址剖面从顶部一直清理到第⑧层。稍有遗憾的是，由于当时的发掘人员缺乏旧石器考古专业背景，又是抢救性发掘，导致部分考古标本没有采集，一些基本的野外数据如出土标本的三维坐标等也没有获得。

为了弄清遗址的地层和时代，鄂尔多斯青铜器博物馆邀请中国科学院古脊椎动物与古人类研究所黄慰文和中国科学院地质与地球物理研究所袁宝印对遗址地层和乌兰木伦河流域地质地貌进行了考察，认为遗址地层可与萨拉乌苏遗址对比，并将年代卡在距今 10 万～ 3 万年，属于旧石器时代中期。黄慰文还对试掘出土的石制品进行了观察，发现不仅数量多，石器类型也非常丰富，其中还不乏精品；文化面貌上显示出一些欧洲旧石器

时代中期的特征。

鉴于遗址的重要性，鄂尔多斯青铜器博物馆邀请中国科学院古脊椎动物与古人类研究所侯亚梅到遗址考察并组建联合考古队对遗址进行科学规范的发掘。遂于 2010 年 9 月再次进行了为期一个月的试掘。本次试掘位置选择在第一次试掘面的西部，揭露面积 6m²，又获得了大量石制品和动物化石。

2011 年联合考古队获得国家文物局的发掘批准，并于同年 4 ～ 9 月对遗址进行了正式发掘。新揭露面积 24m²。由于发掘精细，进展较慢，所以发掘不深。新揭露面有 16m² 仅发掘到第②层的上部，还有 8m² 仅发掘到第①层的顶部；而 2010 年 9 月的发掘面则由第②层清理到了第⑦层顶部。这次发掘同样获得了大量的文化遗物，在第③层的西部发现一处用火遗迹。值得一提的是，在该年度乌兰木伦遗址的发掘过程中，考古队兵分两路，开展了对乌兰木伦河流域上游的旧石器考古调查工作，并发现了大量旧石器地点和文化遗物。

2012 年度的发掘从 7 月份开始，持续时间 3 个月。主要对 2010 年两次试掘的发掘面进行进一步清理，主要目的之一是要将遗址发掘到基岩面，以获得一个完整的地层剖面。我们重点选择了位于发掘面东部的两个探方继续向下发掘，在发掘深约 80cm 后，由于泉水过于丰富，发掘难以继续。后来用探铲试探也没有到达基岩面。

2013 年及之后的发掘主要集中在第 2 地点。由于不在本书的研究范围之内，在此不再赘述。

（二）发掘方法

遗址发掘采用水平层和文化层相结合的方法逐层向下发掘。由于文化遗物非常丰富，发掘时文化层内采用的水平层为 5cm。发掘时，每个发掘者负责一个探方，并按照探方编号对筛土进行编号，以保证探方之间筛土不混合。对每一个探方每一发掘水平层的筛土进行水洗，所有水洗剩余物予以采集，带回实验室进一步拣选。每件出土标本单独编号，并且根据遗物的不同类型而采用不同颜色的标签。如石制品用橘黄色标签，骨化石用绿色标签，牙化石用淡黄色标签等，这样在出土物平面照片上能够清楚地显示不同遗物的分布情况。利用全站仪测量每件编号标本的三维坐标。每个水平层清理完后都要进行照相，重要出土标本则单独照相。如果某个水平层出土遗物非常丰富，则对遗物分布进行现场绘图。对出土的炭屑和炭粒进行编号和采集、测量坐标，再带回实验室。所有标本都观察和记录其长轴和倾向。需要说明的是，遗物的长轴和倾向并不采用罗盘进行精确测量，而是采用区域等级的方法记录，这主要是考虑到时间成本以及大部分标本太小并不方便用罗盘测量。标本在取回时进行初步的长、宽、厚等尺寸测量，以防止取回过程中出现差错而找不到对应的标本。此外，一些较为精致的标本考虑到以后可能要进行残渍物分析等，还对遗物周边的土样进行采集，以供将来分析时对比。

二、室内工作

出土标本带回室内后，首先要进行清洗。考虑到石器标本要进行微痕观察，因此清洗时不用刷子，而是直接用手将标本洗净。清洗后的标本晾干后进行写号，并涂上一层清漆以防脱落。至此，开始对标本进行分类、照相、绘图、测量和统计等工作。

以上是旧石器考古标本整理的常规程序。乌兰木伦遗址室内工作对水洗物的处理还值得单独提到。

野外发掘用于水洗的筛子分两层，上层网孔隙较粗，下层极细，所以实际上经过水洗的筛洗物分两种，一种相对较大，一般包含小砾石块、小碎石片、碎骨和牙化石等；一种相对较小，一般包含小动物的骨骼化石、细小碎片和碎骨、螺等。这两种筛洗物写好标签后分别装袋带回室内，进入人工挑选和统计阶段。

筛洗物挑选的程序并不复杂，只需将每袋筛洗物中不同类型的标本分别挑选出来即可。但挑选的过程很费工夫。首先，筛洗物数量庞大。如果按每天发掘 8 个探方计算，即使发掘进展较慢，一天基本上停留在同一个水平层，那么一天至少也有较大和较小筛洗物 16 袋。2011 和 2012 年度的发掘，我们对所有土样均进行了水洗。保守按每年发掘 3 个月，两个年度的发掘共 6 个月计 180 天，那么得到的袋装筛洗物就接近 3000 袋。数量多还仅仅是一方面，由于每个袋装筛洗物中有价值的标本毕竟是少数，大多是沙粒、后期混进去的杂草等，所以挑选起来就如大海捞针。更为费时的是，由于筛洗出来的标本大多数都是尺寸极小的碎片、碎骨和螺等，它们混在沙粒当中，非常不容易识别，所以大部分时候我们还得借助放大镜来进行挑选工作。挑选工作之艰巨，以至于每年度发掘结束而该项工作往往还未完成。

筛洗物中需要挑选的类别有 7 类，分别是碎石片、碎骨、牙、小动物骨骼、炭、螺和其他，其他包括颜料块、疑似植物化石等。对每袋筛洗物挑选结束后，按同探方同文化层进行归拢和数量统计。统计好的数量再填入相对应地层的探方平面分布图中，以观察同层碎片的分布情况。

第四节 主要收获

本书所统计的乌兰木伦遗址 2010 ～ 2012 年 4 次发掘出土的大量文化遗物，收获非常丰富，为探讨乌兰木伦古人类的生活方式、生存行为等提供了重要材料。

一、石制品

发掘出土（含筛洗）和采集石制品共计 13146 件，表 1 统计了除筛洗外的历次发掘所获石制品。这些石制品原料以石英岩为主，此外还有石英、燧石、石英砂岩、片麻岩、硅质岩、玛瑙、玉髓等。石制品以小型为主，类型丰富，有石核、石片以及各种类型的工具。此外，最大尺寸小于 10mm 的碎片数量之多也是遗址石制品构成的一大特色。多组拼合石制品的发现，表明遗址原地埋藏的性质，也说明古人类在此打制石器的事实。

表 1　乌兰木伦遗址历次发掘所获石制品统计表（不含筛洗）

发掘次序	统计	石制品							合计
		石核	石片	工具	碎片	废片	备料	断块	
2010 年 6 ～ 7 月试掘	数量	103	884	292	0	0	12	42	1333
	比例 %	8	66	22	0	0	1	3	100
2010 年 9 月试掘	数量	8	124	23	15	37	0	1	208
	比例 %	4	60	11	7	18	0	< 1	100
2011 年正式发掘	数量	28	889	79	165	295	7	54	1517
	比例 %	2	59	5	11	19	< 1	4	100
2012 年正式发掘	数量	9	412	35	240	259	4	26	985
	比例 %	1	42	4	24	26	< 1	3	100
采集	数量	27	790	167	0	0	9	61	1054
	比例 %	3	75	16	0	0	1	6	100
总计 N		175	3099	596	420	591	32	184	5097
比例 %		3	61	12	8	12	1	4	100

二、动物化石

出土动物化石标本 15674 件（表 2），其中包括筛洗出来的大量小碎骨和小哺乳动物化石。表面有切割痕、刻划痕等人工痕迹的骨化石、烧骨、骨片以及骨制工具也大量存在。

表 2   乌兰木伦遗址出土动物化石统计表

类别		②	③	④	⑤	⑥	⑦	⑧	合计
大哺乳动物化石	骨	7128	265	172	112	52	1479	1202	10410
	牙	296	80	95	66	141	268	625	1571
小哺乳动物化石		305	121	263	82	690	1468	764	3693
总计		7729	466	530	260	883	3215	2591	15674

经鉴定，遗址动物化石种类有大哺乳、小哺乳、鸟类和软体类动物。具体鉴定结果如下：

大哺乳动物：

披毛犀 *Coelodonta antiquitatis*

普氏野马（相似种）*Equus przewalskii*

诺氏驼 *Camelus* cf. *Camelus knoblochi*

河套大角鹿 *Megaloceros(S.) ordosianus* (Young)

瞪羚 *Gazella* sp.

小哺乳动物：

鼢鼠 *Myospalax* sp.

仓鼠 *Cricetulus* sp.

田鼠 *Microtus* sp.

姬鼠 *Apodemus* sp.

跳鼠科 Dipodidae gen. et sp. indet.

从动物化石的数量上看，披毛犀数量最多，其次是马、河套大角鹿，仓鼠、巨驼和牛较少。从动物标本反映的年龄结构来看，披毛犀幼年和少年个体相对较多；马基本上是成年个体；其他种类由于个体数量较少还难以判断年龄结构，但总的看来主要是成年个体。从动物群的组成来看，乌兰木伦动物群属于华北晚更新世的"猛犸象—披毛犀动物群"。

大多数动物化石相当破碎，常见的有牙齿、上下颌骨、肩胛骨、脊椎骨、上下肢骨、肋骨等。一些解剖学部位残留着明显的石器切割痕迹，可视为当时人类肉食的证据。此外，还有打击骨片的证据；骨制工具可区分一定的类型，目前已观察到有骨制刮削器、尖状器和刀等。骨制品的发现为遗址增添了更多的人类活动信息。

三、其他（火塘遗迹和颜料块）

发现多处由灰烬、炭粒和炭屑、烧骨、石器等组成的用火遗迹（图5），这表明遗址原地埋藏的性质，也为探讨古代先民的生存行为提供了重要证据。

在第⑥、⑦层分别发现有一层薄薄的炭屑层。炭屑层中发现的炭屑颗粒保存较好，部分原树枝形状仍可辨认，可作为遗址原地埋藏的证据。目前，有关这两层炭屑层的成因和性质等问题还在研究当中。

发现有4件颜料块，质地很软，磨蚀非常严重。个别在形态上可看出石片的特征。其中2件为紫色，2件为红色。

图5 乌兰木伦遗址发现的火塘遗迹

第五节　年代学背景

遗址发现之初，经对地质地层的现场勘查，判断其地层序列可与萨拉乌苏遗址对比。哺乳动物化石的研究显示遗址动物群属于晚更新世的萨拉乌苏动物群。遗址石器技术特征则表现出旧石器时代中晚期文化的特点。以上几个方面大体可以确定遗址的年代范围，属于晚更新世。

随着遗址研究的深入和多学科综合研究的开展，现代测年技术被用于遗址定年。根据遗址形成年代框架的初步估算和遗址堆积物的岩性，适合该遗址定年的方法是放射性碳同位素和光释光测年。前者测量遗址中发现的炭屑颗粒，后者测量遗址堆积物中的石英或钾长石碎屑颗粒。同时采用两种测年方法是为了得到更加准确可靠的年龄数据，因为这两种方法的测年原理和测年物质完全不同，如果两种方法对同一层位的样品得出了相似的年龄数据，则说明测年结果是可靠的；如果不一致，根据它们的测年原理对得到的数据进行合理解释，也有助于判断遗址相对准确的形成年代。

2010 年遗址的测年取样，^{14}C 测年包括第①～⑥层共 9 个样品；光释光测年包括第①～⑧层共 22 个样品。初步测年结果推测遗址的年代为距今 7 万～ 3 万年[①]。但两种测年结果比较，同一层位 ^{14}C 年龄比光释光年龄总体上偏年轻，其原因可能是炭屑样品受到了新炭的污染，或者是样品的光释光信号在样品被埋藏前没有被完全晒褪。这就暗示遗址的 ^{14}C 和光释光年代测定还需要进一步做工作。

为此，2012 年对遗址进行了新的测年工作，采用的方法主要是光释光测年。通过对样品的沉积背景和光释光性质进行大量实验，并利用年龄—深度模式对遗址年代进行研究。样品的深度用发掘现场的全站仪测量，每个样品的深度是根据对应最顶部样品的全站仪高度减去各样品的全站仪高度而得到。根据年龄—深度模式，推测出文化层顶部约为距今 5 万年，底部约为距今 6.5 万年，因此文化层为距今 6.5 万～ 5 万年[②]。相比较早期报

[①] 侯亚梅、王志浩、杨泽蒙等：《内蒙古鄂尔多斯乌兰木伦遗址2010年1期试掘及其意义》，《第四纪研究》2012年第2期。

[②] Rui X., Zhang J. F., Hou Y. M., et al., 2015. Feldspar multi-elevated-temperature post-IR IRSL dating of the Wulanmulun Paleolithic Site and its implication. *Quaternary Geochronology*, 30:438-444；Zhang J. F., Hou Y. M., Guo Y. J., et al., 2022. Radiocarbon and luminescence dating of the Wulanmulun Site in Ordos, and its implication for the chronology of Paleolithic sites in China. *Quaternary Geochronology*, 72: 1-10.

告中的年代（距今 7 万～ 3 万年）更为精确，也与遗址剖面、堆积和文化性质更为贴近，其年代值也更为可靠。

第六节　古环境背景

一、遗址年代对应的黄土、深海氧同位素和冰期阶段

自然环境在人类的形成和发展、工具的制造、生产的种类等方面无不具有重要的影响，是人类赖以生存和发展的物质基础。特别在农业文明出现以前，人类行为在很大程度上要受到所处自然环境的制约。

第四纪是人的世纪，也是一个全球性寒冷气候期。第四纪气候变化的基本特征，是在距今约 240 万年的全球降温背景下发生过多次急剧的寒暖气候波动，出现多次冰期和间冰期交替[①]。经典的第四纪冰期分期是在阿尔卑斯山区、北欧斯堪的那维亚和北美大陆建立的。阿尔卑斯山区最早划分出 4 次冰期（玉木冰期、里斯冰期、民德冰期、贡兹冰期）和其间的 3 次间冰期，而后又在该地区北部发现了更老的多瑙冰期和拜伯冰期；与之相应，北欧分为 6 次寒冷期（冰期）和 5 次温暖期（间冰期）；北美分为 4 次冰期和 3 次间冰期；中国的第四纪也划分出 4 次冰期[②]。冰期的划分主要反映大尺度上的第四纪气候变化。

中国黄土是记录第四纪气候波动的理想信息载体，它同深海沉积和极地冰芯一起成为全球气候变化的三大信息库[③]。黄土分布广，沉积较为连续，堆积时间长，含有较丰富的气候与环境变化记录。黄土的气候旋回有多级变化，其中一级旋回表现为干冷期堆积的黄土—古土壤序列，二级旋回则以黄土—古土壤序列内黄土性质、古土壤类型、厚度、组合特征等为标志[④]。我国黄土研究泰斗刘东生以黄土和古土壤层类型作为基本气候标志，结合黏土矿物、植物孢粉组合、地球化学元素等次级气候变化进行综合研究，提出了 240 万年以来中国洛川黄土暖—冷多次波动的气候模式[⑤]。第四纪黄土—古土壤已细分出 33 对地层，即古土壤层 S0～S32 和

---

① 曹伯勋：《地貌学及第四纪地质学》，中国地质大学出版社，2008年。

② 杨怀仁：《第四纪地质》，高等教育出版社，1987年。

③ 刘志杰、刘芎椿：《中国第四纪黄土古环境研究若干进展》，《环境科学与管理》2008年第4期。

④ 曹伯勋：《地貌学及第四纪地质学》，中国地质大学出版社，2008年。

⑤ 刘东生等：《黄土与环境》，科学出版社，1985年。

黄土层 L1～L33。一般来说，S（古土壤）代表暖湿气候，而 L（黄土）代表干冷气候。

黄土中的气候旋回可以与深海氧同位素阶段（marine isotope stages, MIS；又称氧同位素阶段，oxygen isotope stages）进行很好的对比[①]。深海氧同位素是从深海岩心样品中获取的氧同位素记录，可以反映过去的温度信息，表现出地球古气候中的冷暖交替。末次冰期即距今 7.5 万～1.1 万年，一般分为 4 个氧同位素阶段，分别为 MIS4～MIS1。其中，MIS4（距今7.4 万～5.9 万年）相对较冷，MIS3（距今 5.9 万～2.5 万年）相对暖湿，MIS2（距今 2.5 万～1.1 万年）常被称为末次盛冰期，代表寒冷的气候，MIS1 则是全新世以来的所谓间冰期阶段。

乌兰木伦遗址的年代范围为距今 6.5 万～5 万年，其在冰期阶段上属于末次冰期，在深海氧同位素阶段上属于MIS4结束到MIS3开始，在黄土—古土壤序列中属于 L1 中的 L1-5 结束到 L1-4 开始（表 3）。乌兰木伦遗址所处的这样一个位置，表明遗址剖面所反映的气候环境有一个由相对寒冷转向相对温暖的变化过程。

在乌兰木伦遗址所处的末次冰期，其内部环境还表现出不稳定性[②]。在末次冰期的不同气候事件中，最为有名的是 Heinrich 事件[③]。其是以北大西洋发生大规模冰川漂移事件为标志，代表大规模冰山涌进的气候效应而产生的快速变冷事件。该气候事件已经得到了来自冰芯[④]、黄土[⑤]、石笋[⑥]等气候记录的验证。目前在北大西洋共分辨出 6 次大的 Heinrich 事

---

① 刘东生、施雅风、王汝建等：《以气候变化为标志的中国第四纪地层对比表》，《第四纪研究》2000年第2期。

② 鹿化煜、周杰：《Heinrich事件和末次冰期气候的不稳定性》，《地球科学进展》1996年第 1期。

③ Heinrich H., 1988. Origin and consequences of cyclic ice rafting in the Northeast Atlantic Ocean during the past 130,000 years. *Quaternary Research*, 29:142-152.

④ Bond G., Heinrich H., Broecker W., et al., 1992. Evidence for massive discharges of icebergs into the North Atlantic Ocean during the last glacial period. *Nature*, 360: 245-249.

⑤ Porter S. C., An Z. S., 1995. Correlation between climate events in the North Atlantic and China during the last glaciations. *Nature*, 375: 305-308；郭正堂、刘东生、吴乃琴等：《最后两个冰期黄土中记录的Heinrich型气候节拍》，《第四纪研究》1996年第1期。

⑥ Wang Y. J., Cheng H., Edwards R. L., et al., 2001. A high-resolution absolute-dated Late Pleistocene monsoon record from hulu cave, China. *Science*, 294:2345-2348；陈仕涛、汪永进、吴江滢等：《东亚季风气候对Heinrich2事件的响应：来自石笋的高分辨率记录》，《地球化学》2006年第6期。

件，其时代依次为 60ka BP、50ka BP、35.9ka BP、30.1ka BP、24.1ka BP 和 16.8ka BP[①]。乌兰木伦遗址的年代范围恰好经历了 H6 事件。

表3 乌兰木伦遗址在黄土、氧同位素和冰期阶段中的位置

地质时代	黄土序列及年代 (aBP)		深海氧同位素阶段	冰期	
全新世		S0 —12780	1	现阶间冰期	
晚更新世		L1-1 —25370	2	末次冰期	主玉木冰期
		L1-2	3		
		L1-3			
		L1-4 —59800			
		L1-5 —74200	4		
		S1 —128800	5	末次间冰期	玉木冰期早段
					峰间冰期

说明：灰色部分表示乌兰木伦遗址年代范围。

二、遗址生态环境记录

乌兰木伦遗址十分注重多学科的综合研究。目前，已开展了多项古生态环境的研究工作，包括花粉分析、粒度分析和木炭、动物群研究等。

（一）现在鄂尔多斯的自然环境

鄂尔多斯高原地处东亚季风区西北边缘，属北温带半干旱—干旱大陆性气候。东南部平均气温 6℃～6.5℃，年均降水量 350～450mm，向西北递减。高原年平均气温 6.2℃，最高气温 38℃，最低气温 -31.4℃，年平均降水量约为 348mm。现代植被种类组成较为丰富[②]。主要植物群落为荒漠草原群落，以旱生和超旱生针茅和冷蒿为主；沙生植被群落，以白沙蒿、油蒿、杨柴、柠条、沙地柏和沙柳等植物群落为主；草甸群落，主要

---

① 余华、李巍然、刘振夏等：《冲绳海槽晚更新世以来高分辨率古海洋学研究进展》，《海洋科学》2005年第1期。

② Zhu Z. Y., Ma Y. Q., Liu Z. L., et al., 1999. Endemic plants and floristic charac-teristics in Alashan-Ordos biodiversity center. *Journal of Arid Land Resources and Environment*, 13:1-16.

由寸草、马蔺、芨芨草、碱蓬、盐爪爪和白刺等组成[1]。

（二）花粉、木炭、粒度、动物化石等的古生态环境记录

从遗址剖面第②、⑥～⑧层采集了 6 个孢粉样品，经实验室处理后共鉴定花粉 1606 粒，分属 26 个不同科属[2]。其中，乔木花粉包括松属（*Pinus*）、云杉属（*Picea*）、桦属（*Betula*）和榆属（*Ulmus*）。灌木花粉主要有豆科（Leguminosae）、胡颓子属（*Elaeagnus*）、霸王属（*Zygophyllum*）、白刺属（*Nitraria*）和麻黄属（*Ephedra*）。草本花粉包括蒿属（*Artemisia*）、藜科（Chenopodiaceae）、禾本科（Poaceae）、蓼科（Polygonaceae）、毛茛科（Ranunculaceae）、唐松草属（*Thalictrum*）、蔷薇科（Rosaceae）、十字花科（Cruciferae）、唇形科（Labiatae）、锦葵科（Malvaceae）、石竹科（Caryophyllaceae）、车前属（*Plantago*）、葎草属（*Humulus*）以及菊科（Compositae），其中菊科又可分为蒲公英型（*Taraxacum*-type）、紫菀型（*Aster*-type）和蓝刺头型（*Echinops*-type）3 种类型。从比例上看，花粉组合以草本和灌木植物为主，乔木花粉很少。从地层上看，第②、⑥、⑦层花粉组合特征较为接近。以中生—旱生草本植物花粉为主，占总花粉含量的 86.8%；乔木和灌木花粉含量较低，其中云杉属花粉含量的峰值可达 3.6%。第⑧层仍以草本植物占有绝对优势；但乔木和灌木花粉含量更低，均未超过 1%。

发掘出土木炭样品的鉴定结果显示，第②～⑥层可鉴定的 5 个木炭样品均出现胡颓子属（*Elaeagnus*）木材，属胡颓子科（Elaeagnaceae），主要是沙枣（*Elaeagnus angustifolia*）。胡颓子属植物一般为小乔木和灌木，在我国西北各省和内蒙古中、西部均有分布，具有抗旱、抗风沙、耐盐碱、耐贫瘠等特点。第⑤、⑥层可鉴定的 3 个木炭样品均出现霸王属（*Zygophyllum*）木材，属蒺藜科（Zygophyllaceae）植物。霸王属植物为多年生灌木，产于我国西北部和北部的沙漠或碱土上。

粒度分析结果表明[3]，遗址剖面曾几度出现"沙漠化"现象，表现层位为 38D、40D、42D、46D 和 48D；另外，Mz(f) 和 $CaCO_3$ 也呈现出明显

---

① 李小强、高强、侯亚梅等：《内蒙古鄂尔多斯乌兰木伦遗址 MIS 3 阶段的植被与环境》，《人类学学报》2014 年第 1 期。

② 李小强、高强、侯亚梅等：《内蒙古鄂尔多斯乌兰木伦遗址 MIS 3 阶段的植被与环境》，《人类学学报》2014 年第 1 期。

③ 王娜：《乌兰木伦剖面旧石器时代文化遗址层位 $CaCO_3$ 和粒度记录的环境变化》，华南师范大学硕士论文，2012 年。

的低谷。这可能反映出当时冬季风过程导致的颗粒粗化、遗址及其周围化学淋滤作用降低的干旱寒冷气候环境。

动物化石主要有两类，一是哺乳动物化石，一是软体动物化石。遗址第①～⑧层均出土了动物化石。经鉴定[①]，披毛犀最多，野马和河套大角鹿次之。动物群的这种组合明显反映出其属于北方晚更新世的河套大角鹿—野马动物群。数量最多的披毛犀的存在，表明当时气候较为寒冷。河套大角鹿和野马的大量出现，意味着该地区势必有广阔的草原。而数量不多的诺氏驼的出现，说明当时可能曾经出现过荒漠甚至沙漠环境的生态波动。

软体动物化石的鉴定由陈德牛先生完成。乌兰木伦遗址出土了大量的软体动物化石。鉴定结果表明：绝大部分是腹足类，个别属双壳类。腹足类中绝大多数为水生，陆生者极少[②]。这些化石均属现生种类，其生态环境除了个别的华蜗牛具有喜湿冷习性外，其余均为暖湿的水域环境或草丛，栖息于湖泊、河流、沟渠岸边等。这表明在乌兰木伦遗址周围存在湖泊环境。

综合起来看，乌兰木伦遗址的年代范围属于末次冰期，在氧同位素阶段上属于 MIS4 结束到 MIS3 开始。从大的气候环境背景上看，跨越了相对寒冷和相对温暖期，而在内部还存在不同的冷暖干湿变化。遗址所获的花粉、粒度、木炭、动物化石等则表明当时生态环境为草原植被景观，其中下部地层为灌丛—草原植被景观，上部地层为典型草原植被景观。遗址周围还存在湖泊环境。而在个别阶段则出现了"沙漠化"现象，其可能出现在 H6 事件（约 60ka BP）。总的来看，遗址气候属温凉偏干类型，但较现今相对温暖湿润。

① Dong W., Hou Y. M., Yang Z. M., et al., 2014. Late Pleistocene mammalian fauna from Wulanmulun Paleolithic Site, Nei Mongol, China. *Quaternary International*, 347: 139-147.

② 李保生、袁宝印等：《乌兰木伦旧石器时代遗址1号地点剖面古环境研究最新工作进展》，《鄂尔多斯文化遗产》，2013年；段茹萍：《乌兰木伦剖面旧石器时代文化遗址层位粒度与腹足类动物化石记录的环境变化》，华南师范大学硕士论文，2012年。

第三章 埋藏学背景

　　考古遗存是一个由人类活动和自然堆积共同作用的考古材料集合体。尤其在旧石器时代，人类对自然地层的形成影响甚微。在自然地层漫长而复杂的堆积过程中，各种自然营力都会对遗物的埋藏状态产生直接或间接的影响，改变其原始面貌。因此，对于旧石器时代遗址发掘出土的遗物而言，需要以埋藏学的视角看待考古遗址的形成过程、以动态的眼光分析考古遗物的埋藏过程。特别是对考古遗址进行空间和功能分析时，了解和判断埋藏过程和各种自然营力对遗址地层的扰动情况，有利于更精确的复原文化遗存的形成过程，从而保证对遗址功能、古人类生产和生活等行为的阐释更为可靠。

　　对遗址埋藏情况的判断，主要有以下几个重要参考因素，包括遗址的保存状况、石制品与骨化石的组合特征[1]、出土物在遗址中的分布和状态[2]、一些特殊遗迹现象的保存状况等。这些参考因素也被认为是遗址结构[3]概念的重要特征性指标。本书拟通过对遗址地层的考察、石制品组合和拼合、一些特殊遗迹如火塘和炭屑层、遗物出土状态等几个方面对乌兰木伦遗址埋藏状况进行研究。

---

① Andrefsky Jr. W., 1998. *Lithics: macroscopic approches to analysis*. Cambridge University Press.

② Kooyman B. P., 2000. *Understanding stone tools and archaeological sites*. University of Calgary Press and University of New Mexico Press；Henry D., 2002. Intrasite spatial patterns and behavioral modernity indications from the Late Levantine Mousterian rockshelter of Tor Faraj, Southern Jordan. In: Akazawa T., Aoki K., Bar-Yosef O.(Eds), *Neanderthals and Modern Humans in Western Asia*. Plenum Press.

③ Binford L. R., Cherry J. F., Torremce R., 1988. *In pursuit of the past: decoding the archaeological record*. Thames and Hudson Inc；Henry D., 2003. Behavioral organization at Tor Faraji. In: Henry D. O. (Ed.), *Neanderthals in the Levant: behavioral organization and the beginnings of human modernity*. Continuum.

第一节　石制品组合

根据 Schick 的研究，遗址一个文化层的石制品组合，尺寸＜20mm 的石制品占总体数量的60%～70%、石核比例小于10%，其体现的通常是原生堆积环境[①]。

本书所统计乌兰木伦遗址2010～2012年的4次发掘中，第1次试掘由于是抢救性发掘较为粗放，在此不具备统计意义。因此，对遗址≥20mm和＜20mm石制品的统计中，主要统计了2010年9月第2次试掘以来所有地层出土的石制品，包括发掘出土编号石制品和筛洗石制品。采集品因为没有地层关系，所以不统计在内。

通过对遗址7层不同石制品组合的统计（图6），可知第②层＜20mm石制品比例为84%，第③层为89%，第④层为94%，第⑤层为92%，第⑥层为90%，第⑦层为99%，第⑧层为92%，总比例为89%。很显然，各层＜20mm石制品比例均明显高于 Schick 的60%～70%。

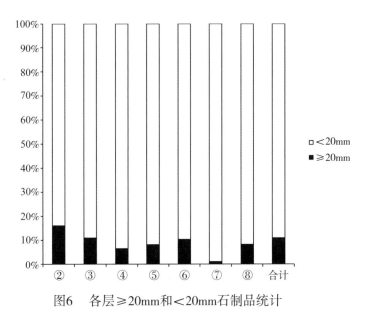

图6　各层≥20mm和＜20mm石制品统计

石核统计数据如表4所示。可知石核在各层的比例均≤1%，均明显小于 Schick 的10%。

[①]　Schick K. D., 1986. *Stone Age Sites in the Making: experiments in the formation and transformation of archaeological occurrences*. BAR International Series 319.

表4　各层石核统计

地层	②	③	④	⑤	⑥	⑦	⑧	合计
总数	3500	1269	597	338	553	1029	2287	9573
石核	25	4	2	1	6	1	6	45
比例 %	0.7	0.3	0.3	0.3	1	< 0.1	0.3	0.5

综上，从≥20mm 和< 20mm 石制品和石核的比例构成上看，遗址堆积毫无疑问属于原地埋藏。此外，从≥20mm 和< 20mm 石制品分布图来看（图7），尺寸较大石制品和尺寸较小石制品没有出现分选现象，没有任何规律地分布在一起，这也表明石制品废弃落在地表后被迅速埋藏而没有经过后期搬运。

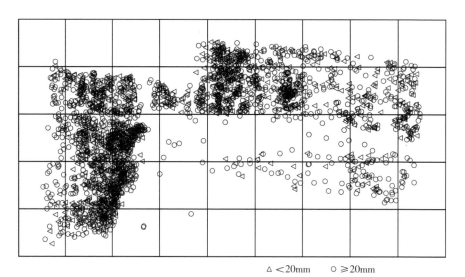

△ <20mm　　○ ≥20mm

图7　2011年发掘≥20mm和<20mm石制品分布

第二节　石制品拼合

一、研究背景和研究目的

石制品拼合研究最早可以上溯到 19 世纪初 [1]，目前在旧石器时代考

---

[1]　Spurrell F. C., 1800. On implements and chips from the floor of a Paleolithic workshop. *The Archaeological Journal*, 37:294-299.

古研究中已经很普遍①。其中最为人所熟知的是 Cahen 等对比利时米尔
（Meer）中石器时代遗址石制品的拼合研究②，其所揭示的石制品拼合率
达到 18.5%，拼合组之一由 69 件石制品拼合而成，其中 10 件还被修理成
工具。这项拼合研究较好地揭示了当时石器制造者的剥片程序和修理技术。
不过，由于拼合研究需要耗费大量的时间和精力，这在一定程度上影响了
石制品拼合研究的广泛使用③。有研究者试图通过三维扫描的方法来简化
拼合研究工作④，但实际上并没有给研究者省下太多的时间。

　　拼合成功率（Refit success rates）是石制品拼合研究中经常用到的一
个概念，它的计算方法是拼合石制品数量与石制品组合中石制品总数的比
值。虽然拼合石制品的最大数未必与所有石制品标本数量等值，但拼合成
功率至少提供了一个大概的成功率。一般来说，石制品拼合率在一个遗址
中往往不会太高，到 20% 就已经是很好的比值了⑤。很多因素都会影响拼

① Bamforth D. B., Becker M. S., 2000. Core/biface ratios, mobility, refitting, and artifact use-lives: a paleoindian example. *Plains Anthropologist*, 45:272-290；Cooper C., 2002. *Refitting the Southsiderlithic assemblage: determining extent of site disturbance*. The thesis for the degree of PhD in the Department of Anthropology, University of Wyoming；Cziesla E., 1990. Refitting of stone artefacts. In: Cziesla E, Eickhoff S, Arts N., et al. (Eds.), *The big puzzle: international symposium on refitting stone artefacts*. Studies in Morden Archaeology. Bonn: Holos；马宁、彭菲、裴树文：《三峡库区池坝岭遗址石制品拼合研究》，《人类学学报》2010年第2期；王社江：《洛南花石浪龙牙洞 1995 年出土石制品的拼合研究》，《人类学学报》2005年第1期；谢飞、凯西·石克、屠尼克等：《岑家湾遗址1986 年出土石制品的拼合研究》，《文物季刊》1994年第3期；谢飞、李君：《拼合研究在岑家湾遗址综合分析中的应用》，《文物季刊》1995年第1期；薛峰、闫晓蒙、牛东伟：《怀来盆地西沟湾1号地点石制品的拼合研究》，《人类学学报》2021年第4期。

② Cahen D., Keeley L. H., Noten F. V., et al., 1979. Stone tools, toolkits, and human behavior in prehistory. *Current Anthropology*, 20: 661-683.

③ Gamble C., 1999. *The Paleolithic societies of Europe*. Cambridge University Press.

④ Cooper J. R., Qiu F., 2006. Expediting and standardizing stone artifact refitting using a computerized suitability model. *Journal of Archaeological Science*, 33:987-998；Cooper J. R., Laughlin J. P., 2006. *Testing a computerized model for lithic refitting: an example from Barger Gulch Locality B*. Paper presented at the 71st Annual Meeting of the Society for American Archaeology, Puerto Rico.

⑤ Cziesla E., 1990. Refitting of stone artefacts. In: Cziesla E, Eickhoff S, Arts N., et al. (Eds.), *The big puzzle: international symposium on refitting stone artefacts*. Studies in Morden Archaeology. Bonn: Holos.

合研究工作的成果[①]。一般来说，拼合研究者的努力程度、石制品不同的剥片方法、石制品原料类型，特别是石制品组合的规模都会影响拼合成功率。事实上，如果不认真仔细地对石制品进行复原和分析就得不到好的甚至不会发现拼合组。有学者曾对拼合成功率做过实验考古研究[②]，结果表明拼合成功率具有个体差异，不同石制品生产程序也会造成拼合率的差异，如生产手斧后拼合就比石核剥片的要困难一些；石制品的大小也会影响拼合率，如较小的石制品就会使拼合变得困难。

　　石制品拼合研究主要可以反映三个方面的问题[③]：首先，可拼合的石制品可以用来探讨石制品打制的程序，因为它能够将一件石片如何被打下来的信息表现出来；其次，石制品拼合能够反映出遗址结构和遗址埋藏过程的变化；最后，因为可拼合的石制品一开始实际上是一个整体，拼合标本可以反映遗物的分布状态是如何形成的，即可反映遗址的形成过程[④]。从某种程度上说，对考古遗址出土遗物进行拼合研究是探索遗址埋藏和形成过程必不可少的环节之一[⑤]。本书主要通过对乌兰木伦遗址石制品的拼合研究来探讨遗址的埋藏过程。

　　本次研究采用王社江在对洛南花石浪龙牙洞遗址石制品拼合研究中的两个概念来代表不同类型的拼合[⑥]：拼接关系（join）和拼接关系（conjoin）。前者指的是不完整石片之间或断块之间的拼合，后者则指除拼接关系之外的所有拼合情况，包括石核—石片（含修理石片、碎片或断块）、石片—

[①] Peter B., 2002. Obviously sequential, but continuous or staged? Refits and cognition in three Late Paleolithic assemblages from Japan. *Journal of Anthropological Archaeology*, 21:329-343.

[②] Laughlin J. P., Kelly R. L., 2010. Experimental analysis of the practical limits of lithic refitting. *Journal of Archaeological Science*, 37:427-433.

[③] Larson M.L., Ingbar E. E., 1992. Perspective on refitting: critque and a commentary approach. In: Hofman J.L., Enloe J. G. (Eds.), *Piecing together the past:applications of refitting studies in archaeology*. BAR International Series 578; Hofman J.L., 1992. Putting the pieces together: an introduction to refitting. In: Hofman, J. L., Enloe, J.G., (Eds.), *Piecing together the past:applications of refitting studies in archaeology*. BAR, International Series 578.

[④] Close A.E., 2000. Reconstructing movement in prehistory. *Journal of Archaeological Method and Theory*, 7: 49-77.

[⑤] Hofman J.L., 1981. The refitting of chipped-stone artifacts as an analytical and interpretive tool. *Current Anthropology*, 22: 691-693.

[⑥] 王社江：《洛南花石浪龙牙洞 1995 年出土石制品的拼合研究》，《人类学学报》2005年第1期。

石片（碎片或断块）等。从时效上看，拼接关系的产品几乎是同时产生的，而拼对关系则是不同剥片过程的产物，因而有明显的时间先后顺序。因此，在拼合组中区分不同类型的拼合情况，对了解遗址的埋藏特征具有重要意义[①]。

二、拼合结果

本书所研究的乌兰木伦遗址 4 次发掘所获石制品 12092 件（不含采集，包括筛洗），一共获得 31 个拼合组，含 70 件石制品，包括石核 5 件、石片 10 件、近端 5 件、远端 4 件、左裂片 22 件、右裂片 22 件、工具 1 件和断块 1 件。拼合组原料以石英岩（用字母 A 代替）为主，共 59 件，颜色有青绿色、淡黄色、红色、青灰色、玫瑰红色、浅红色、乳白色；其次为石英（用字母 B 代替）和燧石（用字母 C 代替），分别为 4 件，石英原料均为白色，燧石原料均为灰白色；最少为石英砂岩（用字母 D 代替），共 3 件，颜色为红白色夹杂。从地层上来看，除第⑦层外，其他各层均发现有拼合石制品，其中第②层发现的拼合组最多，共 16 组，35 件石制品；第⑤层发现 4 组，9 件石制品；第⑥层 4 组，12 件石制品；第④层 3 组，6 件石制品；第③和第⑧层分别发现 2 组，各 4 件石制品。

表 5 显示了各拼合组石制品的原料、类型和拼合形式。在拼合形式一项中，"-"表示前者从后者身上剥离，"+"表示两者的剥离时间无法分辨。很显然，前者是人工有意打击破裂，具有先后的次序；后者是因为原料内部节理或者打击失误而造成的自然破裂。此外，表中 c 为石核，f 为石片，fl 为左裂片，fr 为右裂片，fp 为近端，fd 远端，tool 为工具，ch 为断块。

需要说明的是第⑦层没有发现拼合组，主要原因有两个方面：首先，第⑦层发现的大部分石制品都是在 2010 年第一次试掘时获得，由于当时发掘比较粗放，部分标本未采集，这样自然也造成了可拼合石制品的丢失，这从 2010 年第一次试掘所获的拼合石制品所占目前已发现的拼合石制品的比例也能看出来，2010 年第一次试掘发现拼合石制品 15 件，只占拼合石制品总数的 23%；此外，第⑦层只在后续的 2012 年度发掘中有极少的揭露，获得石制品数量较少，这也必然会造成较低的石制品拼合率。

从目前的拼合结果来看，石制品拼合率为 0.6%。由于没有对筛洗石制品进行拼合研究，如果不计算筛洗石制品，拼合率可达到 1.7%。但这显然还不是遗址真实的拼合率。首先，如前文所述，遗址第一次试掘面

①　王社江、张小兵、沈辰等：《洛南花石浪龙牙洞1995年出土石制品研究》，《人类学学报》2004年第2期。

表5　各拼合组石制品的原料、类型和拼合形式

拼合组	地层	原料	c	f	fl	fr	fp	fd	tool	ch	总数	拼合形式	拼合结果	拼合关系
1	⑥	A	1	4					1		6	工具－Ⅱ－Ⅱ－Ⅲ－Ⅲ－石核	石核	拼对
2	②	A	1	2							3	Ⅲ＋Ⅱ－单台面石核	石核	拼对
3	③	A			1	1					2	左＋右裂片	Ⅲ	拼接
4	③	A			1	1					2	左＋右裂片	Ⅵ	拼接
5	②	A			1	1					2	左＋右裂片	Ⅲ	拼接
6	④	A					1	1			2	近端＋远端	Ⅴ	拼接
7	④	B			1	1					2	左＋右裂片	Ⅲ	拼接
8	⑤	D					1	1		1	3	断块＋近端＋远端	左裂片	拼接
9	④	A			1	1					2	左＋右裂片	Ⅱ	拼接
10	⑤	A			1	1					2	左＋右裂片	Ⅴ	拼接
11	⑤	A			1	1					2	左＋右裂片	Ⅱ	拼接
12	②	C			1	1					2	左＋右裂片	Ⅴ	拼接
13	②	C			1	1					2	左＋右裂片	Ⅵ	拼接
14	②	A			1	1					2	左＋右裂片	Ⅵ	拼接
15	②	A			1	1					2	左＋右裂片	Ⅵ	拼接
16	②	A			1	1					2	左＋右裂片	Ⅵ	拼接
17	②	A			1	1					2	左＋右裂片	Ⅵ	拼接
18	②	A			1	1					2	左＋右裂片	Ⅰ	拼接
19	②	A			1	1					2	左＋右裂片	Ⅲ	拼接
20	②	A			1	1					2	左＋右裂片	Ⅲ	拼接
21	②	A			1	1					2	左＋右裂片	Ⅱ	拼接
22	②	A					1	1			2	近端＋远端	Ⅴ	拼接
23	②	A			1	1					2	左＋右裂片	Ⅲ	拼接

拼合组	地层	原料	c	f	fl	fr	fp	fd	tool	ch	总数	拼合形式	拼合结果	拼合关系
24	②	A		2							2	Ⅱ－Ⅱ	Ⅱ	拼对
25	②	A			1	1	1	1			4	Ⅲ－近端＋左裂片＋右裂片	Ⅱ	拼对
26	⑧	B	1	1							2	Ⅲ－石核	石核	拼对
27	⑧	A			1	1					2	左＋右裂片	凹缺器	拼接
28	⑤	A	2								2	石核－石核	石片石核	拼对
29	⑥	A			1	1					2	左＋右裂片	Ⅱ	拼接
30	⑥	A			1	1					2	左＋右裂片	Ⅱ	拼接
31	⑥	A					1	1			2	近端＋远端	Ⅱ	拼接
合计			5	10	22	22	5	4	1	1	70			

积较大，且发掘层位包括了各个文化层，所获石制品相对较多，但由于发掘粗放，丢失的石制品自然也会很多，如果不算第一次试掘的石制品，其拼合率可达到 2.6%；其次，拼合工作确实是一个费时费力的事情，目前乌兰木伦遗址的拼合研究工作也只是刚刚开展，还有更多的拼合石制品尚未发现。

在这 31 个拼合组中，有 27 组由 2 件石制品组成，占总数的 87%，包括左裂片＋右裂片拼合组 21 组、近端＋远端拼合组 3 组、石片－石核拼合组 1 组、石核－石核拼合组 1 组和石片－石片拼合组 1 组；有 2 组由 3 件石制品组成，占总数的 10%，包括石片＋石片－石核 1 组和断块＋近端＋远端 1 组；1 组由 4 件石制品组成，为石片－近端＋左裂片＋右裂片；1 组由 6 件石制品组成，为工具－石片 4 件－石核。如果按拼对关系和拼接关系来分的话，这 31 个拼合组中含拼对关系 6 组，拼接关系 25 组。拼合石制品中的完整石片均为自然台面石片。

三、拼合石制品的空间分布

在未经扰动的地层中，拼合石制品之间的直线距离应该是石制品剥片和修理过程的直接反映。当然，石制品在埋藏过程中，尤其是旧石器时代遗址，由于受后期自然因素影响较大，一般绝对不受后期扰动是很少的。

但是，如果扰动较少，还是能够较好地反映石制品剥片和修理过程以及后期的埋藏状况。正因如此，通过对石制品的水平、垂直分布，能够反过来推论遗址的埋藏性质。

一般来说，对于拼对关系中的石核－石片（修理石片工具、废片和断块）而言，它们之间的最大及最小直线距离的差值小于别的拼合类型，石制品之间的平均距离介于其他拼对类型及不完整石片拼接关系之间。石片－石片（包括单件二次加工修理的石片工具、废片渣和断块）拼对组石制品之间的直线距离相对较大，这说明人类在直接使用石片过程中、选择石片二次加工时或者使用中将它们带离了原来的位置[1]。而拼合组中不完整石片的直线距离则最能反映遗址的埋藏情况，拼合组中不完整石片之间的平均距离越短，则说明受到后期的扰动越小。特别是对于距离特别近的不完整石片拼合组，只有两种原因会造成这种情况：一是在剥片过程中因剥片技术或者原料内部节理造成的破裂而直接落在地表并且没有受到太多自然力的影响；二是完整石片在落到地表后，由于受到后期人、动物等或自然营力的挤压而破裂。但无论何种情况，都表明遗址没有受到太大的扰动。

从图8可以看出，一共有11个非完整石片拼合组在水平距离上非常近，相距不到5cm；但也有个别非完整石片拼合组距离较远，如第19拼合组两件左、右裂片的水平距离就超过了250cm。这么多组距离如此之近的非完整石片拼合组从客观上表明乌兰木伦遗址第②层原地埋藏的性质，即受到后期扰动极少。而较远的水平距离拼合组则可能是剥片过程中飞溅所致，而与后期埋藏无关。此外，石片－石片、石核－石片、石片－非完整石片的拼合组其水平距离在100cm左右，也从一个侧面验证了较远水平距离可能是剥片过程中造成的。

从表6可以看出，在第③、④、⑥、⑧层发现的拼合组其拼接和拼对关系水平距离都不是很远。第⑧层拼接关系水平距离在这几组中是最远的，但也仅仅是124cm，而该层的拼对关系拼合组的水平距离则为49cm。第③、④层只发现了拼接关系拼合组，两层的拼合组其水平距离非常的近，第③层相对较远，但也仅为45cm，第④层则仅为2cm。第⑥层发现的拼对关系拼合组，其水平距离为72cm，距离也不远。从可拼合石制品的水平分布上来看，乌兰木伦遗址各层均体现出原地埋藏的性质。

---

[1]　王社江：《洛南花石浪龙牙洞1995年出土石制品的拼合研究》，《人类学学报》2005年第1期。

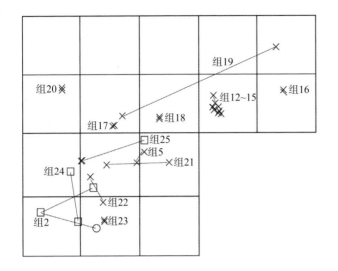
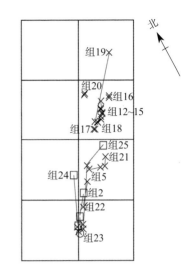
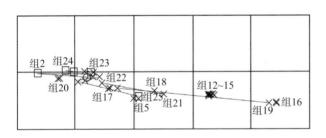

图8　第②层拼合石制品水平以及沿x、y轴垂直分布

表6　各层不同类型拼合组水平距离　　　（单位：cm）

地层	拼接关系			拼对关系			总体平均距离
	最大距离	最小距离	平均距离	最大距离	最小距离	平均距离	
②	260	0.6	32	140	1	56	45
③	45						45
④	2						2
⑥	12	9		72			72
⑧	124			49			86

表7　各层不同类型拼合组垂直距离　　（单位：cm）

地层	拼接关系			拼对关系			总体平均距离
	最大距离	最小距离	平均距离	最大距离	最小距离	平均距离	
②	19	0	5	36	1	15	7
③	1						1
④	0.5						0.5
⑥	0.3	0		4	0.2	2.1	1.6
⑧	6			7			6.5

第②层可拼合石制品垂直分布图和距离统计显示（见图8，表7），各层不同类型拼合组最大垂直分布距离都没有超过50cm，最小者甚至为0cm，即完全处于同一个水平层上。而各拼合组的平均垂直距离则没有超过10cm。拼对关系拼合组的垂直距离相对较大，这与在表6中所显示的水平分布距离相似。拼对关系最大者垂直分布距离为36cm，但最小者不到1cm，这表明拼接关系和拼对关系拼合组在垂直距离分布上并没有太大的差异。

四、石制品拼合结果所反映的遗址埋藏情况

拼合石制品的水平分布可以较好反映遗址的埋藏信息，已有研究表明多种因素可以影响石制品在遗址中的埋藏状况。这些因素包括自然营力如水流搬运等、生物行为如动物搬运和植物根系的影响、人类技术行为如石器制作方法或石器制作者的个人习惯等，以及其他一些原因如踩踏和工具使用策略如一些特殊工具的携带等[1]。在能够确认石制品分布受到人类技术行为的影响，然后评估自然因素对石制品分布的影响，就可以知道遗址的埋藏性质——属于原地埋藏还是经过了后期的搬运和改造。

人类技术行为对石制品分布的影响可以从石器拼合组中的拼对关系来

---

① Barton R., Bergman C., 1982. Hunters at Henistbury:some evidence from experimental archaeology. *Word Archaeology*, 14:237-248；Newcomer M., Sieveking G., 1980. Experimental flake scatter-patterns:a new interpretative technique. *Journal of Field Archaeology*, 7:345-352；Villa P., 1982. Conjoinable pieces and site formation process. *American Antiquity*, 47:276-290；Villa P., Courtin J., 1983. The interpretation of stratified sites:a view from underground. *Journal of Archaeological Science*, 10:267-281.

进行探讨。在乌兰木伦遗址发现的31个石器拼合组中，有6组是拼对关系，分别来自第②、⑤、⑥、⑧层（表8）。这些拼对关系中，拼合组1拼合标本数量最多，有6件，由石核、石片以及石片工具组成，基本反映了石核剥片以及工具毛坯选择和加工的过程。拼合组1拼合标本最大水平距离为72cm，最小水平距离仅1cm，可以说距离非常的近，而垂直距离则在0.2～4cm，基本在一个水平面上。从拼合标本的类型与距离的关系中可以看出，最大水平距离器类为Ⅲ型石片—右裂片，而最小水平距离则为工具—Ⅲ型石片。拼合结果显示，在拼合组1中，石片工具是这6件标本中最早剥下的石片，其最早从石核上剥落，如果在剥片过程中剥片者转移了位置，则该件标本应该与石核距离最远，但实际上并非如此，距离最远的是剥片过程中的2件石片。表明这6件标本的距离应该是在剥片过程中造成的，而且在剥片时，剥片者没有转移位置，然后又直接选择石片进行了加工。另外5组拼对关系也表现出水平距离不远但又有一定的距离，而垂直距离则完全在一个水平面上。这些情况基本反映了剥片过程中石片掉落的距离。如拼合组25中左裂片和右裂片的水平距离在该组拼合标本中距离最近，反映了剥片的真实情况。总之，从拼对关系的石制品拼合组来看，其反映了古人类剥片行为对石制品分布的影响。

表8 拼对关系分布位置信息统计 （单位：cm）

拼合组	地层	拼合形式	最大水平距离	最小水平距离	最大垂直距离	最小垂直距离	最大水平距离器类	最小水平距离器类
1	⑥	工具—Ⅱ—Ⅱ—Ⅲ—Ⅲ—石核	72	1	4	0.2	Ⅱ—Ⅲ	工具—Ⅲ
2	②	Ⅲ＋Ⅱ—石核	96	4	8	1	Ⅲ—Ⅱ	Ⅲ—石核
24	②	Ⅱ—Ⅱ	88		3		Ⅱ—Ⅱ	Ⅱ—Ⅱ
25	②	Ⅲ—近端＋左裂片＋右裂片	140	11	36	1	Ⅲ—右裂片	左裂片—右裂片
26	⑧	Ⅲ—石核	49		7		Ⅲ—石核	Ⅲ—石核
28	⑤	石核—石核	无三维坐标，但从编号上（OKW⑤9-1和9-3）可知两者距离很近					

　　拼接关系能够较好地反映石制品埋藏后所发生的事件，即是否有后期的埋藏过程的影响。乌兰木伦遗址发现的 31 个拼合组绝大多数都是 2 件石制品之间的拼合，达 27 组（见表 5，表 9），比例达到 87%；在这 27 组中，又有 21 组是由左、右裂片组成的拼合组，比例达到 78%，占总拼合组数的 68%。可见，大部分的拼合标本都是在打击点处纵向破裂的石片。

表 9　不同数量石制品拼合统计

石制品数量	拼合形式	拼合组数	比例 %
2 件	左 + 右裂片	21	68
	近端 + 远端	3	10
	石片 - 石片	1	3
	石片 - 石核	1	3
	石核 - 石核	1	3
3 件	石片 + 石片 - 石核	1	3
	断块 + 近端 + 远端	1	3
4 件	石片 - 近端 + 左裂片 + 右裂片	1	3
6 件	工具 - 石片（4 件）- 石核	1	3
总计		31	100

　　左裂片 + 右裂片拼合组的分布距离大部分非常近（表 10），水平距离最大者为 260cm，最小者仅 0.6cm，平均 42cm。这种近距离的破裂关系有两种成因，或在剥片过程中断裂，或在埋藏过程中被踩踏断裂。已有实验证明踩踏与石制品的水平分布存在十分密切的关系[①]。不过，如果是后期埋藏踩踏导致的破裂，其破裂方式应该比较随机。而乌兰木伦遗址发现的由 2 件标本组成的拼合组有 80% 是在石片打击点处纵向断裂的，而且，石制品边缘几乎没有破损的痕迹，可见踩踏对乌兰木伦遗址石制品影响较小。因此，这种破裂关系最有可能是在剥片过程中形成。

[①]　Villa P., 1982. Conjoinable pieces and site formation process. *American Antiquity*, 47:276-290.

表10 拼接关系分布位置信息统计 （单位：cm）

拼合形式	拼合组	地层	水平距离	平均水平距离	垂直距离	平均垂直距离
左裂片 + 右裂片	4	③	45	42	1	4
	5	②	15		1	
	9	④	2		0.5	
	12	②	17		1.4	
	13	②	7.6		2	
	14	②	6		3	
	15	②	20		2.7	
	16	②	3		0	
	17	②	2.5		1.3	
	18	②	0.6		0	
	19	②	260		26	
	20	②	1.8		0.8	
	21	②	106		19	
	23	②	15		2.5	
	29	⑥	8			
	30	⑥	11		0	
	27	⑧	124		6	
近端+远端	22	②	41	41	7	7
	31	⑥	12	22	0.3	2

　　标本的重量与水平距离能够较好地反映水流的搬运情况[1]。通过对各拼合组的平均重量和平均水平距离进行线性回归分析（图9），其相关系数平方为0.0005，可见标本重量与水平分布几乎不存在正相关关系，即这些拼合标本没有显示出轻型标本相距较远而较重标本则相距较近的情况，说明较少受到水流搬运的影响。

　　总之，从拼合石制品的水平分布来看，其主要是人类行为造成的，而且从拼对关系拼合组的水平分布来看，其反映了当时石器剥片和加工过程

---

[1]　尤玉柱：《史前考古埋藏学概论》，文物出版社，1989年。

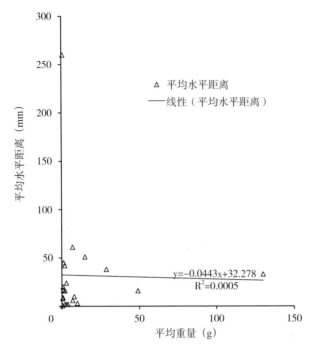

图9 拼合组平均重量与平均水平距离的线性回归分析

的原始位置；而从拼接关系拼合标本的水平分布来看，其反映了遗址快速埋藏的过程，几乎没有受到后期埋藏因素影响。

相对于拼合标本的水平分布，垂直分布则没有表现出复杂性。垂直距离大都在 10cm 以内，最大者为 36cm，而最小者仅为 0cm（见图 8）。

有学者通过对砂土状堆积类型遗址的埋藏学研究和模拟实验研究表明，较重的石制品有穿透沉积物并且埋藏较深的趋势[1]。乌兰木伦遗址拼合石制品的垂直位置分布并没有表现出这样的趋势。拼合组石制品的平均重量与平均垂直距离的线性回归分析（图 10），显示平均重量与平均垂直距离的相关系数平方仅为 0.0007，不具备相关性。

人类和其他动物的踩踏也会对石制品的垂直分布造成影响[2]。不过正如前文所述，踩踏在乌兰木伦遗址的影响并不是很明显，但这只是就水平

[1] Cahen D., Moeyersons J., 1977. Subsurface movements of stone artefacts and their implications for the prehistory of Central Africa. *Nature*, 266:812-815；Hofman J. L., 1986. Vertical movements of artifacts in alluvial and stratified deposits. *Current Anthropology*, 27:163-171.

[2] Villa P., 1982. Conjoinable pieces and site formation process. *American Antiquity*, 47:276-290；Villa P., Courtin J., 1983. The interpretation of stratified sites:a view from underground. *Journal of Archaeological Science*, 10:267-281.

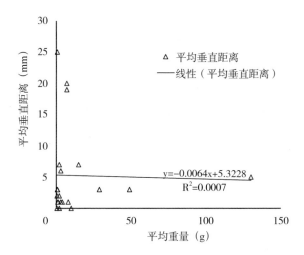

图10　拼合组平均重量与平均垂直距离的线性回归分析

分布和石制品破裂情况而言。因为乌兰木伦遗址的地层为砂状堆积，在踩踏过程中由于砂质较为松软而使得石制品不易破裂，但这更有利于石制品往下陷。拼合组中最大垂直分布距离达到 36cm，其可能与遗址地层的倾斜程度有关。

　　总的来看，从乌兰木伦可拼合石制品的水平和垂直分布来看，基本可以肯定乌兰木伦遗址原地埋藏的性质。

五、拼合案例描述

　　（一）考古标本拼合组

　　第 1 拼合组（图 11），拼合标本为 11KW ⑥ 568、11KW ⑥ 584、11KW ⑥ 587、11KW ⑥ 567、11KW ⑥ 558、OKW ⑥ 24-1，拼对关系，拼合结果为石核。原料为玫瑰红和灰色结合的石英岩，质地非常细腻。这 6 件标本能清楚地反映其剥片过程，其剥片顺序是 11KW ⑥ 584（锯齿刃器）－11KW ⑥ 587（Ⅱ型石片）－11KW ⑥ 567（Ⅱ型石片）－11KW ⑥ 558（Ⅲ型石片）－OKW ⑥ 24-1（Ⅲ型石片）－11KW ⑥ 568（单台面石核）。标本 11KW ⑥ 584，锯齿刃器，毛坯为Ⅱ型石片，最大长、宽、厚分别为 46.5、41.5、7.6mm，应该是该件石核剥下的第 2 件石片；剥片选择在石核的右侧，其腹面打击点、放射线、同心波都非常清楚，远端呈羽状，侧边汇聚；背面有该石核剥下的第 1 个石片阴疤，方向与该石片相同。修理选择在石片的右侧，正向加工，共 3 个修疤，构成了锯齿刃器的刃缘。标本 11KW ⑥ 587，Ⅱ型石片，最大长、宽、厚分别为 50.8、

图11 第1拼合组

43.6、13mm，刃角110°，是该石核剥下的第3件石片；台面、石片左侧和底部的石皮连接在一起，腹面打击点、放射线和同心波都很清楚；背面只有1个剥片阴疤，打击方向与先前的剥片相同。标本11KW⑥567，Ⅱ型石片，最大长、宽、厚分别为34、27.8、8.6mm，台面角84°，是该石核剥下的第5件石片；腹面凹陷，打击点、放射线和同心波都很清楚；背面有1个较小的石片阴疤。标本11KW⑥558，Ⅲ型石片，宽型，最大长、宽、厚分别为38、26.8、8.6mm，是该石核剥下的第9件石片；台面为非常平整的石皮，腹面打击点、放射线很清楚，侧边呈三角形；背面可见2个剥片阴疤，在拼合石制品中不见。标本OKW⑥24-1，Ⅲ型石片，最大长、宽、厚分别为37.3、27.2、9.5mm；台面较小，长3.7、宽12.2mm，台面角108°；腹面平整，打击点、放射线很清楚，远端呈羽状；背面有3个剥片阴疤，方向与该石片相同。标本11KW⑥568，单台面石核，剥片阴面有3个剥片阴疤，现有台面角57°。拼合后的石核已经完整地体现出了石核毛坯的原状，其是一个窄长型的长方体，可准确知道其长、宽、厚分别为68.1、44.1、39.1mm，其剥片面选择在宽型面上，可能是为了获得较宽型的石片。这5件标本最大水平距离为72cm，最大垂直距离仅5cm；最小水平距离仅0.2cm，最小垂直距离不到1cm，反映出原地埋藏的特征。

第2拼合组（图12），拼合标本为KBS②121、KBS②150、KBS②65，拼对关系，拼合结果为石核。原料为灰黑色石英岩，质地细腻。

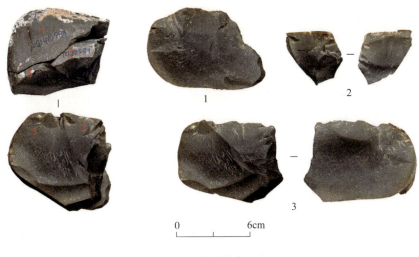

图12 第2拼合组

3 件标本表面均很新鲜，没有磨蚀和风化痕迹，且清楚反映出石核的剥片过程，其剥片的先后顺序是 KBS ② 121（Ⅲ型石片）－ KBS ② 150（Ⅱ型石片）－ KBS ② 65（石核）。标本 KBS ② 121，Ⅲ型石片，最大长、宽、厚分别为 40.8、37.1、15.6mm；台面为平整的石皮，台面角 108°；腹面打击点、放射线清楚，半锥体有 1 条非常明显的横向脊，再往下还有 1 条横向脊，两条脊构成了 1 个不太封闭的大型锥疤，长 22.4、宽 38.4mm，远端腹向卷；背面有 3 个剥片阴疤，2 个与该石片同向，1 个来自左侧。标本 KBS ② 150，Ⅱ型石片，最大长、宽、厚分别为 57.1、83.4、30.1mm；石皮和人工混合台面，台面左侧为先前剥片留下的线状脊，台面角 120°。该件石片一直打穿到了石核底部，并在底部留下了 27.1mm 的石皮。从腹面上看，很明显有 2 次打击，第 1 次打击已经在石核内部形成了一个隐形的半锥体，但是打击者又转移到了右侧并最终打下了该石片，但是第 1 次打击实际上是剥先前的石片即标本 KBS ② 121 的真正打击，并且标本 KBS ② 121 的半锥体残留在了标本 KBS ② 150 的腹面。因此，这 2 件石片标本的关系还可能是同时产生的，即在剥 1 件大石片时，第 1 次打击在石核内部形成隐形半锥体后，又转移到下一个打击点，并成功剥下了石片，但同时也把标本 KBS ② 121 震裂。标本 KBS ② 65，双台面石核，最大长、宽、厚分别为 84.1、57.2、30.5mm；在剥片阴面可见到 2 个剥片阴疤，其中 1 个阴疤产生的石片没有找到，但可知该石片为Ⅲ型石片，其打击方向来自石核的右侧。3 件标本的埋藏距离不是太远，水平距离最远 96cm，垂直距离最大 8cm，为较早的剥片即 KBS ② 121 与石核之间的距离；

而石核与 KBS ② 150 的水平距离仅 30cm，垂直距离仅 2cm。可以推测，这种距离是石核在剥片过程中转移造成的，也可能是在剥片过程中较小的标本由于容易飞溅而距离较远。总之，该拼合组反映了其埋藏环境为原地埋藏。

第 4 拼合组（图 13），拼合标本为 YHYJ1 ③ 53、YHYJ1 ③ 30，拼接关系，拼合结果为Ⅵ型石片。原料为白色石英岩，质地较好。标本表面非常新鲜，没有任何磨蚀和风化的痕迹，特别是石片薄锐边缘都没有任何的破损。标本 YHYJ1 ③ 53，左裂片，较小，最大长、宽、厚分别为 14.5、12.5、5.8mm；打击点只保留了一小部分。标本 YHYJ1 ③ 30，右裂片，较大，最大长、宽、厚分别为 16.7、15.4、6.8mm；较为完整地保存了打击点和放射线，半锥体不明显。拼合后台面为破裂面台面，其破裂的方向可较为清楚地识别为从右侧向左侧打击，台面角 80°；背面只有 1 个与该石片方向相同的阴疤。值得注意的是，在右裂片腹面的破裂处有 1 个纵向的破损阴疤，从打击点处一直延续到石片底缘，最宽处 3.5mm，导致在拼合处出现一个凹陷。其应该是在剥片时破裂，断裂面较为平整。2 件标本水平距离为 5.4cm，垂直距离为 1.7cm，距离非常近。

第 5 拼合组（图 14），拼合标本为 KBS ② 338、KBS ② 340，拼接关系，拼合结果为Ⅲ型石片。原料为黄色石英岩，颗粒较小，质地细腻。标本表面新鲜，没有磨蚀和风化迹象，其剥片留下的边缘薄锐锯齿都得以完好保留。标本 KBS ② 338，左裂片，相对较小，最大长、宽、厚分别为 33.8、25.3、9.2mm；保存了部分打击点和放射线，但没有锥疤。标本 KBS ② 340，右裂片，较大，最大长、宽、厚分别为 37.1、25、10.7mm；可清楚地看到打击点、放射线和半锥体，锥疤明显，并完整地保存了原石

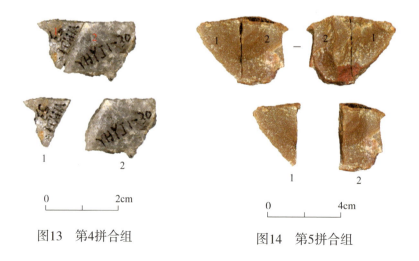

图13　第4拼合组　　　　　　图14　第5拼合组

片的远端，为腹向卷。拼合后台面为石皮和破裂面混合台面，但打击点在石皮处，石皮比例 60%；背面为人工背面，表面凹凸不平，可见到 3 个剥片阴疤，方向与该石片相同。在标本 KBS ② 340 的打击点靠近断裂面处，有 1 个纵向的长形破损阴疤，导致在拼合时半锥体的断裂面处不能完整结合。在断裂面可见到有打击点扩散出去的放射线，且在左裂片的断裂面处表现出石片的特征，即有半锥体和放射线存在，打击点与石片共用，右裂片的断裂面则为凹陷阴疤。以上证据均表明，该石片是在剥片过程中破裂的，方向是在打击点处纵向破裂。2 件标本距离较近，水平距离为 15cm，垂直距离为 10cm。

第 11 拼合组（图 15），拼合标本为 OKW ⑤ 25-8、OKW ⑤ 26-11，拼接关系，拼合结果为 Ⅱ 型石片。原料为灰色石英岩，质地细腻。标本表面新鲜，没有磨蚀风化现象。标本 OKW ⑤ 25-8，左裂片，较大，最大长、宽、厚分别为 29.4、28.9、12.7mm。标本 OKW ⑤ 26-11，右裂片，相对较小，最大长、宽、厚分别为 28.6、24.5、13.6mm。拼合后台面为全石皮台面，腹面打击点和放射线清楚，半锥体不是很凸出，远端呈台阶状；背面凹凸不平，可见到 4 个剥片阴疤。石片在打击点处斜向右断裂，断裂面较为平整，还可见到由打击点斜向背面的放射线。值得说明的是，标本 OKW ⑤ 26-11 台面靠近破裂处有一小块明显的破裂，拼合后导致与标本 OKW ⑤ 25-8 在台面的破裂处有一个缺口。该缺口和断裂面有打击点扩散出的放射线的存在表明该石片是在剥片过程中破裂的，而不是在后期埋藏过程中因为踩踏而破裂。该拼合组是在 2010 年第 1 次发掘时获得，没有三维坐标，因此不知道其确切的水平距离和垂直距离。但是当时的编号规律是按遗物出土的富集度即以好几个距离较近的石制品为一组进行编号，即在同一组则表明两者距离较近。这 2 件标本不在同一组，表明其有一定距离，但也是相近的两组，因此其距离也不会太远。

第 20 拼合组（图 16），拼合标本为 11KW ② 1257、11KW ② 1258，拼接关系，拼合结果为 Ⅲ 型石片。原料为朱红色石英岩，质地较好。标本表面新鲜，石片薄锐的边缘都保存较好，很明显没有经过后期的磨蚀和风化。分别为左裂片和右裂片。拼合后的 Ⅲ 型石片台面为平整的石皮，腹面打击点、放射线和同心波都很清楚；背面非常平整，是一个与该石片方向相同的先前剥片阴疤。该 Ⅲ 型石片在打击点处纵向断裂，在标本 11KW ② 1257 断裂腹面靠近台面打击点处有 1 个向下的长 12.1、宽 3.4mm 的小破损裂片阴疤，导致与标本 11KW ② 1258 拼合后在腹面靠近打击点的半锥体处有一个纵向破损而不平整，应该是剥片过程中断裂。这 2 件标

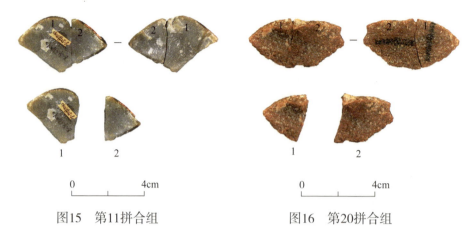

图15　第11拼合组　　　　　　　　　　图16　第20拼合组

本相距非常近，水平距离仅 2cm，垂直距离仅 1cm。

　　第 21 拼合组（图 17），拼合标本为 KBS ② 330、KBS ② 234，拼接关系，拼合结果为 Ⅱ 型石片。原料为灰色石英岩，质地细腻。标本 KBS ② 330，左裂片，较大，最大长、宽、厚分别为 39.4、37.6、9.1mm。标本 KBS ② 234，右裂片，相对较小，最大长、宽、厚分别为 30.4、27.4、9mm。拼合后的 Ⅱ 型石片台面为有一定弧度的石皮，腹面打击点、放射线清楚，在远端还有因石料内部节理形成的凹凸形态；背面凹陷，由 2 个先后剥片的阴疤构成，方向与该石片方向相同。背面的较晚剥片阴疤并不是很成功，主要集中在标本 KBS ② 234 上，由于原料内部结构关系左侧边缘在现纵向断裂线上停止。较晚剥片也造成台面在标本 KBS ② 234 非常的薄，使得在下次剥片时，即剥下拼合后的 Ⅱ 型石片时在打击点处沿着原料内部结构纵向断裂。2 件标本的埋藏距离很近，水平距离仅 2cm，垂直距离为 19cm。

图17　第21拼合组

　　第24拼合组（图18），拼合标本为 KBS ② 49、KBS ② 192，拼对关系，拼合结果为Ⅱ型石片。原料为灰黑色石英岩，质地细腻。标本均表面新鲜，没有后期磨蚀风化的迹象。标本 KBS ② 49，Ⅱ型石片，最大长、宽、厚分别为78.8、31.4、15.2mm；台面是相对较平的石皮，并在右侧一直延续到石片底缘，台面角112°；腹面打击点、放射线、同心波都很清楚，还可见到3个锥疤。该石片左侧几乎与正面的腹面垂直，但不是裂片的断裂面，因为其左侧一直延续到了石片的正面腹面，因此在该石片的腹面上部有1条凸脊，而在底部则非常平整。有意思的是该件标本腹面上部的脊与下部平面交界处有1个三角形的阴疤，应该是该石片的锥疤，因此也可以知道该石片腹面上的脊应该是该石片的半锥体。标本 KBS ② 192，Ⅱ型石片，最大长、宽、厚分别为62.2、40.2、19.2mm；台面为较为平整的石皮，与右侧石皮相连并一直延续到底缘，台面角108°；腹面打击点、放射线、同心波均很清楚，远端背向卷；背面除标本 KBS ② 49留下的阴疤外，在左侧还有3个来自左侧的阴疤。拼合后，标本 KBS ② 49腹面的锥疤对应的鼓凸并没有在标本 KBS ② 192的背面找到，可见在剥片的同时掉落了。2件标本相距水平距离88cm，垂直距离3cm。这样的距离应该是剥片过程造成的，因为在2件标本产生的中间还有3个石片的剥片过程。

0　　4cm

图18　第24拼合组

第 25 拼合组（图 19），拼合标本为 KBS ② 318、KBS ② 145、KBS ② 153、KBS ② 230，拼对关系，拼合结果为 II 型石片。原料为灰色石英岩，质地细腻。标本表面都非常新鲜，没有磨蚀和风化迹象。该拼合组能够较好地反映出它们的剥片顺序和破裂原因，剥片顺序是 KBS ② 318（III 型石片）- KBS ② 145 + KBS ② 153 + KBS ② 230（拼合为 II 型石片），并且剥下该 II 型石片时沿打击点纵向断裂成 3 块。拼合后的 II 型石片打击点、半锥体都很清楚，锥疤也很明显，远端呈台阶状。标本 KBS ② 318，III 型石片，在腹面可见 2 个半锥体。该件标本拼合到后 3 件标本拼合成的 II 型石片背面阴疤上时，并不能完整结合，而在后 3 件标本拼合成的 II 型石片的背面阴疤很明显是完整的，可见在剥下标本 KBS ② 318 的同时，还有数件废片同时落下。后 3 件标本拼合成的 II 型石片也是双锥石片，台面还有唇。断裂方式是靠近中部的半锥体整体脱落，右侧的半锥体连同右裂片一起脱落，左裂片则只保留了小部分打击点。3 件标本拼合后在台面的断裂处有一个凹缺，应该是在断裂的同时掉落。实际上，如果将标本 KBS ② 230 单独拿出来，那它就是 III 型石片，但拼合后来观察的话，那它其实是一件有台面、打击点、半锥体的裂片。4 件标本最大水平距离 140cm，最小水平距离 11cm，最大垂直距离 36cm，最小垂直距离仅1cm。最小水平距离者为标本 KBS ② 145 和 KBS ② 153，为体形相对较大的左、右裂片，可能是因为太重而掉落距离不远；KBS ② 318 与其他标本水平距离相距较远，因为其是最早剥下的 III 型石片，表明在剥下该件石片后，石核还被带离一定距离才进行下一次剥片，其垂直距离也是最大

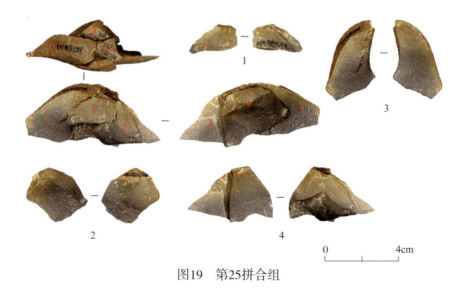

图19　第25拼合组

的。KBS ② 230 与其他标本的水平距离也比较远，最大为 120cm，应该是在剥片时飞溅所致。总体来说，该件标本的非完整石片拼合情况反映了遗址的原地埋藏性质，而总体拼合情况也反映了石核在剥片过程中还有转移地点的情况。

第 27 拼合组（图 20），拼合标本为 12KW ⑧ 1508、12KW ⑧ 1658，拼接关系，拼合结果为凹缺器。原料为玫瑰红色石英岩，质地非常细腻。标本保存都很好，表面新鲜，没有磨蚀和风化迹象。标本 12KW ⑧ 1508，最大长、宽、厚分别为 26.2、13.4、6mm。标本 12KW ⑧ 1658，最大长、宽、厚分别为 22.4、16.7、5.8mm。该凹缺器的毛坯为 V 型石片，从残存的台面来看，是一个较为平整的破裂面。石片腹面打击点、半锥体、锥疤、放射线都很清楚，远端为台阶状；背面凹陷，是一个从右侧打过来的阴疤。利用该 V 型石片修理的凹缺器，其修理位置选择在台面后缘，修理方向为从台面向背面修理，可见 2 个修理阴疤，较早的修疤较大，长 7.2、15.5mm；较晚的修疤较小，也是一次不成功而导致标本断裂的修理。两次修理都选择在石片原打击点处。2 件拼合标本的水平距离为 120cm，垂直距离为 6cm，均不是太远，是原地埋藏的最好反映。

第 28 拼合组（图 21），拼合标本为 OKW ⑤ 9-1、OKW ⑤ 9-3，拼对关系，拼合结果为石片石核。原料为黄色石英岩，颗粒较粗。标本表面非常新鲜，没有任何磨蚀和风化迹象。标本 OKW ⑤ 9-3，石核，较大，最大长、宽、厚分别为 62.7、56.4、27.3mm。标本 OKW ⑤ 9-1，石核，

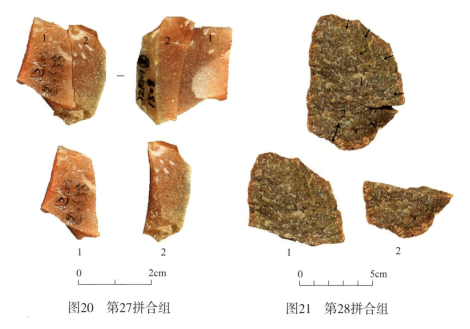

图20　第27拼合组　　　　　图21　第28拼合组

相对较小，最大长、宽、厚分别为 61.6、33.7、22.8mm。拼合后石核的毛坯石片基本完整，为 I 型石片，台面被打破，腹面较平整，可见同心波、打击点、放射线不是很清楚，腹面有 5 个剥片阴疤，主要分布在石片左侧，剥片顺序为从石片底缘顺时针一直到台面处，最大剥片阴疤长 29.5、宽 27.7mm。该石核毛坯石片在遗址石片组合中尺寸相对较大，并不是乌兰木伦古人类需要的毛坯，石片边缘角度一般较小，有利于进一步剥片，在该石片上进行剥片是为了获得尺寸相对较小的石片。其破裂原因是在进行最后一次剥片时没有成功而导致横向断裂，在较大标本的断裂面可以清楚地见到打击点和放射线。该拼合组是在 2010 年第 1 次发掘时获得，由于当时没有测量遗物出土的三维坐标，因此不能知道其确切的水平距离和垂直距离。但是当时的编号规律是按遗物出土的富集度即以好几个距离较近的石制品为一组进行编号，即在同一组则表明两者距离较近。

（二）实验标本拼合组

本书还进行了一项剥片实验，具体实验结果和分析将在后文有详细论述。为了便于与考古标本拼合组对比来说明遗址的埋藏性质，特将个别剥片实验拼合组提前到这里来描述。

标本 12EKCC25：7.1、12EKCC25：7.2、12EKCC25：7.3（图 22），是剥片实验中第 C 组第 25 号石核标本在第 7 次有效打击（即实验描述过程定义的第 7 个剥片事件）产生的 3 件标本。原料为黄色石英岩，质地较好。标本 12EKCC25：7.2，左裂片，尺寸相对较小，最大长、宽、厚分别为 55.5、25、8mm。标本 12EKCC25：7.1，右裂片，较大，最大长、宽、厚分别为 56.2、50、7.8mm；打击点、半锥体和放射线大部分保留。标本 12EKCC25：7.3，近端断片，最大长、宽、厚分别为 17.3、16.1、7.8mm；有半个半锥体。标本 12EKCC25：7.2 与 12EKCC25：7.3 拼合形成完整的左裂片。3 件标本的拼合结果为 II 型石片，很显然它们是在一次打击过程

图22　剥片实验拼合组

（第 7 次有效打击）中同时掉落下来的，一般在打击点处纵向断裂，并且在靠近打击点处的断裂处还有很小的破损。这 3 件实验拼合标本可以与遗址发现的左、右裂片拼合组进行较好的对比，从一个侧面表明遗址的左、右裂片拼合组应该是在剥片时自己断裂，而不是在后期埋藏过程中由于踩踏或者其他原因断裂。

第三节　火塘、炭屑层的埋藏学指示意义

一些特殊的遗迹现象，如埋藏过程中极易破坏的火塘，它们的发现往往最能指示遗址的埋藏性质[①]。乌兰木伦遗址较完整揭露的 2 处用火遗迹，其中一处发现于 2010 年第 2 次试掘，另一处发现于 2011 年。2011 年发现的火塘剖面（图 23），保存完好，可见到火塘对自然层的打破痕迹，这表明在火塘废弃后被迅速埋藏并且没有受到任何后期埋藏过程的扰动，甚至当时古人类的生活面都得以完整保存。

在遗址第③、⑤层还发现有 2 个炭屑层（图 24），其中第③层的炭屑层长 45、厚约 1～2cm；第⑤层炭屑层长约 450、厚约 2～4cm。炭屑层发现于黄色中砂层中，保存较好；炭粒清晰可见，采集到长达 2cm 的

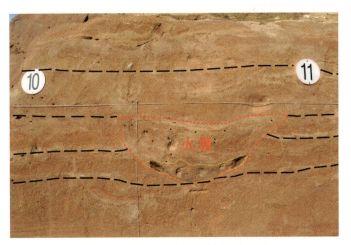

图23　发掘区西壁保存的火塘遗迹

---

① Laughlin J.P., 2005. *149 refits: assessing site integrity and hearth-centered activities at Barger Gulch, Locality B.* The thesis for the degree of MA in Department of Anthropology, University of Wyoming.

图24 发掘区北壁的炭屑层和炭粒

炭粒棱角分明，不见任何磨蚀现象。这都表明没有受到后期的扰动。

总之，火塘和炭屑层的发现及其保存状况，以及在炭屑层中发现保存完好的较长炭粒，表明至少这些遗迹现象所属地层原地埋藏的性质。

第四节　遗物出土状态

本书主要从遗物的倾向和长轴方向以及遗物的磨蚀和风化情况来进行研究。后期埋藏过程特别是经过水流搬运的遗物在长轴和倾向上会表现出一定的共同特征，如长轴会定向分布等。此外，经过后期搬运的标本其表面还可观察到不同程度的磨蚀。如果遗物在埋藏之前在地表暴露很久，表面会有一定的风化。

乌兰木伦遗址发掘记录了遗物的出土状态，包括标本的长轴和倾向。记录方法如图25所示。举例来说，遗物的长轴方向记录采用区间式的方法来估算，而不采用罗盘进行角度测量。原因主要有两点：一是大部分标本太小，用罗盘测量不太方便；二是每天出土标本量太大，用罗盘进行逐个测量时间上来不及。乌兰木伦遗址发掘过程中对遗物出土的长轴定向主

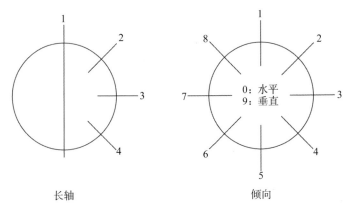

图25　遗物出土状态（长轴和倾向）记录方法

要与遗址布方的方向进行对比，即发掘者正对遗址的北部剖面所见的遗物长轴方向与图 25 对比并最终确认。倾向的测量亦是如此。在实际的测量过程中，长轴方向的"1"和"3"分别被指定为正 0°（180°）和 90°（270°），而"2"和"4"实际上是一个角度区间，分别代表 0°～90° 和 90°～180°。该测量方法最大的缺陷是不够细化，但由于遗址发掘出土标本量较大，出土遗物长轴和倾向的分析对遗址埋藏成因还是具有一定的指示意义。

一、倾向和长轴方向

标本长轴和倾向的分析常被研究者用于对遗址埋藏过程的判读[①]。物体被遗弃后一般不会存在一个相同模式上的走向。如果一个遗址的长形遗物在玫瑰图中随机分布，那就表明这个遗址受到后期扰动是比较小的[②]。相反，则表明可能遭受了较大的后期扰动，特别是流水的搬运作用。

遗址各层石制品长轴方向的玫瑰图统计（图 26）显示没有表现出定向的特征，在 0°和 90°方向一般较少。只有第⑦层是个例外，长轴方向在 90°方向分布相对较为集中，但实际上各个方向的比例差别不是很大。按实际值，第⑦层在 0°方向比例 17%、45°方向比例 24%、90°方向比

① Bernatchez J. A., 2010. Taphonomic implications of orientation of plotted finds from Pinnacle Point 13B (Mossel Bay, Western Cape Province, South Africa). *Journal of Human Evolution*, 59:274-288.

② Kluskens S. L., 1995. Archaeological taphonomy of Combe-Capelle Bas from artifact orientation and density analysis. In: Dibble H. L., Lenoir M. (Eds.), *The Middle Paleolithic Site of Combe-Capelle Bas (France)*. The University Museum Press, pp. 199-243.

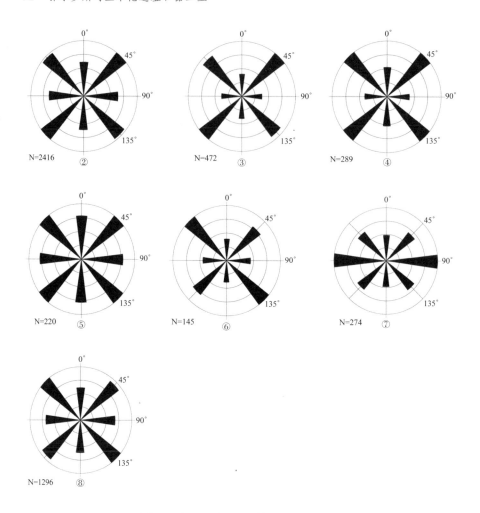

图26 各层石制品长轴方向玫瑰图

例35%、135°方向比例24%，基本上在一个水平。

　　结合石制品长轴方向的测量方法，长轴方向在45°和135°方向比较集中，更为合理的解释是这两个方向代表的是角度区间，而不像0°和90°代表具体的角度值。因此，若将45°和135°方向以每15°分割的话，那么从0°～180°各个15°区间就会显得比较平均。

　　各层石制品的倾向则高度一致，均以水平为主，其中第③层最少也达到了30%。其他各个方向包括垂直的分布状态在内，分布较为平均。后期的搬运如水流和风等都会造成标本的倾向分布与力的方向形成一定的角度，甚至通过对标本倾向的分析可以判断水流等力的方向。因此，乌兰木伦遗址标本大量的水平分布以及其他各个方向的均匀分布表明在埋藏后并没有遭受后期的搬运过程。此外，这些标本有近 2% ～ 6% 是垂直分布，则更加证明了遗址是原地埋藏。

二、磨蚀和风化

出土遗物的磨蚀和风化程度是判断遗址埋藏过程的一个重要指标[①]。标本的磨蚀程度更多地反映标本在埋藏过程中所经历的搬运过程和距离；而标本的风化程度则对判断标本在埋藏之前所暴露的时间具有重要的指示意义。

乌兰木伦遗址标本磨蚀和风化程度的记录，主要采用肉眼来进行观察，将标本的磨蚀和风化程度分为 4 个等级，即无、轻度、中度和重度。经统计，石制品基本上观察不到磨蚀现象，无中度和重度磨蚀标本；第④～⑧层发现有极少数轻度磨蚀者，但比例没超过 0.6%。部分标本的薄锐边缘也得到完好保存。这充分表明乌兰木伦遗址标本在埋藏后，基本上没有经过后期任何的搬运。石制品没有观察到任何风化现象。即使在遗址中发现的易风化石英砂岩原料标本也没有任何的风化痕迹。可见，遗址属于迅速埋藏，遗物在地表暴露时间极短。

第五节　乌兰木伦遗址埋藏性质

对遗址埋藏成因认识，有利于研究者了解古人类在该遗址活动之后经过了多少改变，是对遗址后续研究的基础，特别是对于探讨遗址的功能、复原遗址最初始的状态具有重要意义，也有利于提高遗址性质判断的可靠性[②]。

前文通过石制品的考察，如石制品组合和拼合、石制品的出土状态，以及结合特殊遗迹现象的埋藏学指示意义等几个方面的证据对乌兰木伦遗

---

① Bunn H. T., Mabulla A. Z. P., Domínguez-Rodrigo M., et al., 2010. Was FLK North levels 1–2 a classic "living floor" of Oldowan hominins or a taphonomically complex palimpsest dominated by large carnivore feeding behavior? *Quaternary Research*,74:355-362；Marean C. W., Abe Y., Frey C. J., et al., 2000. Zooarchaeological and taphonomic analysis of the Die Kelders Cave 1 Layers 10 and 11 Middle Stone Age larger mammal fauna. *Journal of Human Evolution*, 38:197-233；Vardi J., Golan A., Levy D., et al., 2010. Tracing sickle blade levels of wear and discard patterns: a new sickle gloss quantification method. *Journal of Archaeological Science*, 37:1716-1724.

② Villa P., Courtin J., 1983. The interpretation of stratified sites:a view from underground. *Journal of Archaeological Science*, 10:267-281.

址埋藏成因进行了分析和探讨，研究表明：

（1）从石制品组合上看，遗址＜20mm 的石制品比例达到 89%；石核比例不到 1%，符合 Schick 遗址原地堆积的指标 [1]。

（2）石制品拼合研究表明，遗址共发现拼合组 31 个，包含石制品 70件，拼合率为 0.6%。拼合石制品可以区分为拼接关系和拼对关系两种类型。这两种拼合关系分别具有埋藏学和石器打制技术等指示意义，乌兰木伦遗址可拼合标本拼接关系类型占 81%，因此相对来说能够较好地揭示遗址的埋藏成因。通过对可拼合石制品的水平分布和垂直分布以及拼合类型等方面的研究，均表明乌兰木伦遗址原地埋藏的性质。目前石制品的分布状况主要是人类行为造成的。在剥片和工具加工过程中，标本遗落到地表后被堆积物迅速埋藏。因此，乌兰木伦遗址保留了古人类活动最原始的信息。此外，拼合标本断裂面的状态也更多地指示这些标本是在剥片过程中断裂的，而不是后期埋藏因素如踩踏造成的。

（3）通过对在遗址不同地层特殊遗迹现象如火塘和炭屑层的考察，如第③层发现的火塘遗迹还可清楚地见到对自然地层的打破关系，第③、⑤层发现的炭屑层非常平稳而且在炭屑层中还发现有较长且保存完好的炭粒，都表明遗址原地埋藏的性质。

（4）石制品出土时的长轴和倾向都没有显示定向和来自搬运力方向的特征，表明在遗址埋藏过程中没有经过后期的搬运过程。在石制品表面基本没有观察到磨蚀和风化迹象，只有最大不到 0.6% 的标本有轻度磨蚀现象，这表明遗址堆积为迅速埋藏，遗物在地表暴露时间很短，也没有经过任何的搬运。

以上四点表明乌兰木伦遗址原地埋藏的性质，且遗物在地表暴露时间短、基本没有经过后期搬运，完整保存了当时古人类活动的信息。这也得到了动物考古埋藏学的佐证 [2]，研究表明遗址出土动物骨骼在较短的时间内被埋藏，并且不具有明显的流水搬运作用以及食肉类动物的干扰作用，其主要是人力活动的结果。

---

[1] Schick K. D., 1986. *Stone Age Sites in the Making: experiments in the formation and transformation of archaeological occurrences*. BAR International Series 319.

[2] Zhang L. M., Christophe G., Dong W., et al., 2016. Preliminary taphonomic analyses on the mammalian remains from Wulanmulun Paleolithic Site, Nei Mongol, China. *Quaternary International*, 400: 158-165.

第四章　原料的来源和利用

第一节　研究背景

石制品以其原料保存的耐久性成为旧石器时代保留下来最多的古人类文化遗物。可以说，岩石对于古人类来说是最为重要甚至赖以生存的原料之一。岩石种类的识别和质量的鉴定对于古人类工具的制作等都具有重要的现实意义[1]。已有实验考古学表明原料对于石制品形态、类型、技术、功能以及工业面貌都有重大的影响[2]。因此，分析一批石制品之前，首先对石制品原料进行充分的研究就显得尤为重要。鉴于此，很多学者都将原料的研究作为石制品分析的重要组成部分，并对原料的分类与命名[3]、原料的选择与岩性的关系[4]、工具的制作与原料的选择性[5]、原料产地[6]、原料的开发和利用方略[7]、原料的多样性与现代人行为[8]和原料经

[1] Andrefsky Jr. W., 2007. The application and misapplication of mass analysis in lithic debitage studies. *Journal of Archaeological Science*, 34:392-402.

[2] Chase P. G., Dibble H. L., 1987. Middle Paleolithic symbolism: a review of current evidence and interpretations. *Journal of Anthropological Archaeology*, 6:263-296；Andrefsky Jr.W., 1994. Raw material avilability and the orgnization of techonology. *American Antiquity*, 59:21-34.

[3] 裴树文：《石制品原料的分类命名及相关问题讨论》，《文物春秋》2001年第2期。

[4] 胡松梅：《略谈我国旧石器时代石器原料的选择与岩性的关系》，《考古与文物》1992年第2期。

[5] Stout D., Quade J., Semaw S., et al., 2005. Raw material selectivity of the earliest stone toolmakers at Gona, Afar, Ethiopia. *Journal of Human Evolution*, 48:365-380；Goldman-Neuman T., Hovers E., 2012. Raw material selectivity in Late Pliocene Oldowan sites in the Makaamitalu Basin, Hadar, Ethiopia. *Journal of Human Evolution*, 62:353-366.

[6] 李锋、王春雪、刘德成等：《周口店第一地点第4~5层脉石英原料产地分析》，《第四纪研究》2011年第5期。

[7] 高星：《周口店第15地点石器原料开发方略与经济形态研究》，《人类学学报》2001年第3期。

[8] Minichillo T., 2006. Raw material use and behavioral modernity: Howiesons Poort lithic foraging strategies. *Journal of Human Evolution*, 50:359-364；Ambrose S. H., 2006. Howiesons Poort lithic raw material procurement patterns and the evolution of Modern Human behavior: a response to Minichillo. *Journal of Human Evolution*, 50:365-369.

济 ① 等进行了具体详细的研究，取得了重要认识。

石制品原料的研究主要包括原料产地（Raw material sources）、原料可获性（Raw material availability）和原料质地（Raw material quality）三个方面。在研究原料产地之前，对石制品原料类别的鉴定尤为重要，也是基础性的工作。在此基础上，进行原料产地研究最主要的方法就是地质调查。关于石制品原料的可获性，许多学者采用民族学和考古学相结合的方法来进行研究 ②。原料可获性研究范围多样，可从小区域集中研究 ③ 到大范围区域研究 ④，一般通过地质调查和数理统计分析进行研究。而石制品原料质量的研究则相对来说比较困难，即使在 Andrefsky 对原料的综合性研究 ⑤ 中，对原料的质量也没有过多提及。

Callahan 曾建议将石制品原料质量分为 0.5 ～ 5.5 等 10 个等级 ⑥。这个等级的制定对模拟打制实验最为有利，因为这可以让实验者通过该等级选择与需要对比的考古标本一致的原料。但问题是，这个等级无法估量，这就会导致其他研究人员在面对一批岩石原料时无法确定其等级范围，除非去问 Callahan 本人。

如果在一个遗址中有两种完全不同的岩石原料，那么相对来说即使仅靠经验也可以对原料质量的优差进行区分并评估其对石制品技术的影响。例如，Vierra 对葡萄牙阿尔加维的维迪加尔贝丘遗址燧石细石叶石核的分析揭示出制作者为何一直使用较低等级原料并且当原料有富余时，还生

① Montet-White A., Holen S., 1991. *Raw material economies among prehistoric hunter-gatherers*. University of Kansas publications in anthropology 19；Spinapolice E. E., 2012. Raw material economy in Salento (Apulia, Italy): new perspectives on neanderthal mobility patterns. *Journal of Archaeological Science*, 39:680-689.

② Gould R. A., 1980. *Living Archaeology*. Cambridge University Press；Stiner M. C., Kuhn S. L., 1992. Subsistence, technology, and adaptive variation in Middle Paleolithic Italy. *American Anthropologist*, 94:306-339.

③ Durán-Valle C. J., Gómez-Corzo M., Pastor-Villegas J., et al., 2005. Study of cherry stones as raw material in preparation of carbonaceous adsorbents. *Journal of Analytical and Applied Pyrolysis*, 73:59-67.

④ Fernandes P., Raynal J., Moncel M., 2008. Middle Palaeolithic raw material gathering territories and human mobility in the Southern Massif Central, France: first results from a petro-archaeological study on flint. *Journal of Archaeological Science*, 35:2357-2370.

⑤ Andrefsky Jr.W., 1998. *Lithics: macroscopic approches to analysis*. Cambridge University Press.

⑥ Callahan E., 1979. The basics of biface knapping in the Eastern Fluted Point Tradition: a manual for flintknappers and lithic analysts. *Archaeology of Eastern North America*, 7:1-180.

产一些其他的工具类型①。Vierra 的研究与 Andrefsky 所提出的原料利用模型②非常吻合：原料的可获得性和质量会影响形制规整和不规整工具的功能。例如，低等级原料一般倾向于制作形制不规整的工具而高等级原料则只有在非常丰富的时候才有可能用来制作不规整的工具。Andrefsky 的原料利用模式确实有效，但它的问题仍然是难以对不同的原料质量进行独立的评估。

鉴于此，Orton 试图绕开原料质量这个困难的问题而直接讨论考古标本打制者的偏好（preference）③。Orton 的模式通过对比一批石制品中相同原料修理工具的频率和石片的频率来探讨对该原料修理的愿望，其研究途径是应用"原料修理指数（Raw material retouch index）"来实现，理论上来说，这个模式也可用来对比不同遗址的原料偏好，但它却没有揭示出现这种偏好的原因。因此从本质上来说，Orton 的原料修理指数模式对于揭示原料和工具形态之间的关系并没有显示出有效性，因为它并没有从本质上区分出原料的可用性和质量。实际上，Orton 的原料修理指数模式也不能解释 Dibble 的修理强度问题④。

有学者通过切片以显微观察来鉴定原料的种类⑤。这种方法是有效的，而且对某一具体原料的鉴定也是准确的。但也有问题：一是一个遗址石制品数量较多，难以做到对每件标本进行切面鉴定；二是过于精细的原料细分，会给研究者一种原料多样性的直观感受，但是这往往又不符合古人类对原料的选择原则，因为古代先民并不会通过显微观察来选择原料。考古学研究需要把握一个宏观和微观的尺度。

在通过考古人群偏好等方面来确定原料的质量遇到困难之后，有学者开始将研究视角转向实验考古学。Crabtree 观察到在一块颗粒较粗的原料

① Vierra B. J., 1995. *Subsistence and stone tool technology: an old world perspective.* Arizona State University Anthropological Research Papers, No 47.

② Andrefsky Jr.W., 1994. Raw material avilability and the orgnization of techonology. *American Antiquity*, 59:21-34.

③ Orton J., 2008. A useful measure of the desirability of different raw materials for retouch within and between assemblages: the raw material retouch index (RMRI). *Journal of Archaeological Science*, 35:1090-1094.

④ Dibble H., 1987. The interpretation of Middle Paleolithic scraper morphology. *American Antiquity*, 52:109-117.

⑤ Yue J. P., Li Y. Q., Zhang Y. X., et al., 2020. Lithic raw material economy at the Huayang site in Northeast China: localization and diversification as adaptive strategies in the Late Glacial. *Archaeological and Anthropological Sciences*, 12:107.

上比颗粒较细的原料上持续剥下石片要难[①]。他还进一步发现石器打制者在选择原料时首先考虑的就是原料的均质性和耐冲击性，并强调好的石料能够有足够的韧性来保证台面不被打碎。Crabtree 的研究展示了判断原料等级的几个变量：颗粒大小、晶体密度、硬度、均质性和韧性。

（1）颗粒大小。实验打制者在对石料颗粒大小的重要性上有一些争论。有学者认为石料颗粒大小与其是否有利于石器打制并不具备太大的相关性，一些颗粒较大的石英岩也能够制造出桂叶状的产品[②]。而 Crabtree 则认为石叶的生产必须依赖颗粒极小的高等级原料[③]。关于石料颗粒大小对石制品打制如石叶生产的影响已经有过系统的研究[④]，表明颗粒大小可能不是判断原料质量等级的最好指标，因为有些燧石的颗粒纹理相当粗糙，但是依然能够剥下很好的石片。本项研究的剥片实验还表明，较粗颗粒原料剥下来的石片边缘往往呈锯齿状，且在使用后极易变钝，对于后续的加工和使用并不理想。因此，颗粒大小在剥片、加工和使用流程上，还是一项相对较好的指标。

（2）晶体密度。Brantingham 曾建议采用四种可以定量的性能特征来确定石料的等级，即晶体百分比、平均晶体大小、晶体尺寸范围和杂质丰富度[⑤]。这是体现均质性或者晶体密度的几个主要方面。他还建议这四个变量完全可以用光学显微镜或者目测来进行定量分析，不过每个变量相对重要的是需要通过可控的实验来进行最后确定。但实际上，Brantingham 将这些变量的定量分析过程描述得过于简单化了，地质学家们可能会更有意向从定性水平的角度来讨论石料的晶体密度。更为重要的是，比如燧石（flint）、硅质岩（chert）和玉髓（chalcedony）从定义上来说都是隐晶体的，即使在使用显微镜的情况下也难以实现对它们的晶体百分比、晶体大小等方面的观察。显然，Brantingham 也意识到了这一点，因为在他的分析中，

[①] Crabtree D. E., 1967. Notes on experiments in Flintknapping.3. The flintknapper's raw materials. *Tebiwa*, 10:18-25.

[②] Inizan M. L., Michele R., Roche H., et al., 1999. *Technology and terminology of knapped stone*. Nanterre: CREP.

[③] Crabtree D. E., 1968. Mesoamerican polyhedral cores and prismatic blades. *American Antiquity*, 33:446-478.

[④] Alexander D. W., 2011. *The effects of lithic raw material quality on Aurignacian blade production at Abri Cellier*. The thesis for the degree of PhD of the University of Iowa.

[⑤] Brantingham P. J., Olsen J. W., Rech J. A., et al., 2000. Raw material quality and prepared core technologies in Northeast Asia. *Journal of Archaeological Science*, 27:255-271.

他实际上仅使用了四项指标中的一项即杂质丰富度[1]。

（3）硬度。对大部分石料硬度的确定可以通过许多现代的硬度测试方法进行测量。尽管如此，石料硬度的测算在执行起来还是有一些困难，因为硬度的测试需要使用机械压制来使原料变形，因此对于一些脆性极高的石料可能导致的是破裂而不是变形。这就意味着对脆性极高的石料来说，硬度测试需要通过各种各样的刻划测试等方法来实现，如莫氏硬度计。莫氏硬度指标相对来说更为严格，通过设定不同矿物的软度（从滑石到钻石），硬度计便能够成功地通过刻划原料表面来推断石料的硬度。但莫氏硬度的缺陷是过于粗糙和不恒定，比如硬度在 9 和 10 的差别比在 1 ~ 9 的差别都要大，因此大部分用于打制石制品的石料其硬度往往只能对应到一个非常窄的莫氏硬度范围。实际上，实验打制者在谈到石料的硬度时往往与石料的韧性有关。

（4）均质性。均质性是被模拟打制实验者提得最多也被认为是最为重要的特征，例如有学者认为 "Homogeneity is the main desirable quality for making blades and long retouches, and therefore for regular debitage and parallel retouches." [2] 从断裂力学上来讲，一件石料均质性越高则越难断裂，石料的断裂韧性会随着内部包含物尺寸的增加而减小。Brantingham 主要通过石料内部杂质多少来判断原料的质量[3]，其他学者也采用过同样的方法[4]。该方法的优点在于其对遗址发掘出土的石制品标本是无损的，而缺点则是仅仅描述了宏观尺度上的均质性，而不是真正意义上的石料质量；而且该方法的观察也取决于石片的大小，大的石片和片疤越多的石片其暴露的部分越多也就越容易观察到内部的杂质。正如 Whittaker 所指出的，每一件从石料上剥下来的石片仅仅反映的是独有的质量信息[5]。Domanski 和 Webb 通过断裂韧性样品的事故率（failure rates）来估计石料宏观尺度

[1]　Brantingham P. J., Olsen J. W., Rech J. A., et al., 2000. Raw material quality and prepared core technologies in Northeast Asia. *Journal of Archaeological Science*, 27:255-271.

[2]　Inizan M. L., Michele R., Roche H., et al., 1999. *Technology and terminology of knapped stone*. Nanterre: CREP.

[3]　Brantingham P. J., Olsen J. W., Rech J. A., et al., 2000. Raw material quality and prepared core technologies in Northeast Asia. *Journal of Archaeological Science*, 27:255-271.

[4]　Bamforth D. B., 1990. Settlement, raw material, and lithic procurement in the central Mojave desert. *Journal of Anthropological Archaeology*, 9:70-104.

[5]　Whittaker J. C., 1994. *Flintknapping: making and understanding stone tools*. University of Texas Press.

上的均质性,并建立了一个均质性指标①。该方法的问题是样本量会直接影响最后的结果,而且引起石料断裂的内部节理也并不能完全作为划分原料均质性等级的指标,因为如果一件等级极高的石料因为有一条大的节理裂痕而导致断裂,但断裂后的石料仍然是等级极高的石料。如此,对石料的均质性的判断就需要重新思考。大的裂缝和内部节理并不表示石料的均质性很差,其可以形成更多相对较小的好的原料。

(5)韧性。有研究者总结出热处理后原料的四项机械性能:弹性系数、抗压力、拉伸强度和断裂韧性②。他们发现拉伸强度和抗压力在经过热处理后的改变比较随机,因此对原料的质量没有提供有益的观测价值。而经过热处理的标本其弹性系数会微弱减小而断裂韧性则会较大地减小③,即断裂韧性的减小会相应地提高剥片的性能,因此断裂韧性可以作为石料质量的客观性指标。但这一观点也并不确切,例如石英岩的韧性要比燧石低但并不意味着它的质量更好。

通过原料质量判断指标的简要回顾,可以看出原料质量的判断其实是一个很艰难的课题,特别是难以量化,也因此会导致不同研究者在对待同一批石制品时对其原料质量的认识会有一定的差别;而且在采用不同的指标进行原料质量分析时,常常容易顾此失彼造成最后认识的不统一。特别是当一批石制品标本中原料具有多样性或者原料类型特别接近,对原料质量的理解进而判断不同原料对石制品打制技术的影响就会出现偏差。

乌兰木伦遗址石制品原料类别种类较多,但大多数都是石英岩,原料利用频率显得较为单一。在对乌兰木伦河流域进行调查时,发现河流两岸基岩砾石层中有大量的石英岩砾石,初步可以确定就是原料来源地。如此,似乎乌兰木伦遗址的原料产地等问题已十分明朗。但是,必须更进一步思考,基岩砾石层石英岩砾石的丰富度、大小和质量在不同距离范围是否有差别?这种差别是否会影响乌兰木伦古人类原料采集地的选择?砾石层中石料类型的组成成分是什么?石英岩的质量在砾石层中不同岩石质量中处于什么地位?遗址石英岩原料的高密度出现是否是古人类无奈的选择还是古人类有意识的选择?因此,需要从客观上解决乌兰木伦遗址古人类面临

---

① Domanski M., Webb J. A., 1992. Effect of heat treatment on siliceous rocks used in prehistoric lithic technology. *Journal of Archaeological Science*, 19:601-614.

② Domanski M., Webb J. A., 1992. Effect of heat treatment on siliceous rocks used in prehistoric lithic technology. *Journal of Archaeological Science*, 19:601-614.

③ Domanski M., Webb J. A., Boland J., 1994. Mechanical properties of stone artefact materials and the effect of heat treatment. *Archaeometry*, 36:177-208.

的原料可获性和质量问题，才能进一步分析原料开发方略以加深对石器技术的理解。

第二节　乌兰木伦遗址的原料类型和特征

乌兰木伦遗址原料情况主要从原料的类型、等级、石皮及其状态、尺寸和形状等几个方面来进行统计分析。

一、类型

从统计的2710件标本来看（图27），乌兰木伦遗址原料类型较为多样，可区分出8个原料类型，它们在比例上有一定的差别。其中，石英岩原料最多，有2339件，占86%；其次为石英，有316件，占12%；再次为燧石，有39件，占1%；其他原料如砂岩、片麻岩、硅质岩、玛瑙、玉髓等数量极少。

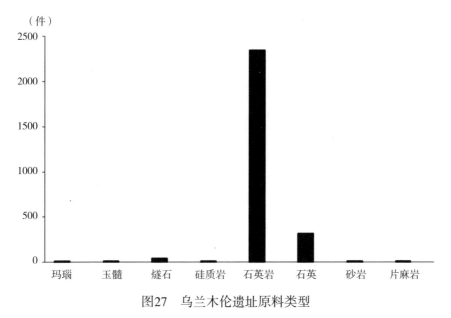

图27　乌兰木伦遗址原料类型

二、等级

遗址分辨出的几类原料，总体原料等级基本上可以划分为：玉髓、玛瑙＞燧石＞硅质岩＞石英岩＞石英＞砂岩、片麻岩。数量上，等级好的原料如玉髓和玛瑙、燧石等都不是最多的，等级差的原料如砂岩、片麻岩等数量也较少；最多者为等级相对中等的石英岩，其次为石英。如果规定总体原料等级最高者（玛瑙和玉髓等）为等级6，最低者（砂岩等）为1，

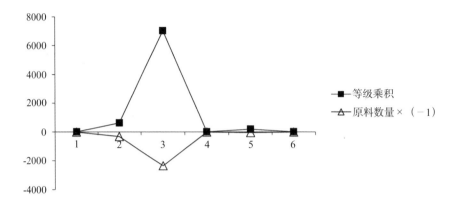

图28　乌兰木伦遗址不同等级原料数量与乘积

以等级值乘以对应原料数量可以得到不同原料的等级乘积，其可以反映原料利用者的偏好。如图 28 所示，原料等级乘积与等级数量对应得非常好，石英岩是遗址石器工业中的主要原料。

　　由于石英岩绝对数量多，有必要进一步划分等级。本书主要划分成优（a）、中（b）、差（c）三个等级。如前文所述，原料等级的划分主要考虑颗粒大小、均质性、韧性和硬度等因素。这里对石英岩等级进行观察时，只将颗粒大小作为判断因素。因为其他几项在考虑时或会遇到一些问题或不需要参考。比如均质性，虽然一件石核其内部结构有节理甚至有大的裂痕，可以定义为等级差，但是在剥片时石核断裂并利用"子石核"继续剥片，在剥下来的石片上是看不到节理或裂痕的。这样的统计，就会造成野外地质调查原料等级为优的原料偏低，而遗址原料等级为优的原料则偏高的情况。而韧性和硬度就石英岩这一单类原料来说，并不具有太大的差别。经统计，在不同等级石英岩中，等级优的石英岩占了主要部分，比例达到 88%，等级中的为 9%，等级差的仅 3%。

三、石皮面和表面状态

　　石皮可区分为结核面、岩石风化面、砾石面三种[①]，可以代表原料的原型或来源。乌兰木伦遗址石制品可见石皮者全部为砾石面，可见遗址原料初始状态均为砾石。

　　表面状态主要是指风化程度。石制品风化原因有两种，一是原料在获

---

① Debénath A., Dibble H., 1994. *Handbook of Paleolithic typology volume one: the Lower and Middle Paleolithic of Europe*. University of Pennsylvania Museum Press.

得之前已经风化，二是石制品在埋藏之前暴露地表时间太长而风化。要判断石制品的风化原因，主要依靠埋藏学。如本书前文所述，乌兰木伦遗址属于原地快速埋藏，石制品如果有风化，只能是原料获取之前就已发生，这可能与古人类对原料的特殊利用有关[①]。如果石制品没有风化，那么表明古人类并不优先选择风化原料。乌兰木伦遗址石制品经观察，无任何风化现象。

四、尺寸

判断遗址初始原料尺寸大小的可靠材料是原料毛坯改变较小的石制品类型。一般来说，石片以及石片工具属于剥片产品或者加工产品，其形状和尺寸改变较大，不宜作为分析初始原料尺寸大小的依据；而砾石毛坯石核特别是剥片程度较低的石核、用砾石直接加工的工具如石球等砾石产品和备料因为尺寸改变相对较小或无改变，对于推测所利用原料形态和尺寸较为可靠。

乌兰木伦遗址有砾石毛坯石制品 38 件，其中备料 12 件、石核 26 件。经统计（图 29），尺寸主要集中在 40 ~ 80mm，没有大于 100mm 和小于 10mm 的原料毛坯；小于 20mm 的原料毛坯只有 1 件，为砸击石核。

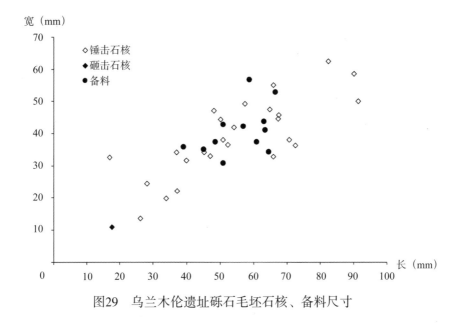

图29　乌兰木伦遗址砾石毛坯石核、备料尺寸

---

① 刘扬、侯亚梅、卫奇等：《泥河湾盆地中部东坡旧石器时代早期遗址的发现》，《人类学学报》2010年第2期。

五、早期利用过原料的再利用

乌兰木伦遗址还有一类比较特殊的初始原料，是早期利用过的石料。这类原料一般尺寸较大，质地较好，且由于早期的剥片形成了较好的剥片条件，如平的剥片台面和相对较好的剥片角度。这类早期利用过的原料一共发现 8 件，原料均为优质石英岩，尺寸在 50 ～ 90mm，平均 74mm。

第三节　地质调查

遗址发掘初期就开展了原料产地调查工作，初步确认遗址西北部 2km处乌兰木伦河沿岸基岩砾石层为遗址原料来源地。然而由于剥蚀严重，加上该地点离城区较近，砾石层保存状况不好，难以进行进一步的统计分析，也就无法与遗址原料对比，这就难以对乌兰木伦古人类原料利用进行研究，实际上其是不是遗址真正的原料产地都缺乏实际的证据。为此，开展乌兰木伦河流域基岩砾石层的地质调查就显得十分必要。

一、调查区域地质背景

鄂尔多斯高原在大地构造上属华北地台西南部，是一个中、古生代大型构造沉积盆地，由于新生代以来持续上升运动而形成现在高原地貌景观[1]。由于鄂尔多斯高原蕴藏着丰富的煤炭、石油、天然气、煤层气、铀等矿产资源，对该地区含矿等早期地质地层已有大量研究成果。

乌兰木伦遗址发现后，中国科学院地质与地球物理研究所袁宝印等对遗址所在区域进行了地质考察并绘制了地质图（图30）。该地区分布有大量白垩系、侏罗系和上新统地层。其中白垩系地层分布尤为广泛，基本在区域全境均有存在。侏罗系地层主要分布在东北部。上新统地层则零散分布在不同局部区域。全新统沙地和晚更新统湖相沉积也分布较广，其中全新统沙地主要分布在东南部，晚更新统湖相沉积则主要沿河流分布在区域中部。晚更新统河流沉积分布不广，主要分布在乌兰木伦河流域的上游地区。

其中，在白垩系砂岩中存在大量古河道砾石层。乌兰木伦遗址古人类即主要利用古河道砾石层中的岩石。

---

① 王德潜、刘祖植、尹立河：《鄂尔多斯盆地水文地质特征及地下水系统分析》，《第四纪研究》2005年第1期。

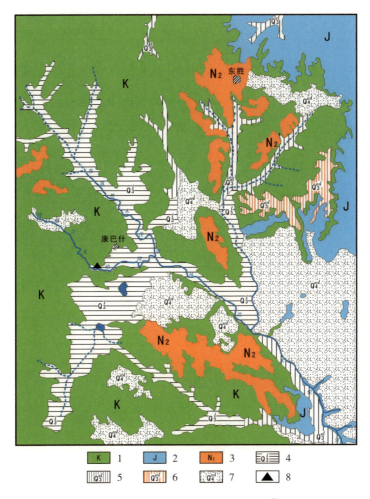

图30　鄂尔多斯新生代地质略图[①]

1.白垩系　2.侏罗系　3.上新统　4.晚更新统湖湘沉积　5.晚更新统河流沉积　6.晚更新统风成黄土　7.全新统沙地　8.乌兰木伦遗址

二、调查方法和技术路线

　　地质调查的目的是确定乌兰木伦遗址原料产地和原料的可获性，在最早推测的原料产地砾石层遭到破坏的情况下，需要全面了解乌兰木伦河流域基岩砾石的相关情况，才能确定推测原料产地的可靠性及其古人类原料利用的开发方略。为此，可行的方法是在乌兰木伦河流域不同距离选取调查点，通过调查点砾石层砾石的分析来推测原料产地的砾石情况。

---

①　侯亚梅、王志浩、杨泽蒙等：《内蒙古鄂尔多斯乌兰木伦遗址2010年1期试掘及其意义》，《第四纪研究》2012年第2期。

在充分了解乌兰木伦遗址所在区域的地质背景后，我们选择可能存在基岩砾石层的地点进行地质调查。最开始是泛区域性的地质调查，主要确定目前可见的砾石层区域范围。该项工作在 2011 年鄂尔多斯旧石器考古调查中得以完成，经确认主要集中在乌兰木伦河两岸。原因有两个：一是，乌兰木伦河两岸冲沟较多，基岩砾石层容易暴露出来；二是，城市建设需要砂砾，工人会选择含砂砾较多的地点挖掘，从而使基岩砾石层的剖面出露。在此基础上，我们再具体选定几个调查点进行重点观察和测量统计。最后再将调查结果与遗址原料情况进行对比分析。

具体取样和分析方法为（图 31）：在确定了乌兰木伦河流域基岩砾石层范围后（在遗址点往下乌兰木伦河流域没有基岩砾石层存在），按距离遗址远近和砾石层保存状况确定了 4 个调查取样点（图 32）。调查点 1、2 和 3、4 分别距遗址 2km 和 6km。在每个调查点砾石层剖面布方，为 1m×1m；对探方内 ≥ 20mm 砾石进行采集、观察和测量，＜ 20mm 者只计数。需要说明的是，布方选择在砾石层剖面而不是地表的原因：由于砾石层表面遭受后期的侵蚀和破坏，现有状态已不是砾石层堆积的原始面貌，有相当一部分小砾石已被冲走；而砾石层剖面则不然，基本上保留了砾石堆积的原始面貌。砾石的观察和测量项目与遗址原料观察项目一致，主要包括岩石类别和等级、尺寸、重量、是否具有好的工作面、风化程度等。其中原料等级的判断标准，主要以砾石内部颗粒大小为依据。同时为保证

图31 调查取样与测量

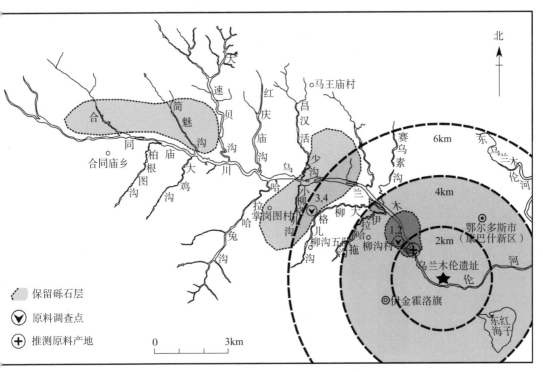

图32　基岩砾石层的分布与调查点位置

等级判断不因人而异，砾石层砾石和遗址原料等级定级由同一人完成，在野外砾石观察和统计过程中，对从外部难以观察的砾石砸开后再确定。

三、调查结果

（一）≥20mm 和＜20mm 砾石比例

统计结果显示（图33），4 个调查点在≥20mm 和＜20mm 砾石比例上相差不大，均以＜20mm 砾石为多。其中调查点 1 中＜20mm 砾石比例为 68%，调查点 2 为 70%，调查点 3 为 66%，调查点 4 为 68%，平均68%。虽然＜20mm 砾石比例相对较高，但是≥20mm 砾石实际上也较为容易获得，这一点在其数量上有很明显地反映，4 个调查点在所取样的1m×1m 探方内，数量最少者也超过了 120 件。

（二）砾石岩性

4 个调查点一共观察到 7 种不同岩性的砾石（图34），分别是石英岩、石英、燧石、石英砂岩、片麻岩、砂岩和硅质岩。有些岩石类型在个别调查地点取样中没有发现，如调查点 1 没有发现燧石、石英；调查点 2 和 3没有发现燧石；调查点 4 没有发现石英。4 个调查点在不同岩性砾石比例上大致相同，均以石英岩为主，最高者调查点 4 达到 58%，最少者调查点

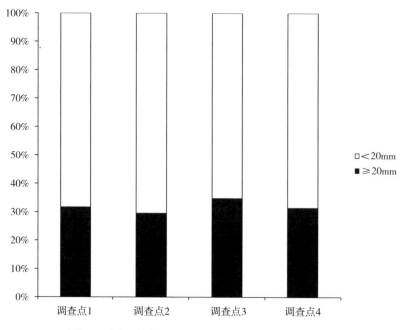

图33 各调查点≥20mm和<20mm砾石统计

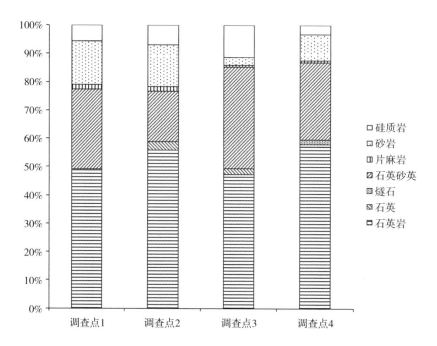

图34 各调查点砾石岩性统计

3 为 48%；其次为石英砂岩，最高者调查点 3 为 36%，最少者调查点 2 为 19%；再次为砂岩，最高者调查点 1 为 15%，最少者调查点 3 仅 3%。其他岩性砾石均较少，但硅质岩占有一定比例，平均达到 6%。

如果考虑因取样点带来的误差，可以认为 4 个调查点的砾石岩性差别极小。岩性特征可以概括为：以石英岩为主，石英砂岩占有较高比例，砂岩和硅质岩相对较少，而其他类型砾石所占比例极少；优质原料如玛瑙和玉髓等不见。

（三）石英岩等级

地质调查中对石英岩等级的划分与遗址石制品石英岩等级划分一致，分为优、中、差三个等级。由于石英岩等级的判断在地质调查和遗址石制品分析中由同一人完成，所以基本不存在因研究者不同而造成的差异性影响。石英岩等级的判断标准如前文所述主要是肉眼可见的颗粒大小。经统计（图 35），4 个调查点不同等级石英岩在数量上表现出一个共同的特征，即等级优的石英岩比例并不是最高的。特别是调查点 1，其等级优的石英岩仅占 8%；最高者调查点 3 也仅为 37%，不到一半。等级为中的石英岩比例最高。尽管如此，并不能说等级优的石英岩不易获得，实际上在 1m×1m 的探方范围内，等级为优的石英岩在数量上还是可观的，并不需要费力寻觅。

（四）砾石尺寸

根据砾石的几何形态主要测量了 ≥ 20mm 砾石的最大长和最大宽。统计结果显示（图 36），4 个调查点砾石尺寸分布较为集中，均主要分

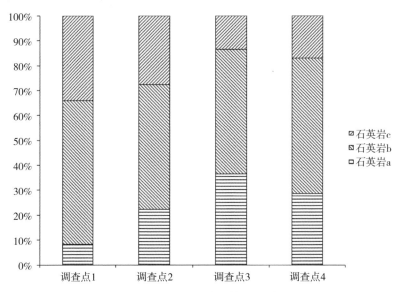

图35 各调查点石英岩等级统计

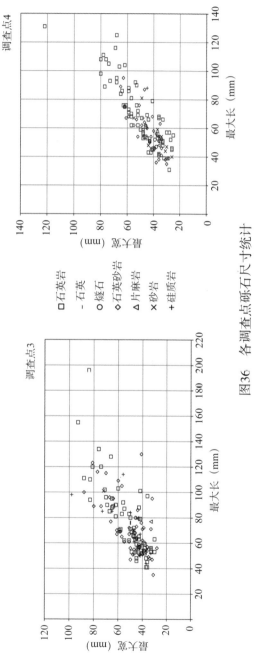

图例：
□石英岩
- 石英
○燧石
◇石英砂岩
△片麻岩
×砂岩
+硅质岩

图36 各调查点砾石尺寸统计

布在 40 ～ 100mm；大于 120mm 的相对很少；只在调查点 2 发现有大于 200mm 的砾石。

（五）形状、工作面和表面状态

砾石形状主要为椭圆、平板和不规则三种。统计结果显示（图 37），4 个调查点椭圆状砾石最多，其次为不规则状，很少有平板状砾石。

工作面主要观察砾石是否具有较平的工作面和较好的剥片角度，而剥片角度又是优先考虑的标准。结合这两个观察指标，4 个调查点具有较好工作面的砾石比例相当，平均为 28%。

风化砾石发现很少，4 个调查点一共发现 31 件，均为等级较差的砾石。其中，砂岩风化砾石数量最多，其次为石英砂岩，片麻岩也有一定数量。

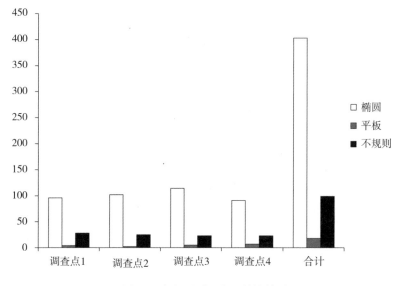

图37　各调查点砾石形状统计

（六）优质原料和已利用过原料的来源

优质原料主要是指在遗址出现的玉髓、玛瑙等，这在 4 个调查点所布探方内均没有发现。考虑到布方的随机性，至少表明这些原料类型在基岩砾石层中数量极少甚至没有。如果乌兰木伦河流域不存在这些优质原料，那么它们就有可能是远距离带过来的。为了弄清这个问题，在地质调查的过程中就需要尽量注意脚下每一件砾石。通过仔细调查，在乌兰木伦河两岸台地上发现了类似的优质原料，但数量极少，且尺寸较小（图 38）。尽管如此，至少表明在遗址附近可以找到。

关于已利用过的原料，考古人员在 2011 年度乌兰木伦河流域旧石器

图38   乌兰木伦河流域发现的优质原料

考古调查时发现有大量的旧石器标本，这些标本中不乏磨圆度较高者，可能就是来源之一。

第四节   乌兰木伦遗址原料的开发利用方略

通过对距离遗址 2km 和 6km 乌兰木伦河沿岸 4 个调查点的取样测量和统计分析，表明不同距离砾石层的砾石岩性、尺寸大小、保存状况都没有太大区别。

4 个调查点 1m×1m 探方内，砾石构成和特征小结如下：

（1）砾石尺寸大小比例上以＜20mm 者为主（约 70%），但数量上≥20mm 者也不少，较为容易获得；

（2）砾石岩性类别以石英岩为主，石英砂岩和砂岩比例也不少，硅质岩亦有一定比例，石英、片麻岩等极少，玉髓等极为优质的原料不见；

（3）不同等级石英岩以等级中和差者为多，等级优者较少，平均约 20%；

（4）砾石形状以椭圆为主，其次为不规则，平板极少，天然具有较好工作面者平均约 28%；

（5）风化标本只在砂岩、石英砂岩、片麻岩这些等级差的砾石中出现，且数量极少。

将调查点的砾石结构和特征与遗址原料对比（表 11）可知，两者基本属于包含关系，即遗址原料类型和特征在调查点均可见到。而 4 个调查点之间的砾石结构和特征基本没有差别，其中调查点 3 和 4 与推测原料产地距离较远，因此可以认为推测原料产地与 4 个调查点砾石结构和成分一致。这表明最早推测的原料产地是可靠的，即乌兰木伦遗址的最近原料产地距遗址约 2km。

表 11　乌兰木伦遗址原料类型、特征与原料产地对比

	类型、比例	原料等级	尺寸	砾石形状	表面状态	工作面
对比结果	基本相同。均以石英岩为主，其他岩性砾石较少。也有差别，如石英在产地比例少，但在遗址比例仅次于石英岩；石英砂岩在产地比例不低，但在遗址不见	差别明显。等级优的石英岩在产地相对较少，而遗址则占了主要部分。优质原料在乌兰木伦河流域阶地可以找到，但数量极少，尺寸也较小。这可以看作是乌兰木伦遗址优质原料的来源	产地砾石集中在 40～100mm，而遗址集中在 40～80mm，属于包含关系。产地发现有大于 100mm 甚至 200mm 的砾石，但在遗址没有大于 100mm 的石制品	产地砾石形状以椭圆为主，平板最少。遗址可观察到的砾石形状以椭圆为主	产地风化标本少，只出现在等级很差的砾石中。遗址没有风化标本	产地和遗址具有较好工作面者均很少

原料产地存在相当数量的优质石英岩砾石，可以说乌兰木伦古人类主要利用的原料富集程度较高。虽然还有相对于石英岩质量更好的燧石、玉髓、玛瑙等原料，但它们数量少、尺寸小，不易寻找也不易进一步利用。因此，从可获性的角度讲，古人类倾向于选择更为容易获得且质量相对较好的优质石英岩。

经地质调查对比分析，乌兰木伦古人类在原料开发和利用上体现出一定的选择性。首先表现为对岩石等级的选择。玉髓和玛瑙等极为优质的原料虽然在基岩砾石层中数量少，具有较好剥片尺寸者更是少之又少，但是乌兰木伦古人类还是对这类原料有一定程度的利用，而且遗址这些优质原料石制品的尺寸要大于调查发现这些原料的尺寸。在地质调查过程中，这些优质原料很难发现，具有较大尺寸者更是如此，古人类能够找到并加以利用，表明他们对基岩砾石层的岩石结构和分布有一定程度的认识。此外，等级优的石英岩原料在砾石层中比例并不是最高的，其相对来说并没有等级中和差的石英岩这么容易获得。但乌兰木伦遗址绝大部分原料为等级优的石英岩，亦体现出一定的选择性。其次，还体现在对砾石尺寸的选择上。阶地砾石层中尺寸在 20mm 以上的砾石其大小主要集中在 40～100mm，而遗址则主要集中在 40～80mm。考虑到成年男性手的尺寸一般为长 18.5、宽 8.2cm[①]，推测这种尺寸上的选择主要是便于古人类将砾石从原料产地搬运到遗址，2km 的距离使得古人类选择了相对较小并适于手握搬运的砾石，而且尺寸在 40～80mm 的砾石已能够满足古人类加工工具毛坯

---

① 国家技术监督局：《成年人手部号型》，中国标准出版社，1996年。

所需。再次，这种选择性还表现在古人类对个别原料的不利用上，例如石英砂岩虽然在调查点中数量不少，但是乌兰木伦古人类并没有利用。最后，乌兰木伦古人类还对含早期破裂面的原料进行了采集并再利用。

需要特别说明的是，石英在乌兰木伦遗址原料利用中的地位。从遗址原料比例上看，石英是仅次于石英岩的原料类型，比例为 12%。但剥片实验表明[①]，石英破裂率很高，即同样 1 件石英砾石和其他类型原料相比，会产生相对更多的剥片产品。此外，考虑到原料产地石英比例较低，研究者认为石英的利用率在乌兰木伦遗址的比例不会太高，可能与除石英岩以外的其他类型原料相差不大。

宾福德的聚落组织论[②]，将古人类的原料获取方式分为四类：偶遇式（随遇随采）、嵌入式（原料采集作为其他工作的附属）、后勤移动式（特定人员在特定区域专门采集并带回营地）和间接获取（通过交换或贸易获得）。乌兰木伦遗址周边白垩系砾石层中具有较为容易获得的优质石英岩原料，而其他原料类型在砾石层中也有发现。可见，乌兰木伦古人类没有（不需要）进行长距离运输或交换即可获得所需原料，且这些原料的大量存在也不需要偶遇发现。乌兰木伦古人类对基岩砾石层的砾石构成和分布有较好的了解和认识，不仅能够认识到优质石英岩原料的较好可获性，也能够采集到较难获得的极为优质的玉髓等原料。遗址拼合石制品[③]表明原料从产地被搬运到遗址后再进行剥片和加工，其搬运距离不远也不近，使得古人类主要选择了大小便于搬运的砾石。此外，古人类对原料利用还具有一定的选择性。这都表明乌兰木伦古人类在原料利用上具有一定的计划性，在一定程度上体现出"后勤移动式"原料利用模式的特点。

---

① Driscoll K., 2010. *Understanding quartz technology in early prehistoric Ireland*. The thesis for the degree of PhD of the UCD School of Archaeology.

② Binford L. R., Cherry J. F., Torremce R., 1988. *In pursuit of the past: decoding the archaeological record*. Thames and Hudson Inc.

③ 刘扬、侯亚梅、杨泽蒙：《鄂尔多斯乌兰木伦遗址石制品拼合研究及其对遗址成因的指示意义》，《人类学学报》2015年第1期。

第五章 石制品技术与功能

第一节 石制品总体考察

本书所统计乌兰木伦遗址含筛洗和采集的 13146 件石制品，类型以废片和碎片为主，比例为68.9%，其次为石片，比例为23.6%；其他类型如石核、工具、断块、备料等比例较少，均没有超过5%（表12）。

表12 乌兰木伦遗址历次发掘和采集石制品类型统计

类型	石核	石片	工具	废片/碎片	断块	备料	合计
数量 N	175	3099	596	9060	184	32	13146
比例 %	1.3	23.6	4.5	68.9	1.4	0.2	100

本书重点研究的 2710 件标本材料，它们分属于不同的考古层位，在遗址的分布非常密集。以第②层为例（图39），石制品与其他遗物如动物牙、骨化石重叠分布。

各层石制品数量相差较大。其中第②层数量最多，比例达54.2%；其次为第⑧层，为25.9%；其余各层数量较少，比例均没有超过10%；而第⑦层数量最少，比例仅为1.9%（表13）。不同层位石制品数量上的差别，可能反映不同时代人群生活面貌的差异，也可能是受到发掘面的影响。通过每年度发掘前的遗址全景结合每次发掘时对发掘层位边缘的全站仪测量值对历次发掘每个层位的体积进行估算，再结合各层出土石制品数量，显示地层发掘体积与石制品数量具有非常明显的相关性（图40）。不过，由第⑧到第②层，每立方米体积石制品数量呈现出的递增趋势，特别是第⑦、⑧层石制品数量与发掘体积并不成正比，从一定程度上反映遗址在人类居住的较早期阶段活动相对没有较晚期阶段频繁。

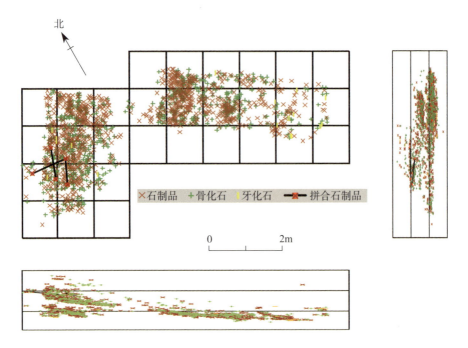

图39　乌兰木伦遗址第②层遗物分布

表13　不同考古层位石制品类型统计

地层	石核	石片	工具	碎片	废片	断块	备料	合计	比例%
②	26	827	80	253	219	59	4	1468	54.2
③	4	150	17	33	3	3	1	211	7.8
④	2	71	5	31	8	0	0	117	4.3
⑤	1	31	9	17	13	0	0	71	2.6
⑥	6	48	8	19	6	1	1	89	3.3
⑦	1	22	1	12	12	1	2	51	1.9
⑧	7	274	18	203	181	16	4	703	25.9
总计	47	1423	138	568	442	80	12	2710	100

　　各层石制品不同观察项目的对比结果表明，无论是石制品类型、原料、剥片技术还是尺寸，各层都没有体现出太大的区别。石制品类型均以石片、碎片和废片为多，其他类型如石核、工具、断块和备料均较少。不过，一

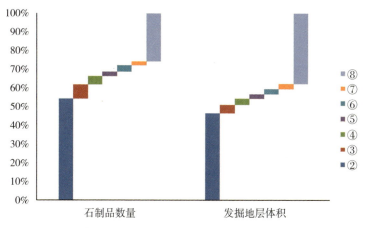

图40　各层石制品数量与发掘体积（估算）对比

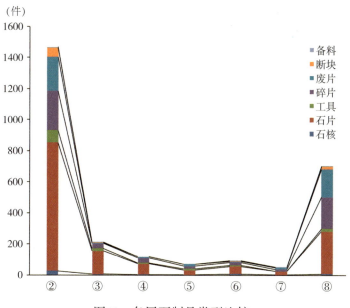

图41　各层石制品类型比较

些类型石制品在个别层位没有发现，如第④、⑤层没有发现断块和备料等（图41），但这种差异可能主要受所属层位发掘体积的影响。这些层位由于发掘体积小而导致石制品数量较少，个别石制品类型可能暂时没有发现。石制品原料均以石英岩为主，其次为石英，其他各类型原料均较少（图42）。剥片技术上，硬锤锤击技术占了最为主要的成分，砸击技术只在第③和⑧层有极少量的出现（图43）。石制品最大长、宽均主要集中在10～50mm（图44）。

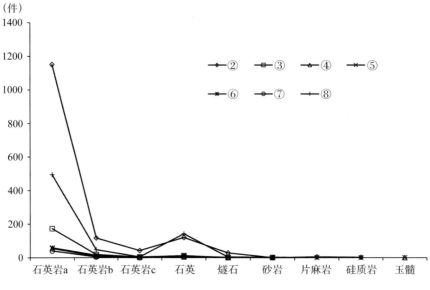

图42 各层石制品原料比较

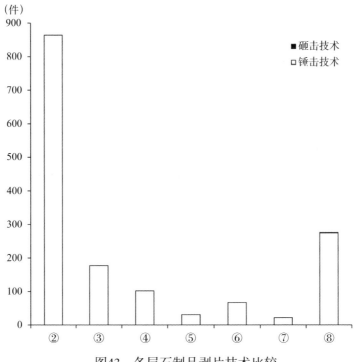

图43 各层石制品剥片技术比较

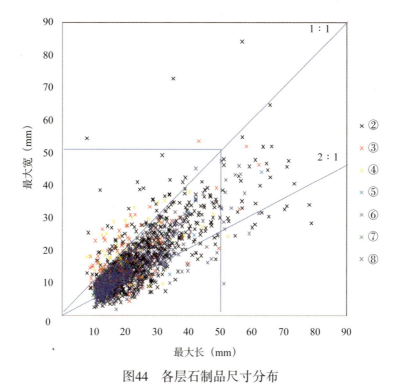

图44　各层石制品尺寸分布

　　总体上来看，乌兰木伦遗址石制品具有数量多、分布密集、类型丰富等特点。各层位石制品在单位体积数量以及其他一些技术特征上没有显示出太大区别。当然，我们也不能忽视其中的一些差异，如较低层位石制品数量对应发掘体积相对较少、砸击技术只出现在个别层位等。此外，由于受到发掘体积的影响，目前所获得的石制品数量在各层中比例不均，个别层位石制品数量极少，难以反映其全貌。综合考虑以上因素，将各层石制品作为一个整体来进行研究可能更为合适。然而，在具体的石制品技术和功能研究过程中，揭示和解释不同层位石制品的差异也是一个重要的方面。

第二节　剥片技术研究

一、石核剥片技术与程序

　　石核剥片是一个递减的过程，在这个过程中有不同的序列和阶段。有学者将体现不同剥片序列和阶段的石制品分类方法称为阶段类型学[①]。

---

　　① Sullivan A.P., Rozen K. C., 1985. Debitage analysis and archaeological interpretation. *American Antiquity*, 50:755-779.

在阶段类型学中，石核剥片产品被分成三类，即初始石片（primary flake）、再次石片（secondary flake）和三次石片（tertiary flake），其间还包括碎片和断块。这一般被认为代表了石核剥片的三个不同阶段，即初次剥片是最早剥下的石片，而三次剥片则是最晚剥下的石片。但这种分类实际上会有很多问题，因为作为形态上的初次剥片可以在剥片程序中的任何阶段产生[1]。

　　因此，要从剥片产品的技术和形态上区分其产生于哪个剥片阶段是很难的，因为受到很多因素的影响[2]。但无论如何，石核剥片过程至少可以分成两个阶段，一是初次剥片阶段（primary core reduction），二是持续剥片阶段（continued core reduction）。初次剥片阶段定义为石核的第一次有效剥片，而持续剥片阶段是指除去第一次有效剥片外的所有剥片过程。区分出这两个剥片阶段的意义在于前者实际上反映了石核剥片程序的预备阶段（initialisation），或称为石核的开料（core-opening），其主要表现在对毛坯的选择和对进一步石片生产所进行的相应技术特征的预制；后者则反映了石核剥片程序的生产阶段（production），其主要表现在对石核剥片过程的组织和管理及其采用的技术和方法。当然，在持续剥片过程中，剥片者在失去有利于进一步剥片的条件时，仍会采用一定的方法对石核进行进一步的预备以便使剥片能够持续下去。因此，在实际的剥片过程中初次剥片阶段所采用的石核预备方法在持续剥片阶段中仍会有出现，或者说在持续剥片阶段中初次剥片阶段方法与持续剥片阶段方法是可以交替出现的。不过，从乌兰木伦遗址目前所获得的石核来看，对失去有利剥片条件的处理并没有采用初次剥片阶段的方法，而是通过台面转换、台面修理等技术来达到目的。为此，这种出现在持续剥片阶段的不同于初次剥片阶段的方法被认为是石核生产阶段进一步组织管理所采用的技术和方法。很明

---

① Jelinek A. J., Bradley B., Huckell B., 1971. The production of secondary multiple flakes. *American Antiquity*, 36: 198-200.

② White A. M., 1963. Analytic description of the chipped stone industry from the Snyders Site, Calhoun County, Illinois. In: White A. M., Binford L. R., Papworth M. L.(Eds), *Miscellaneous studies in typology and classification, Anthropological Papers No. 19*. Museum of Anthropology, University of Michigan, Ann Arbor, pp. 1-70; Fish P. R., 1981. Beyond tools: Middle Paleolithic debitage analysis and cultural inference. *Journal of Anthropological Research*, 37: 373-386; Rozen K. C., 1981. Patterned associations among lithic technology, site content, and time: results of the TEP St. Johns Project Lithic Analysis. In: Westfall D.A. (Ed.), *Prehistory of the St. Johns Area, East-Central Arizona: the TEP St. Johns Project, Arizona State*. Museum Archaeological Series No. 153. Tucson, pp. 157-232.

显的是，石核初次剥片阶段所采用的方法与持续剥片阶段组织管理方式方法具有关联性，例如初次剥片阶段采用了砸击剥片方法后在持续剥片阶段仍会延续使用这一方法；砸击开料预备技术会导致在持续剥片阶段更多地倾向于采用单一台面剥片技术等。此外，在持续剥片阶段，一些特殊的剥片技术也被采用，如砸击技术、孔贝瓦技术等。总体来看，乌兰木伦遗址石制品剥片技术与程序如图45所示。需要说明的是，图中以黑色实线为界，区分出石核剥片的初次和持续剥片两个阶段，分别用大写字母 P 和 C 示以区分，而 P 和 C 与其后边的字母或数字构成的整体则表示在不同剥片阶段所采用的不同技术和方法以及剥片程序。

（一）初次剥片阶段

在系统观察和测量的 2710 件标本中，石核为 47 件，比例为 1.7%。从这些标本中，辨识出石核初次剥片阶段所采用的方法有三种（表14）：砸击开料（PA）、自然面直接剥片（PB）和砸击剥片（PC）。由于出土石核标本实际上是石核剥片过程的最终产品，在经过持续剥片过程后，初次剥片阶段所采用的方法往往已经难以确定。因此，现在辨识出的石核初次剥片方法可能并不是全部。

表14　石核初次剥片阶段采用的不同方法统计（比例为与石核总数比）

方法		PA	PB	PC	合计
统计	数量 N	6	30	1	37
	比例 %	13	64	2	79

PA——砸击开料：剥片者在获得原料后，首先将其砸开形成 2 个具有破裂面的子石核。破裂面的产生会在子石核上形成有利剥片条件，包括平整的台面或剥片面以及较好的剥片角度。这种有利剥片条件特别是好的剥片角度对于破裂面和砾石面来说是相互的。在此基础上，选择破裂面作为台面（PAa）或作为剥片面（PAb）进一步剥片。使用了砸击开料方法的石核一般能够观察到一个大而平整的破裂面。在初次剥片阶段运用了砸击开料方法（PA）的石核一共辨别出 6 件（图46），分别来自第②、③、⑥层，其中第②层 4 件，其余两层各 1 件。

11KW ② 1436（图46，2），原料为灰白色燧石，颗粒非常细腻，但含少量隐性节理。毛坯为砾石。最大长、宽、厚分别为 50.7、50.7、38.1mm，重 75g。该石核首先对砾石进行砸击开料，获得一个平整的破裂面，

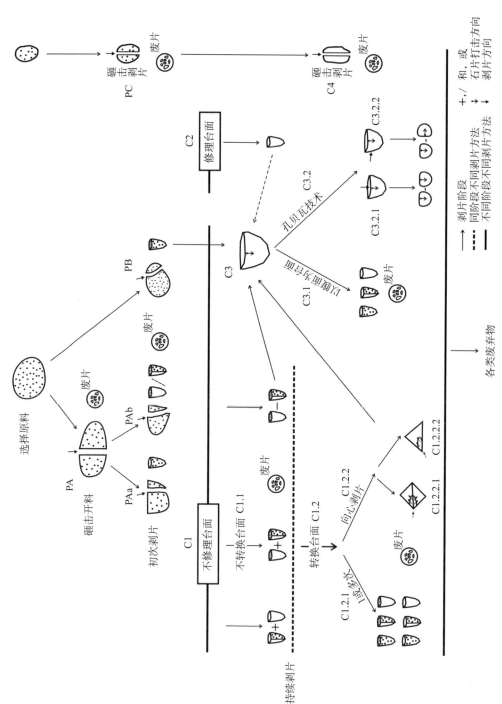

图45 石核剥片技术和序列模式

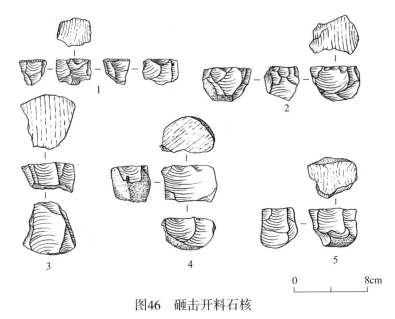

图46 砸击开料石核

1.11KW③1772 2.11KW②1436 3.12KW⑥242 4.KBS②247 5.11KW②1651

然后再以该破裂面为台面进行剥片。砸击开料后形成的破裂面即石核台面，长、宽分别为 48.8、36.5mm，平均台面角 82°，该角度仍可进一步剥片。剥片面可见 3 层剥片阴疤，其中第一层修疤延伸至石核底部。可见最大剥片阴疤长 33.7、宽 35.1mm。石皮比例约 30%。

PB——自然面直接剥片：剥片者在获得原料毛坯后，不对毛坯进行预处理，而是直接选择一个具备有利剥片条件的位置剥片。在初次剥片阶段运用了自然面直接剥片（PB）方法的有 30 件，其中第②层 16 件，第③层 2 件，第④层 2 件，第⑤层 1 件，第⑥层 4 件，第⑦层 1 件，第⑧层 4 件。

PC——砸击剥片：剥片者在获得原料毛坯后，不对毛坯进行预处理，直接采用砸击法剥片。其目的不是为了得到子石核，而是为了得到剥片产品，这是与砸击开料方法的根本区别。该类石核一共有 1 件，来自第③层，仍保留有石皮面，通过对它的研究可知其在初次剥片阶段的特征以及初始原料毛坯的状态。

从大小、原料和形状上可以知道剥片者在初次剥片阶段对不同剥片方法选用原料毛坯所采用的策略。经统计，明确运用了 PA 方法的最终石核的大小分布在 35 ～ 61mm（图 47），考虑到最终石核实际上是砸击开料之后的子石核，其最大长或者宽应该是这个数值的 2 倍，因此其初始毛坯

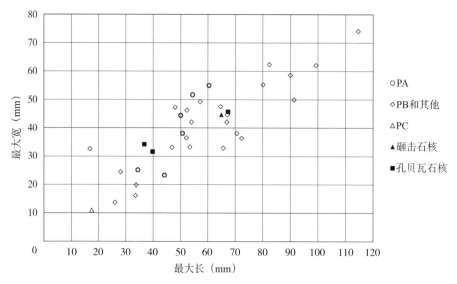

图47 初次剥片阶段采用不同剥片方法的石核最大长、宽
（含砸击石核和孔贝瓦石核）

的最大尺寸应该在 70 ～ 122mm。此外，有 2 件石核剥片程度较高，属于
剥片的晚期阶段，在核体已完全看不到砾石面，因此，要推测初始毛坯的
实际尺寸只能从另外 4 件的最大尺寸来推测。可见砾石面的子石核最大尺
寸分布在 50 ～ 61mm，因此其初始毛坯最大尺寸至少在 100 ～ 122mm。
采用 PB 方法的石核最大尺寸分布较为广泛，从最小的 26mm 到最大的
114mm。而采用 PC 方法的石核尺寸最小，不过有 1 件处于持续剥片阶段
的砸击石核其最大尺寸为 38mm。

从原料上看（图 48），采用了 PA 方法的原料有等级优和中的石英岩、
石英以及燧石。相较而言，燧石上没有发现 PB 方法。PC 有 1 件，原料为
等级优的石英岩；如果考虑到持续剥片阶段的另 1 件砸击石核，其原料为
石英。

从保留有较多砾石面的石核可以大概推测其可能的形状。总体上看，
采用 PA 方法的初始毛坯形状多较圆，而 PB 方法则多存在较好的直接剥
片条件，仅有的 1 件采用 PC 方法的石核为椭圆形。

从以上分析表明，在初次剥片阶段采用哪种方法与原料的初始状态
（初始石核）有一定的关系。

首先，初始石核的大小影响 PA 和 PC 的选择。采用 PA 方法的初始
石核最大尺寸分布于 100 ～ 122mm，这在所有初始石核中尺寸是最大的；
而采用 PC 方法的初始石核最大尺寸则在所有初始石核毛坯中相对较小。

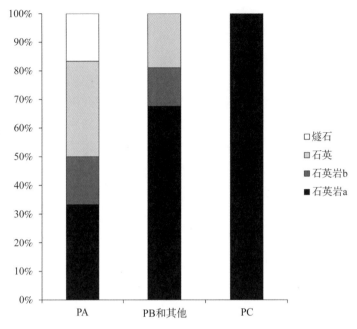

图48　初次剥片阶段采用不同剥片方法与原料的关系

对于大尺寸初始石核，先对其进行砸击开料然后再进一步剥片显然比较合适，不仅能够降低剥片的难度而且能够得到大小合适的剥片产品；而小尺寸初始石核不利于采用锤击法，砸击法较为适宜。可见，这一大一小，剥片者分别采用了相对最为合适的方法和策略。相对来说，采用PB方法的初始石核尺寸范围分布较为广泛。

其次，在大小适合任何一种方法的情况下，原料类型会影响剥片者对方法的选择。例如，石英原料会影响剥片者采用PC即砸击法。

最后，从形状上来看，是否具有好的剥片条件会影响剥片者是采用PA方法还是其他方法。在不具备好的剥片条件时剥片者更倾向于采用PA方法。采用PB方法的初始石核要求存在天然的有利剥片条件，否则第一次有效剥片会难以实现。从目前仍保留有初次剥片阶段PB方法特征的石核（n=10）来看，具备好的剥片角度（＜90°）有10件，比例为100%；具备自然平面台面的有8件，比例为80%，但其中有1件并没有选择自然平面为台面，而是选择了凸面作为台面；剥片面具备凸棱的有4件，比例为40%，但其中1件虽然打击点落在凸棱上方台面处，但打下的石片并没有沿着该凸棱剥下。一般来说，剥片面上的凸棱可以有效引导石片的走向。在乌兰木伦遗址石核初次剥片阶段中，剥片面具有凸棱体的比例较低，这表明该阶段剥下由凸棱体引导的长石片并不是打制者的目的。

实际上，PB 方法初次剥片的效果与砸击开料相当，其主要目的是得到有利于进一步剥片（剥片生产）的条件。

总之，虽然初始石核特征会影响剥片者在初次剥片阶段方法的选择，但目的都是一样的。特别是对于 PA 和 PB 方法来说，其主要目的不是为了得到石片毛坯，而是为进一步的剥片生产创造有利条件。

初次剥片阶段不同的方法会产生不同类型的剥片产品。如图 45 所示，PA 方法初次剥片若以破裂面为台面，会产生Ⅳ型石片；若以破裂面为剥片面，则会产生Ⅱ或Ⅲ型石片。从乌兰木伦遗址发现的 PA 方法石核来看，应以Ⅳ型石片为主。PB 方法石核会产生Ⅰ型石片。PC 方法石核会产生背面带石皮的砸击石片，但这一阶段的剥片产品数量少，基本不会对遗址不同类型石片的比例产生影响。

（二）持续剥片阶段

在持续剥片阶段，剥片者一共采用了 4 种方法（表 15）：不修理台面（C1）、修理台面（C2）、石片毛坯剥片（C3）和砸击剥片（C4）。不同的方法内部又包含多种剥片生产策略。

表 15　石核持续剥片阶段不同方法石核统计

方法		C1	C2	C3	C4	合计
统计	数量 N	36	0	9	2	47
	比例 %	76	0	19	5	100

C1——**不修理台面**：剥片者在完成初次剥片后，一般会在石核上形成有利于进一步剥片的条件，特别是会形成较好的剥片角度。因此，剥片者对石核不做任何预制处理，就可较好的持续剥片。该方法在持续剥片过程中，剥片者可能会一直利用单一台面，也可能会进行台面转换。而台面转换可能是一次，也可能会有多次，但这些转换基本是在前剥片面已缺乏好的剥片条件下进行的，是一种不得已的行为。不过，转换台面还有一种相对较为精心设计的向心剥片技术，其在一定程度上已达到预制技术的程度[①]。

乌兰木伦遗址共发现 C1 方法石核 36 件，其中第②层 20 件，第③、

---

① Inizan M. L., Michele R., Roche H., et al., 1999. *Technology and terminology of knapped stone*. Nanterre: CREP.

④层各 2 件，第⑤、⑦层各 1 件，第⑥、⑧层各 5 件。C1 方法在石核的剥片过程中还有不同的剥片策略（见图 45）：

C1.1——不转换台面（单台面石核）。

C1.2——转换台面，又可分为：

　　C1.2.1——台面转换 1 次或多次（双台面或多台面石核）；

　　C1.2.2——向心剥片（向心石核），可进一步分为：

　　　　C1.2.2.1——核体表现为 2 个凸面体；

　　　　C1.2.2.2——核体表现为单个凸面体。

在持续剥片阶段采用 C1.1 方法石核共 20 件，其中可识别出在初次剥片阶段采用了 PA 方法的有 5 件，其余 15 件均采用 PB 方法。根据前文统计，乌兰木伦遗址可确认初次剥片阶段采用 PA 方法的石核有 6 件，其中 5 件到持续剥片阶段采用 C1.1 方法。这表明 PA 方法石核有 83% 没有转换过台面，经观察，它们均以破裂面为台面。初次剥片阶段采用 PB 方法的石核基数本来很大，有 30 件，它们在持续剥片阶段有一半（15 件）没有转换台面。

以上数据表明，初次剥片阶段使用的方法与持续剥片阶段采用何种方法有很大的相关性。首先，初次剥片阶段采用 PA 方法的石核到持续剥片阶段更倾向于采用 C1.1 方法。其次，初次剥片阶段采用 PB 方法的石核到持续剥片阶段则根据剥片过程中的需要会有策略性地选择 C1.1 还是 C1.2。通过对 C1.1 和 C1.2 石核台面角的考察（图 49），发现 C1.1 台面

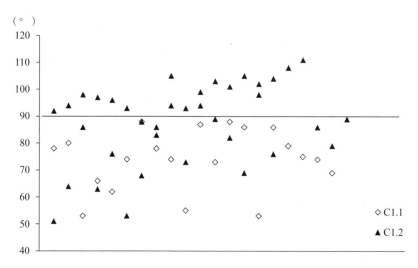

图49　C1方法石核台面角统计

（统计数据C1.2包含多个台面角）

角均小于 90°，而 C1.2 台面角有超过半数在 90° 以上，相当部分甚至超过 100°。台面角大于 90° 显然不适合进一步剥片。C1.2 石核存在多个台面，经观察，大于 90° 的台面角多为旧的剥片面和台面的夹角。因此，好的剥片条件（主要是剥片角度）对持续剥片阶段是否转换台面具有重要影响。初次剥片阶段采用 PA 方法在进一步剥片过程中往往能够一直保持好的剥片角度，因此没有必要转换台面；而采用 PB 方法则在剥片过程中可能会失去好的剥片角度，因此需要转换台面才能继续剥片。

从对 C1 方法石核的尺寸、原料、平均重量和平均剥片疤层数的统计可看出：

（1）尺寸：采用 C1.1 策略即不转换台面的石核在尺寸上包含 C1 方法石核中最大者，但是也有尺寸较小者；采用 C1.2 策略的石核尺寸分布也较为广泛，不过，C1.2.2 石核尺寸分布在所有石核尺寸的平均值附近（图 50）。

（2）原料：C1.1 和 C1.2 在原料利用上基本没有差别，均以石英岩尤其是等级优的石英岩为主，其次是石英，比重相差不大（图 51）。

（3）平均重量：C1.1 石核的平均重量要大于 C1.2 石核；而 C1.2.2 石核最小，是 C1.1 和 C1.2.1 石核的一半，C1.1 石核与 C1.2.1 石核相差不大（图 52）。

（4）平均剥片疤层数：C1.1 与 C.1.2.1 相差不大，但是 C1.2.2 明显要多于前二者（图 53）。

由以上统计可知，C1.1 石核（单台面石核）无论是在平均重量、平

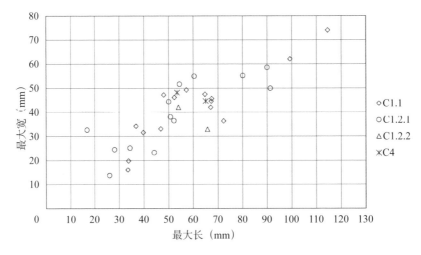

图50　C1方法石核尺寸统计

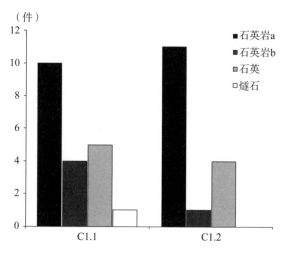

图51 C1方法石核原料统计

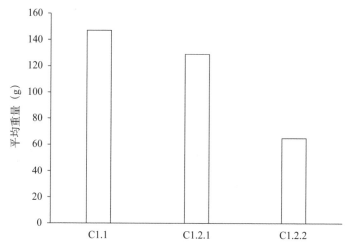

图52 C1方法石核平均重量统计

均剥片疤层数还是尺寸上都与C1.2.1石核（双或多台面石核）差别不大。可见采用这两种方法的石核在剥片程度上是相同的。此外，石核表面石皮比例经统计（平均值），C1.1石核（40%）与C1.2.1石核（35%）也基本没有差别。这说明C1.1石核与C1.2.1石核在乌兰木伦遗址中采用了不同的剥片方法，分属于不同的剥片序列，但具有等效的石核利用率。而C1.2.2石核（向心石核）相对来说尺寸和平均重量更小、剥片疤层数更多，表明采用这种具有一定组织、预制性质的方法相对能够更有效地利用石核。

C1.2.2方法在乌兰木伦遗址应该使用了两种不同的策略（见图45）。其中，C1.2.2.1相当于盘状石核技术（图54），一般具有圆形轮廓以及2

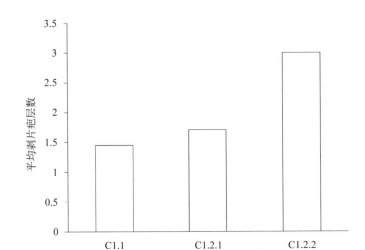

图53　C1方法石核平均剥片疤层数统计

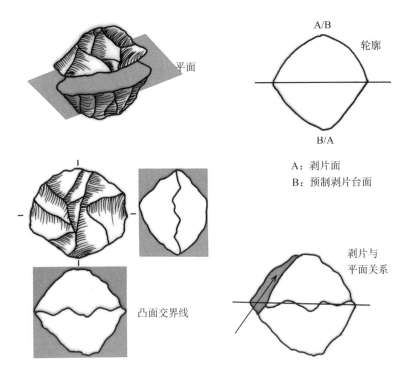

图54　C1.2.2.1盘状石核技术[1]

---

① Boëda E., 1993. Le débitage discoïde et le débitage Levallois récurrent centripète. *Bulletin dela Société Préhistorique Française*, 90:392-404.

个并不对称的凸面，其中相对不那么凸起的凸面为剥片面，而较为凸起的凸面为预制台面，当然这两个面有时也会互相转换。此技术剥片得到的石片在其台面会有向腹面的阴疤，背面会有与石片基本同向的阴疤。而C1.2.2.2方法石核则只有1个凸面。其在剥片过程中，并不预制台面，而是在剥下所需石片之前通过若干次剥片有效的预制剥片面，如预制有利于下一次剥片的剥片角和脊。此技术剥片得到的石片主要表现为背面具有与石片基本同向的阴疤。

C1.2.2.1石核在乌兰木伦遗址发现1件。11KW②2518（图55，1），原料为等级优的淡黄色石英岩。最大长、宽、厚分别为65.7、55.1、48.9mm，重98g。整体呈龟背状，正面轮廓正视略呈圆形。这是一件在剥片过程中操作失败的C1.2.2.1方法盘状石核。在现有的凸面上还可观察到1周9个向心剥片，并在石核中部有1个由于剥片而汇聚成的最高点。相对凸面是由1个大剥片阴疤构成的略凹的平面，很显然这是剥片者在预制台面或剥片面时失误所致，使盘状石核失去了两面体结构。不过，该盘状石核在遭此失误后，并没有直接废弃，而是进一步利用残存凸面体剥片阴疤形成的有利剥片角度进行了新的剥片，但仅有1片。

C1.2.2.2石核在乌兰木伦遗址发现1件。11KW⑤1191（图55，2），原料为等级优的石英岩，石皮淡黄色，内部灰白色。最大长、宽、厚分别为45.1、34.1、20.4mm，重32g。整体呈龟背状，正视轮廓为扁椭圆形。实际上，该石核有2个凸面，但均较为扁平，且台面为全石皮面，意味着该石核在向心剥片时没有对台面进行预制，因此归入C1.2.2.2。在剥片面

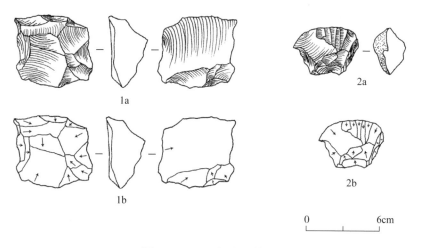

0   6cm

图55 C1.2.2方法石核

1.11KW②2518 2.11KW⑤1191

上 1 周可见多于 10 个向心剥片阴疤，并在石核中心形成 1 个最高点。在剥片面上可以清楚地见到剥片者对预制剥片阴疤形成的技术特征如剥片角和脊的利用。

C1 剥片序列下不同方法会得到具有不同技术特征的剥片产品（见图 45）：

（1）持续剥片阶段使用 C1.1 方法的石核，若在初次剥片阶段采用的是 PA 方法，会得到 V 型和Ⅵ型石片或Ⅱ型和Ⅲ型石片；由于大部分为破裂面台面，因此主要得到 V 型和Ⅵ型石片。而初次剥片阶段采用的是 PB 方法，则会得到Ⅱ型和Ⅲ型石片。

（2）持续剥片阶段使用 C1.2 方法的石核，主要来自初期阶段的 PB 方法，PA 方法仅 1 件。C1.2.1 方法下，很显然会得到Ⅰ～Ⅵ型各型石片，考虑到台面转换后多以破裂面为台面，因此剥片产品会以Ⅳ～Ⅵ型石片为主。在 C1.2.2 方法中，C1.2.2.1 主要得到Ⅵ型石片，而在预制过程中会产生Ⅰ～Ⅵ型各型石片；而 C1.2.2.2 在预制过程中也会产生Ⅰ～Ⅵ型各型石片，生产阶段剥片产品应以Ⅵ型为主，但乌兰木伦遗址目前发现的该类石核可能主要产生Ⅲ型石片，因为其台面类型为石皮台面。

总之，在石核持续剥片即生产阶段，C1 方法序列下，产生的剥片产品以破裂面石片为主。

C2——**修理台面**：剥片者在完成初次剥片阶段后，为了得到标准的石片，或为了创造好的剥片条件，要对石核台面甚至剥片面进行预制修理。在旧石器时代最典型的预制修理技术有勒瓦娄哇技术、石叶技术等。这种预制技术不仅体现出精心的设计，而且其剥片结果也是非常有效的，能够得到预先设计的石片，这些石片常常具有标准的形态。

乌兰木伦遗址没有发现修理台面石核，但有 1 件非常清楚的修理台面石片。从这件石片我们还是多少能够窥探乌兰木伦遗址所采用的修理台面技术。在后文中将有具体分析。

C3——**石片毛坯剥片**：剥片者利用从石核上剥下来的产品作为进一步剥片的核体，即将石片作为剥片毛坯。这种剥片方法又有两种不同的策略：一是以石片腹面为台面，二是以石片背面为台面。后者属于广义上的孔贝瓦技术[①]。

乌兰木伦遗址共发现 C3 方法的石核 9 件，其中第②层 7 件，第③、⑥层各 1 件。C3 方法在剥片过程中又有两种策略：

---

① Tixier J., Turq A., 1999. Kombewa et alii. *Paleo*, 11: 135-143.

C3.1——在石片毛坯背面剥片。

C3.2——在石片毛坯腹面剥片，广义上的孔贝瓦技术，进一步可分为：

C3.2.1——在石片毛坯台面进行同向剥片；

C3.2.2——非同向剥片。

根据初次剥片阶段所推测的初始石核大小，我们还可以推测采用了PA、PB、PC方法的石核剥片产品的最大长、宽范围。将 C3 以及 C3.2 石核毛坯石片最大长、宽放入这个范围（图 56），可知在初次剥片阶段的剥片产品中，C3 石核毛坯只能来自 PA 和 PB 方法。实际上，初次剥片阶段剥片产品数量有限，C3 石核毛坯应该主要来自 C1 方法下产生的剥片产品。从可知确切类型的 7 件（另有 2 件不确定）C3 石核毛坯石片类型来看，Ⅰ～Ⅴ型石片均有，其中以Ⅱ型石片为主，有 3 件，其余类型石片各 1 件。虽然从这些作为石核的石片毛坯技术特征无法确定其主要来自 C1.1 还是C1.2，但毫无疑问的是没有来自 C1.2.2 方法的剥片产品，因为这些石片石核毛坯不具备向心剥片产品的技术特征，如背面同向阴疤、台面向腹面阴疤和背面脊等。

C3.2 方法又被称为广义的孔贝瓦剥片技术。孔贝瓦技术的基本原则是从一件具有凸面的石片腹面上剥下圆形、近圆形或椭圆形石片。其一般要求石片毛坯具有大而规整的半锥体。在剥下孔贝瓦石片之前还可能需要对台面甚至台面两侧进行修理预制，但这并不是必需的。孔贝瓦石片的方向与原石片毛坯的方向可以是任意的（图 57）。

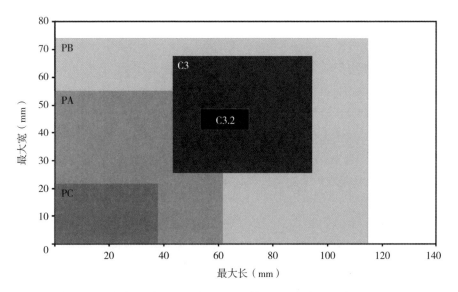

图56　初次剥片阶段采用不同方法下初始石核可剥下石片的最大长、宽

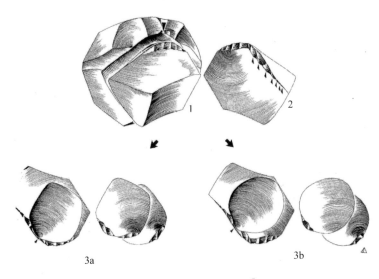

图57 孔贝瓦剥片技术[1]

乌兰木伦遗址发现孔贝瓦石核4件，其中3件属于本书的重点研究标本，毛坯分别为Ⅱ、Ⅲ、Ⅳ型石片；有2件原料为等级优的石英岩，1件为砂岩。平均长、宽、厚分别为58.2、40.6、20.5mm，平均重41g。其中有2件的剥片方向与毛坯石片方向相同，即C3.2.1（图58，1、3），并将原石片的半锥体带走；从剥片阴疤来看，可知剥下的孔贝瓦石片形状近似圆形。还有1件剥下了2件孔贝瓦石片；从剥片阴疤上看，形态不是很规整，整体呈椭圆形，方向与原石片方向垂直和相对，即C3.2.2（图58，2）。从目前发现的孔贝瓦石核来看，其产生的孔贝瓦石片以石皮台面为主。

C4——砸击剥片：是区别于锤击法的一种剥片技术。砸击剥片石核的判断依据包括核体两端都具有着力崩疤、一般具有楔形形态、台面角较锐、在破裂面两端都可能存在反向的同心波等[2]。

从前文对C1、C2、C3方法石核的分析，它们在初次剥片阶段都没有采用PC方法。而C3石核的毛坯石片也没有来自持续剥片阶段的C4砸击剥片产品。可见，初次剥片阶段的PC与持续剥片阶段的C4是一套独立的剥片序列，其剥片产品不会为其他剥片方法和序列所利用，反之亦然。

标本11KW③321（图59，1），原料为等级优的暗黄色石英岩。尺

---

① Inizan M. L., Michele R., Roche H., et al., 1999. *Technology and terminology of knapped stone*. Nanterre: CREP.

② 裴文中、张森水：《中国猿人石器研究》，科学出版社，1985年；张森水：《中国旧石器文化》，天津科学技术出版社，1987年。

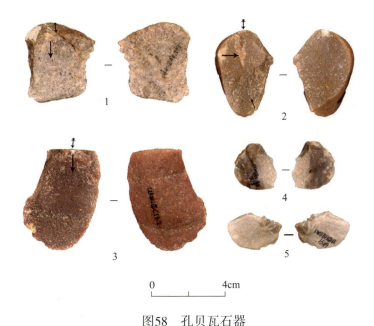

图58　孔贝瓦石器

1～3.孔贝瓦石核（12KW③307、11KW②1150、12KW②2）　4、5.孔贝瓦石片（11KW②2114、11KW②1549）

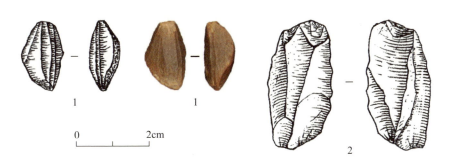

图59　砸击石核、砸击石片

1.砸击石核（11KW③321）　2.砸击石片（12KW⑧942）

寸较小，最大长、宽、厚分别为 17.5、10.8、7.9mm，重不到 1g。整体呈椭圆形，背面为全石皮面，约占整个核体面积的 40%。剥片面呈凸状，至少可见 6 个剥片阴疤；剥片阴疤非常浅平，并贯穿整个核体。在两端可见到清楚的受力磨损痕迹。该件石核显示出剥片者极高的技术。如此小的核体非常难以持握，剥片者选择了合适的砸击法。不过，该石核由砸击法产生的阴疤浅平，且贯穿整个剥片面，体现出压制法的特点，值得注意。

（三）石核剥片序列

从前文对石核剥片技术、方法与程序的分析，乌兰木伦遗址石核剥片可分为两个阶段，即初次剥片阶段和持续剥片阶段。作为石核剥片完整序列的两个部分，它们分别具有多样的技术和方法。表16总结了初次和持续剥片阶段不同技术和方法之间关系的紧密程度。此外，从图45中我们可以知道C3方法石片石核毛坯主要来自持续剥片阶段的C1方法剥片产品。综合起来，我们可以归纳出乌兰木伦遗址石核的剥片序列：

PA-PAa-C1.1序列：该序列以尺寸相对较大且不具备初始剥片条件的砾石为毛坯，首先进行砸击开料，再以破裂面为台面持续剥片，且不转换台面。共4件。其剥片产品以破裂面台面石片为主，尤以Ⅵ型石片为多。最终石核为单台面石核。

PA-PAb-C1.1序列：该序列毛坯选择与PA-PAa-C1.1序列一致，只是在砸击开料后以破裂面为剥片面进行持续剥片，且不转换台面。仅1件。其剥片产品以石皮台面石片为主，尤以Ⅲ型石片为多。最终石核为单台面石核。

PA-PAb-C1.2.1序列：该序列毛坯选择与PA-PAa-C1.1序列一致，只是在砸击开料后以破裂面为剥片面进行持续剥片并转换台面。仅1件。其剥片产品包含Ⅰ～Ⅵ型各型石片，而以破裂面台面石片尤其是Ⅵ型石片为多。最终石核为双台面或多台面石核。

PB-C1.1序列：该序列毛坯尺寸分布范围广，但一般要求有较好的初始剥片条件，其利用有利初始剥片条件初次剥片后在持续剥片阶段不再转换台面。共15件。其剥片产品均为石皮台面石片，以Ⅱ、Ⅲ型为多。最终石核为单台面石核。

PB-C1.2.1序列：该序列与PB-C1.1序列选择毛坯一致，不同在于其在持续剥片阶段转换台面。共13件。其剥片产品包含Ⅰ～Ⅵ型各型石片，以破裂面台面石片为多。最终石核为双台面或多台面石核。

PB-C1.2.2序列：该序列与PB-C1.1序列选择毛坯一致，不同在于其在持续剥片阶段采用了向心剥片技术。该序列还可分为2种不同的小序列，分别为PB-C1.2.2.1序列和PB-C1.2.2.2序列，各1件。前者为双凸面核体，后者则为单凸面核体。剥片产品为具有典型特征的向心剥片石片，最终石核为向心石核。

PC-C4序列：这是一个独立的剥片序列。其毛坯选择受原料尺寸和类型的影响，如石英岩原料一般尺寸较小，而尺寸较大者则主要为石英原料。共2件。其剥片产品为具有典型特征的两极石片。最终石核为两极石核。

表16　石核初次和持续剥片阶段的关系

持续剥片阶段 \ 初次剥片阶段			PA		PB	PC
			PAa	PAb		
C1	C1.1		■	▬	■	□
	C1.2	C1.2.1	□	▬	■	□
		C1.2.2 C1.2.2.1	□	□	■	□
		C1.2.2 C1.2.2.2	□	□	■	□
C2			?	?	?	□
C3	C3.1		—	—	—	□
	C3.2	C3.2.1	—	—	—	□
		C3.2.2	—	—	—	□
C4			□	□	□	■

说明：■表示有重要关系，▬表示有关系，—表示关系较小，□表示无关系，? 为不确定。

C1.1/C1.2.1-C3.1 众序列：毛坯来自单台面石核（C1.1）和双台面或多台面石核（C1.2.1）剥片产品。共 6 件。其剥片产品为破裂面台面石片。最终石核为石片石核。

C1.1/C1.2.1-C3.2.1 众序列：毛坯与 C1.1/C1.2.1-C3.1 众序列一致。共 2 件。其剥片产品为与石片毛坯同向的孔贝瓦石片。最终石核为孔贝瓦石核。

C1.1/C1.2.1-C3.2.2 众序列：毛坯与 C1.1/C1.2.1-C3.1 众序列一致。仅 1 件。其剥片产品为与石片毛坯异向的孔贝瓦石片。最终石核为孔贝瓦石核。

此外，还可能存在以下序列：

PA-PAa/PAb-C3.1/C3.2.1/C3.2.2 众序列：其实际上包含有 6 个序列，但由于 C3 方法石片石核数量较少，加上初次剥片阶段产生石片有限，因此这 6 个序列运用频率难以估算。其剥片产品为破裂面台面石片和具有典型技术特征的孔贝瓦石片。最终石核为石片石核和孔贝瓦石核。

PB-C3.1/C3.2.1/C3.2.2 众序列：其实际上包含 3 个序列，但由于 C3 方法石片石核数量较少，加上初次剥片阶段产生石片有限，因此这 3 个序列运用频率也难以估算。其剥片产品为破裂面台面石片和具有典型技术特征的孔贝瓦石片。最终石核为石片石核和孔贝瓦石核。

C2-C3 序列：以修理台面石片为毛坯进行剥片。但由于 C2 方法仅发现 1 件石片，故该序列难以确定。

C1.2.2-C3 序列：通过对 C3 石核毛坯的考察，发现其没有向心剥片石片特征。故该序列难以确定，但也可能是 C3 方法石核发现数量较少的原因。

通过以上的分析和总结，可知乌兰木伦遗址石核剥片能够根据原料初始特征来选择不同的剥片技术和方法，并至少形成了 17 个剥片序列。这种对原料毛坯的有效利用及其剥片技术、方法和序列的多样性，反映乌兰木伦古人类不仅具有较高的剥片技术，还具备较强的计划性和组织能力。

如果将石核按台面数量进行分类，乌兰木伦遗址石核类型可分为单台面、双台面和多台面石核以及具有特殊技术特征的石片石核和砸击石核。统计结果如图 60 所示。可知单台面石核数量最多；其次为多台面石核，但其数量与双台面石核、石片石核等相差不大。单台面石核比例高一般被认为是遗址石核利用率不高的一个重要表现，但前文从石核尺寸、重量、剥片疤层数、表面石皮比例等几个方面的分析表明单台面石核的剥片程度（C1.1 方法石核）与双台面和多台面石核（C1.2.1 方法石核）并没有多大差别，意味着它们的剥片程度无异。实际上，以台面数量为标准的石核类型仅仅是不同剥片序列产生的最终石核或阶段石核的反映，而不同方法和

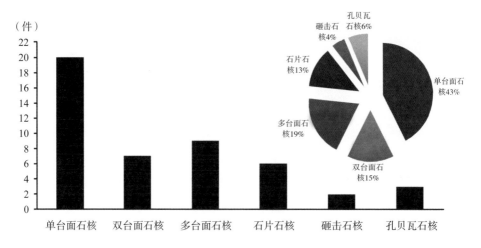

图60　石核类型统计

（向心石核归入多台面石核统计）

序列的石核均可以有较高的石核利用率。由此可见，单以台面数量的石核分类方法会导致对遗址剥片技术认识简单化，而无法真正理解复杂多样的石核剥片程序。

二、石片类型和技术特征

本书重点研究标本来自各层的石片共1423件（表17），此外还有工具毛坯石片100件和石核毛坯石片9件，总计1532件，占历次发掘和筛洗、采集石制品总数的12%。由于工具毛坯石片和石核毛坯石片所占比例较小（7%），且因后期改造以致在很多观察测量指标上难以与其他石片进行对比，因此这里只讨论没有后期加工改造的1423件石片。其中，包括完整石片654件和非完整石片769件，比例分别为46%和54%。

表17　各层石片统计

地层		②	③	④	⑤	⑥	⑦	⑧	合计
石片	完整	327	77	37	21	30	8	154	654
	非完整	500	73	34	10	18	14	120	769
总计		827	150	71	31	48	22	274	1423
比例 %		58	11	5	2	3	2	19	100

（一）类型

石片按六型分类法[①]进行初步分类（图61），完整石片以破裂面台面石片为主，其数量是石皮台面石片的2倍。在石皮台面石片中，Ⅲ型石片数量最多，Ⅱ型石片也有一定数量，但Ⅰ型石片数量极少；而在破裂面台面石片中，Ⅵ型石片数量最多（其中包括2件砸击石片），Ⅴ型石片有一定数量，Ⅳ型石片数量很少。非完整石片以左、右裂片为主（75%），近、远端和中段数量较少。

结合前文对石核剥片序列以及各个剥片序列得到剥片产品类型的分析和推测，其与完整石片的类型比例完全一致。虽然难以追踪具体哪型石片来自哪一个剥片序列，但这至少从一个侧面表明前文对遗址石核剥片序列的分析是正确的。破裂面台面石片比例较高主要是因为初次剥片阶段PAa

---

① Toth N., 1985. The Oldowan reassessed: a close look at early stone artifacts. *Journal of Archaeological Science*, 12:101-120.

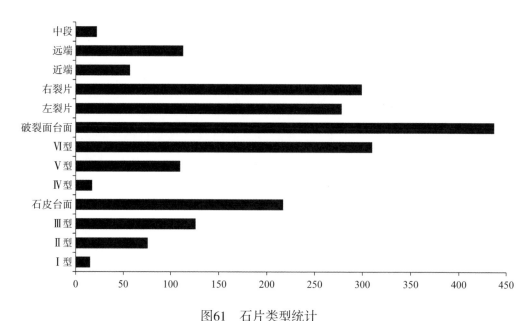

图61　石片类型统计

（石皮台面为Ⅰ～Ⅲ型之和，破裂面台面为Ⅳ～Ⅵ型之和）

方法以及持续剥片阶段 C1.2 方法的使用，这也表明遗址石核剥片序列中应以包含 PAa 以及 C1.2 方法者为主。Ⅰ型石片只在初次剥片阶段和包含 C1.2.1 方法的剥片序列中产生，而Ⅳ型石片只在包含 PAa 方法剥片序列的初次剥片阶段以及包含 C1.2.1 方法和 C3.1 方法的剥片序列中产生，初次剥片阶段只产生 1 件石片、C1.2.1 方法少有转向石皮台面、C3.1 方法运用较少等都造成了Ⅰ、Ⅳ型石片数量较少。

非完整石片数量多，而又以左、右裂片为主的现象，与石英岩原料和采用硬锤锤击剥片方法有关。这主要来自实验考古学的证据，下一章有详细论述。

（二）形态和大小

已有剥片实验表明[1]，硬锤锤击的石片形态具有多样性，很难对其进行准确地描述和分类。本书主要从石片边缘形态、远端形态以及尺寸形态来进行研究。

（1）边缘形态：完整石片边缘形态统计如图 62 所示，个别层位如第⑤、⑦层因为石片数量少，一些边缘形态特征没有出现。不过从总体上看，各层石片边缘形态均以不规则为主，其次为准平行，扇形和汇聚也有一定

① Driscoll K., 2011. Identifying and classifying vein quartz artefacts: an experiment conducted at the world archaeological congress, 2008. *Archaeometry*, 53:1280-1296.

比例，而平行、三角形和反汇聚形态均较少。

（2）远端形态：可观察到远端形态的石片包括完整石片和远端。统计结果显示（图63），各层石片远端均以羽状为主，台阶状也有一定比例，而其他特征远端形态均很少，特别是 Plunging 和不规则状很少出现。

（3）尺寸形态：石片尺寸形态主要采用"长厚型""长薄型""宽厚

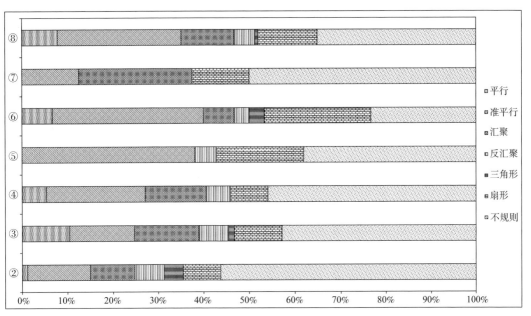

图62　石片边缘形态统计

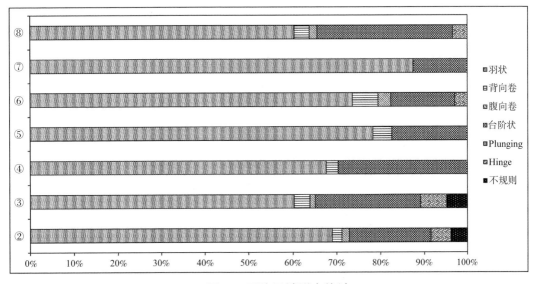

图63　石片远端形态统计

型""宽薄型"等几个概念，其以黄金分割点（0.618）来划分宽/长和厚/宽 [1]。不过本书没有计算对应的长宽指数和宽厚指数，而是通过技术长和技术宽、技术长和厚、技术宽和厚的点状分布图来表示石片的尺寸形态。

图 64 显示，单从石片技术长/宽来看，各层石片均以宽型为主，长型石片数量很少；而从技术宽/厚和技术长/厚来看，各层石片基本全部为薄型。综合起来看，遗址各层石片在尺寸形态上差别不大，均以宽薄型为主。比例较低的长型石片（技术长 ≥ 2× 技术宽），结合前文对石核剥片技术和序列的分析，其并不是剥片者特意生产的，特别是与"石叶"技术没有关系，应该只是在剥片过程中偶然产生。

（4）尺寸大小：石片的尺寸都比较小（见图 64），最大长大部分集中在 10 ~ 40mm，最大宽集中在 3 ~ 40mm，厚集中在 1 ~ 10mm；最大尺寸没有超过 100mm 者，超过 80mm 的也仅有 2 件。这在一定程度上表明小型石片是乌兰木伦遗址古人类剥片的主要产品。

石片尺寸的测量统计主要包括完整石片形态上的最大长和宽、厚、重量等项目。测量统计指标包括各项目的最大值、最小值、中间值、平均值和标准偏差。各层统计结果如图 65 所示。从平均值来看，除第⑦层可能由于标本量较少(n=8)而导致与其他层有一些偏差外，各层石片的最大长、宽、厚和重都差别不大。此外，图中各项目的各个测量指标分布都比较集中，也表明各层石片的尺寸特征没有太大差别。

标准偏差（standard deviation）是一种量度数据分布的分散程度标准，用以衡量数据值偏离算术平均值的程度。标准偏差越小，这些值偏离平均值就越少 [2]。乌兰木伦遗址石片大小标准偏差的分析表明三点：①不同测量项目的标准偏差总体来说都不高，最大者为 14，最小者为 1，表明剥片者具有较高的石片大小控制能力；②各层石片不同测量项目标准偏差相差较小，表明剥片人群和技术的连续性；③各测量项目中厚度的标准偏差最小，这可能主要是因为厚度在剥片过程中本身不会有太大的变异，这一点在周口店 15 地点也显示出类似的统计结果，该地点石片长度的标准偏差为 16，宽度为 17，厚为 5，重为 36。

---

① 卫奇、陈哲英：《中国旧石器时代考古反思》，《文物春秋》2001年第5期。宽/长表示宽长比，/ 表示比，下同。

② 〔美〕埃维森著，吴喜之、程博、柳林旭等译：《统计学——基本概念和方法》，高等教育出版社，2000年。

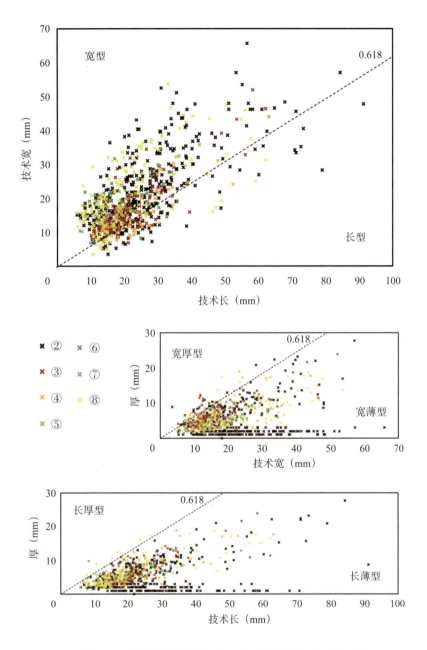

图64 完整石片技术长/宽、技术宽/厚和技术长/厚

若以20mm为界，最大尺寸≤20mm在不同类型石片的数量统计结果为，Ⅰ型石片33%，Ⅱ型石片21%，Ⅲ型石片25%，Ⅳ型石片47%，Ⅴ型石片30%，Ⅵ型石片56%。可见，Ⅵ型石片虽然总体数量较多，但有超过半数≤20mm。

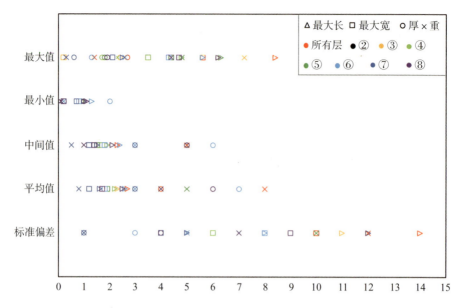

图65 各层石片尺寸的最大、最小、中间、平均值和标准偏差
（图中最大值均除以10，最大长、宽的最大值、最小值、中间值和平均值均除以10）

（三）台面

石片台面的分类是一个比较复杂的问题，其分类标准和逻辑往往为许多学者所讨论。在国外，石片台面被分成许多不同的类别[1]。我国较早对石片台面进行分类的是贾兰坡等，他们对许家窑遗址石片的分类按台面特征分为五种[2]。其后李炎贤等在对观音洞石制品的研究中，将有台面的石片分为天然和人工两大类，在大类下又分出许多小类[3]，并将石片台面分为九个类别，即零台面、刃状台面、点状台面、线状台面、天然台面、素台面、有疤台面、有脊台面和修理台面[4]。关于这一分类方式，卫奇认为其在同一层面上使用了性质、形态不同的标准而违背了科学划分的准

①　Debénath A., Dibble H., 1994. *Handbook of Paleolithic typology volume one: the Lower and Middle Paleolithic of Europe*, University of Pennsylvania Museum Press.

②　贾兰坡、卫奇：《阳高许家窑旧石器时代文化遗址》，《考古学报》1976年第2期；贾兰坡、卫奇、李超荣：《许家窑旧石器时代文化遗址1976年发掘报告》，《古脊椎动物与古人类》1979年第4期。

③　李炎贤、文本亨：《观音洞——贵州黔西旧石器时代初期文化遗址》，文物出版社，1986年。

④　李炎贤：《关于石片台面的分类》，《人类学学报》1984年第3期。

则①，而引起了关于石片台面分类的讨论②。

虽然李炎贤的九种台面分类方法可能存在一定的逻辑问题，但其基本上较为完整地概括了石片台面的类型特征，也因此为国内学术界所广泛采用。本书主要采用这一分类方法，但是有两点需要说明：①有脊台面不单单特指由 2 个或多个石片疤构成的棱脊，还包括由石皮面和石片疤共同构成的棱脊，但要求打击点正好落在该棱脊之上；②不单独区分有疤台面，而是将其归入素台面，因为这些石片疤不会对石核剥片造成技术影响。乌兰木伦遗址石片台面类型统计（图 66）显示各层石片台面类型比例差别不大，均表现为素台面占主导，其次为自然台面，点状台面和线状台面也有一定比例，有脊台面很少，其中相当部分为人工有脊台面。比例较高的素台面和自然台面类型与石核剥片技术和序列造成的石片类型有关。通过对石片台面类型的统计，可知前文统计的比例较高的破裂面台面石片主要为素台面石片。

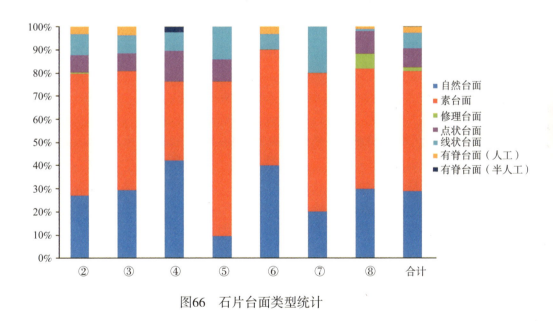

图66 石片台面类型统计

石片台面宽和长呈现出线性关系（图 67），各层表现一致。不过，也有个别石片台面宽度很大而长度却较小，还有小部分石片台面宽要小于

---

① 卫奇、陈哲英：《中国旧石器时代考古反思》，《文物春秋》2001年第5期。

② 李炎贤：《关于石片台面研究的一些问题——兼与卫奇先生商榷》，《江汉考古》
2004年第2期；卫奇：《关于石片台面研究问题的问题》，《文物春秋》2006年第4
期；卫奇：《就石片台面研究问题答李炎贤》，《江汉考古》2006年第4期。

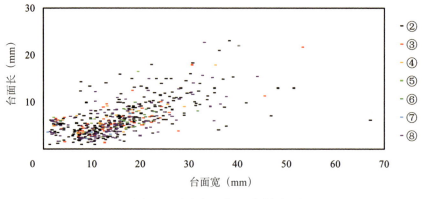

图67　石片台面长、宽散点图

台面长。有学者研究认为石片台面宽和厚（长）构成线性关系一般表明剥片者没有能力将石片厚度控制在一定标准之内 [1]，但乌兰木伦遗址的台面厚度（长度）的分布相对较为集中，主要分布在 10mm 之内，此外前文对石片厚度标准差的分析也表明石片厚度变异较小，这都表明乌兰木伦遗址剥片者能够较好地控制石片的总体厚度并将其保持在一定的尺寸范围之内。

　　石片台面大小与石片大小关系如图 68 所示。相对来说，台面大小与石片技术宽关系较大，而与石片技术长关系较小。但是，总的来说台面大小与石片大小线性关系并不是很明显，表明有相当一部分石片其台面变大但是石片本身的尺寸并没有变大。此外，石片台面类型与石片大小也没有体现出相关性，如台面面积较小的点状台面和线状台面其石片并不一定很小。结合前文研究石片尺寸较小的变异，表明剥片者能够较好地控制石片的大小，并且不受剥片过程中台面大小和台面类型的影响。

　　石片台面内角测量值按区间统计（每相差 5°统计数量）结果显示（图69），其以 90°～ 95°为最高值呈正态分布。不同类型台面的石片角平均值并没有太大差别，其中自然台面的台面角平均值为 96°、素台面为97°、修理台面为 102°、有脊台面为 96°。修理台面石片台面角平均值略高，可能受到标本量（n=1）的影响。

　　（四）腹面特征

　　石片腹面可观察到的特征包括台面唇、打击点、半锥体、锥疤、放射线、同心波、腹面曲度等。砸击石片仅有 2 件不进行单独统计，因此石片

---

① 高星：《周口店第15地点剥片技术研究》，《人类学学报》2000年第3期。

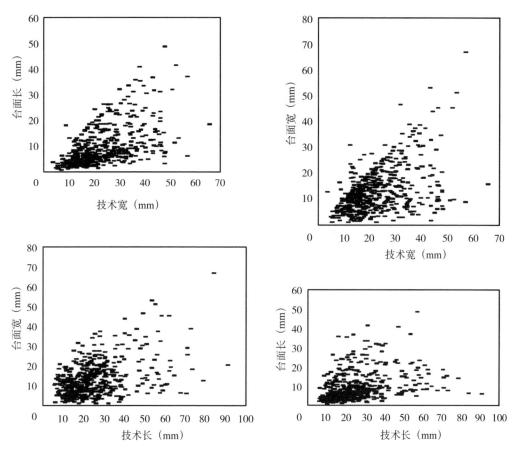

图68 台面大小与石片大小的关系

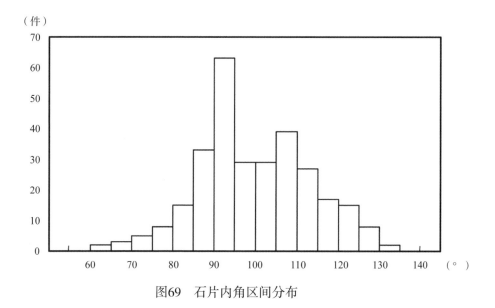

图69 石片内角区间分布

腹面特征的观察对象实际上全部是硬锤锤击石片。总体观察，不同层位石片腹面特征基本没有差别，因此将各层石片腹面特征作为一个整体进行统计分析。

表 18 按石英岩、石英和燧石等遗址比例较高的 3 类不同原料统计了石片的打击点、半锥体、锥疤、放射线和同心波的特征。打击点大多可以清楚地观察到，在不同原料上差别不明显，均超过 90%。半锥体则在不同原料上表现不一，燧石可观察到半锥体的比例最高，达到 100%；其次为石英岩，为 44%，没有过半；石英最少，仅为 8%。锥疤在不同原料石片上出现频率均很低，最高者燧石也仅为 36%，而石英岩和石英均没有超过 10%。放射线均能较清楚地观察到，燧石具有明显放射线者达到 98%，最低者石英也达到了 89%。同心波在不同原料石片上的出现频率差别很大，燧石比例最高并达到了 98%，石英岩较低仅为 10%，而石英石片则根本没有观察到。

表 18　石片腹面特征统计

特征	打击点 %		半锥体 %		锥疤 %		放射线 %		同心波 %	
	明显	不明显	凸出	不明显	有	无	明显	不明显	明显	不明显
石英岩	91	9	44	65	7	93	91	9	10	90
石英	92	8	8	92	4	96	89	11	0	100
燧石	96	4	100	0	36	64	98	2	98	2

各类型原料石片最多有 1% 观察到了台面唇，并且只出现在燧石原料石片上。石片台面边缘与腹面具有唇的特征一般被认为是软锤修理的典型标志 [①]。不过乌兰木伦遗址有唇石片的比例如此之低，可能只是在剥片过程中偶然产生的。

石片的腹面曲度（表 19）为凹的较少，且在不同原料石片上表现一致；腹面凸的石片主要为燧石原料，比例为 72%，石英岩最少，比例为 35%，而石英为 58%。腹面直的石片主要为石英岩原料，比例为 52%，其次为石英，比例为 35%，燧石最少，仅 14%。

---

① Debénath A., Dibble H., 1994. *Handbook of Paleolithic typology volume one: the Lower and Middle Paleolithic of Europe*. University of Pennsylvania Museum Press.

表 19 石片腹面曲度统计

石英岩 %			石英 %			燧石 %		
直	凸	凹	直	凸	凹	直	凸	凹
52	35	13	35	58	7	14	72	14

以上统计表明石片腹面特征如半锥体、同心波等会受到原料的影响，这一点在剥片实验研究中也得到了证明。

（五）背面特征

石片背面特征主要观察了背面石皮的位置和比例、背面疤的数量和走向、背面脊的性质和方向等。

通过对各层石片背面石皮比例的统计（表 20），可知各层石片背面石皮比例差别不大，均以无石皮背面为主，超过 60%；近 90% 石片背面的石皮比例小于 50%；只有平均约 4% 的石片背面全部为石皮。

除背面全是石皮和没有石皮的石片外，背面局部分布石皮的石片，有 46% 在左侧、39% 在右侧分布有石皮，需要说明的是这两个比例中的数据是有重复的，因为有一部分石片在左侧和右侧均有石皮分布。少数背面石皮只分布在石片的近端（4%）和远端（3%），极少数只分布在石片背面的中心（0.8%）。

表 20 石片背面石皮比例统计

石皮比例 / 地层	0	10%	20%	30%	40%	50%	60%	70%	80%	90%	100%
②	209	14	36	11	8	13	4	12	2	4	14
③	57	4	3	2	1	3	0	0	3	1	3
④	22	3	3	2	1	0	1	0	2	0	3
⑤	11	0	2	0	2	2	1	0	2	0	1
⑥	16	2	0	0	6	0	0	0	1	1	4
⑦	5	0	0	0	0	1	0	0	1	0	1
⑧	116	9	4	2	5	0	0	0	3	1	6

相当部分石片（61%）背面都有 3 或 4 个石片疤（图 70），还有一部分石片（25%）背面有 1 或 2 个石片疤。通过对可较为准确判断背面疤

（件）

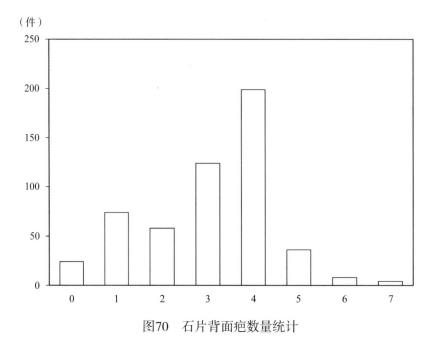

图70　石片背面疤数量统计

方向的 477 件石片进行统计（表 21），显示背面疤方向与石片同向者最多，
占 44%；其次为多向，占 29%。背面疤方向与石片同向表明其与石片共
用一个台面，其较高的比例表明石核剥片过程中没有转换台面甚至也没有
转换剥片面；其中部分石片该类背面疤形态较小，且保留了近端阴疤部分，
其产生应该有两种可能，一是有意修理剥片面和石核台面角，二是多次没
有成功剥下合适石片。不过从剥片经验来看，除非没有合适的台面角（所
以要修理台面角）或打击点落点过于靠外才会剥下类似不成功的石片，
前者的可能性更高些。比例较高的多向背面疤只能由前文分析的含 C1.2.1
方法且多次转换台面和 C1.2.2 方法剥片序列获得。

表 21　石片背面疤方向统计

方向	台面向下	末端向上	向左	向右	上下相对	左右相对	垂直	多向
数量 N	208	14	23	20	21	21	32	138
比例 %	44	3	5	4	4	4	7	29

　　石片台面类型与背面疤方向并没有很明显的对应关系。自然台面和素
台面石片其背面疤方向均以台面向下和多向为主，并且两者仅有不到 5%
的差别，而其他方向比例均较低。有脊台面石片的背面疤方向相对来说以

多向为主，而方向为台面向下或垂直的比例则基本相等。因此，单从石片台面类型和背面疤方向很难确定该石片是来自何种剥片序列。

背面脊主要统计了石片背面的主要背面脊，即所有背面疤交汇在一起最后形成的棱脊。剥片者可能有意利用该脊来引导剥片的走向，或获得长型石片或获得宽型石片。不过，可以引导石片走向的背面脊不一定是由石片疤构成，也可以是自然面和石片疤构成或完全是自然的一条脊。因此，乌兰木伦遗址石片背面脊的统计区分 3 种类型，即人工、半人工、自然；其方向亦区分 3 种，即与石片同向、与石片垂直、不规则。

一共 151 件石片观察到背面脊，占完整石片数量的 23%。背面脊性质和方向的统计结果如表 22 所示。从第四章对乌兰木伦遗址原料的分析可知砾石原料形状多为椭圆，往往没有天然的棱脊，因此剥片者很难找到可利用的自然背面脊，反映在石片背面脊性质的统计上为自然背面脊比例极低（1%）。乌兰木伦遗址石片背面脊以人工即石片疤构成的背面脊为主，且多与石片同向，表明剥片者有意利用了与打击方向相同的背面脊，这意味着能够剥下技术上相对较长（石片技术长＞技术宽）的石片。但是，前文对石片大小的统计显示石片以宽薄型为主，表明背面脊并没有绝对引导石片走向而形成长石片。其原因可能主要是石英岩原料对石片延展性的制约所致。

表22　石片背面性质和方向统计

	性　质			方　向		
	人工	半人工	自然	同向	垂直	不规则
数量 N	110	39	2	124	19	8
比例 %	73	26	1	82	13	5

（六）特殊石片

乌兰木伦遗址共区分出 6 类特殊石片：更新石核台面桌板、修理台面石片、双锥石片、长石片、两极石片、孔贝瓦石片。

更新石核台面桌板（core tablet）：是一种比较特殊的剥片。据博尔德的定义 [1]，该类石片的背面是原石核的台面，而台面则是原石片的剥片

---

[1] Debénath A., Dibble H., 1994. *Handbook of Paleolithic typology volume one: the Lower and Middle Paleolithic of Europe*. University of Pennsylvania Museum Press.

面。本书翻译采用黄慰文等研究大洞遗址石制品时的"桌板"一词①。乌兰木伦遗址发现具有"桌板"特征的石片1件。标本12KW⑧1877（图71，1），原料为等级优的石英岩，整体呈多边形。技术长、宽、厚分别为50.4、47.5、17mm，重44g，台面内角101°。该桌板的台面和右侧边由数个剥片阴疤构成，其中有5个为原石核剥片疤的近端；台面在打击点处的背面有2个较桌板剥片早的石片疤，应该是原石核修理台面时留下的阴疤，再一次为修理台面而打击时剥下了该标本。

修理台面石片：1件，为2010年第1次试掘标本。标本KBS②384（图71，2），Ⅵ型石片，原料为等级优的石英岩。整体呈三角形，技术长、宽、厚分别为28.4、35.1、11.3mm，重9g。该石片台面布满修理片疤，台面长、宽分别为8.5、34.9mm，台面内角102°。腹面打击点、半锥体都很明显，还可见到较大的锥疤。背面可见3个阴疤，较早2个阴疤的打击方向分别来自左下方和右下方，最后一个阴疤与石片方向相同。3个阴疤共同构成了一条"Y"状脊，Y状开口角度达到98°，很显然这条脊影响了石片的长宽比。该石片的剥片方法很像勒瓦娄哇技术，但鉴于遗址没有发现类似重复标本以及勒瓦娄哇石核，暂不宜认为该石片属于勒瓦娄哇石片。不过考虑到石片的台面内角（＞100°），其与勒瓦娄哇石片的台面角（一般90°～95°）有差异，更有可能是遗址石核含C1.2.2.1方法的剥片序列所剥下的向心石片。

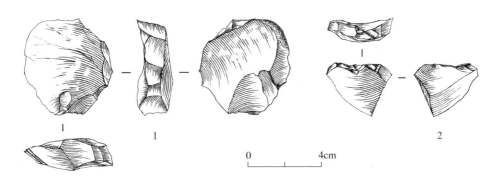

图71　更新石核台面桌板、修理台面石片

1.更新石核台面桌板（12KW⑧1877）　2.修理台面石片（KBS②384）

双锥石片（图72）：指在腹面可见到2个甚至更多半锥体的石片。乌兰木伦遗址共发现16件，占所有石片总数的1%。原料均为石英岩，其

①　黄慰文、侯亚梅、斯信强：《盘县大洞的石器工业》，《人类学学报》1997年第3期。

图72 双锥石片

（2为打击点转移，其余均为落点不集中）

中 14 件石英岩原料为等级优、2 件为等级中。最大者技术长、宽、厚分别为 71、33.5、22.3mm，重 39g；最小者技术长、宽、厚分别为 15.1、3.5、8.9mm，重 3g；平均技术长、宽、厚分别为 32.2、7.9、6.3mm，平均重 5.6g。双锥石片的类型有 Ⅱ、Ⅲ、Ⅴ、Ⅵ型石片和近端断片，其中以Ⅵ型石片为主，有 11 件；其次为Ⅴ型石片，为 3 件；其余各类均为 1 件。双锥石片形成的原因可从半锥体的分布来分析。一般而言，半锥体的分布有两种：一是属于同一台面，可称为"落点不集中"；二是不属于同一个台面，可称为"打击点转移"。前者的形成主要是因为剥片者在剥下某一石片的过程中，前几次打击落点已在石核内部形成隐形半锥体，但是再次打击时落点偏离并成功剥下该石片；而后者则是因为剥片者在再次打击时选择了转换台面。两者均属于剥片者对原料剥片属性的判断经验不足，或剥片技术不高而导致石锤落点不能集中。相对来说，"打击点转移"的双锥石片更显示剥片者较低的剥片技术和经验。乌兰木伦遗址双锥石片以"落点不集中"为主，有 15 件，"双锥"距离分布在 4～11mm，平均 6mm；"打击点转移"仅 1 件。这暗示乌兰木伦遗址可能存在少数剥片经验相对不高或者属于"练习者"的剥片人员。

　　长石片：从定义上来讲，其属于技术长为技术宽的2倍或以上的石片，且侧边平行或准平行。具备这种技术特征的剥片产品往往被称为"石叶"。乌兰木伦遗址共发现14件，占石片总数的1%，比例很低。这些长石片的最大长在10～60mm，分布不集中；台面有破裂面台面（86%）和自然台面（14%），无修理预制台面；背脊方向或多向或与石片方向相同，多由背面疤构成，背面疤多为2个或大于2个；无预制背脊（图73）。综合起来看，这些长石片形态上和技术上没有体现出重复性生产的特征，也无预制技术，不属于具有特殊文化指示意义的"石叶"。不过，这些石片体现出对背面脊（半人工或人工）的有意利用。

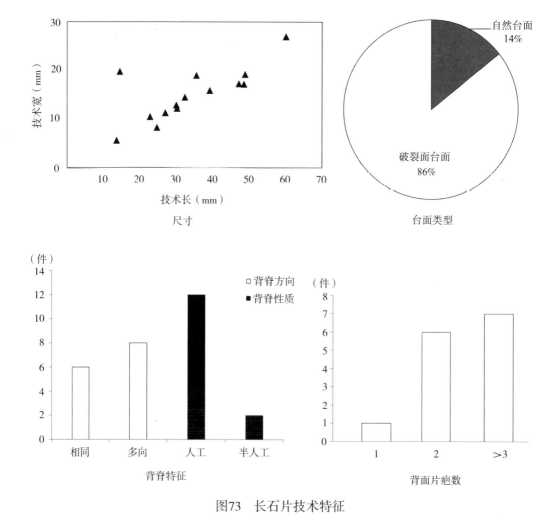

图73　长石片技术特征

两极石片：即砸击石片，共发现 2 件（图 59，2）。其在前文石核剥片技术部分已有较为详细的介绍。

孔贝瓦石片：共 6 件，此外还有 1 件工具毛坯为孔贝瓦石片。6 件未加工成工具的孔贝瓦石片原料为石英岩和燧石，分别为 4 件和 2 件。大小较为接近，平均最大长、宽、厚分别为 27.9、22.3、6.5mm，平均重 5.3g。其类型有 Ⅱ、Ⅲ、Ⅴ、Ⅵ 型石片，以 Ⅵ 型为主，有 3 件，其余各 1 件。其剥片方法为 C3.2.1（打击方向相同）和 C3.2.2（打击方向垂直），各 3 件。采用 C3.2.1 方法的孔贝瓦石片有 2 件为燧石（图 58，4、5），尺寸相当，整体呈扇形，台面均由多个片疤构成，很可能是修理台面留下的阴疤；腹面鼓凸，边缘非常锋利，边缘角度平均 31°，其中较小的仅 22°。另外 1 件为等级优的石英岩，为不规则扇形。采用 C3.2.2 方法的孔贝瓦石片形态多样，或为长方形，或为方形，或不规则。

乌兰木伦遗址原料来源丰富，且距离遗址不远，剥片者不需要对原料进行尽可能高程度的利用。孔贝瓦技术的使用，应该是为了获得腹面鼓凸、扇形锋利边缘的石片。其是一种特殊剥片技术或带有特殊目的的剥片产品。

第三节　工具类型和修理技术

本书所统计包含筛洗和采集的石制品共 13146 件，其中工具 597 件，比例为 4.5%；在 2710 件重点研究标本中，工具 138 件，比例为 5%，两者比例相当。这里主要研究的是重点研究标本中的 138 件工具。但由于没有囊括乌兰木伦遗址目前发现的所有工具类型，因此在具体论述时补充研究标本（10436 件，其中工具 459 件）也将作为重要参考。

一、工具类型与标本描述

在 2710 件重点研究标本中的 138 件工具，可分为锯齿刃器、凹缺器、刮削器、钻具、尖状器、石镞、薄刃斧、琢背石刀、雕刻器、鸟喙状器、两面器粗坯等 11 种类型。工具类型数量统计（表 23）显示锯齿刃器、凹缺器和刮削器 3 种类型占了所有工具类型中的主要部分，合计比例达 84%；其他各类中，除钻具比例为 6.5% 外，其余均未超过 5%。

表 23　工具类型统计

类型	锯齿刃器	凹缺器	刮削器	钻具	尖状器	石镞	薄刃斧	琢背石刀	雕刻器	鸟喙状器	两面器粗坯	合计
数量 N	51	35	30	9	3	3	2	2	1	1	1	138
比例 %	37	25.4	21.7	6.5	2.2	2.2	1.4	1.4	0.7	0.7	0.7	100

如前文所述，由于多种原因导致各文化层石制品总数差别很大，特别是第⑤～⑦层石制品总数均没有超过 100 件。石制品总数较少，必然会导致工具数量不多，也因此会缺失一些类型或导致一些类型比例不高。通过对各层工具类型数量的统计（图 74，a），除第②层工具类型相对较多外，其余各层均少于 5 种，其中第④、⑦层分别只有 2 种和 1 种。尽管如此，从时代相对较早的第⑧层至较晚的第②层，还是表现出一些共同的特点，如以锯齿刃器、凹缺器和刮削器为主，其他类型较少。但也有一些不同点，如第⑦、⑧层工具总体比例相对较低，工具类型也相对较少等（图 74）。

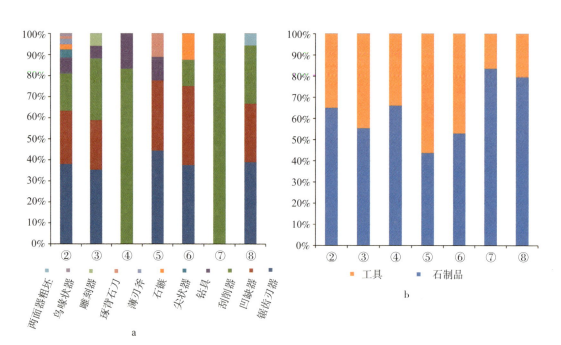

图74　各层工具类型统计（重点研究标本）

a.各层工具类型数量　b.各层工具比例（石制品总数均除以10）

总的来说，各文化层工具类型更多地表现为"相同"，而"不同"更可能是由于数量上的差异造成的。这表明遗址从早到晚有变化，但基本上还是连续的。

除以上类型外，在补充研究材料中还有石球和端刮器两个类型。因此，目前乌兰木伦遗址所发现的工具一共有 13 个类型，这基本代表了其工具类型的总体面貌。

（一）锯齿刃器

共 51 件，占重点研究标本总数的 1.9%，占工具总数的 37%。其中第②层 30 件，第③层 6 件，第⑤层 4 件，第⑥层 4 件，第⑧层 7 件。根据刃缘数量可分为单刃和双刃锯齿刃器，以单刃为主，有 46 件，占锯齿刃器的 90%；双刃 5 件，占 10%。

单刃锯齿刃器根据刃口形态可进一步分为单直刃、单凸刃和单凹刃锯齿刃器，数量分别为 25、18 和 3 件；双刃锯齿刃器根据刃口形态可进一步分为双直刃、双凸刃和单凸加单直刃锯齿刃器，数量分别为 3、1 和 1 件。

标本 11KW ② 1633（图 75，1），单直刃锯齿刃器。原料为等级优的石英岩，毛坯为Ⅲ型石片。最大长、宽、厚分别为 65.2、51.4、19.8mm，重 56g。该石片毛坯左侧边由两个斜面构成，而右侧边平直，因此打制者选择了右侧边作为修理边。加工长度包括了整个右侧边的长度，加工方向为正向加工。刃缘修理对石片边缘改变不大，基本保留了原石片毛坯的侧边形态。修疤仅有一层，连续分布但非常规整。锯齿最高者 3.8、最低者 1.4mm，锯齿间距 5.4 ~ 9.8mm。刃角 67°。

11KW ② 2469（图 75，4），单直刃锯齿刃器。原料为灰色石英岩，颗粒细腻，质地较好，毛坯为Ⅵ型石片。保存较好，表面不见磨蚀和风化痕迹。整体呈三角形，最大长、宽、厚分别为 61.2、50.3、28mm，重 57g。刃缘加工位置为石片的左侧边缘，采用锤击法反向加工。刃缘修疤连续，可见三层修疤。其中，第一层修疤很大，最后一层修疤较小。最大修疤长、宽分别为 18.7、31.5mm。刃缘修理长度延伸至整个边缘，加工长度指数为 1；加工深度指数达到 0.43。加工后刃缘凹凸不平，但总体呈直线型，刃口形态指数为 0。刃缘长 55mm；刃角较之原边缘角度变钝，刃角 59°。

标本 12KW ⑤ 273（图 75，2），双直刃锯齿刃器。原料为等级优的石英岩，毛坯为石片中段。从目前可观察的石片中段来看，其没有任何石皮，两侧边平行，背面有一条平直纵脊，上部还有一个窄长型片疤将该纵脊打破。这些特征与石叶非常像。该工具可确认为有意截断，因为在上部

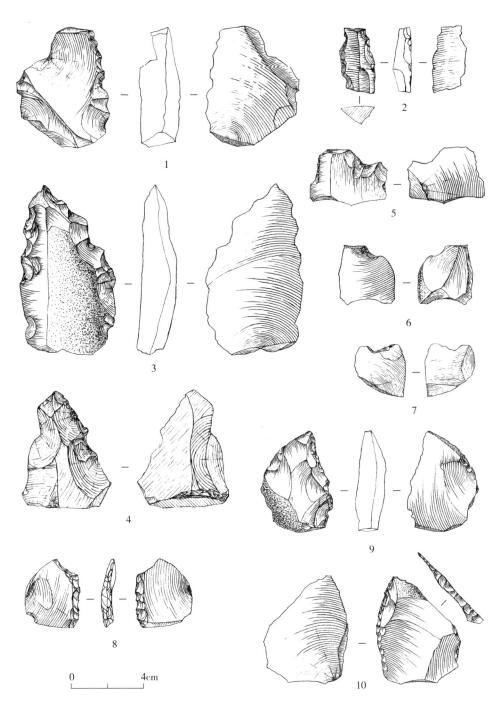

图75 锯齿刃器、凹缺器、刮削器

1~4.锯齿刃器（11KW②1633、12KW⑤273、11KW②1684、11KW②2469） 5~7.凹缺器
（11KW②144、12KW⑧456、11KW②1609） 8~10.刮削器（12KW⑧1247、 KW11S26、
OKW⑦17-7）

和下部的两个截面均可看到打击点，且打击点打破了工具修理疤痕。最大长、宽、厚分别为 41.1、19.3、10.5mm，重 20g。刃缘加工位置为石片中段的两个侧边，对向加工。对向加工在乌兰木伦遗址工具修理中使用较少。刃缘修理对石片侧边形态改变不大。修疤仅有一层，连续分布。锯齿较为平缓，但总体不是很规整。刃角 66°。

标本 11KW ② 1684（图 75，3），双刃锯齿刃器，其中一刃为凸刃，一刃为直刃。原料为等级优的石英岩，毛坯为Ⅳ型石片。最大长、宽、厚分别为 88.6、52.4、16.6mm，重 86g。刃缘加工位置为石片的左、右侧边，加工长度由石片的末端一直延续到台面处，加工方向为正向。刃缘的修理对石片边缘形态改变不大，加工后的刃缘形态基本上还是石片本身的边缘形态，如石片右侧边为凸，加工后刃缘仍为凸。刃缘加工深度也不大，基本上集中在石片边缘。修疤层数最多为两层。该标本锯齿形态较大，锯齿最高者 4.4、最低者 2.2mm，锯齿间距 3.1 ~ 16.5mm。刃角 41°。

（二）凹缺器

共 35 件，占重点研究标本总数的 1.3%，占工具类总数的 25.4%。其中，第②层 20 件，第③层 4 件，第⑤层 3 件，第⑥层 3 件，第⑧层 5 件。根据缺口的数量可分为单凹缺器和双凹缺器，前者 32 件，后者 3 件。而根据凹缺的修理方式，可分为单次打击即克拉克当型凹缺器、两次打击凹缺器和多次打击凹缺器，数量分别为 24、3 和 8 件。

标本 11KW ② 144（图 75，5），单凹缺器。原料为等级优的石英岩，毛坯为Ⅵ型石片。最大长、宽、厚分别为 42.3、31.4、15.8mm，重 17g。刃缘加工位置为石片右侧边靠近台面处，正向加工，凹缺由多次打击形成，可见到三个修疤。缺口宽 16.1、高 4.8mm，凹缺刃角 30°。此外，在石片底端也有一些连续分布的修疤，并形成了一条弧形刃，刃角 86°。推测该标本属于多用器形。

标本 12KW ⑧ 456（图 75，6），单凹缺器。原料为等级优的石英岩，毛坯为Ⅱ型石片。最大长、宽、厚分别为 40.4、32.7、10.6mm，重 11g。刃缘加工位置为石片右侧边靠近台面处，反向加工。凹缺由多次打击形成，可见到两层共四个修疤。第一层包括三个修疤，打击顺序为从下到上层叠分布；最后一个修疤在第一层修疤的中间。缺口宽 9.1、高 2mm，凹缺刃角 81°。

标本 11KW ② 1609（图 75，7），单凹缺器。原料为等级中的石英岩，毛坯为Ⅴ型石片。形态不甚规则，非常利于手握。最大长、宽、厚分别为 35.3、27.1、10.3mm，重 5g。刃缘加工位置为石片远端边缘，反向加工，凹缺由多次打击形成。除凹缺外，器身不见任何其他修理。缺口宽 13.1、高 2.7mm，凹缺刃角 72°。

（三）刮削器

共 30 件，占重点研究标本总数的 1.1%，占工具总数的 21.7%。除 1 件为双刃外，其余 29 件均为单刃刮削器。从刃缘形态上，可分为直刃、凸刃和凹刃刮削器，分别有 16、8 和 6 件。

标本 12KW ⑧ 1247（图 75，8），单直刃刮削器。原料为等级优的石英岩。毛坯为 II 型石片，其腹面锥疤明显。最大长、宽、厚分别为 37.6、35.5、6.8mm，重 10g。刃缘加工位置为石片底端，两面加工。该加工方式在乌兰木伦遗址发现较少。刃缘加工非常精致，两面均有两层修疤，且加工后两个加工面非常对称。刃缘正视、俯视均平直，长 28.1mm，刃角 73°。

标本 OKW ⑦ 17-7（图 75，10），单凸刃刮削器。原料为等级优的石英岩，毛坯为 V 型石片。整体呈三角形，最大长、宽、厚分别为 60.9、46.9、11.5mm，重 35g。刃缘加工位置为石片的左侧边，正向加工。刃缘加工精致，至少可见到三层修疤，最后一层每个修疤的形态、大小都较为一致，平行排列，显示出压制法的特点。刃缘长 44.8mm，刃角 71°。在刃缘相对的边即石片底端打制者也进行了非常精细的修理，将食指要放的地方修理出一个非常平的面，而且在石片背面有一个非常有利于拇指放握的石片疤。该件标本也提供了乌兰木伦遗址工具加工修理手握的证据。

标本 KW11S26（图 75，9），单凹刃刮削器。这是一件脱层标本。原料为等级优的石英岩，毛坯为 II 型石片，不过在该石片毛坯的腹面有一个由台面剥下的阴疤，乃孔贝瓦技术的打法，不过难以确认该片疤是为了剥片还是为了工具修理，所以暂认为 II 型石片。整体呈半圆形，最大长、宽、厚分别为 51.7、37.6、13.5mm，重 28g。刃缘加工位置为没有任何石皮的石片远端，正向加工。刃缘加工较为精致，修疤连续呈鳞状，至少可见三层修疤。刮削器刃缘略凹，长度约为该修理边的一半，在另一半修理出两个小凹缺。刃缘长 28.9mm，刃角 81°。该标本比较有特色的是在刃缘相对的一个边对向打击形成一个凹陷阴疤，非常利于食指持放。该件标本提供了乌兰木伦遗址工具加工修理手握的证据。

（四）钻具

共 9 件，占重点研究标本总数的 0.3%，占工具总数的 6.5%。其中，第②层 6 件，第③、④、⑤层各 1 件。

标本 11KW ② 68（图 76，1），原料为等级优的石英岩，毛坯为 I

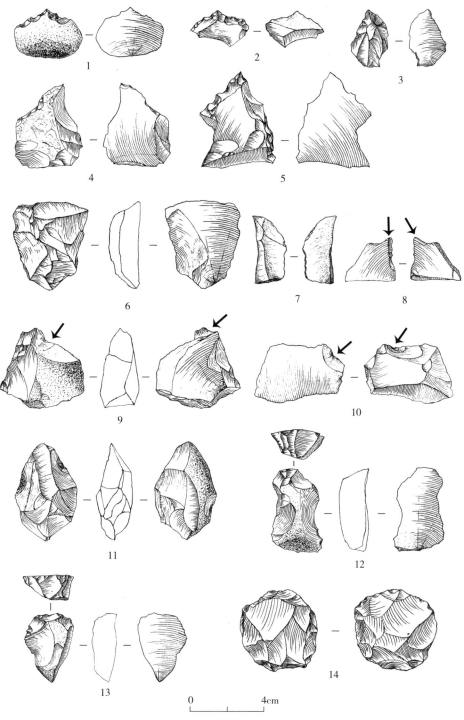

图76 钻具等其他工具类型

1、2.钻具（11KW②68、11KW②127） 3～5.尖状器（11KW②152、11KW②1604、OKW⑤59-6） 6.薄刃斧（11KW②2554） 7.琢背石刀（11KW②240） 8.雕刻器（OKW-C19） 9、10.鸟喙状器（OKW⑤s26-1、11KW②1255） 11.两面器粗坯（12KW⑧341） 12、13.端刮器（OKW④s34-1、OKW②31-5） 14.石球（KW11S22）

型石片。最大长、宽、厚分别为 37.2、25.9、9.7mm，重 9g。刃缘加工位置为石片的远端，正向加工，可见两层修疤。尖角 101°。

标本 11KW ② 127（图 76，2），原料为等级优的石英岩，毛坯为石片断片。最大长、宽、厚分别为 32.1、27.1、8.4mm，重 3g。刃缘加工方向为由较平整面向相对不平整面，右侧加工深度相对较大。尖角 99°。

（五）尖状器

共 3 件，占重点研究标本总数的 0.1%，占工具总数的 2.2%。均来自第②层。

标本 11KW ② 152（图 76，3），原料为等级优的石英岩，毛坯为Ⅵ型石片。最大长、宽、厚分别为 30.4、20.8、9.3mm，重 5g。由石片两侧边中部向底端加工并汇聚成尖，正向加工。加工片疤在靠近刃口处相交，形成一条纵脊。由于加工后右侧边较凸，左侧边较直，因此汇聚的尖刃略歪。尖角 81°。

标本 11KW ② 1604（图 76，4），原料为等级优的石英岩，毛坯为石片，但由于台面遭到破坏，不能确定其具体类型。最大长、宽、厚分别为 43.6、37.2、14.1mm，重 25g。刃缘加工位置为石片底端和左侧边，正向加工，并在石片左侧汇聚成尖。底边主要由一个大的片疤构成，在靠近右侧边处还可见到几个较早的片疤；左侧边加工较陡，片疤边缘模糊不清，而且修理片疤也没有一直延续到尖部，因此该尖状器的尖刃实际上是由自然边和修理边构成。尖刃向修理边略歪，尖角 71°。

标本 OKW ⑤ 59-6（图 76，5），原料为等级优的石英岩，毛坯为石片远端。最大长、宽、厚分别为 49.5、41.4、22.6mm，重 38g。刃缘加工位置为相对较薄的石片远端的底端，正向加工。加工精致，可见到三层修疤。加工长度包括了整个修理边的长度。尖角 78°。

（六）石镞

共 3 件，占重点研究标本总数的 0.1%，占工具总数的 2.2%。其中第②层 2 件，第⑥层 1 件。可分为两类：一类与中国泥河湾盆地旧石器晚期峙峪遗址的石镞[1] 相似（图 77，1），一类与西北非和撒哈拉地区发现的 Aterian tanged point[2] 相似（图 77，2）。

---

[1] 贾兰坡、盖培、尤玉柱：《山西峙峪旧石器时代遗址发掘报告》，《考古学报》1972年第1期。

[2] Iovita R., 2011. Shape variation in Aterian tanged tools and the origins of projectile technology: a morphometric perspective on stone tool function. *PLoS ONE*, 6:1-14.

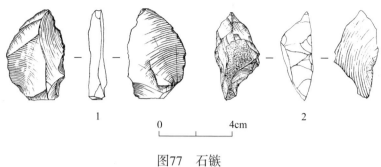

图77 石镞

1.11KW②109 2.12KW⑥250

标本 11KW ② 109（图 77，1），原料为等级优的黄色石英岩，毛坯为Ⅵ型石片，该石片毛坯背后有一条纵脊，底端凸弧汇聚成尖，由于台面平面向右侧延伸，造成左侧面积小于右侧，结果是从台面打击点至石片底端顶点直线两侧不对称。打制者很显然意识到了这一点，于是以石片台面向右侧延伸的平面为底座，对石片进行对称加工。在修理石镞的铤时，打制者主要采用正向加工的方式在底座两侧分别进行一次打击，左侧打击较重，并破坏了原石片的台面和打击点；右侧打击片疤较小。修理石镞的刃部则采用了错向加工的方式，左侧刃缘为反向加工，右侧刃为正向加工。加工深度都不是很大，基本没有改变原石片毛坯的侧边轮廓。该石镞修理相对较为原始，但有意修理铤部以及两面对称的轮廓等表明其已经具备石镞的雏形。最大长、宽、厚分别为 47.9、33.3、7.8mm，重 13g。尖角66°，侧边刃角 48°～ 62°。

标本 12KW ⑥ 250（图 77，2），原料为等级优的黑色石英岩，毛坯为石片，但由于后期的修理改造较大，难以确定其具体类型，不过从目前可见的石片腹面特征来看，其属于宽型石片。打制者选择石片的右侧来修理石镞的铤部，而左侧则为石镞的尖刃部，加工后器身非常对称。该石镞采用正向加工的方式，整个器身一周均有修理，非常精致；石片背面除顶部保留一条石皮外，其余均为修理片疤。石镞两侧加工较陡，特别是左侧几乎与石片腹面垂直。铤部的修理亦是经过多次打击而成，其中左侧较为平直，右侧则形成了一个凹口。最大长、宽、厚分别为 45.9、23.8、15.2mm，重 16g。尖刃修理非常锐利，侧边夹角 72°，面角 41°。

（七）薄刃斧

共 2 件，占重点研究标本总数的 0.1%，占工具总数的 1.4%。均来自第②层。

标本 11KW ② 2554（图 76，6），原料为等级优的石英岩，毛坯为孔贝瓦石片。最大长、宽、厚分别为 47.1、41.1、16.2mm，重 28g。孔贝瓦石片毛坯两面鼓凸，远端则由一个斜面和腹面构成。刃缘加工位置为石片两个侧边，但加工方向主要集中在石片的一个腹面，另一个腹面则只有一个片疤。加工强度较大的腹面布满了片疤，且有部分片疤超过了中线，只在靠近台面处还可见到打击点和部分半锥体。石片远端则未进行任何加工。远端角度 59°。

（八）琢背石刀

共 2 件，占重点研究标本总数的 0.1%，占工具总数的 1.4%。第②、⑤层各 1 件。

标本 11KW②240（图 76，7），原料为等级优的石英岩，毛坯为右裂片。最大长、宽、厚分别为 37.1、17.6、7.8mm，重 6g。石片右侧边靠近远端处呈弧形，非常薄锐。打制者充分利用了这一形态特点，没有对其进行进一步修理。但在该侧边靠近台面处则进行了非常细微的修理，修理片疤连续但非常之小，修理后边缘变陡，几乎与腹面垂直。使用边刃角 53°。

（九）雕刻器

共 2 件。重点研究标本 1 件，来自第③层。此外还采集 1 件。

标本 OKW-C19（图 76，8），原料为等级优的石英岩，毛坯为左裂片。最大长、宽、厚分别为 38.8、25.6、11mm，重 12g。刃缘加工位置为石片台面和右侧边。加工方法为先由台面向右侧边打击一下，形成一个剥片面，残长 13.2mm；再以该剥片面为台面向台面打击一下，亦形成一个剥片面，残长 9.8mm。在台面的剥片面上还有由石片背面向腹面打击的一个片疤。两个剥片面相交形成一个斜向的雕刻器刃，刃长 5.3mm，刃角 63°。

（十）鸟喙状器

共 2 件。重点研究标本 1 件，来自第②层。此外还有 1 件为 2010 年第 1 次试掘标本，来自第⑤层。

标本 OKW⑤s26-1（图 76，9），原料为等级优的石英岩，毛坯为石片，但由于台面遭到破坏，不能确定其具体类型。最大长、宽、厚分别为 45.1、42.7、20mm，重 38g。刃缘加工位置主要在石片左侧边和底边。左侧边两面加工，片疤大而少，加工后角度变得很陡，达到 89°；左侧边和底边相交处交互加工，形成鸟喙状器形。

标本 11KW②1255（图 76，10），原料为等级优的石英岩，毛坯为Ⅵ型石片。最大长、宽、厚分别为 45.1、32.1、19.1mm，重 38g。刃缘加工位置为石片左侧。在靠近台面处反向加工，只有一个片疤；远离台面边则为正向加工，加工较为精致，可见四层修疤，加工长度为 19.8mm。两段不同方向的修理交汇后形成鸟喙状尖部。

（十一）两面器粗坯

仅 1 件。占重点研究标本总数不到 0.1%，占工具总数的 0.7%。

标本 12KW ⑧ 341（图 76，11），原料为等级优的石英岩，毛坯为 Ⅱ 型石片。最大长、宽、厚分别为 50.4、32.8、15.7mm，重 26g。加工主要集中在石片的腹面，背面只有少数几个片疤，但均来自不同的方向。腹面布满修理片疤，除了打击点和部分半锥体保留外，石片腹面特征几乎难以观察到。腹面加工除无来自台面方向外，其他各个方位均有加工片疤，部分片疤过中线。背面左侧保留一条贯穿上下的石皮，右侧可见五个修疤，而在左侧石皮面上也有两个修疤。目前，该标本已经形成了一个椭圆的两面器雏形。

（十二）端刮器

在重点研究标本中没有端刮器，但是在补充研究标本中有 11 件。可见其数量也不少。

标本 OKW ④ s34-1（图 76，12），原料为等级优的石英岩，毛坯为 Ⅰ 型石片。最大长、宽、厚分别为 44.5、28.7、14.7mm，重 22g。对石片的侧边和远端均进行了修理，正向加工。远端为端刮器刃缘，可见到三层修疤，最大修疤长、宽分别为 15.1、12mm；修理后刃缘呈弧形，刃缘长 27mm；较陡，刃角 71°。左右侧边中间修理出对称的凹口，推测是为了装柄使用。

标本 OKW ② 31-5（图 76，13），原料为等级优的石英岩，毛坯为左裂片。最大长、宽、厚分别为 36.8、27、12.7mm，重 12g。对裂片的左侧边和远端均进行了修理，正向加工。远端为端刮器刃缘，有三层修疤，最大修疤长、宽分别为 11.9、11.5mm。刃缘呈平弧形，刃缘长 23mm；较陡，刃角 78°。左侧边靠近台面处有一个大的修疤，推测是为了装柄。

（十三）石球

仅 1 件。为 2011 年采集标本。

标本 KW11S22（图 76，14），原料为石英，毛坯为砾石。整体呈球形，最大长、宽、厚分别为 48.6、41.9、41.8mm，重 94g。器身布满石片疤，但片疤边缘完全模糊不清。器身表面也没有任何粗糙感，可能经过一定的磨蚀，也可能是使用所致。

二、工具的制作与修理

关于旧石器时代工具的定义学术界还没有统一看法。经总结[1]，目前学术界对旧石器时代石制工具的认识至少有三种：一种是认为凡有意使用的石制品就是工具[2]；一种认为有修理痕迹的石制品即可认为是工具[3]；一种认为有修理即可认为是工具，而没有修理的如果有确证的使用痕迹也可以认为是工具[4]。

这三种认识归纳起来就是"修理工具"和"使用工具（如使用石片等）"的归属问题。这与对"使用石片"的认识相类似。使用痕迹的观察必须用显微镜才能得到较为准确的判断，而肉眼几乎是不可行的，而修理这种行为则在一定程度上反映了古人类的功能需求。因此，本书在讨论工具类型及其制作和修理技术时只包括有确切修理痕迹的工具标本，即上述三种认识中的第二种。其中，由于本次重点研究标本中不同类型工具数量差异很大，大多数工具类型数量有限直接导致统计样本量不足，因此具体研究时，在对所有工具制作和修理技术进行通盘考察之后，仅对样本量较大的锯齿刃器、凹缺器和刮削器等单独进行详细研究。

工具的制作与修理技术主要从原料与毛坯、大小与形态、加工方式、加工位置、加工程度、刃缘（包括刃缘数量、角度与形态）和一些特殊修理技术等几个方面来加以考察。

（一）原料与毛坯

石英岩是各类工具加工制作所使用的主要原料（图78），总比例超过95%。其中，又以等级优的石英岩为主，比例达到92%。大部分工具只使用了等级优的石英岩这一类原料，只有锯齿刃器、凹缺器、刮削器和钻具使用了超过两类原料。这一方面可能与它们本身标本数量较多有关，但是达到7个类别的工具均只使用等级优的石英岩，可见更多地还是体现出一种选择的倾向性。石英在锯齿刃器和刮削器中有出现，尤其在刮削器中占了一定的比例（17%）。

总的来说，工具原料类型比例与整个遗址原料类型比例一致，即均以

---

① 刘扬：《关于旧石器时代石制工具定义的探讨》，《南方文物》2013年第4期。

② Inizan M. L., Michele R., Roche H., et al., 1999. *Technology and terminology of knapped stone*. Nanterre: CREP.

③ Debénath A., Dibble H., 1994. *Handbook of Paleolithic typology volume one: the Lower and Middle Paleolithic of Europe*. University of Pennsylvania Museum Press.

④ Banning E. B., 2000. *The archaeologist's laboratory*. Kluwer Academic/ Plenum Publishers.

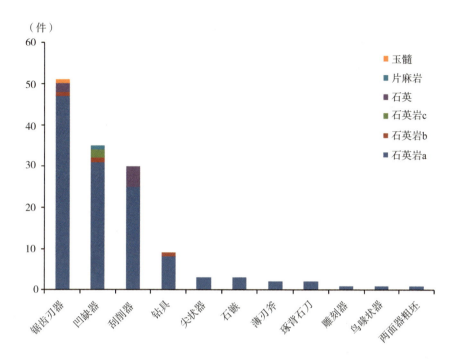

图78　各类工具不同原料统计

等级优的石英岩为主；不同类型工具在选料上也没有体现出太大的差异。结合前文对遗址原料来源和利用的分析，工具制作对原料的选择主要还是受到原料可获性的影响，即主要选择可获性较强且等级优的石英岩。虽然遗址发现有优质的玉髓、玛瑙等原料，但因其数量太少，而没有被乌兰木伦古人类过多利用。

从毛坯上看（表24），工具制作和加工以完整石片为主，比例为73%；其次为断片，包括石片的近、远端和左、右裂片等，比例为25%；极少部分以石核为毛坯，比例仅为2%。没有直接以砾石为毛坯加工的工具。考虑到断片实际上也是石核剥片过程中的产品，因此，乌兰木伦遗址工具毛坯99%为剥片产品，即片状毛坯。在石片毛坯中，大部分（86%）可以判断其具体石片类型。除Ⅳ型石片没有用作工具毛坯外，其他各类型石片均被用来加工工具，且比例相差很小。从前文对石核剥片产品的分析可知，乌兰木伦遗址石片类型以破裂面台面石片为主，尤其以Ⅵ型石片数量为多，Ⅰ型和Ⅳ型石片数量最少；不过，56%的Ⅵ型石片最大尺寸≤20mm，其次Ⅳ型石片为47%，而其他类型石片则均在30%左右。由此可推知，工具毛坯的选择主要考虑石片的尺寸，而对于石片的技术特征如台面、背面特征等考虑较少。

表 24　各类工具毛坯类型统计

工具类型		锯齿刃器	凹缺器	刮削器	钻具	尖状器	石镞	琢背石刀	薄刃斧	鸟喙状器	雕刻器	两面器粗坯	合计 数量 N	合计 比例 %
石片	石片（无类）	3	6	3	2	0	1	0	0	0	0	0	15	11
	Ⅰ型石片	10	3	3	1	1	0	0	0	0	0	0	18	13
	Ⅱ型石片	11	3	2	1	0	0	0	0	0	0	1	19	14
	Ⅲ型石片	6	2	6	0	0	0	0	1	0	0	0	15	11
	Ⅴ型石片	8	4	2	1	1	0	1	0	0	0	0	17	12
	Ⅵ型石片	4	3	4	1	1	1	1	1	1	0	0	17	12
	小计	42	21	20	6	3	3	2	2	1	0	1	101	73
石核		0	2										2	1
断片		9	12	10	3	0	0	0	0	0	0	1	35	26

综合原料和毛坯两个因素，乌兰木伦遗址工具加工以等级优的石英岩原料为主，毛坯主要选择大小较为合适的完整石片。

（二）大小与形态

不同类型工具最大长和最大宽的分布（图 79）和所有工具的大小、重量测量统计（表 25），结果显示工具以小型为主，大部分尺寸分布

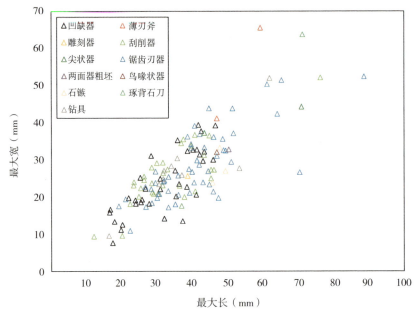

图79　各类工具最大长、宽分布

在 20 ～ 50mm，平均长、宽、厚分别为 37、27、12mm，平均重 16g。工具长最大不超过 90mm，最小不小于 10mm。不同类型工具尺寸分布较为集中，个体变异范围较小，这一点在所有工具测量值的标准差中也有显示。

表 25　工具尺寸、重量测量统计

测量值	最大值	最小值	平均值	中间值	标准差
长 mm	88	12	37	37	12
宽 mm	65	7	27	26	10
厚 mm	28	3	12	12	5
重 g	86	1	16	12	5

前文对遗址石片的大小统计表明其最大尺寸主要分布在 10 ～ 40mm，尤其 10 ～ 20mm 的石片数量最多；大于 60mm 的石片数量很少，均不超过 100mm。对比工具尺寸大小，表明：①工具与遗址石片大小分布一致，可见工具的尺寸受限于石片毛坯的尺寸；②对工具毛坯尺寸具有选择性，主要选择大小适中的石片作为加工工具的毛坯，尺寸太小者（＜ 20mm）一般不选用。

（三）加工技术

加工技术主要从加工方法、加工方式、加工位置、修疤形态、加工程度、刃缘等几个方面来进行说明。

从目前所获得的材料来看，乌兰木伦遗址工具加工方法主要为锤击法。虽然一些尺寸较小的工具明显给人以手握锤击法修理不好操作的感觉，而且其修疤规整，可能是采用了压制法。但这一推测还需要实验证明。

以石片为毛坯的工具，其加工方式以正向为主，比例为 82%；除了鸟喙状器只采用交互加工以及两面器粗坯采用两面加工外，其余各类型工具均以正向加工为主。反向加工也有一定数量，比例为 10%。正向和反向加工两者合计比例高达 92%，这说明乌兰木伦遗址工具的加工方向主要为单向（表 26）。以非石片为毛坯的工具，主要观察了刃缘两个加工面的状态。经统计，82% 的非石片毛坯工具加工方向为由平面向不规则面。

表 26　各类工具加工方式统计

加工方向	正向	反向	错向	交互	对向	两面
锯齿刃器	34	5	1	1	1	0
凹缺器	18	3	0	0	0	0
刮削器	17	2	0	1	0	0
钻具	6	0	0	0	0	0
尖状器	3	0	0	0	0	0
石镞	2	0	1	0	0	0
薄刃斧	1	0	0	0	0	1
鸟喙状器	0	0	0	1	0	0
两面器粗坯	0	0	0	0	0	1
合计　数量 N	81	10	2	3	1	2
合计　比例 %	82	10	2	3	1	2

　　对于石片毛坯工具，由腹面向背面的正向加工至少具有两个优点：一是加工台面为平面，有利于加工的可控性；二是使刃缘去掉石皮，有利于形成刃缘新鲜面。而非石片毛坯工具，由平面向不规则面加工，除了具有前一个优点外，还有利于使刃缘修理更为规则。乌兰木伦遗址工具加工方式比例统计表明石器加工者已经意识到这几点。

　　加工位置主要按石片的形态分为近、远端和左、右边。对 86 件完整石片毛坯工具加工位置的统计（表 27），可知乌兰木伦遗址工具的修理主要集中在石片的远端、左边和右边，比例合计 79%。只有 7% 的工具选择在近端加工。大约有 14% 的工具其加工位置超越了一边或一端。刃缘主要选择在石片的两个侧边，可能主要是侧边一般有一定的长度供打制者

表 27　工具加工位置统计

位置	近端	远端	左边	右边	远 + 右	近 + 右	远 + 左	左 + 右	合计
数量 N	6	20	25	23	3	2	2	5	86
比例 %	7	23	29	27	3	2	2	6	100

利用。除了加工位置为左 + 右边（6%）外，其他超越一边或一端的工具其加工部位一般相连，即两个位置构成了一条相连的刃缘，说明打制者并非有意要制造多刃缘工具。这表明打制者对原料毛坯的开发利用程度不高，这可能主要与原料压力较小有关。此外，通过对所有工具的加工边进行观察和统计，有 92% 的工具其加工边为原毛坯的较薄或形态较规整边。较薄和相对规整的边有利于刃缘的修理并使修理后的刃缘较为规整。显然，乌兰木伦打制者的这种选择是有意的。

　　除单凹缺器、雕刻器、鸟喙状器等因其修疤数量少或加工技术特殊而不统计修疤形态外，其他类型工具的修疤形态以鳞状为主（85%），此外还有台阶状和准平行状，均为 2%；其余 11% 为不确定。鳞状修疤一般大小、凹陷程度不均等，体现出一种不规整的状态，是锤击法修理的特征。台阶状和准平行状的修疤，特别是后者，往往被认为是压制法修理的结果。但乌兰木伦遗址准平行状修疤数量少，且不是真正意义上的平行，其是否与压制修理有关还不能完全确定。

　　从修疤层数来看，56% 的工具仅有一层修疤，即只对刃缘进行了单次修理；35% 有两层修疤；仅 9% 具有三层或以上修疤。这表明乌兰木伦古人类对工具的再利用程度不高。而从工具修理的最大修疤长、宽分布图（图 80）可知，修疤长、宽主要集中在 0～15mm，并以宽型修疤为主。此外，通过对修疤边缘形态的观察和统计，77% 的修疤呈弧形，8% 两侧边缘近似平行，3% 呈汇聚状，其余则呈不规则状。这意味着工具修理产生的大量修理石片其形态特征为宽型，远端呈弧形，最大尺寸一般在 15mm 以内。工具修理产生的石片一般会具有石片的特征，如会有明显的打击点和半锥体等，这就使得区分修理石片与剥片石片较为困难。

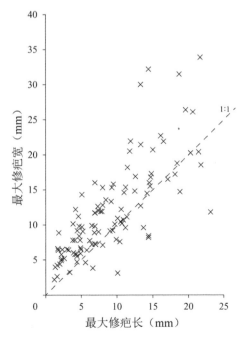

图80　工具修理最大修疤长、宽分布

不过可以推测的是，最大尺寸在 20mm 以内的具有典型石片特征的更有可能是修理石片，而不具有石片特征的则更有可能是剥片过程中产生的废片。当然这种推测还需要更多的工作去证明，尤其是需要实验证据。

加工程度主要从工具刃缘的加工长度和深度来进行研究。工具刃缘的加工长度和深度被认为是工具加工清晰度和原料利用程度的重要标志[1]。由于凹缺器主要仅由几次打击形成，因此评估其加工程度意义不大；而雕刻器、琢背石刀、两面器粗坯和薄刃斧等类型加工技术较为特殊，也不牵涉加工程度的问题。因此，这里主要讨论的是锯齿刃器、刮削器、钻具和尖状器的加工程度。

加工长度的主要评估指标为加工长度指数[2]，其反映毛坯横向上的利用程度；而加工深度主要由加工深度指数[3]来评估，其反映毛坯纵向上的利用程度。从锯齿刃器、刮削器、钻具和尖状器四个工具类型的加工长度指数和深度指数统计上看（表 28），总的来说，它们都有一部分标本的加工长度达到了所在边的总长度；而从平均值来看，基本上都超过了加工所在边长的一半；而且标准偏差显示各类工具的加工长度指数变异不大。相对来说，钻具和尖状器的平均加工长度指数要低，但这并不代表它们加工简略不精细。因为这两类工具属于尖刃器，其修理两个交汇边的目的是得到尖刃而不是长的边刃，因此不需要对两个边进行加工长度指数很高的修理。而锯齿刃器和刮削器属于边刃器，需要对刃缘进行加工长度指数较

表 28　工具加工长度、深度指数

类别	最大值		最小值		平均值		标准偏差	
	长度指数	深度指数	长度指数	深度指数	长度指数	深度指数	长度指数	深度指数
锯齿刃器	1	0.82	0.48	0.06	0.88	0.46	0.17	0.28
刮削器	1	0.93	0.54	0.08	0.93	0.59	0.14	0.3
钻具	1	0.64	0.31	0.17	0.61	0.36	0.25	0.18
尖状器	1	0.69	0.45	0.42	0.68	0.57	0.23	0.14

[1]　高星：《关于周口店第15地点石器类型和加工技术的研究》，《人类学学报》2001年第1期。

[2]　高星：《关于周口店第15地点石器类型和加工技术的研究》，《人类学学报》2001年第1期。

[3]　Kuhn S. L., 1990. A geometric index of reduction for unbifacial stone tools. *Journal of Archaeological Science*, 17: 583-593.

高的修理。加工深度指数则显示这四类工具的加工深度均较浅，基本上属于边缘修理；而且它们的标准偏差都很小，表明大部分标本加工深度都很浅。

从加工深度指数上看，乌兰木伦遗址工具的加工程度不是很高。而对加工边长度上的充分利用则可能暗示古人类对长型刃缘的需求。

刃口形态主要采用刃口形态指数概念[①]，但并不采用 Barton 的复杂计算方法。本书刃口形态的计算主要将不同形态的刃口变异为理想化的标准圆弧，然后以该圆弧的中线高除以两端连线的长，得到的结果乘以 100 来反映圆弧弧度。数值越大，则表示弧度越大；凸弧和凹弧分别用正数和负数来表示，直刃则为 0。按这种方法统计锯齿刃器和刮削器等边刃器刃缘的弧度（图 81），结果显示：直刃标本数量最多，凸刃其次，凹刃最少；除直刃外，凸度越大，标本越多。

高星曾对周口店第 15 地点单边刃刮削器刃缘弧度指数正态分布的现象进行了推测，认为这些刮削器的凹刃和凸刃是围绕直刃的自然形态变异，是由毛坯的边缘形态和加工控制力不够而形成，而并不具有功能和形态上

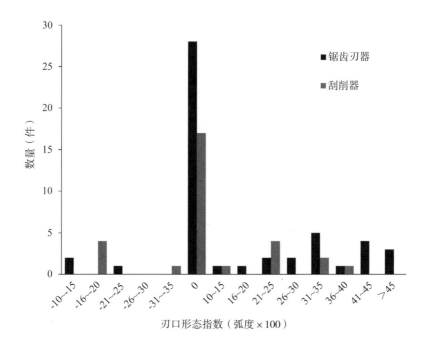

图81　锯齿刃器、刮削器刃口形态指数统计

① Barton C., 1988. *Lithic variability and Middle Paleolithic behavior: new evidence from the Iberian Peninsula*. BAR International Series 408.

的意义①。乌兰木伦遗址边刃器的刃口形态指数显然不呈正态分布，但这也并不意味着凸刃和凹刃是由直刃有意修理为之，因为前文已经揭示工具很浅的加工深度，基本属于边缘修理。这种边缘修理基本不会对毛坯边缘形态造成大的改造。不过，也并不能认为不同形态的刃缘不具有功能和形态上的意义，因为工具加工者完全可以将原本凸或凹的毛坯边缘修理成直的刃缘。加工者有意挑选具有弧度边缘的毛坯并且加工后还将这一形态保留，反倒可能具有一定的功能指示意义。

工具刃缘在修理后，刃角与毛坯原边缘角度比较，有84%的标本变钝，13%变锐，还有3%基本不变。所有工具刃角基本呈正态分布（图82，a），主要集中在51°～70°；角度越小，数量越少；角度越大，数量也越少。不同边刃工具刃角平均值基本相当（图82，b）；而尖状器、石镞和钻具测的是尖角，相对来说，尖状器和石镞的尖角要锐利些。石镞是乌兰木伦遗址加工相对较为精致的工具，其较锐的尖角可能适应于狩猎这类特殊的功能。

不同的测量变量之间可能会相互影响，并具有一定的相关性。最可能具有相关性关系的是毛坯长度与加工长度、毛坯宽度与加工深度、加工深度与刃角。

从这三个方面的散点图分布来看（图83），毛坯长度与加工长度之间具有较为明显的相关性，即毛坯越长，加工长度也越长。这与前文对加工长度指数分析后认为乌兰木伦古人类可能倾向于需要较长的刃缘有关，较长的毛坯具备加工较长刃缘的条件。毛坯宽度与加工深度不具备相关性，这主要与工具加工多为边缘修理有关，即不管毛坯具备多宽的加工面，其加工深度都不会因其改变。加工深度指数与刃角之间也没有相关性，两者没有因果关系。

（四）特殊修理

乌兰木伦遗址工具存在一些比较特殊的修理，如修柄、修铤、有意截断、修理手握等。这些特殊修理所对应的标本数量不多，但表明这些因素在遗址已经出现，有必要单独列出。由于举例标本在前文工具类型中已有表述，因此在这里不再对单个标本进行详细描述。

修柄：在2件端刮器上有较为清楚地反映。标本 OKW ④ s34-1（见图76，12），在器身中部修理出两个非常对称的凹缺；标本 OKW ② 31-5（见图76，13），在器身左侧打击一次，形成较大凹缺。可见，捆绑在乌兰

①　高星：《关于周口店第15地点石器类型和加工技术的研究》，《人类学学报》2001年第1期。

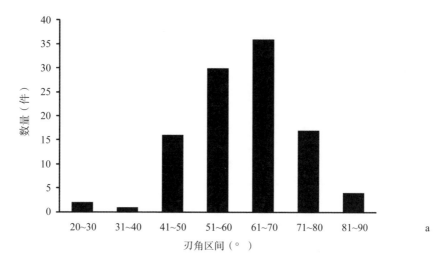

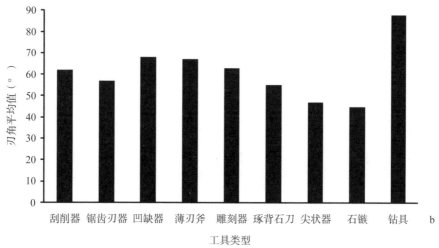

图82 刃角

（a.所有工具刃角分布 b.不同类型工具刃角平均值）

木伦遗址可能是一种普遍的工具使用方式，初步的微痕观察已有疑似捆绑的证据。

修铤：在3件石镞上有较为清楚地反映。尤其是标本12KW⑥250（见图77，2），器身顶端为修理出的尖刃，然后在器身中部转折并在底部修理出两侧凹陷的铤。修铤是复合工具的有力证据。

有意截断：目前，有1件标本清楚地显示在修理过程中被有意截断。标本12KW⑤273（见图75，2），是一件双刃锯齿刃器，毛坯是一件长型石片。在两端均有意截断，其中石片毛坯近端由右侧向背面打击，在远

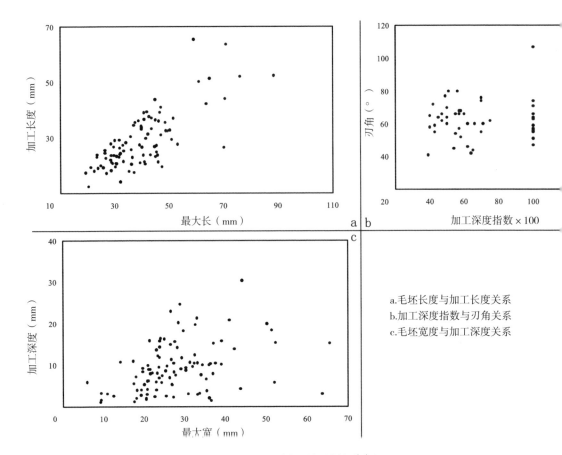

a.毛坯长度与加工长度关系
b.加工深度指数与刃角关系
c.毛坯宽度与加工深度关系

图83　不同变量相关性分析

端则由背面脊向腹面打击。两个截面打击点清楚，而且还打破了刃缘修理疤，显然截断事件发生在刃缘修理之后。一般来说，石叶和细石叶常能观察到有意截断的现象，例如石叶有意截断可能是为了截弯取直，这种情况在东北石叶遗存中有发现[1]，而细石叶有意截断则可能是为了镶嵌，以制造复合工具。乌兰木伦遗址这件锯齿刃器缘何在修理后要截断，目前还难以推测。

修理手握：修理手握的标本在乌兰木伦遗址一共发现7件，主要出现在锯齿刃器、刮削器和石刀等工具类型中。其中前文描述的3件标本尤为典型。标本 OKW ⑦ 17-7（见图75，10），单凸刃刮削器。该标本在石片的底缘进行近90°的修理，修理面非常平整，与刃缘相对，十分利于

---

① 刘扬、陈全家、侯亚梅：《吉林东部含细石器遗存的初步研究》，《第四纪研究》2008年第6期。

放置食指。标本 KW11S26（见图 75，9），单凹刃刮削器。该标本在刃缘对边的两侧进行了修理，其中一侧打击一次，一侧打击两次，均形成了两个凹缺，非常有利于放置食指和拇指。标本 11KW ②240（见图 76，7），琢背石刀。该标本右侧边是使用刃缘，左侧边是为了有利手握而修理的背部。

第四节　微痕观察

为进一步了解乌兰木伦遗址出土石器的功能与用途，推测该遗址人群的行为方式，进而管窥晚更新世生活在鄂尔多斯地区古代人群的生计模式，对乌兰木伦第 1 地点部分石制品进行了微痕分析。该项工作主要由浙江大学陈虹主持，相关结果为推测乌兰木伦遗址石制品的功能和人类行为提供了直接证据[①]。

微痕分析选择相对石英岩较为适用的低倍法，使用 Olympus AZX16 体式显微镜（放大倍数为 8.75X-143.75X）。采用"功能单位（Functional Unit）"来统计微痕的数量，包括使用以及执握、装柄所产生的痕迹。

一、观察结果

乌兰木伦遗址的微痕分析标本主要选择了 2010 年第 1 次试掘获得的石制品，共计 283 件，占该年试掘石制品总数的 21%，类型有石片、锯齿刃器、尖状器（钻具等）、刮削器、鸟喙状器、石刀、凹缺器等。共在 134 件标本上观察到了微痕，占观察样本的 47.3%。其中，有 17 件标本观察到了 2 处以上的微痕，共计 154 处功能单位。在 6 件标本上同时发现使用微痕和装柄微痕。

---

① 乌兰木伦遗址考古团队开展的石制品微痕研究，主要由陈虹负责，并开展了两方面的工作。其一是石英岩打制石器的使用实验和微痕观察，相关成果详见Chen H., Wang J., Lian H. R., et al., 2017. An experimental case of bone-working usewear on quartzite artifacts. *Quaternary International*, 434: 129-137；Chen H., Lian H. R., Wang J., et al., 2017. Hafting wear on quartzite tools: an experimental case from the Wulanmulun Site, Inner Mongolia of North China. *Quaternary International*, 427: 184-193.其二为遗址考古标本的微痕观察，相关成果详见Chen H., Hou Y. M., Yang Z. M., et al., 2014. A preliminary study on human behavior and lithic function at the Wulanmulun Site, Inner Mongolia, China. *Quaternary International*, 347: 133-138.为保证乌兰木伦遗址石器工业论述的完整性，本书部分转述了遗址考古标本的微痕研究结果。

目前从发现微痕的 134 件标本上共识别出 7 种使用方式，分别为切（锯）、剔（片）、刮、穿刺、钻、装柄（捆绑）、刻和执握等。其中，切和锯的区别在于前者为单向运动，后者为双向运动；切和剔的区别在于前者是垂直运动，后者是斜向运动；装柄则包括手柄和捆绑与石器的接触。在这 7 种使用方式中，切（锯）的频率最高，其次是剔（片）和刮，再次为装柄、钻、穿刺、刻和执握（图 84）。

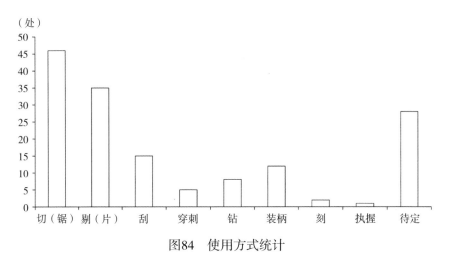

图84　使用方式统计

根据材料的硬度，一般将加工对象分为软性植物类（草、根茎等）、软性动物类（鲜肉、皮革等）、中软性物质（鲜木、鱼鳞）、中硬性物质（干木、冻肉）、硬性动物类（骨、干皮革）和特硬性动物类（干骨、角等）、硬性无机物（岩石）等。根据观察标本的微痕特征，主要是动物性物质，硬度略有差异，包括肉、皮、骨等。结合使用方式和加工对象，不少微痕显示出同时触碰肉和骨的可能性，推测处理动物肉类是乌兰木伦遗址古人类的主要任务之一，特别是剥皮和从骨头上剔肉的两种动作。此外，还发现有 3 件可能是加工鲜木的标本，可观察到"翻越式"微痕。

二、标本举例

标本 OKW ③ 24-3，石锥。最大长、宽、厚分别为 38.1、36.7、23mm。在修理刃发现使用微痕，在底部及其两侧发现装柄微痕，共计 4 处 FU（Functional Unit）。修理刃的背面丛簇状分布小片疤，多为羽状终端，偶见卷边状。边缘较平滑，片疤分布受修理刃形状所限。腹面边缘呈不规则小锯齿状，片疤无方向。刃脊中度磨圆。标本底部右侧背面零星分布小缺口，轮廓为月牙状；腹面零星分布小片疤，由背面向腹面破裂。底部左侧背面零星分布月牙状小片疤，由腹面向背面破裂；腹面间隔式分布月牙状小缺口。底缘背面轻度磨圆，偶见压痕（图85）。

标本 OKW ④ 22-1，锯齿刃器。最大长、宽、厚分别为 50.2、44.6、15.8mm。共计发现 3 处 FU。修理刃背面边缘近连续分布中小片疤，小片疤为多，羽状，由腹面向背面破裂。腹面边缘轮廓有近连续分布的小缺口，边缘较平滑。刃脊凸起部分为中度磨圆，偶见散漫光泽，凹缺处轻度磨圆，个别位置严重磨圆，呈垂直线形擦痕，疑为反复刮擦骨头所致。底部右侧边缘零星分布有小缺口，刃脊轻度磨圆。尖底轻微磨损，棱脊有疑似光泽（图86）。

标本 OKW ⑦ 5-4，石片。最大长、宽、厚分别为 34.3、26.5、9.8mm。使用刃背面边缘连续分布大中型片疤，偶见方向，片疤间偶有间断。腹面情况同背面，可见一个"翻越状"片疤。刃脊有严重磨圆，轮廓呈"S"形（图87）。

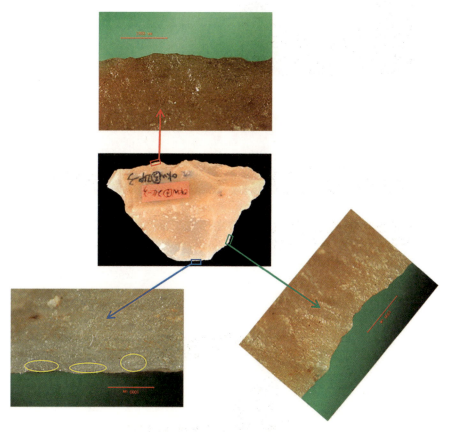

图85 标本OKW③24–3的使用微痕与装柄微痕

图86　标本OKW④22-1的
使用微痕与装柄微痕

图87　标本OKW⑦5-4的"翻越状"微痕

　　标本 OKW-C5，琢背石刀。最大长、宽、厚分别为 46.8、28.4、12.5mm，右侧使用刃长 14.6mm。尖部及左右侧刃均发现使用微痕，共计 3 处 FU。尖部破损，背面有零星极小片疤。左侧刃背面不连续分布有中片疤，个别小片疤位于中片疤内边缘处，使中片疤的凹缺剖面呈折断状，靠近尖部连续分布有小片疤，羽状为多，还有卷边状。左侧刃腹面，中度磨圆。连续分布有极小片疤，有方向。右侧刃背面连续分布有小片疤，磨圆轻到中度，偶尔有中片疤，也有方向。刃脊中度磨圆，有几处片疤呈粉碎状（图 88）。

图88　标本OKW–C5的使用微痕

　　标本 OKW ⑦ 7-32，石片，自然台面。最大长、宽、厚分别为 26.4、15.5、5.6mm。尖部和底部发现有微痕，共计 3 处 FU。尖部磨损，顶端变钝，中度磨圆，有 3 个片疤，1 个为台阶状。尖部腹面似有小片疤，但由于沾有胶水，不能确定。尖部左侧刃连续分布中片疤，呈大锯齿状，大锯齿内有小片疤剥离。底部左侧刃轻度磨圆，羽状小片疤，由背面剥向腹面，疑似捆绑痕迹。底部右侧刃边缘呈小锯齿状，间隔分布小片疤，方向不明，疑似装柄、压痕（图 89）。

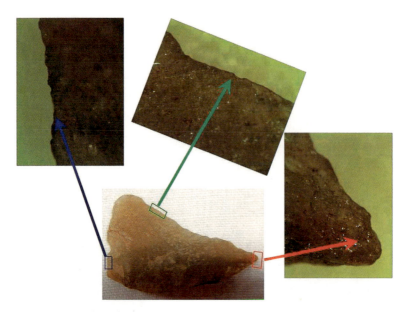

图89　标本OKW⑦7-32的捆绑和使用微痕

三、认识

乌兰木伦遗址石制品微痕分析结果表明，不少石器是经过使用的，个别标本还经过装柄。使用方式以切（锯）和剔（片）为主，加工对象以动物性物质为主。这与遗址中发现的大量动物化石碎片并且在解剖学部位残留有明显的石器切割痕迹相互印证。这也表明，处理肉类应该是乌兰木伦古人类的主要任务之一，特别是剥皮和从骨头上剔肉这两种动作。此外，还有加工新鲜木头的微痕发现，但由于样本量少，目前还难以了解此类工作任务。

微痕分析还有一个重要的发现是装柄痕迹。通过装柄形成复合工具，是一种技术创新，常见于旧石器时代晚期，通常被认为是现代人的重要特征。乌兰木伦遗址装柄微痕的发现，为我国旧石器时代中期复合工具的判断提供了重要材料。

第五节　石制品技术和功能的认识与相关问题

一、石器工业特点

（一）石核剥片方法、技术和序列的多样性

乌兰木伦遗址石核剥片方法（flaking techniques）主要采用了硬锤直

接剥片法（direct hard hammer percussion），还有可能使用了压制法（pressure flaking）。而剥片技术（flaking technologies）则是多样的，包括硬锤锤击技术（direct hard hammer percussion）、砸击技术（bipolar technique）、预制石核技术（prepared-core technologies）以及可能使用的压制技术（pressure flaking technologies）。预制石核技术主要体现为修理台面技术（striking platform preparation technique）、盘状石核技术（disc-core technique）和孔贝瓦剥片技术（kombewa technique）。

　　从目前遗址所获得石核和石片来看，硬锤锤击法显然是最为主要的剥片方法。可能使用压制法的石制品（不包括工具）仅在 1 件小型砸击石核上观察到疑似的迹象。该小型砸击石核与其他砸击制品有很大的区别，如：原料为优质石英岩，而其他砸击制品多为石英（4 件）；形态较小，与其他砸击制品大小相差达 20 ～ 30mm；剥片面相当规整，其所占核体面积达到 60%，且剥片阴疤数量多而浅平，其棱脊清晰可见并贯通整个核体，而其他砸击制品则剥片面凹凸不平，两端受力形成的剥片阴疤一般在核体交错（这一点可能与原料有关）。因此，该小型砸击石核的特征与遗址其他砸击石核相比，差异多于相同点，可能不是同一个体系。从剥片阴疤来看，可知该石核剥下的石片小、薄、规整、腹面浅平等，都显示出压制法剥片的技术特征[1]。此外，前文对遗址原料来源和利用的分析表明遗址距离原料产地近且原料丰富度、尺寸大小等可获性都很好，这也表明乌兰木伦遗址古人类不需要对原料物尽其用，而砸击法的最大优点就是能够对原料毛坯进行尽可能的剥片和利用，尤其对于形态小或等级差的原料最为合适[2]。综合考虑，这件标本更有可能是一种技术方法——压制法的体现，而不是对原料的特殊处理。不过，由于该类技术石核、石片发现数量极少（仅 1 件），因此在这里只是提出来而不作绝对肯定的判断，留待以后的发掘以获得更多石制品和更为深入的研究来进一步证明。

　　使用了预制石核技术的石核在遗址发现不多，但是多种体现了对石核进行预制的技术如修理台面技术、孔贝瓦石片技术、盘状石核技术以及更新石核台面桌板石片等都表明该技术在乌兰木伦遗址石核剥片中已经较为成熟。

　　本书将乌兰木伦遗址石核剥片分为两个阶段：初次剥片阶段（primary core reduction）和持续剥片阶段（continued core reduction）。前者反映了

---

① Debénath A., Dibble H., 1994. *Handbook of Paleolithic typology volume one: the Lower and Middle Paleolithic of Europe*. University of Pennsylvania Museum Press.

② Clark J. D., 1954. *The prehistoric cultures of the Horn of Africa*. Cambridge University Press.

石核剥片序列的预备阶段（initialisation），后者则反映了石核剥片程序的生产阶段（production），这两个阶段在石核剥片过程中相互联系作为一个整体构成了石核剥片的序列。在初次剥片阶段和持续剥片阶段，分别区分出不同的剥片方法和技术，并通过对石核技术特征的分析，推导这些技术和方法之间关系的紧密程度，最终概括出乌兰木伦遗址石核剥片至少存在 17 个剥片序列。不同剥片序列对石核初始毛坯形状和原料等具有一定的选择性。将这些剥片序列与经典的石核台面数量分类法进行比较，乌兰木伦遗址石核类型有单台面、双台面和多台面石核以及具有特殊技术特征的石片石核和砸击石核，而以单台面石核数量为多。单台面石核比例高一般被认为是遗址石核利用率不高的一个重要参考指标，但实际上不同剥片序列所对应的石核在尺寸和重量、剥片疤层数、表面石皮比例等几个方面都表明单台面石核（C1.1 方法石核）的剥片程度与双台面和多台面石核（C1.2.1 方法石核）基本没有差异，说明两者的剥片程度差别不大。显然，以台面数量为标准的石核类型是石核不同剥片序列产生的最终石核或阶段石核，而不同序列石核均可以有较高的石核利用率。因此，具有不同技术特征的石核和石片类型并不是石核剥片程度的反映，而是不同剥片技术和方法在不同剥片序列和阶段（程度）的共同反映。从这层意义上讲，单以台面数量进行石核分类会导致对遗址剥片技术认识简单化，而无法真正理解复杂多样的石核剥片序列。

总的来说，乌兰木伦遗址石核剥片使用了多种技术和方法，其以硬锤直接法为主，还可能存在压制剥片技术；石核预制技术已较为成熟。整个石核的剥片过程具有多达 17 或以上个序列，不同序列对石核初始毛坯和原料具有一定的选择性；个别序列（含 C3.2.2 方法序列）也显示古人类对具有特殊技术特征石片的有目的地生产。以上事实均表明乌兰木伦遗址初始石核毛坯利用以及剥片方法、技术和序列的多样性，反映古人类不仅具备较高的剥片技术，还具备较强的计划性和组织能力。

此外，各文化层由于石制品总数相差大，因此反映在剥片技术上（特别是数值比例）可能会有所差别。不过通过对不同文化层各项剥片技术特征的分析表明它们之间并没有特别明显的差异。这种较早地层与相对较晚地层的无差异性，表明剥片技术演化的连续性和稳定性。

需要指出的是，由于遗址发掘面积和石制品数量的限制，目前观察到的石核剥片序列中，个别序列对应的考古标本不多。为此寄望在未来的进一步发掘中发现更多的石制品，给现有的剥片序列增添更多的标本证据，甚至增加更多的剥片序列。

（二）工具组合及其文化内涵

在本书重点研究标本的 138 件工具中，以完整石片为毛坯的有 101 件，比例为 73%，而以断片（残片）为毛坯的有 35 件，比例为 26%，以上两项合计达 99%。而将石核（或断块）加工成工具的仅 2 件，比例很小，仅为 1%。工具毛坯大小主要分布在 20 ～ 50mm，形态较小。属于典型的小石片工业传统。

工具原料以等级优的石英岩为主，比例为 92%。该类原料是乌兰木伦遗址可获性极好的一类，显然工具制作对原料的选择受到原料可获性的影响。工具主要采用锤击法进行加工；个别尺寸较小、修疤规整者可能采用压制法，但仍需要更多的材料和实验来证明。加工方式多样，但以单向加工为主，比例为 90%；其中又以正向加工为多，比例为 80%。非石片毛坯工具主要由平面向不规则面加工。工具刃缘加工深度较浅，但加工长度很长，这可能反映了乌兰木伦遗址古人类的功能需求，其需要长的刃缘，但并不要求对刃缘进行深度加工。大部分（84%）工具刃缘在加工后，其角度较之原毛坯边缘角度变大。此外，乌兰木伦遗址还有一些比较特殊的修理，包括修柄、修铤、有意截断和修理手握等。修柄和修铤可能都是为了装柄使用，表明遗址已有复合工具；修理手握则是为了使用时手持方便；有意截断目前还难以推测其目的。

工具组合由锯齿刃器、凹缺器、刮削器、钻具、尖状器、石镞、薄刃斧、琢背石刀、雕刻器、鸟喙状器、两面器粗坯、端刮器、石球等 13 个类型构成。从比例上看，锯齿刃器、凹缺器和刮削器是最为主要的成分，比例均超过 20%，其中锯齿刃器比例最高，达到 37%。其他类型中除钻具比例为 6.5% 外，其余各类工具比例均较低，约为 2% 或小于 2%。显然，乌兰木伦遗址在工具类型构成上是以锯齿刃器、凹缺器和刮削器为代表的石器工业组合。锯齿刃器不仅比例高，而且根据刃缘数量和形态还可分出多个子类型；凹缺器也可分出标准型和克拉克当型两类；刮削器从刃缘形态上也可分出多个子类型。

石镞是乌兰木伦遗址加工最为精致的一类工具，共 3 件，其可分为两个类型：一类下端修铤，可称为带铤石镞；一类与峙峪发现的石镞加工方式一样，暂称为峙峪石镞。有铤工具（tanged tools）在欧洲是旧石器时代晚期的典型器类[1]，特别是带铤石镞还是非洲北部 Aterian 文化的标

---

[1] Bordes F., 1968. *The Old Stone Age*. McGraw-Hill Book Company.

志性工具类型[①]。在我国旧石器时代考古遗址中，带铤石镞在乌兰木伦遗址还是首次报道。而峙峪石镞目前可见报道的主要在华北地区，如峙峪遗址[②] 和下川遗址[③]，时代也属于旧石器时代晚期。此外，在我国东北地区也有带铤石镞的报道，如吉林省的青头遗址[④]，但其年代可能更晚。乌兰木伦遗址这两类石镞的发现，不仅将我国旧石器时代石镞分布的地域拓宽，其在时代上也提前到旧石器时代中期，为我国石镞技术的起源提供新的证据和视角；而且带铤石镞的发现还为东西方文化交流提供了重要证据。

端刮器、雕刻器、鸟喙状器、琢背石刀等也是带有一定时代特色的类别，它们主要流行于旧石器时代晚期。其中端刮器制作技术上已经较为成熟，其加工部位主要选择在石片（多为长型石片）的远端，由腹面向背面进行单向修理，加工后刃缘为圆弧形斜陡刃；不仅如此，其在器身中部两侧或一侧还修理出适于捆绑的凹缺。

而两面器粗坯和薄刃斧则是流行于旧石器时代早期阿舍利文化或中期莫斯特文化的器类[⑤]。乌兰木伦遗址发现的这两类工具标本主要以石片为毛坯，形态较小，更倾向于旧石器时代中期莫斯特文化的性质。两面器粗坯由于处于粗修阶段，其形态特征还不如典型"手斧"那么标准，但是其已具备器身两面通体加工的技术要求。薄刃斧的加工技术特征完全符合对薄刃斧的定义，特别是其中 1 件以孔贝瓦石片为毛坯，对两个侧边进行修理，而以不修理的远端作为使用刃缘。

石球是旧石器时代较为常见的一个器类。其在西方旧石器时代的奥杜韦和阿舍利工业中尤为普遍[⑥]。在我国旧石器早期的丁村遗址[⑦]等有发现，

①　Eleanor M. L. S., 2013. The Aterian and its place in the North African Middle Stone Age. *Quaternary International*, 300: 111-130.

②　贾兰坡、盖培、尤玉柱：《山西峙峪旧石器时代遗址发掘报告》，《考古学报》1972年第1期。

③　王建、王向前、陈哲英：《下川文化——山西下川遗址调查报告》，《考古学报》1978年第3期。

④　陈全家、方启、李霞等：《吉林和龙青头旧石器遗址的新发现及初步研究》，《考古与文物》2008年第2期。

⑤　Bordes F., 1968. *The Old Stone Age*. McGraw-Hill Book Company.

⑥　Leakey M. D., 1971. *Olduvai Gorge, volume III:excavations in Beds I and II,1960-1963*. Cambridge University Press.

⑦　裴文中、吴汝康、贾兰坡等：《山西襄汾县丁村旧石器时代遗址发掘报告》，科学出版社，1958年。

而在旧石器时代中期的许家窑[①]、小孤山遗址[②] 等不仅数量多而且非常典型。乌兰木伦遗址发现的石球数量很少，仅有 1 件。其原料为石英，表面光滑，加工细致，片疤边缘已无法辨识，应属于正石球[③]。

总的来看，乌兰木伦遗址工具组合中不仅有加工精致的工具类型，也有加工程度相对不高的类型。Andrefsky 认为古人类在面对数量少的优质原料时主要生产精致工具，对于劣质原料为主时则主要生产随意工具，而如果有丰富的优质原料时则既可以生产精致工具又可以生产随意工具[④]。乌兰木伦遗址显然属于后者。

总之，从文化角度来讲，乌兰木伦遗址工具组合是以锯齿刃器和凹缺器为代表的小石片工业传统，其具有我国华北地区小石器工业体系的一般特征，其又与欧洲旧石器时代中期"锯齿刃器型莫斯特（Denticulate Mousterian）"有可对比之处。而从文化属性所代表的时代上来讲，其主要体现出旧石器时代中期的文化特征，同时又出现了一些旧石器晚期文化的因素。

二、相关问题讨论

（一）关于砸击技术

砸击技术是将石核立在较平的石砧上，再手持石锤对其进行打击，最早为 Bruil 所研究并命名[⑤]。砸击技术一般被运用于形态较小或等级较差或韧性很强的原料[⑥]。较小的原料采用其他剥片方法，而锤击法往往难以手持，韧性较强的原料则容易将打击力转移到手臂而难以剥下石片[⑦]。因此，将这类原料置于一个坚硬的支撑物上采用砸击法进行剥片是最为有效的方法。采用砸击法产生的剥片产品表现为小的半锥体、两端薄锐中间厚并在两端有相对的放射线或同心波、形状多呈长条形、石核和石片难以区

---

① 贾兰坡、卫奇：《阳高许家窑旧石器时代文化遗址》，《考古学报》1976年第2期。

② 辽宁省文物考古研究所：《小孤山——辽宁海城史前洞穴遗址综合研究》，科学出版社，2009年。

③ 仪明洁、高星、裴树文：《石球的定义、分类与功能浅析》，《人类学学报》2012年第4期。

④ Andrefsky Jr.W., 1998. *Lithics: macroscopic approches to analysis*. Cambridge University Press.

⑤ Bruil H., 1954. Prolégomènes à une classification préhistorique. *Bulletin de la Société Préhistorique Française*, 51:7-15.

⑥ Andrefsky Jr.W., 1994. Raw material avilability and the orgnization of techonology. *American Antiquity*, 59:21-34；Binford L. R., Quimby G.I., 1963. Indian sites and chipped stone materials in the Northern Lake Michigan area.*Fieldiana Anthropology*, 36: 277-307.

⑦ Vergès J. M., Ollé A., 2011. Technical microwear and residues in identifying bipolar knapping on an anvil: experimental data. *Journal of Archaeological Science*, 38:1016-1025.

分等特征 ①。

砸击技术无论是在时代还是在地理范围上，分布都非常广泛：在最早的古人类遗址中已有发现，如埃塞俄比亚的 Omo② 和 Fejej 遗址 ③ 以及格鲁吉亚的 Damanisi 遗址 ④ 等；在世界范围内的各个地区都有砸击技术的记录，如非洲 ⑤、亚洲 ⑥、欧洲 ⑦、美洲 ⑧ 和澳大利亚 ⑨ 等。

① 张森水：《中国旧石器文化》，天津科学技术出版社，1987年。

② Semaw S., 2000. The world's oldest stone artefacts from Gona, Ethiopia: their implications for understanding stone technology and patterns of human evolution between 2.6-1.5 million years ago. *Journal of Archaeological Science*, 27: 1197-1214.

③ Lumley D. H., Beyene Y., Barsky D., et al., 2004. L'industrie lithique préoldowayenne du site de Fejej FJ-1. In: *Les sites préhistoriques de la région de Fejej, Sud-Omo, Éthiopie, dans leur contexte stratigraphique et paléontologique*. ADPF, Éditions Recherche sur les Civilisations, pp. 391-563.

④ Cauche D., 2009. Les stratégies de débitage dans les industries lithiques archaïques des premiers habitants de l'Europe. *L'Anthropologie*, 113: 178-190.

⑤ Barham L., 1987. The bipolar technique in Southern Africa: a replication experiment. *The South African Archaeological Bulletin*, 42: 45-50; Masao F. T., 1982. On possible use of unshaped flakes: an ethno-historical approach from central Tanzania. *Ethnos*, 47: 262-270; Wadley L., 1993. The Pleistocene later stone age south of the Limpopo River. *Journal of World Prehistory*, 7: 243-296.

⑥ Feng X. B., 2008. Stratégie de débitage et mode de façonnage des industries du Paléolithique inférieur en Chine et en Europe entre 1 Ma et 400 000 ans: ressemblances et différences de la culture de l'homme de Yunxian et Acheuléen européen. *L'Anthropologie,* 112: 423-447; Kuijt I., Rusell K.W., 1993. Tur Imdai Rockshelter, Jordan: debitage analysis and historic Bedouin lithic technology. *Journal of Archaeological Science*, 20: 667-680; Lee Y., Kong S., 2006. Le site Paléolithique de Suyanggae, Corée. *L'Anthropologie*, 110: 223-240; Xie G., Bodin E., 2007. Les industries paléolithi ques du bassin de Bose (Chine du Sud). *L'Anthropologie*, 111: 182-206.

⑦ Martínez K., García J., Carbonell E., et al., 2010. A new Lower Pleistocene archaeological site in Europe (Vallparadís, Barcelona, Spain). *PNAS*, 107: 5762-5767.

⑧ Brose D., 1970. *The archaeology of Summer Island: changing settlement systems in Northern Lake Michigan. Anthropological Papers Seris 41*, University of Michigan Press, University of Michigan Museum of Anthropological Archaeology; McPherron A. L., 1967. *The Juntunen Site and the Late Woodland Prehistory of the Upper Great Lakes Area. Anthropological Papers Seris 30*, University of Michigan Press, University of Michigan Museum of Anthropological Archaeology; Miller T. O., 1979. Stonework of the Xeta Indians of Brazil. In: Hayden B. (Ed.), *Lithic use-wear analysis*. Academic Press, pp. 401-407.

⑨ Gould R. A., Koster D. A., Sontz A. H., 1971. The lithic assemblage of the western desert aborigines of Australia. *American Antiquity*, 36: 149-169; Hayden B., 1979. *Palaeolithic reflections: lithic technology and ethnographic excavation among Australian Aborigines.* AIAS new series 5, Humanities Press; Watson V. D., 1995. Simple and significant: stone tool production in highland New Guinea. *Lithic Technology*, 20: 89-99.

在中国，最有名的具有砸击技术的遗址是周口店，包括周口店第 1 地点 [①] 和第 15 地点 [②]。实际上，砸击技术在中国旧石器文化遗址中分布相当广泛，早在 1983 年的统计中 [③]，已确认了至少 27 个旧石器地点，分布于 25°10′～41°15′N，106°40′～122°10′E 之间的广大地区，但主要集中在北方地区；其年代范围从旧石器早期到晚期都有。

高星曾总结了中国北方地区砸击技术的三个主要特征 [④]：①在大部分遗址都有砸击技术使用的证据，但仅仅是工具毛坯生产的一个补充，因此比例一般不高；②原料主要为石英；③大部分砸击制品都比较小。

乌兰木伦遗址发现的砸击制品表现出以上几个特征，例如比例低（不到 1%）、以石英原料为主、不是石英原料的砸击石核个体很小。不过，乌兰木伦遗址砸击技术并不能简单地看作是工具毛坯生产的一个补充，而是石核剥片序列中一种非常重要的技术和方法。其不仅单独存在于一个剥片序列（PC-C4），在初次剥片阶段还采用了 PA 砸击开料方法并运用于多个剥片序列。当然，砸击技术石核在遗址发现的数量不多（砸击开料石核 6 件，砸击石核 2 件），但有可能与砸击石核在剥片过程中会消失 [⑤] 有关。而较少的两极石片（2 件），则可能与砸击法大部分剥片产品与锤击法剥片产品难以区分有关 [⑥]。例如，Driscoll 的实验 [⑦] 研究表明砸击法产生的石片有 22.6% 是有台面的，且与锤击法产生的石片难以区分。可见，乌兰木伦遗址目前虽然只确认有 2 件可靠的石英砸击制品，但这肯定不

---

① Breuil H., Lantier R., 1951. *Les Hommes de la pierre ancienne: paléolithique et mésolithique*. Payot, Paris.

② Gao X., 2000. *Explanations of typological variability in Paleolithic remains from Zhoukoudian Locality 15, China*. The thesis for the degree of PhD of the University of Arizona.

③ 张森水：《我国远古文化的纽带——砸击石片》，《化石》1983年第4期。

④ Gao X., 2000. *Explanations of typological variability in Paleolithic remains from Zhoukoudian Locality 15, China*. The thesis for the degree of PhD of the University of Arizona.

⑤ 张森水：《我国远古文化的纽带——砸击石片》，《化石》1983年第4期。

⑥ Driscoll K., 2011. Vein quartz in lithic traditions: an analysis based on experimental archaeology. *Journal of Archaeological Science*, 38:734-745；Vergès J. M., Ollé A., 2011. Technical microwear and residues in identifying bipolar knapping on an anvil: experimental data. *Journal of Archaeological Science*, 38:1016-1025.

⑦ Driscoll K., 2010. *Understanding quartz technology in early prehistoric Ireland*. The thesis for the degree of PhD of the UCD School of Archaeology；Driscoll K., 2011. Vein quartz in lithic traditions: an analysis based on experimental archaeology. *Journal of Archaeological Science*, 38:734-745.

是全部。此外，乌兰木伦遗址发现的砸击制品在数量极为有限的情况下其原料也并不局限于石英，石英岩也有。而且，乌兰木伦遗址砸击制品其大小处于所有石制品的平均水平，没有小型化的倾向。这几点都暗示砸击法在乌兰木伦遗址是一种较为常见的剥片技术，扮演了重要角色；且打制者已懂得对不同大小和类型的原料采用不同的剥片技术和序列，体现出一定的认知能力。

（二）关于孔贝瓦技术

孔贝瓦技术是一种石核预制技术[①]，其来源于 Owen 对非洲肯尼亚 Seme hamlet 遗址石制品的研究[②]。20 世纪 70 年代中期，博尔德对来自法国几个遗址的孔贝瓦石核和石片进行了研究[③]，其重要意义有两点：一是发现孔贝瓦制品与勒瓦娄哇石片同层，二是孔贝瓦技术得到广泛认可。其后，Dauvois 研究了来自北非的几个阿舍利工业旧石器遗址中的孔贝瓦和勒瓦娄哇技术石制品，并认为孔贝瓦技术在工具毛坯生产过程中起了重要作用[④]。他还将该技术总结为两次打击过程：第一次打击得到大的石片，第二次打击则得到孔贝瓦石片。

大多数石片腹面靠近台面处都会有一个鼓凸的半锥体，这是因为在打击过程中石核受力会在核体内部形成的贝壳状开裂。这个鼓凸的半锥体形成了天然的有利剥片条件，剥片者只需要对台面进行一定修理就能够从这件石片石核的腹面剥下至少一件石片，剥下的石片往往具有圆形锋利边缘[⑤]。在此意义上，孔贝瓦技术的生产力即产品数量实际上很有限，因此该技术的使用主要是为了获得形态—功能上的质量优势。孔贝瓦技术在阿舍利工业和莫斯特文化中被广泛运用。

本书关于孔贝瓦技术采用 Tixier 广义上的定义[⑥]，包括任何以石片毛坯为石核并在其腹面进行剥片，因此一件孔贝瓦石核并不是只能产生一件

---

① Debénath A., Dibble H., 1994. *Handbook of Paleolithic typology volume one: the Lower and Middle Paleolithic of Europe*. University of Pennsylvania Museum Press.

② Owen W. E., 1938. The Kombewa culture, Kenya Colony. *Man*, 38: 203-205.

③ Bordes F., 1975. Le gisement du Pech de l'Azé Ⅳ : note préliminaire. *Bulletin de la Société Préhistorique Française*, tome 72.

④ Dauvois M. 1981. De la simultanéité des concepts Kombewa et Levallois dans l'Acheuléen du Maghreb et du Sahara nord-occidental. *Préhistoire Africaine*, 6: 313–320.

⑤ Tixier J., Inizan L. M., Dauvois M., et al., 1980. *Préhistoire de la pierre taillée 1. Terminologie et technologie. Antibes, Cercle de Recherches et d'Etudes Préhistorique.* Nanterre: CREP.

⑥ Tixier J., Turq A., 1999. Kombewa et alii. *Paleo*, 11: 135-143.

而是能够产生多件石片。在这个定义里，孔贝瓦石核的台面并不一定需要修理，其剥片方向也并不要求与原石片毛坯方向相同[1]。尽管如此，孔贝瓦技术无论是从剥片前石片石核毛坯的预制和选择（有意打下相对鼓凸的半锥体石片）、剥片过程中对石片石核台面的修理以及剥片的目的是得到两面鼓凸、圆形锋利边缘的石片等几个方面来看，都表明其是一种剥片者有意识并能够预先决定剥片产品的技术。也因此，孔贝瓦技术被认为是勒瓦娄哇技术的前身[2]。

　　乌兰木伦遗址共发现孔贝瓦石核4件，孔贝瓦石片6件，在石片的两面均可观察到半锥体。这些数据显示孔贝瓦技术石制品在乌兰木伦遗址中比例很低。需要强调的是，在一个遗址中能够识别的孔贝瓦石片并不一定是全部，因为只能确认具有两个腹面且均可观察到半锥体的孔贝瓦石片。乌兰木伦遗址孔贝瓦技术石制品可区分为两种方法，即C3.2.1（打击方向与石片石核方向相同）和C3.2.2（打击方向与石片石核方向垂直）。两种方法生产的孔贝瓦石片大小相近，但相对来说，前者生产的产品形态更为规整，边缘也更为锋利。其中2件采用C3.2.1方法的孔贝瓦石片原料为优质燧石，其大小形态都非常相似。这表明孔贝瓦技术在乌兰木伦遗址已经比较稳定。

　　东西方文化交流一直是旧石器考古学界研究的一个重要课题，鄂尔多斯高原是探讨旧石器时代东西方文化交流的经典地区，例如水洞沟遗址石制品特征因带有强烈的西方色彩[3]而为世界考古学界所关注；萨拉乌苏遗址亦被认为可以与西方对比[4]。文化交流的研究必须立足于可对比的考古标本。孔贝瓦技术在我国还鲜有报道，其被认为是非洲和欧洲阿舍利石器工业和莫斯特文化的一个重要代表性器型[5]。虽然其与勒瓦娄哇技术的渊源

① Inizan M. L., Michele R., Roche H., et al., 1999. *Technology and terminology of knapped stone*. Nanterre: CREP.

② Dauvois M. 1981. De la simultanéité des concepts Kombewa et Levallois dans l'Acheuléen du Maghreb et du Sahara nord-occidental. *Préhistoire Africaine*, 6: 313-320；Tixier J., 1967. Procedes d'analyse et questions de terminologie dans l'etude recent et de l'pipaleolithique en Afrique du Nord Ouest. In: Bishop W.W., Clark J.D.(Eds), *Background to evolution in Africa*. The University of Chicago Press, pp.771-820.

③ 宁夏文物考古研究所：《水洞沟——1980年发掘报告》，科学出版社，2003年。

④ 黄慰文：《萨拉乌苏河石器工业在旧石器文化序列中的位置》，《鄂尔多斯文化》2006年第3期。

⑤ Debénath A., Dibble H., 1994. *Handbook of Paleolithic typology volume one: the Lower and Middle Paleolithic of Europe*. University of Pennsylvania Museum Press.

我们还难以做出准确判读，但乌兰木伦遗址孔贝瓦技术的发现为我国旧石器文化技术特征增添了新的内容，也为东西方文化对比增添了新的有力证据。

（三）关于石镞的类型与文化属性

石镞是一类这样的工具：其有一个尖状形态且器身有一个部分专门修理出来用于捆绑[1]。这类器形在旧石器时代中期开始出现，一直延续到新石器时代。装柄后，一般用来插刺或者投射。实际上，其中一种英文表达"projectile point"主要就是以这一功能来命名的。而对它的具体使用方法，一些学者通过民族学[2]或实验[3]的方法进行了研究，认为可以用作投射、插刺用的矛头或箭头。此外，由于使用了装柄技术及其投射的使用方法，使得古人类在狩猎时实现了"远程射杀（kill at a distance）"[4]，而这被认为是现代人类行为的基本特征之一。

这种装柄带尖的器物有很多类型，在这里统称为石镞。在南非主要表现为两面修理的尖状器，如 Still Bay point[5]；在非洲北部则有作为 Aterian 文化标志器型的 Aterian tanged point[6]。在中国的峙峪遗址，有一种以石叶（应该是石片）为毛坯仅在底部稍加修锭的石镞[7]。在中国的东北、北美

---

[1] Lee H.W., 2010. Projectile points and their implications. *Archaeology, Ethnology and Anthropology of Eurasia*, 38:41-49.

[2] Keeley L., 1996. *War before civilization*. Oxford University Press.

[3] Ahler S. A., Geib P. R., 2000. Why Flute? Folsom point design and adaptation. *Journal of Archaeological Science*, 27:799-820；Fauvelle M., Smith E. M., Brown S. H., et al., 2012. Asphaltum hafting and projectile point durability: an experimental comparison of three hafting methods. *Journal of Archaeological Science*, 39:2802-2809；Martin J. S., Megan B. B., Stephany L. L., 2007. Experimental evidence for lithic projectile injuries: improving identification of an under-recognised phenomenon. *Journal of Archaeological Science*, 34:540-553.

[4] Churchill S., 1993. Weapon technology, prey size selection, and hunting methods in modern hunter-gatherers: Implications for hunting in the Palaeolithic and Mesolithic, *Archaeological Papers of the American Anthropological Association*, 4:11-24.

[5] Villa P., Soressi M., Henshilwood C. S., et al., 2009. The Still Bay points of Blombos Cave (South Africa). *Journal of Archaeological Science*, 36:441-460.

[6] Eleanor M. L. S., 2013. The Aterian and its place in the North African Middle Stone Age. *Quaternary International*, 300: 111-130.

[7] 贾兰坡、盖培、尤玉柱：《山西峙峪旧石器时代遗址发掘报告》，《考古学报》1972年第1期。

等地区还有凹底石镞等 ①。总之，如果以修柄而形态带尖作为标准的话，石镞的类型可谓非常丰富。

乌兰木伦遗址的石镞分为两种类型：一类与非洲北部 Aterian 文化的 tanged point 相似，我们称之为带铤石镞；一种与峙峪遗址发现的石镞相似，暂且称之为峙峪型石镞（峙峪型石镞与欧洲的勒瓦娄哇尖状器很相似，但其毛坯是否采用石叶状勒瓦娄哇技术剥片还需要进一步研究）。

峙峪遗址只发现 1 件石镞，加工也不复杂，特别是底端用来装柄部分的修理凹度不深，学者对它的文化意义还存在疑义，认为还需要从另外未发表的石制品中去找 ②。乌兰木伦遗址该类型石镞的发现，一方面为峙峪型石镞找到了相同的实例标本，另一方面则将这一加工技术提前到距今 6.5 万～5 万年。

Tanged point 型石镞即带铤石镞的发现，则为乌兰木伦遗址与西方文化对比增添了新的证据。最早的非洲北部该类石镞出现在距今 14.5 万年 ③。此外，在印度 ④、阿尔泰地区 ⑤、俄罗斯远东 ⑥、朝鲜半岛 ⑦ 等地均有发现。这些地区发现的带铤石镞年代早晚有序，可能代表该技术的传播路线。

---

① Shea J. J., 2006. The origins of lithic projectile point technology: evidence from Africa, the Levant, and Europe. *Journal of Archaeological Science*, 33:823-846；陈全家、方启、李霞等：《吉林和龙青头旧石器遗址的新发现及初步研究》，《考古与文物》2008年第2期。

② 北京市地方志编纂委员会：《北京志·世界文化遗产卷·周口店遗址志》，北京出版社，2004年。

③ Garcea E. A. A., 2012. Successes and failures of human dispersals from North Africa. *Quaternary International*, 270: 119-128.

④ Haslama M., Clarkson C., Roberts R. G., et al., 2012. A Southern Indian Middle Palaeolithic occupation surface sealed by the 74 ka Toba eruption: further evidence from Jwalapuram Locality 22. *Quaternary International*, 258: 148-164.

⑤ Derevianko A. P., 2010. Three scenarios of the Middle to Upper Paleolithic transition: scenario 1: the Middle to Upper Paleolithic transition in Northern Asia. *Archaeology, Ethnology and Anthropology of Eurasia*, 38:2-32.

⑥ Derevianko A. P., Shimkin D.B., Powers W.R., 1998. *The Paleolithic of Siberia: new discoveries and interpretations*. University of Illinois Press.

⑦ Seong C., 2008. Tanged points, microblades and Late Palaeolithic hunting in Korea. *Antiquity*, 82: 871-883.

第六章　石英岩剥片实验研究

第一节　研究背景

模拟实验是考古学的一项重要研究手段，能够为探究古代人类行为提供启发。最早试图利用打制实验来解释史前人类行为的是 Sven Nilsson，他用自己打制石器的经验来推断史前燧石石器是否为人类所打制[1]。而石器打制实验作为实验考古学的一部分肇始于 19 世纪 40 年代[2]，起初其主要目的仍是为了复制史前工具来确定它们是否出自人类之手。对石制品打制过程的研究相对来说是近代才产生的[3]。研究者意识到打制实验对理解石器制作过程的复杂性[4]以及对了解石器打制的专业知识特点都具有重要意义[5]。我国的裴文中先生在 20 世纪 30 年代曾采用模拟实验的方法对周口店北京人遗址石制品进行研究，并对"曙石器"的争论和分析产生过重要影响[6]。

---

① Nilsson Sven, 1868. *The primitive inhabitants of Scandinavia*. Edited by John Lubbock. Longmans, Green. pp. 1838-1843.

② Johnson L. L., 1978. A history of Flint-Kinapping experimentation, 1838-1976. *Current Anthropology*, 19:337-372.

③ Bril B., Roux V., Dietrich G., 2005. Stone knapping: Khambhat (India), a unique opportunity? In: Roux V., Bril B. (Eds), *Stone knapping: the necessary conditions for a uniquely hominin behaviour*. The McDonald Institute for Archaeological Research, pp. 53-72.

④ Stout D., 2002. Skill and cognition in stone tool production. An ethnographic case study from Irian Jaya. *Current Anthropology*, 43:693-722；Nonaka T., Bril B., Rein R., 2010. How do stone knappers predict and control the outcome of flaking? Implications for understanding early stone tool technology. *Journal of Human Evolution*, 59:155-167.

⑤ Roux V., Bril B., Dietrich G., 1995. Skills and learning difficulties involved in stone knapping: the case of stone-bead knapping in Khambhat, India. *World Archaeology*, 27:63-87.

⑥ Pei W. C., 1936. Rôle des phénomènes naturels dans l'éclatement et le façonnement des roches dures utilisées par l'Homme préhistorique. *Revue de Geographie Physique er de Geologie Dynamique*, 9: 349-432.

　　一个遗址往往会有大量的石片，这些石片大小形态不一。它们可能产自石核的剥片，也可能来自工具修理产生的废片。有研究者将这两种不同生产过程产生的剥片分为非工具修理剥片组合（nontool debitage categories）和工具修理剥片组合（tool debitage categories）①。这两类剥片在一个遗址的石制品组合中往往难以区分。但剥片实验由于能够较好地控制和复制剥片的过程，从而可以对不同打制方法和过程产生的石片进行对比分析，在一定程度上有利于区分这两类剥片组合。

　　石器技术分析的一个重要方面是对原料破裂机理的理解②。剥片实验是有助于这一理解的重要手段。有学者将玻璃作为同类石料的替代品进行剥片实验，从而揭示出剥片过程中石片形成机理的多样性特征③。此外，一些研究者采用史前考古遗址常用的原料进行剥制实验也取得了很好的成

---

①　Rozen K. C., 1981. Patterned associations among lithic technology, site content, and time: results of the TEP St. Johns Project Lithic Analysis. In: Westfall D.A. (Ed.), *Prehistory of the St. Johns Area, East-Central Arizona: the TEP St. Johns Project, Arizona State Museum Archaeological Series No. 153.* Tucson, pp. 157-232.

②　Whittaker J. C., 1994. *Flintknapping: making and understanding stone tools.* University of Texas Press；Callahan E., Forsberg L., Knutsson K., et al., 1992. Frakturbilder. *Kulturhistoriska Kommentarer Till Det Saregna Sonderfallet Vid Bearbetning Av Kvarts*, 24: 27-63；Cotterell B., Kamminga J., 1987. The formation of flakes. *American Antiquity*, 52: 675-708；Andrefsky Jr.W., 1998. *Lithics: macroscopic approches to analysis.* Cambridge University Press；Odell G. H., 2004. *Lithic analysis.* Kluwer Academic / Plenum Publishers.

③　Pelcin A. W., 1997. The effect of core surface morphology on flake attributes: evidence from a controlled experiment. *Journal of Archaeological Science*, 24:749-756；Dibble H.L., Pelcin A., 1995. The effect of hammer mass and velocity on flake mass. *Journal of Archaeological Science*, 22: 429-439；Dibble H. L., Rezek Z., 2009. Introducing a new experimental design for controlled studies of flake formation: results for exterior platform angle, platform depth, angle of blow, velocity, and force. *Journal of Archaeological Science*, 36: 1945-1954；Dibble H. L., Whittaker J. C., 1981. New experimental evidence on the relation between percussion flaking and flake variation. *Journal of Archaeological Science*, 8: 283-296；Whittaker J. C., 1994. *Flintknapping: making and understanding stone tools.* University of Texas Press.

果，例如燧石①、黑曜岩②、流纹岩③、石英④等。

Cotterell 和 Kamminga 定义了石片剥制的三种主要开裂类型⑤（图
90）：贝壳状（conchoidal）、弯曲（bending）、楔入（wedging）。他们
认为研究人员在对石片进行辨别时过于强调贝壳状形态的重要性，从而

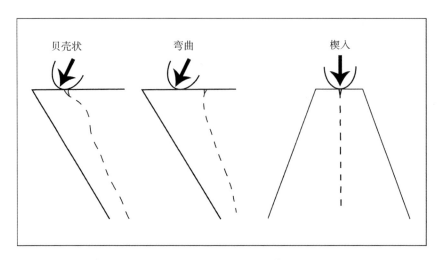

图90　石片开裂类型⑥

可能将其他不具备贝壳状特点的片状石制品归入"废片、裂片或者碎片"
等。对于贝壳状开裂的石片，其初始开裂剥落始于打击点并且一般会有一
个明显的半锥体和同心波，这两个特征正是判断人为打制石片的主要依据。

① Pelegrin J., 2006. Long blade technology in the old world: an experimental approach and
some archaeological results. In: Apel J., Knutsson K.(Eds), *Skilled production and social
reproduction*. Uppsala, Societas Archaeologica Uppsaliensis Stone Studies 2, pp. 37-68.

② Davis Z. J., Shea J. J., 1998. Quantifying lithic curation: an experimental test of Dibble and
Pelcin's original flake-tool mass predictor. *Journal of Archaeological Science*, 25: 603-610.

③ Darmark K., 2006. Flaked rhyolite from Jettböle: attempts at an experimental explanation.
In: Apel J., Knutsson K.(Eds), *Skilled production and social reproduction*. Uppsala,
Societas Archaeologica Uppsaliensis Stone Studies 2, pp. 399-408.

④ Callahan E., Forsberg L., Knutsson K., et al., 1992. Frakturbilder. *Kulturhistoriska
Kommentarer Till Det Saregna Sonderfallet Vid Bearbetning Av Kvarts*, 24: 27-63；
Driscoll K., 2011. Identifying and classifying vein quartz artefacts: an experiment
conducted at the world archaeological congress, 2008. *Archaeometry*, 53:1280-1296.

⑤ Cotterell B., Kamminga J., 1987. The formation of flakes. *American Antiquity*, 52: 675-708.

⑥ 修改自：Cotterell B., Kamminga J., 1987. The formation of flakes. *American Antiquity*,
52: 675-708.

而弯曲状开裂的石片，其开裂剥落点不在打击点处，而是有一定的距离，因此不会形成明显的半锥体并只有少量的同心波。研究者还注意到"在初始开裂与传播（propagation）的转换过程中，石片表面也会形成散漫的锥疤而会被人误认为是考古学者不小心造成的"。在石器打制、使用和废弃过程中，石片的横向断裂往往都是由弯曲状断裂造成的，其形成的石片一般呈汇聚状（compression flakes）。他们还发现硬锤锤击法一般会形成贝壳状石片，而弯曲状开裂石片则可能由软锤法和压制法产生。Pelcin 的研究则认为在增加剥片台面的宽度和减少石片外角的情况下也会产生弯曲状开裂石片[①]。

Redman 通过观察硬锤和软锤法手斧打制实验产生的石片，研究了不同锤体石片的区别，并主要对比了唇、锥疤，石片厚度、重量和长度，台面和台面的宽度、台面角，石片弯曲度以及制造阶段等特征[②]。实验由三名打制者采用燧石原料一共打制了6件手斧，最后分析的石片是占所有剥片产品一半的完整石片。分析结果表明，研究者对硬锤石片和软锤石片进行的区分可能是没有意义的，实际上只是一种感觉而已。这些实验产生的石片，其特征的区别主要体现在打制者的不同而不是锤体的差别。仅有几项不受打制者影响的石片特征是半锥体厚度、最大宽和中部宽度，但这些特征对区分不同锤体实际上也显得毫无意义。Redman 的研究结果还表明，多个实验人员的参与对于剥片实验的结果以及分析的客观性非常重要。

总之，剥片实验研究作为打制实验的一个重要组成部分，其对象不仅仅是石核或工具，还能够为分析和重建史前石器技术提供重要的信息和参考[③]。在探讨一批石制品的剥片技术时，通过模拟实验的方法能够加深我们对这一问题的理解，并能够为原料与剥片技术和产品的关系、剥片产品的特征等方面的研究提供关键性证据。

长久以来，许多研究者认为旧石器文化在旧大陆的东西方存在很大的差别，并且这种差别在旧石器时代早期阿舍利工业的重型工具上就已出现。

---

① Pelcin A. W., 1997. The effect of core surface morphology on flake attributes: evidence from a controlled experiment. *Journal of Archaeological Science*, 24: 749-756.

② Redman K. L., 1998. *An experiment-based evaluation of the debitage attributes associated with 'hard' and 'soft' hammer percussion*. Washington State University, Pullman.

③ Fish P. R., 1981. Beyond tools: Middle Paleolithic debitage analysis and cultural inference. *Journal of Anthropological Research*, 37: 373-386.

这种观点在莫维士的研究中得到集中体现[①]。有学者在观察了中国旧石器文化中的轻型工具后，也经常用"不规范""随意"等词来形容[②]。但也有学者很早就注意到亚洲可能是一个最古老的人类工业的巨大扩散中心，其旧石器文化底蕴不容低估[③]；并有学者注意到原料可能对旧石器工业造成的影响，例如步日耶在讨论周口店旧石器工业时就观察到以石英为主的劣质原料使得周口店石器制作者使用了砸击法，因此产生的长石片和薄石片等很容易让人与法国旧石器晚期的东西相提并论[④]。事实上博尔德也认为我们可能低估了中国旧石器时代石器制造者的能力，他们面临的原料是局限很大的砾石[⑤]。

　　当然，要探讨旧石器时代原料与技术在东西方文化中的差异及影响，这并不是一件简单的事。这要以非常熟悉东、西方旧石器时代石制品为前提。但无论如何，单从原料方面来讲，要了解原料对石器工业面貌的影响，模拟打制实验无疑是最好的途径之一。特别是在面对中国旧石器时代多使用"劣质原料"的现实，开展劣质原料的实验考古学研究显然已是当今中国旧石器考古学的紧要课题，而这方面正是我们所欠缺的。事实上，在国外不仅有对优质原料的模拟打制实验，并且因此产生了一批伟大的模拟打制实验大师，博尔德就是其中之一。国外也有对劣质原料进行打制实验的学者，并且产生了一批非常显著的成果。例如 Driscroll 对爱尔兰地区石

①　Movius H. L., 1949. The Lower Palaeoithic Cultures of Southern and Eastern Asia. *Transacllons of the American Phtlosophical Society*, 38:327-420.

②　Schick K., Toth N., Wei Q., et al., 1991. Archaeological perspectives in the Nihewan Basin, China. *Journal of Human Evolution*, 21:13-26；Clark J.D., Schick K.D., 1988. Context and content: impressions of Paleolithic sites and assemblages in the People's Republic of China. *Journal of Human Evolution*, 17: 439-448.

③　Boule M., Breuil H., Licent E., et al., 1928. *Le paléolithique de la Chine*. Archives de L'Institut de Paléontoloqie Humaine, Mémoire 4.

④　Breuil H., 1935. L'état actuel de nos connaisssances sur lès industries paléolithiques de Choukoudian. *L'anthropologie*, 45: 740-743.

⑤　侯亚梅：《泥河湾盆地东谷坨遗址石器工业》，中国科学院古脊椎动物与古人类研究所博士论文，2000年。

英原料的打制实验[①]，使人对爱尔兰旧石器早期石英石器技术有了很好地理解。

通过前文的研究，乌兰木伦遗址石制品具有以下几个显著的特征：数量多、类型丰富、主体原料单一、原地快速埋藏。针对以上特点，本实验主要关注三个问题：原料、剥片技术以及它们之间的关系。原料的选择和使用，主要是受限于当地原料的分布、比例和丰富度。经地质调查和对比分析，作为乌兰木伦遗址主体原料类型的石英岩来源于距遗址约 2km 的基岩砾石层，可获性较高。该类原料在鄂尔多斯高原的水洞沟遗址也被大量使用，比例仅次于白云岩[②]。可见，石英岩至少在鄂尔多斯高原旧石器时代遗址占有重要地位。相较于欧洲广泛使用的燧石，石英岩可以归为劣质原料。那么，乌兰木伦遗址为什么主要使用石英岩？其对剥片技术和工具制作特别是毛坯的生产有什么影响？举例而言，1 件石英岩石核能够产生多少件可以作为工具加工的毛坯？又会同时产生多少裂片和废片？石英岩剥片的破裂率是高还是低？石英岩剥片产品具有什么样的特征？古人类为什么主要采用锤击法来进行剥片即石英岩适合采用锤击法剥片吗？这一系列问题都需要剥片实验来解答。此外，石英岩作为一类较为广泛利用的原料，对它的剥片断裂力学机理等还没有人进行过具体的研究。乌兰木伦遗址大量的石英岩标本给这一研究提供了极佳的对比材料。

因此，本实验以石英岩为原料，剥片方法采用乌兰木伦遗址占主导的硬锤锤击法，并从破碎率，剥片、裂片和碎片的类型以及完整石片的技术特征等方面来进行分析，最后与考古材料的解释进行对比和验证。因此，本实验可以说是乌兰木伦遗址石制品技术研究的重要组成部分。具体目的有以下几点：

（1）分析和总结硬锤锤击法石英岩剥片的技术特征，包括石片的台

---

① Driscoll K., 2009. Exploring the chaîne opératoires in Irish quartz lithic traditions: current research. *Internet Archaeology*, 26:1-17；Driscoll K., 2011. Identifying and classifying vein quartz artefacts: an experiment conducted at the world archaeological congress, 2008. *Archaeometry*, 53:1280-1296；Driscoll K., 2011. Vein quartz in lithic traditions: an analysis based on experimental archaeology. *Journal of Archaeological Science*, 38:734-745；Driscoll K., Menuge J., 2011. Recognising burnt vein quartz artefacts in archaeological assemblages. *Journal of Archaeological Science,* 38:2251-2260；Driscoll K., Warren G. M., 2007. Dealing with the 'quartz problem' in Irish lithic research lithics. *The Journal of the Lithic Studies Society*, 28: 4-14.

② 宁夏文物考古研究所：《水洞沟——1980年发掘报告》，科学出版社，2003年。

面特征、腹面特征、背面特征等。通过对剥片产品类型的分析，探讨石英岩剥片的可控程度，如剥片的破碎率、剥片尺寸等。

（2）尝试确定1件石核可以产生多少石片和附带产生多少碎片，然后与考古材料对比，初步确定考古标本中的废片和碎片是否来自剥片过程。此外，也从实验考古学的角度来佐证遗址功能和性质的推测，即在遗址是否进行过剥片和石器加工等行为。

（3）实验采用阶段记录的方法，对比石核剥片过程中不同阶段产生的石片类型及其技术特征差异，特别是背面石皮和石片类型的变化，进而探讨现在大多数学者对石片分类过程中有关背面石皮比例或石片类型所代表的石核剥片阶段和利用率的合理性。

（4）将实验结果与乌兰木伦遗址石制品对比，主要达到以下两个目的：对遗址石核剥片技术和序列的解读进行验证；对遗址功能和性质的判断提供佐证。

第二节　实验材料和方法

一、实验材料的获取和评价

（一）石英岩的获取

为了实验结果与考古标本比较的可靠性，首先剥片实验原料的来源最好与考古标本一致。前文分析表明乌兰木伦遗址的原料来源于距遗址约2km的白垩系基岩砾石层，并主要选择尺寸适中（40～80mm）且质地较好的石英岩砾石。由于遗址原料产地已被破坏，但地质调查结果表明至少距离遗址6km的砾石层与遗址原料产地没有区别。因此本次用于剥片实验的石英岩全部采集于距遗址约6km的乌兰木伦河岸（图91）。该地点砾石层非常厚，最厚处超过6m（图92）。

（二）石英岩的特征

石英岩，主要矿物为石英，可能含有云母类矿物及赤铁矿、针铁矿等，是一种主要由石英组成的变质岩（石英含量大于85%）。一般是由石英砂岩或其他硅质岩经过区域变质作用重结晶形成，也可能是在岩浆附近的硅质岩经过热接触变质作用形成。因其主要组成矿物石英的颜色很丰富，常见颜色可有绿色、灰色、黄色、褐色、橙红色、白色、蓝色、紫色、红色等，所以石英岩也常常体现出以上多种颜色。

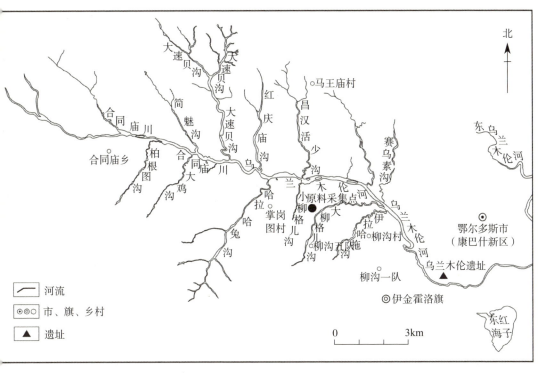

图91 原料采集点与遗址位置关系图

图92 乌兰木伦河岸基岩砾石层

石英岩具有以下特征①：①硬度高，莫氏硬度为7；②结构紧密，特别是纯色的石英岩颗粒很细腻；③由于石英岩独特的晶体结构，往往呈现出缤纷华丽而又独特的颜色及纹理；④石英岩质地较脆，弯曲强度不佳，容易断裂。石英岩的前两个特点对于石制品打制和使用来说都是很有利的，其在实验考古中属于中等原料②。

本书将乌兰木伦遗址石英岩原料分为优、中、差三个等级。一般来说，岩石的内部结构决定它的质量等级，如硬度、均质性和脆性③。由于本次实验所采用的原料均为单一的石英岩，硬度和脆性作为质量分级指标没有意义，因此主要以肉眼可见的均质性和颗粒大小为指标。一般规定，在肉眼可见范围内，将颗粒细腻、结构致密的石英岩定义为等级优；将颗粒较粗、结构较为致密的石英岩定义为等级中；将颗粒很粗、结构极不致密的石英岩定义为等级差。为了避免因不同观测人员对原料质量分级造成的差异，原料质量的分级由一个人完成，同时其也是考古标本原料质量分级的操作者。但在实际操作过程中，由于长期受到水流磨蚀，石英岩砾石表面非常光滑而无法直接观察砾石的内部结构。因此，剥片实验之前的石英岩等级往往会在实验过程中有所调整。

二、实验设计

本实验规定每一件石英岩原料的整个剥片过程为一个事件（event）。实验一共采用不包括石锤在内的18件石英岩进行剥片，也就意味着有18个剥片事件发生。石英岩砾石在剥片之前的状态称为"初始石核"，即还没有进行任何剥片的石核。在初始石核剥片过程中，因为原料本身的内部节理或打制失误等原因会造成初始石核的断裂，但断裂后的"结果"还能进一步剥片，这种断裂后的"结果"称为"子石核"。剥片最后阶段剩下的"废品"则称为"最终石核"。石核剥片过程中，会发生很多次"打击"，但并不是每次打击都能得到剥片产品；产生了剥片产品的打击称为"有效打击"。每次"有效打击"剥下来的产品称为"剥片产品"，包括完整石片、裂片、废片和碎片。

---

① 国家质量技术监督局：《岩石分类和命名方案——变质岩岩石的分类和命名方案》，中国标准出版社，1999年。

② Inizan M. L., Michele R., Roche H., et al., 1999. *Technology and terminology of knapped stone*. Nanterre: CREP.

③ Crabtree D. E., 1967. Notes on experiments in Flintknapping. 3. The flintknapper's raw materials. *Tebiwa*, 10:18-25.

剥片实验之前，我们对 18 件初始石核（图 93）进行了测量统计，其具体测量统计信息如表 29 所示。如前文所述，初始石核的等级在实验前、后会有变化，这就会把我们实验伊始挑选的原料含优、中、差等级各 6 件的初衷给打乱，使得个别等级原料数量增加。石锤的数量不限，以保证完成所有石核的剥片。

表 29　实验原料和分组信息

组别	序号	等级	剥片方法	长 mm	宽 mm	厚 mm	重 g
A	C1	中		105	83	66	781
	C2	优		86	79	55	461
	C3	优		109	88	59	649
	C4	中		100	81	59	634
	C5	优		107	85	56	663
	C6	中		114	66	56	561
B	C7	优	硬锤锤击法	113	81	75	924
	C8	优		115	77	48	764
	C9	中		106	77	57	586
	C10	优		145	90	72	1165
	C11	差		112	87	71	849
	C12	差		80	70	57	560
C	C13	中		104	81	56	684
	C15	优		106	84	62	739
	C16	中		87	83	56	520
	C17	差		129	79	65	817
	C18	中		98	58	48	358
	C25	优		128	98	88	1350

　　整个剥片实验，18个剥片事件被分成A、B、C三组。每组初始石核6件，并由一个固定的实验人员来完成剥片实验。实验人员已具备一定的实验条件，即至少已掌握一定的剥片技术，以尽量避免缺乏经验的实验结果影响到最终结论的分析。经亲自体验并结合对以前实验者的经验总结，石核剥片的基本要点如下：①台面外角小于90°；②打击力与台面的夹角小于90°；③打击时手臂的摆动要轻松自然（这一点很重要）；④不需要过大的打击力；⑤打击点落在离台面外缘3～6mm处或者以所需的石片厚度为准；⑥最好在剥片面有脊的上方打片，尽量避开台阶状断口、凹入和凸起的部位；⑦台面外角、台面深度和剥片面形状是影响石片尺寸最重要的因素；⑧打片过程中随时思考、评估。

　　为了使实验人员充分了解和掌握以上剥片技术要点，实践经验就显得非常重要。因此，在实验之前进行了一段时间的预打制实验训练（图94）。事实上，通过这个训练过程，3名实验人员都基本掌握了以上剥片技术要点，并能够较好地剥下石片。实验人员的相关信息（表30）说明如下：

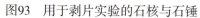

图93　用于剥片实验的石核与石锤　　　　图94　预剥片训练

表30　实验人员信息

组别	姓名	性别	单位	身高 cm	体重 kg	熟练程度
A	刘扬	男	中国科学院古脊椎动物与古人类研究所	168	71	较好
B	李双	男	鄂尔多斯市文物考古研究院	178	90	较好
C	古日扎布	男	鄂尔多斯市文物考古研究院	172	87	较差

①实验者均选择了男性，是因为在预打制实验训练过程中发现女性打制者由于臂力、恐惧等因素，很难从硬度很高的石英岩上打下石片；②表中所列之打片熟练程度主要通过自我学习如通过学习剥片理论方面的知识、观看国外富有经验的实验人员的剥片视频等，以及自我练习如预剥片实验训练等方法来获得和提高。

硬锤锤击剥片这个过程本身并不需要太多的理论和实践知识，一般能够较好地把握剥片角度和选择较好的剥片面等就能将剥片进行下去。即便如此，我们还是认为实验人员的剥片技术是处在较为熟练的阶段，并且各有差别。不过，不同实验人员和剥片经验对实验结果的影响可以通过对剥片事件的分组及其对比来进行评估。因此，我们对每个剥片事件进行单独保管和分析。剥片实验采用在乌兰木伦遗址占主导的硬锤锤击法，剥片石核和石锤都是石英岩砾石。一个剥片事件的开始到结束以该初始石核第一次剥片直到再也不能有进一步的有用石片产生为止。在剥片过程中，初始石核可能会从中断裂，即会产生两个甚至数个子石核，这些子石核仍然具备进一步剥片的条件，因此会进行进一步剥片，而再次剥片的过程也归入初始石核总的剥片事件中来统计。需要说明的是，一个石核如果在同一个台面甚至同一个剥片面一直有好的剥片条件，则不刻意转换台面和剥片面进行下一次剥片。本次剥片实验也不采用修理台面技术，因而不会有修理台面过程产生的废片。

剥片的终止是石核再也不能剥下有用石片，这取决于石核极小的尺寸或者缺少好的剥片角度等因素。因此，一件石核即使其尺寸并不小，也可能被证明很难进行进一步剥片。在这样的情况下，只要该剥片事件已经得到了足够多的石片，实验人员也并不强求将石核剥至最小的尺寸。

实验在鄂尔多斯市文物考古研究院的实验室进行（图95）。实验室面积约为 $40m^2$。每个实验人员都有一块专属的 $1.6m \times 2.8m$ 的海绵垫子。海绵垫子的孔隙极小，1mm 以上的剥片碎渣都不能掉进去。不过以防万一，我们在靠近实验人员的地方还铺上了一层棉布，确保在实验结束后尽可能地收集所有的碎渣。海绵还可以防止剥片产品掉在地上发生碎裂。三组实验人员分布在实验室的三个角落，平均距离超过 2m，以防止剥片产品飞溅而相互混杂。每名实验人员旁边放有一个标本盒，以便随时收集剥片产品。

实验记录程序很严格。对每一名实验人员每一个剥片事件中的每一次有效打击产生的所有≥10mm 剥片产品予以收集，并按照打击的先后顺序进行单独编号。之所以选择≥10mm 的剥片产品进行单独编号，主要是根

图95　剥片实验布局

据乌兰木伦遗址石制品的基本情况来规定的。如前文所述，在乌兰木伦遗址石制品的研究中，我们规定＜10mm的片状产品为碎片。此外，剥片的目的是生产工具毛坯①，因此从一个遗址工具的大小基本可以确定古人类在剥片时预期的石片大小。通过对乌兰木伦遗址工具大小的分析，其均在10mm以上。每一个剥片事件中每一次剥片所产生的剥片产品都要按打击的先后顺序进行单独编号。我们规定剥片者A即A组在第1个事件中第1次有效打击剥下的第1件≥10mm的剥片产品编号为12EKAC1：1.1。该编号中前两位数字表示年份，E是experiment的首字母，K是knapping的首字母，A表示是组别A，其后的C1表示编号为C1的石核即第1个剥片事件；比号后边的数字1是指在第1个事件中第1次有效剥片，最后一个数字1则是指在第1个事件中第1次有效剥片的第1件剥片产品。事实上，每一次有效打击并不止产生1件剥片产品，可能会同时产生2件甚至更多，所以在同一个事件中同一次有效打击其编号可能会出现1.1、1.2、1.3……。将编号的剥片产品按事件分开放入标本盒中（图96、97），并对每个标本盒进行编号，该编号较之剥片产品的编号只少了最后两个数字。这样的编号设计和存放也有利于下一步观察、统计和分析，以及迅速拼合并评价破裂模式。更为重要的是，该编号方法能够使石核的整个剥制过程

①　Inizan M. L., Roche H., Tixier J., 1992. *Technology of knapped stone*. Nanterre: CREP.

图96　剥片事件之一

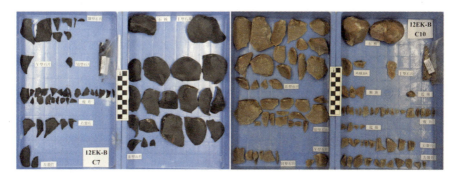

图97　实验事件举例

变得可控，即我们可以很清楚地知道哪件剥片产品产生于哪个阶段。如此，石核的整个生命流程就变得很清楚。

　　如此，在一定程度上可以说每一次有效打击产生的 ≥ 10mm 的剥片产品基本有收集。对于一些更小的剥片产品，如 < 10mm 的碎片，则不进行单独收集和编号，因为其数量较大会增加很大的工作量，花费很多的时间。事实上，这么小的标本也极不方便写号。因此，很多小的碎片被留到每一个剥片事件结束再进行统一收集装袋。碎片的分析主要对其数量进行统计，并测量重量。

　　最后留下来的石核也和该事件的所有剥片产品放在一起进行分析。

第三节　实验结果和分析

一、剥片产品

（一）破裂率

剥片实验分 A、B、C 三组，每组完成 6 个剥片事件，三组一共对 18 件石核进行了剥片和记录。剥片方法采用硬锤锤击法直接剥片。对剥片产品数量的统计（表 31、32），A 组共产生 ≥5mm 剥片产品 664 件，其中超过半数为 5～10mm 的废片；≥10mm 的剥片产品仅占 41%，其中 26% 具有石片特征。B 组共产生 ≥5mm 剥片产品 640 件，其中 5～10mm 区间内的剥片产品和 ≥10mm 的剥片产品刚好各占一半；在 ≥10mm 的剥片产品中，27% 具有石片特征，23% 是没有石片特征的废片。C 组共产生 ≥5mm 的剥片产品 384 件，其中 5～10mm 区间内的剥片产品超过半数，达到 61%；在 ≥10mm 的剥片产品中，28% 具有石片特征，11% 没有石片特征。三个剥片实验组 <5mm 的废片数量没有统计，主要是因为数量庞大，而且也不方便统计。总的来看（见表 31），本次剥片实验 18 件石核共产生了剥片产品 1688 件，其中 5～10mm 区间内的剥片产品数量最多，达到 947 件，超过半数；其次为 ≥10mm 的石片，数量为 454 件，占 27%；≥10mm 的废片数量最少，为 287 件，占 17%。

表 31　各类型剥片产品数量、重量统计

统计	石片	废片			合计
		≥10mm	≥5,<10mm	<5mm	
数量 N	454	287	947		1688
比例 %	27	17	56		100
重量 g	6651	1063	136	110	7960
比例 %	84	13	2	1	100

从剥片产品的重量来看（见表 32），A 组剥片产品总重 1800g，其中 <10mm 的废片占 5%，≥10mm 的废片占 15%，石片占 80%。B 组剥片产品总重 3390g，其中 <10mm 的废片占 2%，≥10mm 的废片占

表32 各组剥片产品统计

组别	统计	石片	废片			合计
			≥10mm	≥5, <10mm	<5mm	
A	数量 N	174	99	391		664
	比例%	26	15	59		100
	重量 g	1436	268	51	45	1800
	比例%	80	15	3	2	100
B	数量 N	173	147	320		640
	比例%	27	23	50		100
	重量 g	2859	451	46	34	3390
	比例%	84	13	1	1	100
C	数量 N	107	41	236		384
	比例%	28	11	61		100
	重量 g	2356	344	39	31	2770
	比例%	85	12	2	1	100

13%，石片占84%。C组剥片产品总重2770g，其中<10mm的废片占2%，≥10mm的废片占12%，石片占85%。

这两项实验数据说明两点：

（1）采用硬锤锤击法进行石英岩剥片，从数量上来看，废片率达到70%以上。这意味着有超过70%的剥片产品不是打制者预先想要的。但从重量上来看，超过80%的剥片产品属于石片。因为我们在剥片时预想得到相对较大的石片，这些大的石片虽然数量少但是体积和重量并不小。因此，在硬锤锤击石英岩剥片中石核体积上的大部分（超过80%）改变都是打制者所预期的。可见，石英岩对于锤击剥片来说，是一种较为可控的原料。

（2）石英岩硬锤锤击剥片产品的废片率不受不同打制者的影响。在本次剥片实验的三个组别中，各类型剥片产品无论在数量上还是重量上都表现出高度的一致，A、B、C 三组的石片数量比例分别为 26%、27% 和 28%，相差幅度非常小。

　　≥10mm 含完整石片与不含完整石片的剥片产品与相应有效打击次数的比值，称为破裂率。计算方法是将 ≥10mm 含完整石片数量即所有 ≥10mm 剥片产品除以有效打击次数得到剥片产品与有效打击次数的比值；≥10mm 不含完整石片与有效打击次数的比值计算则首先要减去完整石片数量以及剥片过程中只产生了完整石片的有效打击次数。从剥片产品的破裂率来看（图 98），A 组每次打击产生的剥片产品数量为 1.5～2.3 件，平均 1.8 件；B 组为 1.8～2.7 件，平均 2.2 件；C 组为 1.3～2.7 件，平均 1.7 件；三组合计平均 1.9 件。而每次有效打击产生的非完整石片 A 组为 1.1～2.2 件，平均 1.5 件；B 组为 1.7～2.7 件，平均 2.1 件；C 组为 1～2.4 件，平均 1.6 件；三组合计平均 1.7 件。三组比较，B 组略高，但总体来说差别不是很大。

　　考虑到原料等级对剥片结果的影响，等级优的石英岩原料并没有表现出每次有效打击会尽可能多地产生我们所需的剥片产品（≥10mm）的优势（见图 98）。例如，B 组 C8 是一件定义为等级优的原料，但其单次有效打击对应不含完整石片的数量达到 2.7 件，是所有剥片事件中最多的；C 组的等级优原料 C25 也不低。不过，等级差的原料其单次有效打击

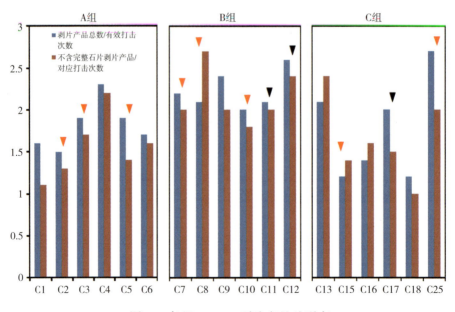

图98　各组≥10mm剥片产品破裂率

（红色、黑色三角分别对应等级为优、差的原料，无三角则对应等级为中的原料）

产生的剥片产品平均值为 2.2 件，略高于所有剥片事件的平均值 1.9 件；而产生的不含完整石片的剥片产品的平均值为 2.1 件，高于所有剥片事件的平均值 1.7 件。可见，不同质量的原料在有效剥片产品数量上会有一定影响。

以上实验数据说明：

（1）硬锤锤击法进行石英岩剥片，平均每次有效打击至少要产生近 2 件剥片产品。而产生了不含完整石片的有效打击平均每次产生废片 1.7 件。两者相差不大，即平均每次有效打击基本上会产生我们所需要的产品，但同时也会产生对等数量的废片。

（2）不同打击者每次有效打击产生的剥片产品数量和每次有产生非完整石片的有效打击所产生废片的数量会有所区别，这可能与剥片者的技术及经验有关。不过，由于难以对不同剥片者的技术经验进行评估，所以在这里也不宜过于强调。但是很明确的一点是，每次有效打击产生的剥片产品与废片的比值相当，如 A 组为 1.2、B 组为 1、C 组为 1。可见，最终的剥片结果与剥片者之间的关系不是很大，其最大的影响因素应该是原料和剥片技术。

（3）原料的质地对剥片产品结果有一定影响。相对来说，等级差的原料平均破裂率要高些，即每次有效打击产生打制者所期望的剥片产品的同时，会产生更多不必要的废片。

（二）剥片产品（≥10mm）类型

这里主要对编号标本即尺寸 ≥10mm 的剥片产品进行统计分析。表 33 详细列出了 A、B、C 三组 ≥10mm 的不同类型剥片产品。总的来看，在三组 ≥10mm 的剥片产品中，61% 具有石片特征（图 99）；在这些具有石片特征的剥片产品中，有 75% 为完整石片，占所有剥片产品的 46%。

从剥片产生的具有石片特征的剥片产品与废品之间的比例来看（见图 99），A、B、C 三组并没有表现出太大的差异性。A 组 ≥10mm 剥片产品的废片率为 36%，B 组为 46%，C 组为 28%，三组平均 39%。单从具有石片特征的剥片产品来看（见表 33），A、B、C 三组在完整石片和不完整石片的比例上也没有体现出差异，A 组完整石片占具有石片特征剥片产品的 77%，非完整石片占 23%；B 组完整石片占具有石片特征剥片产品的 78%，非完整石片占 22%；C 组完整石片占具有石片特征剥片产品的 68%，非完整石片占 32%。

表33   各组 ≥ 10mm 不同类型剥片产品统计

剥片产品类型		I型石片	II型石片	III型石片	V型石片	VI型石片	左裂片	右裂片	近端	远端	中段	废片
A组	数量 N	10	53	27	18	26	15	19	5	1	0	99
	比例 %	4	19	10	7	10	5	7	2	0	0	36
B组	数量 N	5	60	49	10	11	20	17	1	0	0	147
	比例 %	2	19	15	3	3	6	5	0	0	0	46
C组	数量 N	10	28	26	3	6	22	6	2	3	1	41
	比例 %	7	19	18	2	4	15	4	1	2	1	28
合计		25	141	102	31	43	57	42	8	4	1	287
比例 %		3	19	14	4	6	8	6	1	1	0	39

石英岩硬锤锤击剥片产生一定数量的裂片，这些裂片包括左、右裂片，近、远端和中段等剥片产品。经统计（见表33），三组剥片实验一共产生的裂片占所有剥片产品的平均比例为15%，其中，A组为15%，B组为11%，C组为22%。C组和A、B两组表现出一定的差异，其裂片率平均比另外两组高8%。从不同类型裂片的数量上看，左、右裂片产品占了主要部分，近、远端数量很少，而中段则仅在C组中出现1件。这种特征

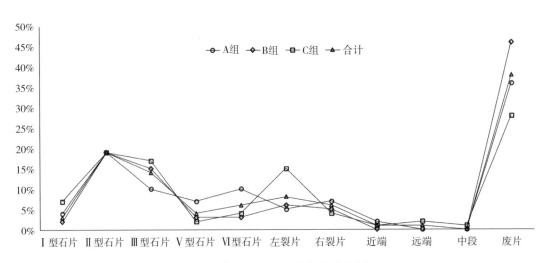

图99   各组 ≥ 10mm 剥片产品比例

在三组中表现一致（图100）。如在A组中左、右裂片产品为34件，近、远端产品6件，没有中段产品；B组左、右裂片产品37件，近、远端产品仅1件，也没有中段产品；C组左、右裂片产品28件，近、远端产品5件，中段产品仅1件。此外，在裂片的不同类型特别是在左、右裂片产品的数量上，两者并没有表现出对等的关系（见表33）。如A组左裂片为15件，而右裂片为19件；B组左裂片20件，右裂片17件；C组左裂片22件，右裂片仅6件。近端与中段、远端也表现出一致的特征。

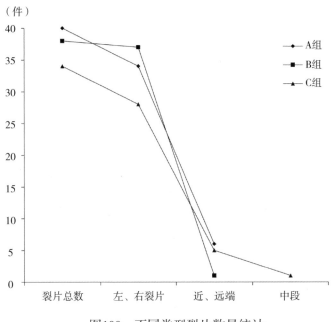

图100　不同类型裂片数量统计

以上统计说明：

（1）采用锤击法进行石英岩剥片，在≥10mm的剥片产品中，废片率较低，不到半数，约在30%～40%。这些废片一般是在剥片过程中被震落下来的，因为没有直接和石锤接触，所以在其平面见不到打击点和半锥体等标志性石片特征，而且往往两个面都比较平整。剥片过程中大量废片的产生，对于石核剥片这样一个递减的过程来说是一种无益的消耗。石英岩剥片较低废片率的产生，表明石英岩是一种较好的剥片原料；而锤击法也不失为一种较为适宜对石英岩进行剥片的方法。

（2）不考虑废片这个因素，在具有石片特征的剥片产品中，完整石片的比例占到了70%左右，大大地高出了非完整石片近40个百分点。结合本实验的目的，我们剥片主要是为了得到 ≥ 10mm 的完整石片，可见，石英岩锤击剥片能够较好地满足剥片者的需求，即 1 件石核的剥片能够产生足够多的打制者预期的剥片产品。

（3）本次硬锤锤击石英岩剥片产生了一定数量的裂片，但比例不大，平均 16% 左右，但不同组之间的裂片率表现出一定差异，可能与剥片者的技术和经验有关。在这些裂片产品类型中，左、右裂片是主要的裂片产品，所占比例在 88% 左右，近、远端剥片产品较少，而中段几乎没有。此外，左裂片和右裂片以及近端、远端和中段数量并不对等，即这些剥片产品不能实现真正意义上的拼合。我们通过对一件石核的完整拼合，发现有些裂片的另一半保留在石核上即并没有与该裂片同时被剥落，而个别则变成了数片碎片。

由于本实验采用可控的剥片过程和剥片事件记录方法，可以清楚地知道每一件剥片产品产生于哪一次有效打击。如果将一个完整剥片事件的所有有效打击次数分为不同阶段，再结合剥片产品类型进行分类统计，那么就可以清楚地知道每一个阶段产生的不同类型剥片产品。本次石英岩硬锤锤击剥片实验结果的分析，将每个剥片事件的有效打击次数平均分为 6 个阶段，并按组统计每个阶段产生的剥片产品类型比例。此处统计剥片产品类型主要区分 I ～ VI 型石片、裂片和废片，裂片不再进一步区分不同的类型，如左、右裂片等。

从各组各阶段不同剥片类型产品的比例统计结果（图 101）可知：

（1）不同实验组在各剥片阶段剥片产品类型的比例上没有体现出太大的差异，即不同的剥片者并不会影响不同剥片阶段的剥片结果，这可能主要受限于剥片技术的简单性，这种剥片技术不会在剥片者之间造成太大的影响；其次也可能与石英岩的锤击破裂机理有关，在采用锤击法剥片时，其自身的破裂机理会减少来自不同剥片者的影响。

（2）从所有剥片产品的比例来看，废片和完整石片的比例在各个阶段都是最高的，并且几乎对等；裂片相对较少，但也占有一定的比例。这一点与前文对石英岩锤击剥片破裂率的统计结果一致，可见每次有效打击产生的剥片产品数量与非完整石片剥片产品数量在不同剥片阶段也有一致的表现。

（3）但从完整石片的各个类型来看，II 型石片在各个阶段都占有极高的比例，其次为 III 型石片；VI 型石片、V 型石片和 I 型石片平分秋色；IV 型石片不见。总的来说，石皮台面石片要多于破裂面台面石片。这主要与剥片方法和剥片实验设计有关，由于本实验规定在剥片过程中，只要有

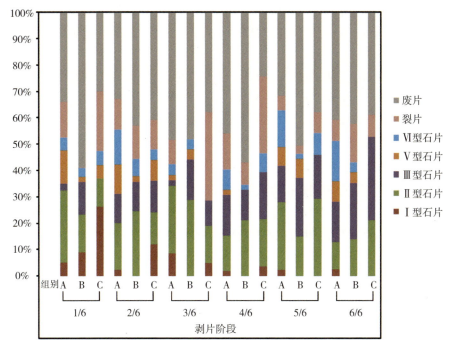

图101 各组≥10mm不同阶段产生的剥片类型比例

（此处裂片包含左、右裂片及近、远端和中段剥片产品）

合适的剥片角度等进一步剥片的条件，则不刻意转换台面，而在剥片的过程中，实际上每一次有效剥片后，在原剥片阴面都会形成一个较小的台面角，即有利于下一次剥片。因此，不转换台面的次数肯定要多于转换台面（其中就包括将石皮台面转换为破裂面台面）的次数。因此，必然要产生较多的石皮台面石片。而在石皮台面石片中，由于Ⅰ型石片一般产生于第一次剥片或者在转换台面后的第一次剥片，其数量必然有限，因此Ⅱ型石片和Ⅲ型石片相对较多。

（4）不同阶段各类型剥片产品的出现频率并没有非常明显的趋势。相对来说，Ⅰ型石片在较晚剥片阶段出现的频率略低，但其在最后阶段仍有出现，如A组在第5和第6阶段都有出现，这表明A组在最后剥片过程中还转换了台面。Ⅱ型石片和Ⅲ型石片则在各个阶段都占有较高的比例。值得注意的是，Ⅴ型石片和Ⅵ型石片在各个阶段也都有出现，并且没有表现出越在后期阶段出现频率越高的趋势。

（三）完整石片和近端石片

完整石片和近端石片保存的石片信息最为丰富。它们完整地保存了石片的台面、打击点、半锥体、放射线、锥疤、同心波等；如果是完整石片的话，则还保存了石片的边缘形态、远端形态、腹面形态等信息。很多研究者对实验标本的研究都将完整石片和近端石片单独列出来进行统计[①]。

由表34可知，本实验在≥10mm的所有剥片产品中含完整石片342件，比例为46%；近端石片8件，比例为1%。从各个组别来看，A组共产生完整石片134件和近端石片5件，所占比例分别为47%和1%；B组共产生完整石片135件和近端石片1件，所占比例分别为43%和1%；C组共产生完整石片73件和近端石片2件，所占比例分别为46%和1%。从比例上来看，三组没有表现出太大的差别。

表34 完整石片和近端石片统计 （比例为与≥10mm剥片产品计算）

类别	A组		B组		C组		合计	
	数量N	比例%	数量N	比例%	数量N	比例%	数量N	比例%
完整石片	134	51	135	43	73	47	342	46
近端	5	2	1	<1	2	1	8	1

从台面类型上看，本次实验共出现了以下四类：自然台面、破裂面台面、点状台面和线状台面。各组台面类型的统计结果如表35所示。

自然台面在各组中所占比例都是最高的，平均超过了70%，其中最高者B组达79%；C组和B组相差不大为77%；A组相对较少，为67%。破裂面台面和点状台面、现状台面平分秋色，相互之间差异不明显。可见，剥片方法和剥片实验的设计会影响石片台面类型，从而影响到石片类型，特别是自然台面和破裂面台面石片的比例。实际上，这种差别在前文对剥片产品类型的统计中已经看到，但又有微小的差异，即此处统计的自然台面和破裂面台面石片的总和分别要小于前面统计的Ⅰ～Ⅲ型石片和Ⅴ、Ⅵ型石片的总和。这是因为在统计剥片产品的类型时，一些点状台面和线状

---

① Tallavaara M., Manninen M. A., Hertell E., et al., 2010. How flakes shatter: a critical evaluation of quartz fracture analysis. *Journal of Archaeological Science*, 37:2442-2448；Driscoll K., 2011. Identifying and classifying vein quartz artefacts: an experiment conducted at the world archaeological congress, 2008. *Archaeometry*, 53:1280-1296；Knutsson K., 1998. *Making and using stone tools: the analysis of the lithic assemblages from Middle Neolithic Sites with Flint in Västebotten, Northern Sweden.* Societas Archaeologica Uppsaliensis.

表 35　各组石片台面类型统计

类别		自然台面	破裂面台面	点状台面	线状台面	合计
A 组	数量 N	94	14	17	15	140
	比例 %	67	10	12	11	100
B 组	数量 N	108	10	11	7	136
	比例 %	79	7	8	5	100
C 组	数量 N	58	10	5	2	75
	比例 %	77	13	7	3	100
总计	数量 N	260	34	33	24	351
	比例 %	74	10	9	7	100

台面石片结合实际的剥片过程以及后期的拼合结果分别将其归入了对应的各型石片中。A、B、C 三组在石片台面类型比例上的极小差异也表明剥片技术是影响石片台面类型的主要因素，即不是不同剥片者之间的差别。破裂面台面的形成，主要是台面转换造成的。虽然我们在实验设计上强调不刻意转换台面，但是在实际的剥片过程中，好的剥片条件并不会一直存在，因此为了尽可能多地剥片，就会出现转换台面的情况。但无论如何，台面转换的次数毕竟有限，最后的结果就是破裂面台面石片十分有限，平均只有 10%。值得关注的是点状台面和线状台面的出现，这可能主要与石英岩的性质和打击点的落点有关。石英岩脆性较高，当打击点落在石核台面边缘的时候，就极易形成点状台面和线状台面。

本次实验还出现了 1 件较为特殊的台面类型石片，12EKBC10：26.1（图 102），其台面一半是石皮，一半是破裂面，两者相交形成一条脊，而打击点正好落在该脊上。由于是剥片实验标本，我们很清楚地知道剥片者并未有意去修理和利用台面脊。通过观察，该石片台面的破裂面是与石片同时形成的，因为它破坏了该石片腹面的半锥体和前一次剥片的台面。所以该石片被归入自然台面石片。此件标本给我们一个启示，即关于判断打制者是否有意利用台面脊，主要考虑这么几点：①台面脊是否修理，一般修理成台面脊并且打击点落在该脊上，基本可确定是有意利用；②打制者可以利用一半石皮一半破裂面的台面脊，甚至会利用全是石皮的天然台

0   4cm

图102 假台面脊利用标本（12EKBC10：26.1）

1.假利用台面脊 2.打击点

面脊，但是否为打制者有意利用，则首先需要对标本本身进行观察，而更为重要的是要对石制品组合进行考察。因为如果是有意利用的话，在这批石制品组合中肯定会重复出现。

所有完整石片和近端石片台面宽和厚的测量统计结果（图103）显示，很明显，石片的台面宽和厚具有比较强的正相关性，即台面越宽，石片厚度也就相应增加。这主要是因为在实验的设计中并没有强调要剥下薄型石片，因此在剥片过程中石片台面的厚与宽的关系往往不在考虑范围之内。但是，很清楚的一点是，剥片者主要追求尺寸较大的石片，而宽型台面往往会带来理想的结果。这就意味着，剥片者想要获得尺寸较大的石片，同时也带来了台面较厚的石片。可见，剥片者的技术很大程度上造成了石片台面厚和宽正相关情况的出现，即剥片者可能还没有能力（本实验实际上也有没有过于强调该方面的问题）去控制石片的厚度。

在对石片台面内角和外角的统计过程中，将石片内角规定为正数，外角规定为负数。对所有完整石片和近端石片的内、外角进行统计（图104）可知，石片内角平均值大于91°，而石片外角则要小于88°。这与我们惯常的认识一样，因为大的石片内角意味着在石核阴面会留下小的台面角，从而有利于下一次剥片。石片外角实际上就是石核剥片面台面角的反映。但是，我们也注意到有一部分石片外角要大于90°，这就意味着该石片在剥下来之前，石核的台面角显示已不适合剥片。Dibble 在他的可控实验中，就提到"Regarding high exterior platform angles, it is often thought

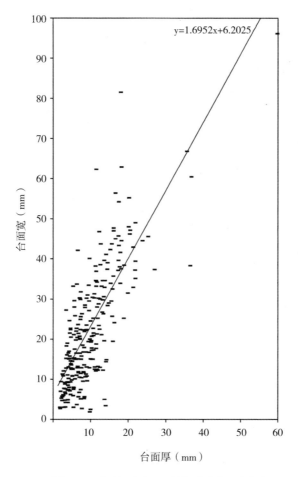

$$y=1.6952x+6.2025$$

图103　完整石片、近端石片台面厚/宽

that 90° is the upper limit, though this is clearly not the case"[1]。他指出这可能是测量者的错误，因为石片外角的测量不好操作，另外硬锤锤击法也往往容易造成大的石片外角。本实验具有较大的样本量，其显然倾向于支持后一种推测，即剥片方法会影响石片外角的大小。此外，通过对350件完整石片和近端石片内、外角的统计，还有两个比较有意思的发现：一是石片内、外角在不同的石片个体上虽然各有差异，但是对于一批石制品来说，总体还是分布在90°附近；二是石片内、外角总体上呈现出互补的关系，

①　Dibble H. L., Rezek Z., 2009. Introducing a new experimental design for controlled studies of flake formation: results for exterior platform angle, platform depth, angle of blow, velocity, and force. *Journal of Archaeological Science*, 36: 1945-1954.

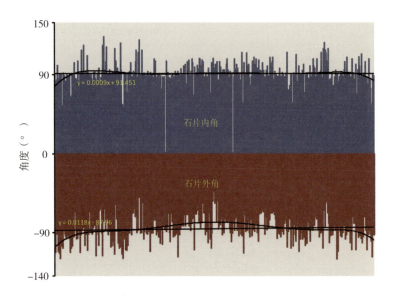

图104   完整石片、近端石片的石片内角、外角统计

验证了 Dibble 的实验结果[1]。当然，后一点是否在不同原料或者采用不同剥片方法产生的剥片产品上仍能观察到这一结果，则还需要更多的实验来证明。

完整石片和近端石片的腹面特征统计如表36所示。从表中可以看出，打击点和放射线几乎在所有完整石片和近端石片上可见，其中打击点平均比例达到97%，而放射线平均比例也有95%。而且，它们在三组中表现一致。较高比例的打击点和放射线，可能主要与使用的锤体有关。在Driscoll 的石英剥片实验中，硬锤锤击法和砸击法石片的打击点比例都很高，分别达到96.2% 和95.7%，而使用软锤锤击法则为78.8%[2]。对比可以推测，打击点的比例应该与使用的锤体有关，而与原料关系不大。放射线也应该如此。

① Dibble H. L., Whittaker J. C., 1981. New experimental evidence on the relation between percussion flaking and flake variation. *Journal of Archaeological Science*, 8: 283-296

② Driscoll K., 2010. *Understanding quartz technology in early prehistoric Ireland*. The thesis of University College Dublin for the degree of PhD in the College of Arts and Celtic Studies,UCD School of Archaeology.

表 36 完整石片、近端石片腹面特征统计

特征	A组		B组		C组		合计	
	数量 N	比例 %	数量 N	比例 %	数量 N	比例 %	数量 N	比例 %
打击点	134	96	132	97	73	97	339	97
放射线	127	91	131	96	74	99	332	95
锥疤	5	4	16	12	0	0	21	6
同心波	9	7	6	4	1	1	16	5
半锥体	40	29	43	32	19	25	102	29

说明：同心波的比例没有将近端石片统计在内。

　　与打击点和放射线比例较高形成鲜明对比的是，锥疤和同心波比例极低，前者平均 6%，后者平均 5%。两者在不同组别之间差异相同，即 C 组两者的比例都相对更低，如 C 组没有发现有锥疤的石片，而同心波的比例也仅为 1%，反映出不同剥片者对这两项特征的可能性影响。此外，通过对锥疤和同心波出现在不同质量原料上的考察，发现它们在优质原料剥片产品上出现频率较高。以锥疤为例，在 8 件优质石英岩石核中有 5 件的剥片产品出现了锥疤，比例为 62.5%，而中等石英岩原料比例为 15%，差等石英岩原料比例为 0。这一点也可以从 Driscoll 的剥片实验得到启发，他对石英和燧石剥片实验对比后发现，在同心波的出现比例上，"just two flakes had visible compression rings. Both were R.Q. and were produced by both soft and hard hammer; all but one of the chert flakes had compression rings"；同样，对锥疤的考察，也发现 "Overall 5% (n=31) had visible bulbs; for the chert, which is not listed in the table, 88% (n=16) had visible bulbs"[①]。可见，锥疤和同心波在石片上出现的比例，与原料有很大关系，而与使用的锤体、不同的剥片者等关系不大。当然，同一原料或者不同原料在不同剥片技术如软锤法、压制法、锤击法上是否会有不同的结果，还有待相关实验来证明。

　　大约 30% 的完整石片和近端石片观察到了明显的半锥体。各组半锥体也基本在这个比例左右。

　　石片腹面特征较为特殊的一类是具有两个或以上半锥体的石片，又称

---

① Driscoll K., 2010. *Understanding quartz technology in early prehistoric Ireland*. The thesis for the degree of PhD of the UCD School of Archaeology.

为双锥石片（图105，表37）。本次试验中，双锥石片出现很少。三组一共12件，占所有完整石片和近端石片数量的3%；各组之间的比例没有太大的差别。本次剥片实验的经验显示，双锥石片的产生与剥片方法、原料等没有关系，而可能与打制者的剥片经验有关。在剥片的过程中，剥片者常常在选择了一个较佳的台面和剥片面后，会选择一个好的石锤着力点进行打击。但是，一次甚至多次锤击可能并不会剥下预期的石片，而经过多次打击后在石核该打击点处的原料内部已经形成了贝壳状的隐形裂痕，但是打制者并没有意识到这一点，而是转换了打击位置，并在另一个打击位置成功剥下了石片，在该石片剥下来的时候，将已形成的隐形剥片带下来

0   6cm

图105　实验双锥石片

1、2、6.转移打击点（12EKBC8∶7.1、12EKCC25∶17.2、12EKBC10∶19.1）　3～5.打击点落点分散（12EKBC8∶4.1、12EKBC7∶1.1、12EKAC2∶28.1）

表37　特殊剥片产品统计

类别	长石片		长型废片		双锥石片	
	数量 N	比例 %	数量 N	比例 %	数量 N	比例 %
A 组	4	3	4	3	3	4
B 组	8	6	4	3	6	8
C 组	2	1	1	1	3	4
合计	14	4	9	3	12	3

说明：长石片和长型废品的比例按完整石片总数计算，双锥石片按完整石片和近端石片总数计算。

并留在了该石片上从而形成了双锥石片。或者打制者在剥片时，石锤的落点不集中，每次落点都会有一定距离，导致石核内部形成多处贝壳状隐形裂痕。由此可见，双锥石片可能具有打制者剥片经验方面的指示意义。不过，这一推测还需要更多的实验证据来证明。

本次实验还对完整石片的侧边形态和边缘形态进行了观察和统计，侧边形态和边缘形态的具体观察项目见附录三，具体统计结果如图106、107所示。从侧边形态上看，这些剥片产品更趋向于不规则，三组平均比例达到40%，最高者C组为45%；其次是汇聚和平行或准平行，两者比例大体相当；反汇聚侧边形态也有一定比例；扇形最少。需要说明的是，平行或准平行没有分开统计，但实际上其中至少95%属于准平行。而在边缘形态的统计中，平均78%为锯齿状，这可能与石英岩的本身结构有关。较好的石英岩虽然颗粒较小，也较为致密，但还是不如燧石、黑曜岩等优质原料细腻。

本次剥片实验一方面期待获得尽可能多的石片，另一方面还期待获得尺寸大的石片。图108、109比较了三组完整石片的一些尺寸指标。三组之间石片长、宽有一些差异，但是长/宽却表现出一致的特征。完整石片平均长和宽大体相当。三组完整石片平均技术长32mm，平均最大长38mm；平均技术宽32mm，平均最大宽27mm；平均厚10mm。石片台面的平均宽大约是平均厚的1.6倍。可见，剥片实验产生的完整石片呈现出

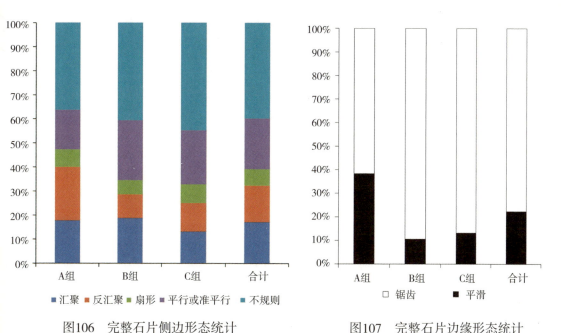

图106 完整石片侧边形态统计　　　　图107 完整石片边缘形态统计

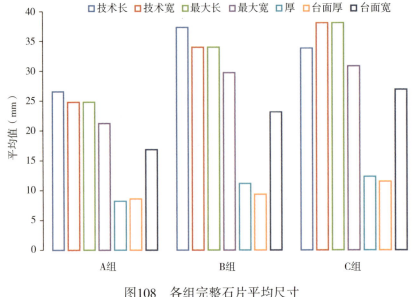

图108 各组完整石片平均尺寸

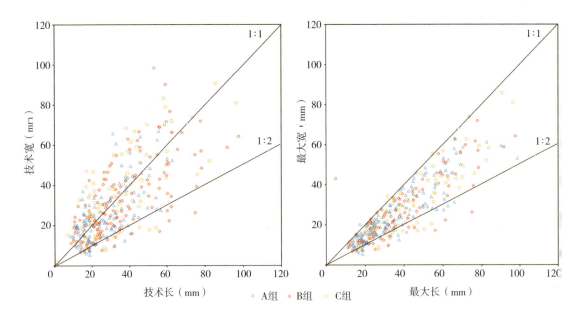

图109 完整石片技术长、宽和最大长、宽分布散点图

长宽等比的特征。

　　从完整石片的技术长、宽来看（见图109），没有数据显示不同组石片长／宽比有什么不同。可见不同剥片者对本次实验完整石片的尺寸影响不大。此外，完整石片长宽等比特征也表现得非常明显。在完整石片的技术长、宽散点图上，所有石片的长宽较为紧密的平均分布1：1线的两侧，

或者更准确地说，本次剥片实验结果，长型石片和宽型石片在数量和比例上没有明显差异。此外，还有少量的石片技术长/宽达到或者超过了2∶1，这些石片两侧边如果平行的话，那么其实就是所谓的"长石片"。"长石片"的产生原因在后文将有详细阐述。在最大长和最大宽的分布散点图上，大部分完整石片最大长/宽在2∶1之内，即最大长、宽相差不大；当然也有一部分其最大长在最大宽度的2倍或以上。

本次实验产生了一定数量长石片和长型废片（见表37），它们的技术长/宽等于或大于2∶1，而且两侧边也呈现出平行或准平行的状态。长石片和长型废片在三组均有发现，并且在不同等级原料上也都有产生。这从一个侧面说明，至少在本次剥片实验中，剥片者的技术和经验以及原料都不是产生该类剥片产品的因素；而且剥片者在剥片过程中并没有刻意追求剥下该类剥片产品。可见，它们是剥片过程中必然要产生的，但又仅仅只是剥片者预期剥片产品的附属品，也因此其比例不可能太高。这样偶然产生的长石片显然不具备特定的技术如石叶技术的指示意义。

在面对一批全新的石制品标本时，长型废片是很容易区分的。长型废片是自然掉落的剥片产品，因为没有锤体的着力点，在其腹面往往难以观察到石片的基本特征，如打击点、半锥体、放射线等，甚至没有台面（图110，1、6）。但是长石片就很难将其与具有特殊剥片技术和文化指示意义的石叶区别开来。这个问题已经有研究者意识到[①]，并认为可以从石叶的技术和背脊属性来进行区别。技术属性认为是从"预制平直脊的石核上剥离"，但这样的判断有时会显得过于理想化，因为考古发掘出来的标本具有不确定性，即不一定每一批标本都能发现所有剥片技术的石核。如此，该技术属性在执行起来就会遇到困难。此外，从背脊属性来区分普通长石片和石叶也并不容易，有的背脊与石叶的预制背脊没有什么区别（图110，2~5）。但是2和3实际上是可以拼合的，通过拼合，我们发现3仅仅是早于2并从2的右侧剥下来的1件普通石片（图111）。事实上，普通长石片和真正意义上的石叶难有可靠的区分方法，但显然将这类标本放入整个石制品组合中进行研究，即在对这批石制品的剥片技术进行充分认识的基础上再去判断才是具有现实意义的。

（四）曲率、石皮和远端形态

腹面曲度区分直、凸、凹三种，本项实验只对完整石片的腹面曲度进行了统计，标本量为342件。统计结果显示（表38），三组平均65%的

---

① 李锋：《石叶概念探讨》，《人类学学报》2012年第1期。

图110　剥片实验产生的长石片和长型废片

1、6.长型废片（12EKAC5：14.1、12EKCC17：8.3）2～5.长石片（12EKAC6：6.1、2EKAC6：5.2、12EKBC10：33.2、12EKCC17：7.2）

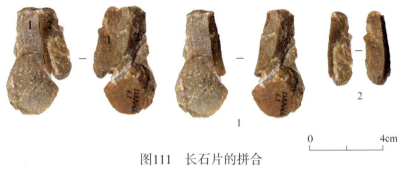

图111　长石片的拼合

1.12EKAC6：6.1　　2.12EKAC6：5.2

完整石片其腹面曲度为直；曲度为凸和凹的比例相差不大，分别为18%和17%。腹面的曲度可以与前文完整石片和近端石片半锥体的统计结果对比。有半锥体的比例为29%（见表36），接近腹面曲度为凸的18%，但要高些。实际上，部分标本有半锥体但并不是很凸出，因此在石片腹面曲度的统计时也算作直。Driscoll 对石英的剥片实验结果显示"none of the variables' effect on the curvature proportions was significant"[1]，这些影响因素包括剥片技术、原料来源等方面。然而同一实验中的燧石原料则表现出"all of the chert flakes were convex, highlighting a clear distinction on the

---

① Driscoll K., 2010. *Understanding quartz technology in early prehistoric Ireland*. The thesis for the degree of PhD of the UCD School of Archaeology.

表38　完整石片曲度统计

类别	直		凸		凹		合计
	数量 N	比例 %	数量 N	比例 %	数量 N	比例 %	
A组	92	69	20	15	22	16	134
B组	86	64	24	18	25	19	135
C组	45	62	16	22	12	16	73
总计	223	65	60	18	59	17	342

materials"[1]。可见，原料是影响剥片产品腹面曲度的重要因素。

本次实验采用的是石英岩砾石，在剥片之前石皮比例为100%。经剥片之后，对所有≥10mm的剥片产品背面石皮比例进行了统计。采用等级制，主要分为四个等级，即0%（无石皮）、1%～49%、50%～99%和100%（全石皮）。统计结果（图112）显示，不同组在不同阶段的石皮比例相差很大，例如在1/6阶段全石皮背面剥片产品A组仅为15%，而C组则将近60%；在其他各个阶段也存在类似情况。很显然，细化阶段的石皮比例受到了不同剥片者的影响，但也不排除由于细化阶段后各阶段标本量过少而影响统计对比结果。但总的来看，三组都表现出同样的趋势，即越往后阶段石皮比例越小。例如在4/6和5/6阶段，全石皮的剥片产品除了在个别组有很小的比例之外，其他组已经不见；而无石皮的剥片产品则基本上均超过了50%，个别组如C组达到了70%。而在1/6和2/6阶段则相反。对所有剥片产品不同阶段石皮比例的统计（图113）显示，不同阶段石皮比例很明显地呈阶梯状变化，越早期剥片阶段，全石皮剥片产品比例越高，越晚期剥片阶段，无石皮比例剥片产品比例越高。可见，背面石皮比例可能对于判断石核剥片率和石核剥片阶段具有一定指示意义。

不分剥片阶段，所有剥片产品的背面石皮比例（图114）统计显示，＜50%背面石皮的剥片产品比例占到了80%，其中无石皮剥片产品最多，占44%。而全石皮的剥片产品数量最少，仅9%。该实验结果与Driscoll

---

[1]　Driscoll K., 2010. *Understanding quartz technology in early prehistoric Ireland*. The thesis for the degree of PhD of the UCD School of Archaeology.

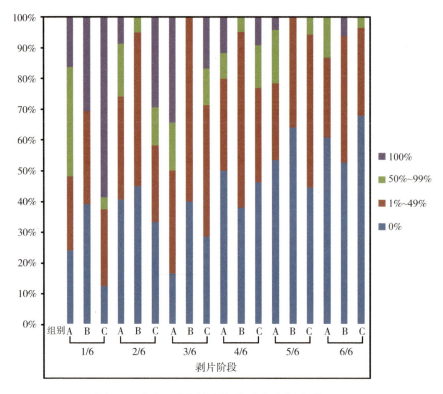

图112　各组不同剥片阶段石皮比例变化

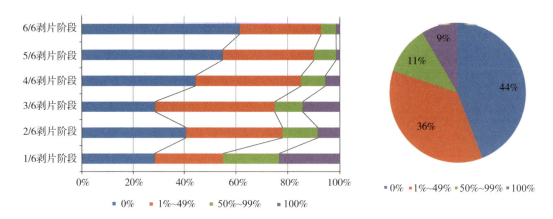

图113　剥片产品不同剥片阶段石皮比例变化　　　　图114　剥片产品背面石皮比例

的石英剥片实验结果一致[①]。Driscoll 的石英岩剥片实验＜50%背面石皮
的剥片产品比例在 74% ～ 83%，略微受到不同原料产地的影响；而全石

———————

① Driscoll K., 2010. *Understanding quartz technology in early prehistoric Ireland*. The thesis
　　for the degree of PhD of the UCD School of Archaeology.

皮剥片产品则仅为 4% ～ 12%。这表明，一批石制品背面石皮的比例不会
受到原料的影响，其一般规律是全石皮剥片产品比例最小，而较少石皮
（＜ 50%）剥片产品比例最高，其比例一般在 80% 左右。这个很好解释，
在剥片过程中，全石皮剥片产品的产生主要是在原料的第一次开料和剥片
中途转换台面和剥片面需要再次开料的时候，其数量必然要少；而到剥片
后期，如果具备好的剥片条件，没有必要一直转换剥片台面和剥片面，其
产生的石片背面基本上都是没有石皮的。

　　剥片产品的远端形态主要分为羽状、台阶状、贝壳状、Plunging 和不
规则等 5 种。经统计（图 115），羽状远端形态比例平均超过了 70%，三
组之间差别不大，C 组最小，为 62%，B 组最高，为 80%；贝壳状、台阶
状和不规则远端形态比例接近，平均都在 10% 左右；Plunging 远端形态
比例最少，平均仅为 1%。B 组和 C 组有一定差异，主要体现在 C 组较之
B 组台阶状远端形态的比值要高。这表明不同剥片者对石片远端形态是有
影响的。台阶状的远端形态表明石片在剥离核体过程中折断，这一方面可
能受到原料自身性质如节理的影响，另一方面则可能受到剥片者的技术和
经验的影响。单从石片远端形态的统计，表明 C 组打制者剥片经验要少些，
这与我们对不同剥片者信息中剥片熟练程度的估计一致。

　　Driscoll 的石英剥片实验（含对比的燧石剥片）显示，羽状远端形态
占主要部分，而且这种高比例不受不同原料、不同剥片技术的影响。而
Dibble 以玻璃为原料进行的剥片实验也显示羽状远端形态占所有剥片产品

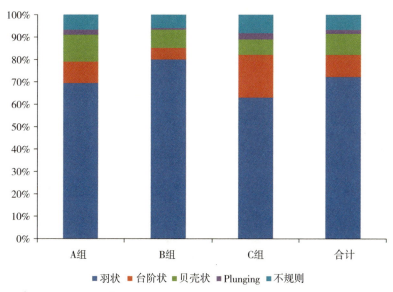

图115　完整石片远端形态统计

的主要部分[1]。可见，羽状远端形态剥片产品应该是剥片过程中最易形成的剥片产品。

二、石核

18件初始石核或剥片事件共产生最终石核26件。这表明初始石核在剥片事件中发生了断裂。一共有7件初始石核发生了断裂，断裂率为39%。其中，有1件初始石核断裂并形成3件最终石核，6件断裂成2件。断裂的原因有两个：一是原料内部节理导致在初始石核受力后沿节理断裂；二是在剥片过程中造成初始石核内部隐性破裂，并在一次打击后造成最终破裂。这种断裂造成的石核，即为"子石核"。

根据石核台面的数量，本次实验产生的26件最终石核共有单台面石核9件，双台面石核11件，多台面石核6件。可见，在剥片过程中，不到40%的剥片石核（包括初始石核和子石核）始终没有发生台面和剥片面的转换。对比实验的设计"只要有适于下一次剥片的条件即不转换台面和剥片面"，可以推测两点：一是石核在剥片过程中并不是每次有效剥片都会给下一次剥片带来好的剥片角度等条件，事实上，本次剥片实验就有约60%的有效剥片没有在石核上形成好的剥片条件，如此剥片者需要转换台面进行进一步的剥片；二是多台面石核的出现，确实可以反映石核的利用情况，即有尽可能从该石核上剥下更多石片的计划。

所有初始石核总重量13065g，平均726g；最后剩下的石核总重量5016g，平均193g。统计结果显示（图116），最后剩下的最终石核总重量是初始石核总重量的38%。与最终石核停止原因比较，只有40%是因为核体太小，60%是因为缺乏合适的剥片角度，其中有1件是两者兼有。可见，虽然最终石核只剩下了初始石核38%的重量，但其核体尺寸还是适合手握的。

石核大小与可产生剥片产品数量的关系是一个值得探讨的问题。由于本实验采用的原料均为石英岩，其密度相差不大，因此石核的重量基本能够代表石核的体积（即石核大小）。≥10mm剥片产品数量与初始石核重量之间的关系如图117所示。很明显，这两者之间没有体现出明显的线性关系。

为了进一步说明这个问题，我们对剥片产品数量与初始石核重量进行了一元线性回归分析，得到以下结果（表39）：

---

[1] Dibble H. L., Whittaker J. C., 1981. New experimental evidence on the relation between percussion flaking and flake variation. *Journal of Archaeological Science*, 8: 283-296.

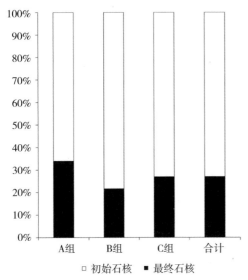

图116 初始石核、最终石核重量比例

表39 一元线性回归分析结果

Multiple R	0.369
R Square	0.136
Adjusted R Square	0.079
Significance F	0.145
标准误差	238.626
观测值	17

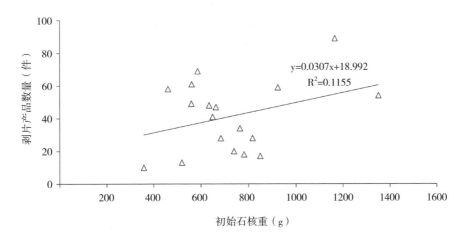

图117 初始石核（n=18）与剥片产品（≥10mm）数量

表 39 中，Multiple R 是自变量与因变量的相关系数，从 R=0.369 来看，表明初始石核重与剥片产品数量之间相关性并不密切。R Square 是回归分析的决定系数，说明自变量和因变量形成的散点与回归曲线的接近程度，数值介于 0 和 1 之间，这个数值越大说明回归得越好，也就是说散点越集中于回归线上。从结果来看，$R^2=0.136$，说明回归得不好，即两者相关性不大。而 Sig 值是回归关系的显著性系数，当 ≤ 0.05 的时候，说明回归关系具有统计学支持，相反，则不具有统计学支持。本次初始石核重量和最后剥片产品数量线性回归分析表明，这两者之间并不具备统计学上的支持，没有显示出相关性。

第四节　剥片实验的认识与启示

本次剥片实验的目的主要是提供一些基于本地石英岩原料锤击剥片的一般特征，并为乌兰木伦遗址石英岩原料石核剥片技术研究提供实验证据。基于遗址原料产地的分析，采集适于剥片实验的石英岩，进行有效的实验设计并最终完成剥片实验。经系统统计分析，得到了一些有益的认识。

一、实验小结

剥片实验采用来自距遗址约 6km 乌兰木伦河岸基岩砾石层的 18 件石英岩砾石，总重 13065g，划分为优、中、差三个质量等级。18 件初始石核分成 A、B、C 三组，每组 6 件，分别由不同的实验人员采用硬锤直接法剥片。剥片目的是使石核减少到再也不能剥下石片为止，每一个剥片事件的停止原因有两个，石核极小的尺寸、缺少好的剥片角度。每一个剥片事件产生的所有 ≥10mm 剥片产品予以单独编号进行具体观察和测量，对 <10mm 的剥片产品不编号但全部收集装袋并计量和称重。对每一个剥片事件中每一次有效打击所产生的剥片产品按打击的先后顺序进行单独编号。该记录方法能够使实验过程变得可控。

本次实验共计产生剥片产品 1688 件，其中石片 454 件（27%），废片 1234 件（73%）。从数量上看，废片率较高，比例超过 70%；但从重量上看，石片所占比例要高些，超过 80%。这表明，石英岩锤击剥片产生的大部分剥片产品都是废片，但是石核大部分体积的改变都是剥片者所预期的。各组剥片产品在数量上相差较大，但在石片和废片的比例上几乎没有差别，表明石英岩剥片的废片率不受剥片者的影响。

从破裂率上看，每次有效打击产生 ≥10mm 剥片产品的数量为 1.9 件，约 2 件；而每次产生不完整石片的有效打击次数产生的 ≥10mm 不完整剥片产品数量为 1.7 件。两者相差不大，即石英岩硬锤直接剥片法平均每次有效打击都能产生打制者所预期的产品，但同时也会产生对等数量的废片。各组之间的破裂率基本没有差别。破裂率可能主要受到原料的影响，根据 Driscoll[①] 的实验，石英的破裂率为 5.4，而燧石为 1.2。显然石英岩比石英

---

① Driscoll K., 2011. Identifying and classifying vein quartz artefacts: an experiment conducted at the world archaeological congress, 2008. *Archaeometry*, 53:1280-1296；Driscoll K., 2010. *Understanding quartz technology in early prehistoric Ireland*. The thesis for the degree of PhD of the UCD School of Archaeology.

的质地要好很多，但较燧石要差一些，其破裂率正好在二者之间，为 1.9。

　　≥ 10mm 剥片产品超过 62% 具有石片特征，其中 75% 属于完整石片。在非完整石片中（15%），左、右裂片的比例超过 88%，中段最小。此外，左裂片、右裂片和近端、远端等在数量上不对等，即它们不能实现真正意义上的拼合。石英岩硬锤锤击剥片的可控性在不同剥片者之间表现出一定的差异。例如 C 组非完整石片比例占石片的 32%，高出其他两组近 10 个百分点；而裂片率 C 组也高出其他两组 7 ～ 10 个百分点。这表明剥片者的经验和技术（C 组剥片者相对较差）会对非完整石片比例和裂片率造成影响。不过，在面对一批石英岩石制品考古标本时，是否能够通过≥ 10mm 剥片产品较高的裂片率和非完整石片比例来推测打制者的技术水平，则还需要更多的证据支持。

　　通过将所有有效打击次数平均分成 6 个阶段并对剥片产品类型进行统计，发现各类型剥片产品（六型石片、裂片和废片）在各个阶段均有产生。其中，废片和完整石片在各个阶段都是最高的，并且比例上几乎对等，这与对破裂率的统计结果一致。完整石片的不同类型在各个阶段比例不等，如 II 和 III 型石片在各个阶段都占有较高的比例，I、V、VI 型石片数量相差不大，而 IV 型石片不见，但并没有表现出一定的趋势，如 I 型石片在最后阶段仍有出现，而 V、VI 型石片在早期阶段也有出现，并且没有表现出越往后期阶段出现频率越高的趋势。其主要受剥片方法和实验设计的影响。

　　对完整石片和近端石片的分析表明，石片特征在这些实验标本上表现明显。这些石片的台面区分出自然台面、破裂面台面、点状台面和线状台面四类，其中自然台面比例最高（平均超过 70%），其他三类台面比例相差不大，这与剥片方法和实验设计有关。点状台面和线状台面的出现则与石英岩的性质和打击点的落点有关。石英岩脆性较高，当打击点落在石核台面边缘时就会形成点状台面和线状台面。在完整石片中发现了一件较为特殊的台面石片——假台面脊利用石片，但这种情况可以通过对石制品的整体分析和对该件标本的观察予以最终确认。石片台面宽和厚显现出正相关性，表明剥片者没有足够的剥片经验去控制石片的厚度。总体上看，石片外角要小于 90°（平均约 88°），而石片内角要大于 90°（平均约 91°），可见大部分时候都能在石核上留下有利于下一次剥片的台面角。不过有相当一部分石片外角要大于 90°，原因可能是硬锤锤击剥片容易形成较大的石片外角。石片内、外角虽然在不同石片上差别明显，但是对于一批石制品来说总体上还是分布在 90° 附近，而且两者还可能具有互补的关系。石片腹面打击点（平均 97%）和放射线（平均 95%）出现频率很高，锤体是影响两者的主要因素，而与原料关系不大。锥疤（6%）和同心波（5%）则出现频率极低，这两者与原料关系很大。有些石片在腹面还能观察到有两个打击点和半锥体，即双锥石片。本实验表明其产生的主要原因是剥片者剥片经验不足或者对原料性质认识不够。不过，在一批考古标本中是否能够由于双锥石片的发现而说明打制者剥片经验不成熟则还需要更多的实验证据来证明。石片的侧边形态多为不规则状，扇形最少，而边缘形态多为锯齿不平滑状态，这与原料的质地有关。石片远端形态则以羽状为主（超过 70%）。台阶状远端（约 10%）可能会受到剥片经验和原料的影响，因为它表明石片在剥离核体之前折断。如果在一批优质原料石制品中发现有大量的台阶状远端剥片产品，在一定程度上可能表明这批石制品有较多经验不成熟的打制者参与。石片技术长、宽和最大长、宽在数量上和比例上都没有明显的差异，但有少量的石片长/宽在 2∶1以上，即在形态上属于"长石片"，其常与具有技术指代意义的"石叶"难以区别。本实验共产生了 14 件长石片，占完整石片的 4%，比例较小。剥片产品的腹面曲度超过半数为直（65%），曲度为凸（18%）和凹（17%）者相差不大。原料是影响腹面曲度的重要因素。剥片产品背面石皮比例在不同剥片阶段表现出阶梯状变化，越早阶段石皮比例越高，越晚阶段则越低。可见，与六型石片不同，其可以作为判断石核剥片率和剥片阶段的指标。不分阶段剥片产品背面石皮比例＜50% 的比例很高（80%），其中背面无石皮者则占 44%，而背面全石皮者最少（9%）。

石核的研究显示初始石核在剥片过程中常常会发生断裂，本实验初始石核断裂率为 39%。这表明在一批考古石制品中，最终石核的数量一般要多于打制者利用或者初始原料的数量。虽然本实验强调不可以转换台面和剥片面，但是最终石核有 60%（包括子石核）发生了台面转换。这表明并不是每次有效剥片都能形成小的台面角；而多台面石核的出现确实反映出打制者对石核的利用率，即期望从该石核上剥下尽可能多的产品。石核大小与剥片产品数量不具备线性相关性，即石核越大，不代表能够产生更多的石片。

总的来说，在本次剥片实验中，不同剥片者对实验剥片产品的大部分特征都没有造成较大的差异——除了在石片的裂片率和远端形态方面，相对较少的剥片经验会造成较高的裂片率和台阶状远端形态。较低的剥片破裂率和废片率都表明石英岩是一种较好的剥片原料，并适用于锤击法剥片。此外，通过对剥片产品技术特征的分析，也得到了一些认识，例如六型石片可能对于判断石核利用率和剥片阶段不具备指示意义，而石片背面石皮比例和最终石核类型则可以。

此外，结合他人对燧石和石英硬锤锤击剥片实验成果[①]，燧石、石英岩和石英等硬锤锤击剥片的相关技术特征总结如下（表40）：

表40　燧石、石英岩、石英实验数据比较

技术特征	燧石	石英岩	石英
最终石核构成	完整石核	30% 断裂 *	20% 断裂
剥片产品组成	基本全是完整石片	62% 具有石片特征	＜50% 具有石片特征
完整石片形态	长、窄、薄	长宽基本等比，较厚	短、宽、厚
石片组成	基本全部完整	15% 裂片	基本全部裂片
腹面曲度	全部为凸	65% 直，18% 凸，17% 凹	43% 直，51% 凸，6% 凹
石片规则性	基本全部规则	大部分规则	基本全不规则
锥疤	基本全有	6% 有	基本没有
同心波	基本全有	5% 有	没有
打击点和放射线	基本全有	超过 95% 有	超过 95% 有
远端形态	基本为羽状	超过 70% 为羽状	超过半数为羽状

* 可能受到原料内部结构以及原料运输过程中碰撞等因素的影响。

<h2 style="text-align:center">二、启示</h2>

（一）对考古材料解释的启示

本实验部分研究结果对解释考古材料具有一定的启示：

1. 原料与破裂率

本实验得到的石英岩锤击剥片破裂率为 1.9，即平均每次有效打击产

---

① Dibble H. L., Whittaker J. C., 1981. New experimental evidence on the relation between percussion flaking and flake variation. *Journal of Archaeological Science*, 8: 283-296; Driscoll K., 2010. *Understanding quartz technology in early prehistoric Ireland*. The thesis for the degree of PhD of the UCD School of Archaeology.

生的 ≥ 10mm 剥片产品为 1.9 件。对比 Driscoll 的实验[1]，石英的破裂率为 5.4，燧石的破裂率为 1.2。这意味着，不同类型原料在对等利用的情况下，它们的剥片产品在数量上会有很大的差别。因此，一个遗址优质原料石制品数量比劣质原料石制品少，并不能说明优质原料的利用频率低。反过来说，劣质原料因为会产生大量的废片和碎片，相对来说其蕴含的剥片技术等人类行为方面的信息容易淹没在这些不起眼的剥片产品之中。这提醒我们在面对劣质原料石制品时需要加倍认真对待。如果说要探讨旧石器时代原料与技术在东西方文化中的差异及影响，位于东方的劣质原料区可能需要研究者更多的重视。

2. 裂片类型与数量

本实验产生了一定数量的裂片（16%），类型以左、右裂片为主（88%），近、远端较少，而中段几乎没有。值得注意的是，可进行意象拼合[2]的左、右裂片以及近、远端和中段数量并不对等，即这些剥片产品不能实现真正意义上的拼合。实验通过对一件石核的完整拼合，发现有些裂片的另一半保留在石核上，并没有与该裂片同时剥落；而个别裂片的另一半则变成了数件废片。拼合作为石制品研究中将众多单元相互连接以复原操作链的工作，往往被作为复原打制现场分布、技术特征、打制阶段、埋藏状况，甚至是否有石制品的迁入、迁出等方面的重要证据。本实验裂片类型和数量的结果分析表明，石制品拼合特别是裂片之间的拼合对于解释遗址埋藏、石制品迁入和迁出等问题时要慎重。

3. 有关石核剥片阶段和利用率

Toth 的六型石片分类法[3]引入到中国被广泛运用。不同类型的石片被认为反映了石核的剥片阶段和利用程度，例如石皮台面石片特别是Ⅰ型石片的比例代表较低的石核利用率和较早的剥片阶段；而破裂面台面特别是Ⅴ型和Ⅵ型石片的比例则代表了较高的石核利用率和相对较晚的剥片阶段。本实验采用的记录方法可以清楚知道每一件剥片产品产生于哪次有效打击，有利于进行阶段剥片技术的研究。实验结果表明，不同类型完整石片在石核剥片的各个阶段（本实验划分为 6 个）比例不等，Ⅰ型石片在最后阶段仍有出现，而Ⅴ、Ⅵ型石片在早期阶段也有出现。而本实验的目的

---

[1] Driscoll K., 2011. Identifying and classifying vein quartz artefacts: an experiment conducted at the world archaeological congress, 2008. *Archaeometry*, 53:1280-1296.

[2] 李英华、侯亚梅、Bodin E.：《法国旧石器技术研究概述》，《人类学学报》2008年第1期。

[3] Toth N., 1985. The Oldowan reassessed: a close look at early stone artifacts. *Journal of Archaeological Science*, 12:101-120.

是要让每件石核剥片直到无法进行为止，意味着每件石核的利用率是一样的，都很高。因此，Toth 的六型石片对于判断石核利用率和剥片阶段并不具备良好的指示意义。

4. 石片背面石皮比例

本实验对石片背面石皮比例统计结果表明：①所有剥片产品，背面石皮＜50% 的剥片产品比例为 80%，其中无石皮剥片产品最多，占 44%。石英剥片实验也得到了同样的结果，有 74% ～ 83% 的剥片产品背面石皮比例＜50%[①]。这表明，在一次剥片事件中，所有剥片产品背面石皮比例不会受到原料和剥片技术的影响，总体上都是以背面石皮＜50% 的剥片产品为主。这意味着，如果一个遗址背面石皮＜50% 的剥片产品比例很少，则可能存在石核和背面石皮＜50% 的剥片产品迁出或背面石皮≥50% 的剥片产品迁入。②不同阶段（6个阶段）石皮比例呈现出明显的阶梯状变化，越早期剥片阶段，全石皮剥片产品比例越高，越晚期剥片阶段，则相反。这表明，背面石皮比例可以作为判断石核利用程度的一个指标。

（二）对乌兰木伦遗址石核剥片技术研究的启示

1. 锤击法对石英岩剥片的适用性

技术的目的是要解决特定的问题，其会根据人类的需求而进行选择或调整。对于旧石器时代古人类来说，其主要解决的问题或者需求就是生存。这种生存的需求会受到气候变化[②]、人口压力[③]、资源压力[④]、时间压力[⑤] 等方面的影响。乌兰木伦遗址在年代跨度上表明由相对温暖环境向寒冷环境的转变，但遗址从早到晚在石器技术上并没有体现出大的变化。人口压力不好推算，但是遗址原料丰富，出土的大量动物化石表明食物资源也不缺乏，因此不大可能存在资源和人口方面的压力。乌兰木伦古人类群体属于后勤式移动，该遗址是该人群部分群体从居址为了某种目的（狩猎）而迁徙过来的一个活动场所——狩猎屠宰场。这种相对临时的场所面临如何快速获得猎物并对其进行屠宰的时间压力。民族学的研究表明，

① Driscoll K., 2010. *Understanding quartz technology in early prehistoric Ireland*. The thesis for the degree of PhD of the UCD School of Archaeology.

② Mannion A. M., 1997. *Global environmental change (2nd Edition)*. Taylor and Francis.

③ Cohen M.N., 1975. *The food crisis in prehistory*. Yale University Press.

④ Hayden B., 1981. Research and development in the stone age: technological transitions among hunter-gatherers. *Current Anthropology*, 22: 519-548.

⑤ Torrence R., 1983. Time budgeting and hunter-gatherer technology. In: Baily G.(Ed.), *Hunter-gatherers economy in prehistory*. Cambridge University Press.

人类对流动性动物的依赖程度越高，就越需要提高工具的效率来降低风险①。因此，他们需要以最小的代价来获取最高效益的最佳技术（optimal technology）。

本实验研究表明，锤击法是适用于石英岩剥片的较佳技术，主要表现在两个方面：①从重量上看，84%的剥片产品为石片，废片比例不到20%，这表明石核在剥片过程中体积上的改变大部分是打制者所预想的，可以说，采用锤击法进行石英岩剥片是一种较为可控的方法。②石英岩硬锤锤击剥片≥10mm剥片产品的破裂率为1.9，如果其中1件是打制者所预期的，那么同时最多只会产生1件废片，这表明石英岩锤击剥片不会有太大的浪费，是一种高效率的剥片方法。

锤击法对于石英原料剥片则没有那么高效。但乌兰木伦遗址古人类对于该类原料显然没有执着于锤击法，而是更多地采用了砸击法以弥补锤击法对于石英原料的不适用性。

此外，本实验结果表明锤击法石英岩剥片，石核大小与剥片产品产出数量并不存在相关性。这就意味着选择相对更大型的砾石对于获得更多数量的剥片产品来说是没有现实意义的。而对乌兰木伦遗址原料来源和利用的研究表明，该人群主要选择大小中等的原料。因此这种选择不仅具有便于搬运、能剥下大小合适的石片，还能够获得与相对更大原料的同等数量的剥片产品。从这个方面来讲，采用锤击法进行石英岩剥片对于后勤式移动人群在短期生活的营地上使用是很适用且有效的。

2. 石核剥片技术与序列

本实验石核剥片技术只采用了锤击技术，遗址还存在砸击技术、预制石核技术和可能使用的压制技术，实验剥片序列实际上只相当于遗址的PB-C1.2.1和PB-C1.1。因此，本实验结果只能从一个侧面对遗址石核剥片技术与序列进行验证。

（1）石核类型。实验石核按台面数量分类法可分为单台面石核（35%）、双台面石核（42%）和多台面石核（23%）。而遗址的石核类型较为多样，仅仅以台面数量进行分类难以全部囊括。遗址石核类型不仅包括不同数量台面的类型，还包括一些因不同剥片技术而产生的类型，如孔贝瓦石核、石片石核、砸击石核等。此外，遗址发现的多台面石核中，还包括一类较为特殊的向心石核。在剥片实验中，石核开料并没有采用砸

① Torrence R., 1989. Tools as optimal solutions. In: Torrence R.(Ed.), *Time, energy and stone tools*. Cambridge University Press.

击开料的方法，因此较之遗址发现的石核还缺少一类因砸击开料而产生的大而完整的破裂面石核。实验石核较之遗址石核类型的缺乏，根本原因是剥片技术（仅1种，锤击法）和序列（仅2个）的单一。这从一个侧面表明遗址采用了多种石核剥片技术，且这些剥片技术构成了多种剥片序列。

（2）石片类型。实验与遗址完整石片类型统计（表41）显示两者差别很大。首先，实验石片类型以石皮台面石片为主（78%），遗址则以破裂面台面石片为主（67%）；其次，实验石片类型比例最高为Ⅱ型（41%）和Ⅲ型（30%）石片，而遗址比例最高为Ⅵ型石片（47%）；再次，实验石片没有Ⅳ型石片，而遗址有；最后，遗址还发现有砸击石片和孔贝瓦石片，实验没有。但两者也有一些共同点。如Ⅰ型石片在实验和遗址石片类型中比例都很小；Ⅳ型石片在实验石片类型中没有，但在遗址中比例也很小。

表41　实验、遗址完整石片类型统计

分类	实验		遗址	
	数量 N	比例 %	数量 N	比例 %
Ⅰ型石片	25	7	15	2
Ⅱ型石片	141	41	76	12
Ⅲ型石片	102	30	126	19
Ⅳ型石片	0	0	17	3
Ⅴ型石片	31	9	110	17
Ⅵ型石片	43	13	310	47
合计	342	100	654	100

两者之间的共同点很好解释。首先，Ⅰ型石片主要产生于石核准备阶段或生产阶段台面和剥片面均转向石皮面后的第一次剥片。每件石核剥片的准备阶段只有一次，而生产阶段的这种转换发生次数也很少。因此会使得Ⅰ型石片数量少。其次，遗址石核剥片中，Ⅳ型石片只产生于砸击开料后的第一次剥片和转换台面后以破裂面为台面或石片石核的第一次剥片，其发生的次数也很有限。而实验石核剥片中没有发生遗址石核剥片的以上情况，因此没有Ⅳ型石片产生。以上共同点说明在实验和遗址石核剥片中都采用了PB-C1.1和PB-C1.2.1的剥片序列。

在两者的不同点中，实验石片类型多为石皮台面石片以及以Ⅱ、Ⅲ型石片为主，是因为在石核准备阶段没有采用砸击开料的方法，而在石核生产阶段则没有采用向心剥片的方法。实验石片类型没有孔贝瓦石片和砸击石片，则与实验石核剥片没有采用这两种技术有关。这些不同点从一个侧面说明遗址采用了与实验石核剥片不同的剥片技术以及更多的剥片序列。

3. 完整石片技术特征

实验与遗址石英岩原料完整石片在总体形态、台面、腹面和背面等几个方面的技术特征比较如表42所示。总体来看，两者同大于异。如石片尺寸均以宽型为主，都有一定数量的长石片；边缘形态均以不规则为主；远端形态均以羽状为主，其次为台阶状；台面长/宽均为正相关性；石片腹面打击点、半锥体、锥疤、放射线、同心波、曲度比例均较为接近；背面石皮比例也很相似。这些共同点表明：①石英岩硬锤锤击剥片产品会表现出一致的特征，实验结果验证了锤击法是遗址石英岩石核剥片的主要方法的论断；②实验石片类型中一定数量长为宽2倍的长石片，很显然是偶然产生的，这从一个侧面证明遗址发现的这类石片可能不是特意为之，与真正意义上的"石叶"不同；③均以宽型石片为主，表明石英岩原料延展性不佳。但石英岩这一缺陷可以通过特殊的剥片技术以弥补，如石叶技术。不过乌兰木伦古人类显然没有有意采用特殊的剥片技术来获得更多的长石片，其原因可能有两点：一是不需要，因为乌兰木伦遗址不是该人群的长期居址；二是还不具备这样的技术。不过从遗址已经存在预制石核技术来看，后一原因可能性要小些。

但两者也存在一些不同之处。①尺寸上，实验石片主要为宽厚型，遗址主要为宽薄型。这可能主要受到剥片者剥片经验的影响，本实验的参与人员都是第一次进行石核剥片，虽然在实验之前接受了一定程度的培训，但显然技术娴熟度不如乌兰木伦古人类。②实验石片台面类型以自然台面为主，而遗址则以素台面为主。这个不同点再次证明乌兰木伦遗址石核剥片技术和序列的多样性，正因为遗址有包含PA、C1.2.2、C2和C3等方法的多个剥片序列，才会出现大量的素台面石片。③实验石片不存在修理台面，而遗址有。可见，不存在修理台面技术，则不可能产生修理台面石制品。这从一个侧面证明乌兰木伦遗址已经存在台面修理技术。

（三）对乌兰木伦遗址功能与性质以及人类行为方面研究的启示

1. 遗址性质与功能

石制品组合的多样性是判断遗址性质和功能的一个重要方面[1]。宾福

---

① Andrefsky Jr.W., 1998. *Lithics: macroscopic approches to analysis*. Cambridge University Press.

表42　实验与遗址石英岩原料完整石片技术特征比较

技术特征	形态特征			台面特征				腹面特征					背面石皮比例
	尺寸形态	边缘形态	远端形态	台面类型	台面长/宽	台面修理	打击点	半锥体	锥疤	放射线	同心波	腹面曲度	
实验	以宽厚型为主。有少量长为宽2倍的长石片	以不规则为主，其次为平行或准平行，再次为汇聚，扇形和反汇聚较少	以羽状为主，其次阶状，再次状和不规则贝壳状，点状、线状，Plunging状很少	以自然台面为主，破裂面台面，点状台面、线状台面均较少	正相关性	无	97%明显	29%凸出	6%有	95%明显	5%明显	65%直，18%凸，17%凹	背面石皮<50%者为主（80%），其中背面无石皮者占44%，约9%背面全部为石皮
遗址	以宽薄型为主。有少量长为宽2倍的长石片	以不规则为主，其次为准平行，再次为汇聚，其他形态均很少	以羽状为主，其次阶状，其他形态均很少，Plunging和不规则状最少	素台面为主，其次自然台面、再次点状台面和线状台面，有脊台面很少	正相关性	少	91%明显	44%凸出	7%有	91%明显	10%明显	52%直，35%凸，13%凹	以无石皮、背面为主（60%），背面石皮比例<50%者约90%，约4%背面全为石皮

德等通过民族学的方法对考古遗址石制品组合进行考察，进而推测遗址的性质以及人群的生活组织形式，对后来的研究提供了重要参考[①]。实际上，除民族学方法外，实验考古学的研究也能为遗址性质和功能的判断提供依据。例如有学者对非洲 Howiesons Poort 遗址石制品进行研究时，通过对其中可能属于镶嵌的工具进行模拟实验，证实该遗址是一个存在多样狩猎技术的狩猎遗址[②]。

对于一个受后期埋藏影响较小的遗址，其能够较好的保存古人类当时活动的信息，包括古人类剥片生产、工具制作乃至生活信息等。对于古人类是否在遗址进行了剥片生产和石器加工等行为主要从石制品组合及其比例来分析，例如会有一整套石器制作和加工的产品，包括石核、石片、碎片和废片、工具等，而且它们各自具有一定的比例。不过，如果能将遗址石制品组合及其比例与实验结果进行对比，无疑会增强遗址性质和功能判断的可信度。

前文对乌兰木伦遗址石制品组合分析表明其反映了原料采集、预剥片、剥片、加工和使用的一个完整动态链，具有石器制造场的性质。遗址与实验标本不同类型比例对比（图 118）显示，两者几乎不存在差异。均表现为碎片和废片比例最高，其次为石片，石核最少。这正是石核剥片生产会得到的结果。唯一的差别是实验标本中没有工具类，这是因为实验设计中没有包含工具加工一项，而在遗址显然是有对石片等毛坯进行加工再利用的。因此，从实验的角度支持对遗址石器制作场性质的推测。

2. 人类行为

石制品研究一个很重要的方面就是探讨背后的人类行为。然而，这是一项相对较为困难的工作。因为遗址出土的石制品因为年代久远难免会有缺失，而且也难以把握几万年以前古人类最真实的行为状态。模拟实验给这一研究打开了一扇窗口，可以通过模拟古人类的行为来"将今论古"。本实验对于乌兰木伦古人类行为研究具有以下启示：

（1）双锥石片与剥片者打制经验：在实验标本中，有 3% 的完整台

① Binford L. R., 1978. Dimensional analysis of behavior and site structure: learning from an Eskimo hunting stand. *American Antiquity*, 43: 330-361；Binford L. R., 1979. Organization and formation process: look at curated technologies. *Journal of Anthropological Research*, 35: 255-273；Binford L. R., Cherry J. F., Torremce R., 1988. *In pursuit of the past: decoding the archaeological record.* Thames and Hudson Inc.

② Sylvain S., Paola V. Anne D. et al., 2015. The Still Bay and Howiesons Poort at Sibudu and Blombos: understanding Middle Stone Age technologies. *PLoS ONE*, 10:1311-1327.

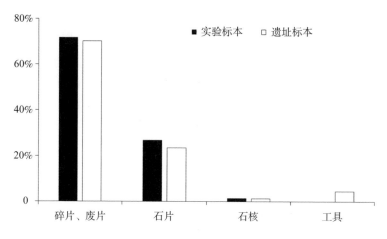

图118　遗址与实验石制品类型组合对比

面石片腹面具有两个半锥体，即双锥石片。双锥石片有两个类型：一个是两个半锥体属于同一个台面，其形成原因是打击点落点不集中；另一个是两个半锥体分属不同的台面，形成原因是打击点转移。两者形成的共同原因是剥片者在石核上首次选择了一个较好剥片位置后，经过数次打击，在石核内部已经形成了隐形贝壳状断口。然而剥片者却没有意识到这一情况，以为此处不适宜剥片，而转移了打击点。从这一点来讲，双锥石片的形成与剥片者的打制经验有很大的关系。乌兰木伦遗址也发现有此类双锥石片，共16件，占石片总数的1%，其中打击点转移类型仅1件。这是否意味着乌兰木伦遗址存在少数剥片经验相对不高或者属于"练习者"的剥片人员，非常值得进一步深入研究。

（2）石制品迁入与迁出：实验结果与遗址标本对比表明，特定的剥片技术和剥片序列会产生与之对应的剥片产品。实验剥片技术和序列的单一其结果就是不会有遗址那样丰富的剥片产品类型。在此认识的基础上，我们反观遗址剥片产品类型，其中修理台面石片仅1件，且没有发现确切的修理台面石核。而遗址的石核预制技术经研究表明已经具备一定的水平，因此很难想象不会有修理台面石核技术。因此，数量极少的修理台面剥片产品，可能暗示遗址石制品有迁入或迁出，例如修理台面石核的迁出或者有修理台面石片的迁入？值得进一步探讨。

（3）长石片与"石叶"：实验标本石片中有一类长大于或等于2倍宽的长石片，其在定义上可以称为"石叶"。但这类实验标本显然不是剥片者有意打下来的，也不存在任何预制技术，因此与真正意义上的"石叶"完全不同，只是偶然剥下或自然掉下的普通长石片。这种偶然掉下来的剥片产品往往数量不多，不具备重复生产的特征。乌兰木伦遗址也发现有此类长石片，但是数量很少，仅占石片总数的1%。与实验标本对比，同样不存在台面预制和背面脊预制的证据。因此，实验结果支持前文对这些长石片并非具有文化指示意义"石叶"的推测。不过较之实验标本，考古长石片标本其台面主要为破裂面台面（86%），且体现出对背面脊（半人工或人工）的有意利用，表明这些长石片主要产生于向心剥片技术（向心石核）。

第七章　文化对比

作为一个新发现的遗址，对其石核剥片和工具加工修理技术等旧石器文化内涵进行充分研究后，进一步探讨其文化的来源和去向以及在中国旧石器文化演化中的位置就非常重要。此外，鄂尔多斯高原作为旧石器时代东西方文化交流研究的经典地区，与世界其他地区的旧石器文化对比也十分必要。

因此，在本章"文化对比"中，并不将对比遗址的年代限制在与乌兰木伦遗址年代大致相同的时间框架内，特别是与泥河湾盆地内遗址进行对比时，更为注重的是文化的源流，自然要涉及更早的遗址。总的来说，在本章中试图回答以下问题：

（1）与鄂尔多斯高原旧石器遗址的关系，有什么相似性和差异性？

（2）乌兰木伦遗址旧石器工业是否能在中国已发现的旧石器遗址中找到相似（源和流）的文化证据？

（3）乌兰木伦遗址作为处于一个敏感时代和地区的遗址，其与世界范围内其他地区特别是年代接近（距今 10 万～ 3 万年）的旧石器文化是否具有相似性？

为了回答这三个问题，本章选择进行文化对比的遗址包括与乌兰木伦遗址共处于一个区域内的萨拉乌苏、水洞沟遗址发掘以及调查发现的石制品；国内邻近地区的周口店第 1 地点和第 15 地点以及泥河湾盆地相关遗址；中国以外如邻近的韩国、西伯利亚地区以及欧洲和非洲的一些旧石器文化。在对比方法上，国内遗址对比主要从原料利用、石制品类型、石核剥片技术、工具修理技术等方面来进行；而考虑到国外其他地区遗址材料多，难以进行详细的对比分析，因此主要进行宏观上的归纳和观察以及比较具有特殊文化指示意义的标本。

第一节 与鄂尔多斯高原旧石器遗址对比

一、与萨拉乌苏遗址对比

萨拉乌苏遗址位于鄂尔多斯高原的南部，地理坐标为 37°10′59″N，108°10′58″E。其是一个旧石器地点群，两个地点经系统发掘：一个是1923年由德日进和桑志华主持发掘的邵家沟湾，位于萨拉乌苏河右岸；一个是1980年由黄慰文主持发掘的范家沟湾，位于左岸。两者相距约600m。两个地点的第四纪地层总体情况差别不大，甚至每一层可对比，只是厚薄不尽相同。以范家沟湾为例，该地点旧石器文化层厚约 0.6～1 m，高出当地河面约15m，为布满黄褐色铁锈斑点的褐色砂质黏土层。此外，有一些文化遗物扩散到下面沉积层顶部（图119）。

两个地点各出土了约200件石制品。由于邵家沟湾1923年发掘的标本均藏于法国巴黎自然历史博物馆，无法见到实物，但已有研究显示其与范家沟湾石制品差别不大。因此，在与乌兰木伦遗址石制品进行对比时，主要参考范家沟湾1980年发掘的标本。据发掘者报道，范家沟湾发掘面积约140m²，出土近200件石制品、一些骨角制品、用火遗迹和大量破碎兽骨[①]。

与乌兰木伦遗址对比：

（1）年代与环境

萨拉乌苏遗址在德日进和桑志华进行第一次发掘时并进行了地质学方面的研究，布勒根据古生物化石的研究认为萨拉乌苏河堆积为"厚层第四纪建造"[②]，因为萨拉乌苏河发现的动物化石和陕北黄土中所见的一样，不同于中国古老的更新世动物群即当时所指的周口店动物群，而与"欧洲黄土动物群是同时代的"。德日进则将萨拉乌苏河更新世沉积置于黄土底砾层之上的晚更新世的上部，认为层位比水洞沟遗址高。按照德日进的定位，萨拉乌苏遗址的层位大体上相当于晚更新世的晚期、华北黄土—古土壤序列中的第1黄土层（L1）、欧洲冰期序列中

---

① 黄慰文、侯亚梅：《萨拉乌苏遗址的新材料：范家沟湾1980年出土的旧石器》，《人类学学报》2003年第4期。

② Teilhard D. C. P., Licent E., 1924. On the discovery of a Palaeolithic industry in Northern China. *Bulletin of the Geological Society of China*, 3:45-50.

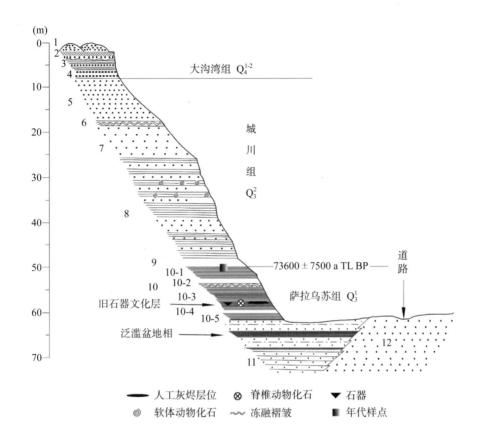

图119 范家沟湾遗址剖面[①]

1.现代风成沙丘 2～4.湖沼相细砂、粉砂和黏土质粉砂,夹薄层沙丘砂,第 2 层已发育成黑垆土 5～7.风成细砂,中间夹薄层河流相粉砂质细砂,其中第 6 层为冻融褶皱的湖相深灰色粉砂和黏土质粉砂 8.灰黄色湖相细砂与薄层灰绿色粉砂、黏土质粉砂互层,含淡水贝壳 9.分选比较均匀的风成灰黄色细砂 10.银灰色湖相粉砂质极细砂、棕黄和锈黄色河流相粉砂质细砂与风成沙丘砂互层(此层又可再分成 5 个亚层:10-1.湖相含铁质锈斑和钙结核的黄褐色粉砂质极细砂;10-2.橘黄色风成沙丘细砂;10-3.湖相含大量铁质锈斑和脊椎动物化石的黄褐色粉砂质细砂,下部为旧石器文化层,产石制品、大量破碎兽骨、少量骨角工具以及由炭屑和灰烬构成的用火证据,此层顶部为轻微发育的冻融褶皱;10-4.灰黄色风成沙丘细砂,含铁锈斑;10-5.黄褐、浅蓝色湖相粉砂质细砂) 11.黄褐色风成砂为主并含湖相夹层粉砂质极细砂 12.黄褐色风成砂并含锈黄色河流相粉砂质极细砂互层

① 黄慰文、董光荣、侯亚梅:《鄂尔多斯化石智人的地层、年代和生态环境》,《人类学学报》2004年增刊。

的末次冰期、深海氧同位素第 3 ～ 2 阶段（MIS 3 ～ 2）或旧石器文化序列中的旧石器晚期。后来裴文中、刘东生等亦对萨拉乌苏遗址地层剖面进行了考察，前者观点与德日进相近 [①]，而后者则将萨拉乌苏组置于马兰黄土之下 [②]。20 世纪 70 年代末董光荣的考察将萨拉乌苏地层分为两个部分 [③]：上部以风沙为主的堆积称为"城川组"，与马兰黄土同时异相；下部以河湖相为主的堆积称为"萨拉乌苏组"，萨拉乌苏遗址文化层位于"萨拉乌苏组"的下部。这种认识与刘东升一致。按这一观点，萨拉乌苏遗址在层位上相当于晚更新世早期、华北黄土—古土壤序列中的第 1 古土壤层（S1），欧洲冰期序列中的末次间冰期、深海氧同位素第 5 阶段（MIS 5）或旧石器文化序列中的旧石器中期。而同位素特别是光释光年代测定结果 [④] 更倾向于支持董光荣等的观点，这也被认为是更适用于"萨拉乌苏组"地层，且与根据哺乳动物群、孢粉分析和沉积物岩性分析等所反映的古环境结论更为吻合（图 120）。但新近的考古发掘和测年结果则显示其年代在距今 5 万年左右（与周力平先生交流）。

乌兰木伦遗址文化层年代为距今 6.5 万～ 5 万年，相当于晚更新世中期、欧洲冰期序列中的末次冰期、深海氧同位素第 4 阶段（MIS 4）结束和第 3 阶段开始（MIS 3）或旧石器时代中期。

因此，从年代上看，萨拉乌苏遗址与乌兰木伦遗址几近同时，在旧石器文化序列上均属于旧石器中期。

（2）原料

范家沟湾石制品原料包括黑色或灰黑色硅质页岩、褐色石英岩和灰白色石英等岩石或矿物的小卵石 [⑤]。其中，硅质页岩占了将近一半，石英岩和石英两者共占一半。萨拉乌苏河河谷没有出露由这些岩石、矿物组成

---

① 裴文中、李有恒：《萨拉乌苏河系的初步探讨》，《古脊椎动物与古人类》1964年第2期。

② 刘东生、刘敏厚、吴了荣等：《关于中国第四纪地层划分问题》，《第四纪地质问题》，科学出版社，1964年，第45～64页。

③ 董光荣、苏志珠、靳鹤龄：《晚更新世萨拉乌苏组时代的新认识》，《科学通报》1998年第17期。

④ 尹功明、黄慰文：《萨拉乌苏遗址范家沟湾地点的光释光年龄》，《人类学学报》2004年增刊；董光荣、苏志珠、靳鹤龄：《晚更新世萨拉乌苏组时代的新认识》，《科学通报》1998年第17期。

⑤ 黄慰文、侯亚梅：《萨拉乌苏遗址的新材料：范家沟湾1980年出土的旧石器》，《人类学学报》2003年第4期。

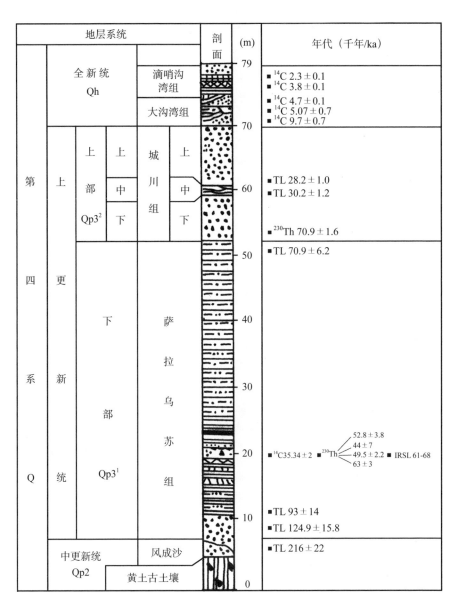

图120 萨拉乌苏遗址的地层和年代[1]

① 黄慰文、董光荣、侯亚梅:《鄂尔多斯化石智人的地层、年代和生态环境》,《人类学学报》2004年增刊。

的砾石层，因此石制品原料需要到外地采集。经调查，这些原料可能来自
43km 以外的西部高地。虽然缺乏对原料产地砾石岩性、形态和大小等的
具体统计，但是该原料产地"原料供应状况也不好，缺少较大的砾石，只
有两三种岩性的小砾石可供选择"。萨拉乌苏古人类因为原料匮乏不得已
而选择了小尺寸的砾石，但面对仅有的三类岩性砾石，还是体现出了一定
的选择性，主要表现为对相对更为优质的硅质页岩的选择。43km 是一段
较远的距离，古人类需要较长距离的搬运。这种长距离原料的寻找、选择
和搬运，都表明萨拉乌苏遗址古人类对原料利用的计划性，表明了"后勤
式"的原料利用模式。

相对而言，乌兰木伦遗址原料产地距离遗址近（约 2km）、岩石类
型丰富（8 种）、存在数量较多的中大型砾石（≥ 20mm 砾石平均比例
32%）和有一定数量的优质原料（如燧石、玉髓、玛瑙等）。如果从这几
个方面来看，乌兰木伦遗址和萨拉乌苏遗址差别明显，最主要表现为前者
原料可获性较高。不过，如果从原料选择、搬运等原料利用的人类行为上
来看，两者实际上没有本质区别。首先，都表现出对更为优质原料的寻找
和选择，例如萨拉乌苏古人类选择相对更为优质的硅质页岩，而乌兰木伦
古人类则主要选择相对优质且更为容易获得的等级优的石英岩，而且还对
砾石大小（适于搬运）具有选择性；其次，都可能存在专门进行原料采集
工作的人员，都需要从原料产地采集原料并搬运到遗址。总之，两者原料
的利用模式均为"后勤式"，表现出一定的计划性。

（3）石制品数量、类型和尺寸

数量上，萨拉乌苏和乌兰木伦遗址石制品分布密度差别明显。萨拉乌
苏遗址近 140m² 的发掘面积只出土了约 200 件石制品；而乌兰木伦遗址仅
42m² 的发掘面积内出土了 13146 件石制品。

类型上（表 43），从大类看，萨拉乌苏和乌兰木伦遗址表现出很大
的相似性，均包含石核、石片和工具；且在比例上均以石片（剥片产品）
为主（前者比例为 68%，后者为 91%），其次是工具，石核数量最少。
从细类上看，两者也有一些相同点。例如，石片类型均以废片为主；石核
类型主要为普通石核；工具类中刮削器、凹缺器和锯齿刃器均占有一定比
例。这些工具类型的构成都体现出旧石器时代中期的特点。

但两者也有一些不同的地方。总的来看，萨拉乌苏遗址没有发现断块
和备料。石核类型上，萨拉乌苏遗址缺乏孔贝瓦石核。工具类型和比例上，
两者的差别更为明显。首先，乌兰木伦遗址工具类型相对要丰富些，如尖
状器、石镞、琢背石刀、鸟喙状器、薄刃斧、两面器、石球等在萨拉乌苏

表 43   萨拉乌苏、乌兰木伦和水洞沟遗址石制品类型比较

类 型		萨拉乌苏		乌兰木伦		水洞沟	
		数量 N	比例 %	数量 N	比例 %	数量 N	比例 %
石核	普通石核	10	5	43	1.6	58	1.1
	孔贝瓦石核	0	0	4	0.1	0	0
	石叶石核	0	0	0	0	80	1.5
	勒瓦娄哇石核	0	0	0	0	35	0.6
剥片产品	石片	38	20	1423	52	733	13.4
	石叶	0	0	0	0	1210	22.2
	修整石片（废片）	92	48	1010	37	2500	45.8
工具	钻具	12	6	9	0.3	7	0.1
	刮削器	9	5	30	1.1	277	5.1
	凹缺器	9	5	35	1.3	177	3.2
	锯齿刃器	7	4	51	1.9	32	0.6
	端刮器	5	3	11*	+	64	1.2
	雕刻器	6	3	1	< 0.1	14	0.3
	（微型）砍砸器	3	2	0	0	3	< 0.1
	修柄（?）/ 石镞 / 箭头	1	1	3	0.1	2	< 0.1
	尖状器	0	0	3	0.1	14	0.3
	薄刃斧	0	0	2	< 0.1	0	0
	琢 / 厚背石刀	0	0	2	< 0.1	2	< 0.1
	鸟喙状器	0	0	1	< 0.1	0	0
	两面器（粗坯）	0	0	1	< 0.1	0	0
	石球	0	0	1*	+	0	0
	磨石	0	0	0	0	3	< 0.1
备料		0	0	12	0.4	0	0
断块		0	0	80	2.9	242	4.4
合计		192	100	2710	100	5453	100

说明：在本书的乌兰木伦遗址石制品类型统计中，分为重点研究标本和补充研究标本两部分。带 * 的数据是在补充研究标本中的数量，在此不具备比例统计意义。+ 表示在遗址中存在，但无法在此计算比例。

遗址都没有发现；其次，两者工具类型的比例也有不同，萨拉乌苏遗址钻具是"石器中数量最多，也是修整工作比较规范和精致的工具"①，而乌兰木伦遗址则以锯齿刃器为多；再次，两者在工具组合构成比例上也有区别，萨拉乌苏以钻具、凹缺器和刮削器为主，而乌兰木伦遗址则以锯齿刃器、凹缺器和刮削器为主；最后，萨拉乌苏遗址的雕刻器等器形还可有下一层级的划分，但在乌兰木伦遗址没有。

尺寸上，萨拉乌苏遗址石制品尺寸非常细小，石核平均尺寸为17.69mm×11.74mm×10.6mm；石片平均尺寸为13.5mm×11.4mm×5.1mm，平均重0.9g；工具平均尺寸为19.54mm×14.70mm×6.5mm，平均重2.89g。乌兰木伦遗址石核平均尺寸为56.8mm×40.3mm×38.9mm，平均重115g；石片平均尺寸为23.1mm×16mm×4.9mm，平均重4.9g；工具平均尺寸为38.5mm×28.30mm×16.4mm，平均重17.7g。可见，乌兰木伦遗址石制品的尺寸为萨拉乌苏遗址石制品的2倍以上，这主要受到前文所述原料大小的影响。不过这种尺寸上的差别，就如研究者在研究萨拉乌苏遗址石制品时所言，无法确定"在尺寸之外是否还有别的技术含义"②。不过，乌兰木伦遗址也有尺寸微小的石制品，例如其中1件石英岩原料的砸击石核最大长、宽、厚分别为17.5、10.8、7.9mm，重不到1g；有8件工具的最大尺寸小于20mm，平均尺寸为17mm×12.5mm×5.3mm，平均重1.1g，其中最小者尺寸仅为12.1mm×9.3mm×3.1mm，重0.8g。

（4）石核剥片技术

两个遗址的石核剥片技术均包含锤击法、砸击法和可能存在的压制法。锤击法可能在两个遗址中均是较为主要的剥片方法，而砸击法比例相对较小。例如，乌兰木伦遗址目前发现的砸击石核和石片占石制品总数的比例仅为0.2%；而在萨拉乌苏遗址则没有发现具有明显砸击特征的石核和石片。但正如萨拉乌苏遗址范家沟湾地点的研究者所言，考虑到石核、石片和多数工具的尺寸很小，我们又很难理解锤击法打片是如何实施的……在1978～1979年采集的标本中，有一件保留了完整锥体的石核。它的存在表明砸击技术可能曾经被用于打片③。如此，砸击技术在萨拉乌

---

① 黄慰文、侯亚梅：《萨拉乌苏遗址的新材料：范家沟湾1980年出土的旧石器》，《人类学学报》2003年第4期。

② 黄慰文、侯亚梅：《萨拉乌苏遗址的新材料：范家沟湾1980年出土的旧石器》，《人类学学报》2003年第4期。

③ 黄慰文、侯亚梅：《萨拉乌苏遗址的新材料：范家沟湾1980年出土的旧石器》，《人类学学报》2003年第4期。

苏遗址应该有一定的应用。而乌兰木伦遗址比例较低的砸击制品则很可能受到了两个因素的影响：一是部分砸击石核在剥片过程中消失；二是由于缺乏砸击实验考古经验，很多砸击法产生的剥片产品没有从锤击石片中辨别出来。事实上，笔者曾于2012年与西班牙IPHES的两位具有砸击实验考古经验的学者观察了泥河湾盆地小长梁和东谷坨遗址的标本，就从看似是锤击石片的标本中辨认出一定数量的砸击制品。可见，关于砸击技术在两个遗址剥片技术中的比重，可能需要更多的实验考古学证据。本书研究者更倾向于认为砸击技术为两个遗址古人类所广泛使用。特别是乌兰木伦遗址，在石核剥片序列中还发现有砸击开料方法的使用，这样从侧面也支持这一点。而关于压制剥片技术，萨拉乌苏遗址不仅观察到石片外角（平均76.8°），还在石片台面内缘观察到"唇"的存在，这些都是压制法使用的可能性证据。而乌兰木伦遗址有1件尺寸极小的砸击石核，其剥片面阴疤细小平整，也似乎只有压制法才能够产生。

与萨拉乌苏遗址不同的是，乌兰木伦遗址还发现有孔贝瓦技术和修理台面技术。其中，孔贝瓦石核和石片共发现有10件，占石制品总数的0.4%。修理台面技术石制品仅发现1件石片。两者数量虽少，但表明这种技术至少在遗址中已经出现，特别是孔贝瓦石核剥片技术可能已经是普遍采用且技术较为纯熟的剥片方法。范家沟湾地点也被认为有孔贝瓦石片（与黄慰文交流），但笔者观察了该件标本发现其一个面实际上为石皮面而不是腹面。此外，孔贝瓦技术和向心石核（盘状石核）以及更新石核台面桌板、修理台面石片等表明乌兰木伦遗址石核剥片已具备一定的预设性。

（5）工具修理技术

在毛坯的选择上，两个遗址均以石片为主，其中萨拉乌苏遗址为100%，乌兰木伦遗址为73%。加工方法上，两者也有不同。萨拉乌苏遗址被研究者认为普遍采用了压制技术[①]，虽然其技术特征还不能完全肯定，但工具毛坯尺寸之小以及修理疤痕细小、规范、平整、密集等特征都不得不使人相信这是压制法的结果。乌兰木伦遗址虽然也有尺寸较小的工具，可能使用了压制法，但显然绝大部分（超过99%）工具加工采用的是锤击法。在加工方式上，虽然萨拉乌苏遗址研究报告中没有具体的数据，但是根据石器图可知其以正向为主，此外还存在对向和两面加工；乌兰木伦遗址亦以单向加工为主（90%），其中又以正向加工为多（80%）。

---

① 黄慰文、侯亚梅：《萨拉乌苏遗址的新材料：范家沟湾1980年出土的旧石器》，

《人类学学报》2003年第4期。

不过，乌兰木伦遗址工具加工方式相对较为多样，包括对向、错向、交互加工以及两面修理技术等。从加工程度上看，两者基本上采用"边缘式"修整，少有加工深度指数较高的工具。不过，乌兰木伦遗址有两面通体加工的两面器和加工非常精致的石镞，都表明该遗址工具加工技术水平相对较高。

还需要提到的是，两个遗址均出现了装柄工具。在萨拉乌苏遗址发现有一件残留修柄的工具，不过有些可疑。但新近的研究已经证明了装柄的存在[1]。乌兰木伦遗址从石制品修理技术上可清楚地看到修柄即复合工具的存在，例如在端刮器身的中部修理处适于装柄时捆绑的凹缺，而石镞的发现则表明修铤技术在该遗址已经十分成熟，而微痕研究也支持这一点[2]。

二、与水洞沟遗址对比

水洞沟遗址位于鄂尔多斯高原的西部偏南，行政区划属于宁夏回族自治区灵武市，地理坐标为 38°21′N，106°29′E。其也是一个地点群，目前至少已经发现 12 个地点，它们主要分布在边沟河的两岸，年代跨越MIS3 阶段中、晚期到更新世末。其中，有 9 个地点已经过不同程度的发掘。

不同学者在不同时期对水洞沟地区地貌有不同的认识。早期的研究者布勒和德日进确定水洞沟盆地有三级阶地，旧石器遗存埋藏在 T3 阶地的黄土堆积中[3]。20 世纪 90 年代孙建中的观察和研究虽然也主张三级阶地的划分，但划分结果与布勒等不同，认为旧石器遗存主要分布在 T2中[4]。2003 年袁宝印等的考察以黄河为参考则将阶地划为五级，其中水洞沟两岸发育 T1 和 T2，旧石器文化层位于 T1 中[5]。刘德成的研究成果则将阶地划为六级（图 121），其中 2～5 级阶地与袁宝印的划分一致，只

① Lin N. R., Wang H., Huang F. X., et al. 2023. Lithic miniaturization and hafted tools in early Late Pleistocene Salawusu, North China. *Journal of Archaeological Science: Reports*, 48: 1-13.

② Chen H., Lian H. R., Wang J., et al., 2017. Hafting wear on quartzite tools: an experimental case from the Wulanmulun Site, Inner Mongolia of North China. *Quaternary International*, 427: 184-193.

③ Boule M., Breuil H., Licent E., et al., 1928. *Le paléolithique de la Chine*. Archives de L'Institut de Paléontoloqie Humaine, Mémoire 4.

④ 孙建中、赵景波等：《黄土高原第四纪》，科学出版社，1991年。

⑤ 袁宝印、侯亚梅、Budja M.等：《中国北方晚第四纪史前文化与地层划分框架》，《旧石器时代论集——纪念水洞沟遗址发现八十周年》，文物出版社，2006年。

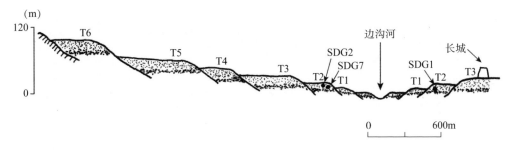

图121 黄河—水洞沟地貌综合剖面图[1]

是将第 1 地点剖面上部的全新世河湖相堆积看作新的一级阶地[2]。而旧石器文化层埋藏于 T2 中，实际上与袁宝印的认识没有区别。

在水洞沟遗址业已发掘的 9 个地点中，第 1 地点是最早发现和发掘、所获材料最为丰富、研究也最为系统的一个。其自 1923 年由德日进和桑志华发现以来，已经进行了 6 次较为系统的发掘。其中，1980 年由宁夏博物馆考古队主持的发掘所获石制品数量多，能够反映该地点的旧石器文化面貌。因此，在与水洞沟遗址对比时，主要参考第 1 地点 1980 年发掘所获得的材料，其数据主要来自《水洞沟——1980 年发掘报告》[3]。

与乌兰木伦遗址对比：

（1）年代与环境

水洞沟第 1 地点已有较多的绝对年代测定数据。20 世纪 80 年代，黎兴国对水洞沟旧石器层位所做的 ^{14}C 测定结果为 17250±210BP 和 16760±210BP（第 3 层上部）、26190±800BP 和 25450±800BP（第 3 层下部）[4]；陈铁梅等采用铀系法测定结果为 34000±2000BP 和 38000±2000BP（第 2 层）[5]。刘德成等采用光释光方法的测年结果为 34800±1500～28700±6000BP[6]。彭菲根据采自下文化层的木炭样品进行的

① 宁夏文物考古研究所：《水洞沟——1980年发掘报告》，科学出版社，2003年。

② 刘德成、王旭龙、高星等：《水洞沟遗址地层划分与年代测定新进展》，《科学通报》2009年第19期。

③ 宁夏文物考古研究所：《水洞沟——1980年发掘报告》，科学出版社，2003年。

④ 黎兴国、刘光联、许国英等：《河套人及萨拉乌苏文化的年代》，《第一次全国^{14}C学术会议文集》，科学出版社，1984年。

⑤ 陈铁梅、原思训、高世君：《铀子系法测定骨化石年龄的可靠性研究及华北地区主要旧石器地点的铀子系年代序列》，《人类学学报》1984年第3期。

⑥ 刘德成、王旭龙、高星等：《水洞沟遗址地层划分与年代测定新进展》，《科学通报》2009年第19期。

AMS^{14}C 测年结果为 36200±140BP[①]。上述测定结果相差不大，基本上集中在距今 3.5 万～2 万年。这一年代区间与董光荣等对萨拉乌苏河"城川组"湖相层的测年结果基本吻合[②]，表明水洞沟遗址在层位上应归入晚更新世晚期或旧石器文化序列中的旧石器晚期。

与乌兰木伦遗址相比，两者均处于末次冰期阶段。从深海氧同位素阶段上看，乌兰木伦遗址属于 MIS 4 结束到 MIS 3 开始时段，总体的环境变化属于由寒冷转向温暖；而水洞沟遗址则属于 MIS 3 晚段，总体的环境变化属于温暖期。而在旧石器文化演化序列上，两者已分属于不同阶段，乌兰木伦遗址属于旧石器时代中期，而水洞沟遗址则属于晚期。这种环境和文化阶段的不同，可能会导致两者旧石器文化面貌、人类适应行为方式的差别。

（2）原料

水洞沟遗址石制品原料类型多样，根据原报告发表的数据有 10 类之多。总的来看，水洞沟遗址石制品原料以白云岩为主，比例约 60%，其次为石英岩和石英砂岩，火成岩、燧石、硅质灰岩、石英等数量较少。与乌兰木伦遗址比较（表 44），两者在原料利用的类别和比例上差别明显。乌兰木伦遗址以石英岩为主（86%），甚至可能还要高；其次为石英（12%），但研究表明可能要低于这个比例；其他如燧石、石英砂岩、硅质岩等比例极少。水洞沟遗址大量使用的白云岩在乌兰木伦遗址中没有见到；而在水洞沟遗址也没有乌兰木伦遗址使用的砂岩和片麻岩等。

这种原料利用类型和比例的差别，在有一定距离的遗址之间经常存在。其主要原因是原料产地和可获性不同。水洞沟遗址的白云岩在水洞沟盆地河滩和西南 7km 出露的古老地层中有丰富的蕴藏，虽然研究者没有统计原料来源地各类岩石的比例，但是白云岩"是水洞沟文化石制品的首选原料"[③]，表明白云岩的可获性很高。此外，研究者还指出，"对原料的选择是比较严格的"[④]，暗示水洞沟古人类在石制品制作过程中表现出对原料很强的选择性。该报告研究者将水洞沟石制品分为普通石制品和细石器两个大类，虽然没有给出具体的分类理由，但是从报告描述来看，其

① 彭菲：《中国北方旧石器时代石叶遗存研究——以水洞沟与新疆材料为例》，中国科学院博士论文，2012年。

② 董光荣、苏志珠、靳鹤龄：《晚更新世萨拉乌苏组时代的新认识》，《科学通报》1998年第17期。

③ 宁夏文物考古研究所：《水洞沟——1980年发掘报告》，科学出版社，2003年。

④ 宁夏文物考古研究所：《水洞沟——1980年发掘报告》，科学出版社，2003年。

表44　乌兰木伦遗址与水洞沟遗址原料利用对比

遗址	石制品	统计	白云岩	石英岩	燧石	石英砂岩	变质岩	硅质灰岩	火成岩	玛瑙	蛋白石	石英	玉髓	砂岩	片麻岩	合计
水洞沟	普通石制品	N	627	236	11	114	29	25	11	0	0	0	0	0	0	1053
		%	60	22	1	11	3	2	1	0	0	0	0	0	0	100
	细石器	N	8	8	64	0	13	0	6	5	4	2	0	0	0	110
		%	7	7	58	0	12	0	5	5	4	2	0	0	0	100
乌兰木伦	石制品	N	0	2339	39	0	0	3	0	1	0	316	1	4	7	2710
		%	0	86	1.4	0	0	0.1	0	0	0	12	0	0.1	0.3	99.3

说明：此处水洞沟遗址的统计数据可能与原报告有细微出入，主要是这里没有统计原报告中"不确定"项。

主要依据是石制品大小。从原料利用层面看，这样的分类具有一定的意义。经统计（见表44），水洞沟第1地点普通石制品原料主要为白云岩，比例达到60%，其次为石英岩，比例为22%，再次为石英砂岩，比例为11%，其他如燧石、变质岩、火成岩等比例很低，均未超过5%。而细石器制品则明显不同，其主要原料为燧石，比例为58%，其次为变质岩，比例为12%，而普通石制品广泛利用的白云岩、石英岩等比例较低，不到10%；还有一个需要注意的现象是非常优质的原料如玛瑙、蛋白石等在细石器制品中使用，虽然比例不高。可见，水洞沟古人类依据所需对原料表现出很高的选择性，能够根据不同的目的来选择不同的原料。如本书第四章所述，乌兰木伦遗址石制品原料在岩性和大小等方面也具有一定的选择性，并且能够采用不同的剥片技术来应对不同形态和岩性的原料，例如对石英或尺寸较小的原料采用砸击法进行剥片等。

　　因此，两个遗址由于地理差异，古人类面对的原料来源地不一致，导致在原料利用的类型和比例上会有很大的差别。但是，在面对不同的原料类型构成以及实际所需时，两个遗址古人类所表现出来的行为方式却具有相似性，均表现出一定的选择性。不过，我们也应该看到，水洞沟遗址相对乌兰木伦遗址而言，其对原料的开发利用要更为成熟，特别是在对不同类型石制品的原料选择上。

　　（3）石制品数量、类型和尺寸

　　数量上，水洞沟遗址第1地点1980年的发掘面积约52m²，其中下文化层（旧石器时代）出土的石制品5500余件。相对于乌兰木伦遗址在约42m²的范围内出土的13146件石制品，分布密度要小些。不过，乌兰木伦遗址在发掘过程中进行了精细的水洗，因此获得了大量的碎片和废片。如果水洗石制品不计算在内的话，两者石制品分布密度应该会比较接近。

　　类型上（见表43），从大类看，乌兰木伦和水洞沟遗址均以剥片产品为主（前者为91%，后者为83%），其中又以废片为多（前者为37%，后者为46%），而工具、石核、断块等比例均较少。

　　不过，从细类上看，乌兰木伦和水洞沟遗址石制品类型差别明显。首先，在石核和剥片产品上，后者类型更为丰富，表明剥片技术更为多样和复杂。主要表现在后者出现了石叶技术和勒瓦娄哇技术以及剥片产品。不过，在水洞沟遗址没有发现乌兰木伦遗址的孔贝瓦技术产品。其次，工具类型上，后者很明显属于旧石器时代晚期的组合，而前者则更倾向于旧石器时代中期的组合。例如，水洞沟遗址有相当比例的以石叶为毛坯加工的端刮器、刮削器和尖状器，并且已经出现了旧石器时代遗址中较为罕见的磨石。而乌兰木伦遗址则主要为石片毛坯工具，以锯齿刃器和凹缺器为代表；而小型的薄刃斧、两面器和石球等则是旧石器中期更为常见的器物类型。最后，在石制品构成上，水洞沟遗址还有一套可以归为"细石器（细小石器）"的石制品。虽然乌兰木伦遗址也有少量尺寸较小的石制品，但是其仅有的几件还不足以单独归类。

（4）石核剥片技术

在剥片方法上，乌兰木伦和水洞沟遗址均以硬锤直接法为主，而砸击法和压制法比例较小。不同的是，后者还使用了间接剥片法。

在剥片技术上，乌兰木伦和水洞沟遗址有很大的差别。首先，后者大量使用了石叶剥片技术，其石叶石核所占石核总数比例高达 48%，而前者没有。其次，后者使用了勒瓦娄哇技术，该技术石核所占石核总数比例达 22%。再次，前者使用了孔贝瓦剥片技术，而后者没有。最后，虽然砸击制品在两个遗址均发现较少，但种种迹象（砸击开料石核、不同类型原料砸击法的使用）表明砸击法在乌兰木伦遗址可能是一种较为广泛使用的剥片技术。

不过我们也应该注意到，乌兰木伦遗址虽然没有发现预制性很强的石叶和勒瓦娄哇石核，但是也出现了向心石核特别是盘状石核、修理台面技术、更新石核台面桌板等预制石核和产品。当然，比较而言，两者差异还是比较明显。

（5）工具修理技术

在工具毛坯选择上，两者均以石片毛坯为主，这也是它们在工具加工方面上最为主要的共性。另外一个相同点是，锤击法在工具修理中扮演了主要角色；并且均以正向加工为主，而反向、错向、交互加工等有但均较少。

不过，水洞沟遗址相对乌兰木伦遗址而言，其确切地使用了压制技术，并且还使用了指垫法和软锤修理技术。此外，水洞沟遗址细石器制品还使用了砸击修理技术。

修柄和有意截断是两个遗址均有发现的较为特殊的加工方法。例如，水洞沟的有些尖状器在"两侧下端修整出狭柄以便捆绑"[1]，而在乌兰木伦遗址的端刮器具备同样的修理方法，而石镞则有明显的修铤行为。修柄是有捆绑复合工具的有力证据。有意截断在乌兰木伦遗址的锯齿刃器等器形上有明显证据；而水洞沟遗址则有对石叶进行截断的标本，并且比例很

---

① 宁夏文物考古研究所：《水洞沟——1980年发掘报告》，科学出版社，2003年。

高，占石叶总数的 79.4%。水洞沟遗址发现的有意截断石叶可能是作为特殊用途的镶嵌"石刀"使用，表明镶嵌复合工具的出现。

三、与调查采集石制品对比

鄂尔多斯高原地区调查采集发现的石制品主要有三批。一批是 20 世纪 50 年代末张森水在内蒙古中南部即今天的鄂尔多斯高原两次调查采集的石制品，其主要获得石制品的区域为准格尔旗；另外两批是最近在乌兰木伦遗址发现后由中国科学院古脊椎动物与古人类研究所与鄂尔多斯市当地文物部门联合进行的乌兰木伦河流域调查所采集的石制品以及在准格尔旗调查采集的石制品。

这三批石制品的采集点距离不远，主要位于鄂尔多斯的东北部和中东部。而这些石器也主要发现于河流阶地上，例如准格尔旗发现的石制品主要分布在黄河两岸的阶地上，而乌兰木伦河流域发现的石制品则发现在乌兰木伦河阶地。本书作者曾参与了乌兰木伦河和准格尔旗的调查，发现它们有以下几个共同点：（1）在阶地砾石层中均有大量石英岩存在；（2）石制品主要发现于较高的阶地（共多少级阶地目前还没有定论）；（3）由于阶地冲蚀严重，大多数石制品裸露地表，并且难以找到其原生层位，但在准格尔旗的砾石层中或砾石层上部砂土层中发现有少量石制品，有可能是再次搬运的结果 [①]；（4）有一部分石制品磨蚀风化非常严重，但多数石制品表面保存非常新鲜；（5）都发现有一些加工非常精致且与欧洲的莫斯特、奥瑞纳甚至梭鲁特文化极为相似的标本，此外，还发现有石叶石核和石叶等；（6）两个地区石制品都非常丰富，甚至可以说"俯拾即是"。张森水的两次调查没有披露具体的石制品数量，但在报告中多次提到了"许多"二字；最近的调查仅乌兰木伦河流域已采集 1400 余件石制品，而实际上在调查时还没有进行清理式的采集。

由于原生地层的缺乏，这些调查采集石制品的年代是研究者最为关注的问题，也是本书进行对比的重要前提。最早张森水曾根据石器采集点的情况、与当地新石器文化的对比、采集石器本身的特征、石器表面的钙质物质以及与相邻地区或欧洲旧石器文化对比等几个方面认为这些石器更有可能是旧石器而不应该是更晚的文化遗物，而年代可能是旧石器时代晚

---

①　张森水：《内蒙中南部旧石器的新材料》，《古脊椎动物与古人类》1960 年第 2 期。

期[①]。在对乌兰木伦遗址石制品进行研究后，对比调查点的地貌考察，认为其可能与乌兰木伦遗址基本同时（与张家富和袁宝印交流）；此外，乌兰木伦遗址与调查点采集发现的石制品对石英岩原料的主导性选择也表现出与遗址一致的特征；而且，调查发现的精美刮削器、尖状器等在欧洲的莫斯特文化中完全可以见到，却没有欧洲旧石器晚期的两面加工的箭头、桂叶状尖状器等。因此，将这些调查标本年代归入旧石器时代中期偏晚阶段可能要更合适些[②]。与乌兰木伦遗址石制品的对比立足于这样的年代框架。

在此基础上，经对比：

（1）石制品分布密度

虽然在调查点没有进行过具体统计，但在调查时注意到其密度是很高的，而且这还没考虑可能被冲刷带走的细小石器。因此，石制品的高密度分布是乌兰木伦遗址和调查采集石制品的共同特点。

（2）原料利用

总体来说，原料类型均很丰富，包括石英岩、石英、燧石、蛋白石、玛瑙等；其中，均以石英岩为主，并且是"绝大部分"的比例。

（3）石制品类型

总的来说，石核、石片、各类工具等大类在调查点和乌兰木伦遗址均有发现。在工具类型上，两者均发现有两面器。不过，从具体的类型上看，两者差别很大[③]。首先，调查点发现有典型的石叶（图122，1）在乌兰木伦遗址没有；其次，调查点发现有采用压制法进行两面通体加工或单面通体加工的刮削器等（图122，2～4），在乌兰木伦遗址没有。因此，调查发现的石制品类型较之乌兰木伦遗址要更为丰富，加工技术更为复杂，部分器物也更为精美。最后，调查石制品除了有一部分是小型石片工具外，还有相当数量的较大型石片或砾石毛坯工具。

---

① 张森水：《内蒙中南部和山西西北部新发现的旧石器》，《古脊椎动物与古人类》1959年第1期；张森水：《内蒙中南部旧石器的新材料》，《古脊椎动物与古人类》1960年第2期。

② 鄂尔多斯市文物考古研究院、中国科学院古脊椎动物与古人类研究所、中山大学社会学与人类学学院：《鄂尔多斯乌兰木伦河流域旧石器考古调查与试掘报告》，科学出版社，2022年。

③ 鄂尔多斯市文物考古研究院，中国科学院古脊椎动物与古人类研究所，中山大学社会学与人类学学院：《鄂尔多斯乌兰木伦河流域旧石器考古调查与试掘报告》，科学出版社，2022年。

图122 乌兰木伦河流域调查发现的石制品

1.石叶（IIWI18-C33） 2～4.刮削器（1WI10-C157、11WI18-C1、11WR36-C7）

（4）石核剥片技术

剥片方法均主要为锤击法。砸击法和压制法在调查石制品中目前还没有发现实例，而砸击法在乌兰木伦遗址可能广泛使用。具体而言，调查点发现的石叶剥片技术在乌兰木伦遗址没有，而乌兰木伦遗址的孔贝瓦技术则在调查点没有发现。预制石核技术都有发现，但调查点显然要更为成熟些。

（5）工具修理技术

锤击法是调查石制品和乌兰木伦遗址石制品最为主要的修理方法。不过，在调查石制品中已广泛使用压制法，并且已经十分成熟，甚至还可能使用了指垫法和软锤修理。石片工具加工方式上，乌兰木伦遗址以单向且正向加工为主，其他如两面、交互、反向、错向、对向加工等均较少。而调查石制品则难以统计出主导的加工方式，但显然两面加工已有一定的比例。此外，乌兰木伦遗址工具加工程度较低，而调查石制品则出现了相当部分单面或两面通体加工的工具。

四、小结

同属鄂尔多斯高原的萨拉乌苏、乌兰木伦和水洞沟遗址，年代均为晚更新世，不过前二者属于中期，后者属于晚期。而从冰期和深海氧同位素阶段来看，萨拉乌苏与乌兰木伦遗址均处于 MIS 4 阶段结束至 MIS 3 阶段开始，冰期；水洞沟遗址为 MIS 3 阶段末期，冰期。它们所处时代和环境的差异，对旧石器文化面貌造成影响。更为重要的是，在旧石器文化序列上，作为旧石器晚期的水洞沟遗址与作为旧石器中期的其他两个遗址在石制品面貌上差别明显。

因此，乌兰木伦与萨拉乌苏遗址石制品制作技术更为接近。虽然一眼看去它们在原料和大小上具有强烈的差异，但这主要受到原料可获性的影响，而在原料利用、石核剥片技术和工具加工技术上体现出更多的相似性。不过，相对而言，乌兰木伦遗址在石核剥片技术上显然要更为多样和复杂，例如多种剥片技术以及预制技术的使用；而工具类型上也出现了一些加工精致的工具，如石镞等。这种差异可能与遗址的性质和功能有关。

乌兰木伦与水洞沟遗址也有一些共同点。如工具毛坯以石片为主、锤击法是主要的剥片和加工方法等。不过两者的差异更为明显，主要体现在水洞沟遗址石制品制作技术要更为进步，并有更多的西方元素，包括石核剥片出现了石叶技术、勒瓦娄哇技术和确切的压制技术等；而工具修理不仅采用了压制技术，甚至还有指垫法和软锤修理；工具类型以具有旧石器晚期修理特征的端刮器、尖状器等为主，并出现了磨石；此外，还有一批归类为"细石器"的石制品。

在一些特殊石器技术上，例如修柄和有意截断等在三个遗址均已出现。但相较而言，乌兰木伦的修柄技术较萨拉乌苏要更为成熟，主要体现在修铤工具的存在，但有意截断还不太普遍；水洞沟遗址不仅修柄技术成熟，而且有意截断的镶嵌复合工具也已被广泛应用。

值得强调的是，孔贝瓦剥片技术在萨拉乌苏和水洞沟都没有发现，体现出乌兰木伦在石核剥片技术上的特殊性。

乌兰木伦遗址石制品与调查发现的石制品对比，完全可以归为不同的石制品组合。调查石制品不仅有石叶技术，工具类型也更为丰富，加工更为精致，特别是一些两面通体加工的器类普遍存在；而工具修理技术中压制法、软锤法已十分成熟。与乌兰木伦遗址距离极近的乌兰木伦河流域调查发现的石制品，如果年代与乌兰木伦遗址接近，那么它们之间的关系是不同文化的差异还是同一文化不同功能区域的差异，值得深入探讨。

第二节　与邻近地区旧石器遗址对比

一、与周口店对比

周口店遗址位于北京市西南房山区周口店镇龙骨山北部，坐标为 39°41′N，115°51′E。其通常指龙骨山上 8 个古人类文化遗址或地点和哺乳动物化石地点。自发现之日，已编至第 25 地点[①]，大多数地点在周口店附近。周口店遗址不仅发现有大量的石制品、用火遗迹等文化遗存，还发现有丰富的人类骨骼化石，为古人类和文化演化研究提供难得的材料。可以说，周口店遗址是世界上材料最丰富、最系统、最有价值的旧石器时代遗址之一。

在这 8 个古人类文化遗址或地点中，周口店第 1 地点即北京猿人遗址和周口店第 15 地点所获石制品最为丰富。本书与周口店遗址的对比，主要选择这两个地点。有学者认为这两个地点在文化序列演化上是连续的，并且第 1 地点上部地层与第 15 地点相当[②]。不过，也有学者认为第 15 地点较之第 1 地点要年轻，而它们之间有一个间断[③]。

（一）周口店第 1 地点

不同学者对该地点堆积厚度和层位划分有所区别。最早德日进和杨钟健在 1929 年发表的剖面分 10 层，厚 33.8m[④]；1933 年布达生等发表的剖面则分到了 11 层，厚度达到 46.4m[⑤]；贾兰坡在 1959 年将剖面分为 11 层，总厚度为 33m[⑥]，这也是后来研究者所引用的地层划分。不过，虽然对第 1 地点地层剖面尚无统一的认识，但有两点是肯定的：一是该地点地层堆积很厚，并可划分出很多地层；二是从底部层位到顶部层位年代跨越可达

① 北京市地方志编纂委员会：《北京志·世界文化遗产卷·周口店遗址志》，北京出版社，2004年。

② 贾兰坡、黄慰文：《周口店发掘记》，天津科技出版社，1984年。

③ 张森水：《中国旧石器文化》，天津科学技术出版社，1987年；Gao X., 2000. *Explanations of typological variability in Paleolithic remains from Zhoukoudian Locality 15, China*. The thesis for the degree of PhD of the University of Arizona.

④ Teilhard D. C. P., Young C. C., 1929. Preliminary report on the Chou Kou Tien fossififerous deposit. *Bulletin Geological Society of China*, 8: 173-202.

⑤ Black D., Teilhard D. C. P., Young C. C., et al., 1933. *Fossil Man in China: the Choukoutien Cave deposits with a synopsis of our knowledge of the Late Cenozoic in China*. The Geological Survey of China, Peiping.

⑥ 贾兰坡：《中国猿人化石产地1958年发掘报告》，《古脊椎动物与古人类》1959年第1期。

30 万年，石制品也表现出一定的变化和发展①。

　　周口店第 1 地点年代属于中更新世，年代范围经多种测年方法测定在距今 50 万～ 20 万年②，在旧石器文化序列中属于旧石器时代早期。由于乌兰木伦遗址与其年代相差甚远，因此它们之间的比较，首先没有必要与周口店第 1 地点进行分层对比，而是将其作为一个整体；此外，在对比结果中，应有它们之间异多于同的心理准备。需要说明的是周口店第 1 地点的对比数据主要参考裴文中和张森水 1985 年的石制品研究报告③，此外还参考了张森水后来撰写的《周口店遗址志》，因为如作者所言其中有一些认识上的修正和补充④。

　　在原料使用上，周口店第 1 地点使用了 44 种不同类型的原料。不过，占绝对主导地位的是石英，比例高达 88.8%。此外水晶、砂岩、燧石也有一定比例，分别为 4.7%、2.6% 和 2.4%。关于石英原料的来源，李锋曾对该地点第 4 ～ 5 层脉石英原料的来源和可获性通过地质调查的方式进行了分析，认为这些脉石英主要可能来自岩脉露头或风化处，此外还将河流阶地砾石层石英作为补充⑤。而考虑到脉石英岩脉分布不均、位置固定、不会遍布山坡，古人类需要对脉石英的产出位置等具有一定的认识，并可能有专人进行采集，体现出"后勤式"原料采集特征。这一研究具有重要意义，揭示出周口店第 1 地点原料利用方式上具有较高的选择性和规划性。在此层面上，虽然乌兰木伦遗址主要使用石英岩，但这种区别更多地受到它们所处当地岩石类别和比例的限制。而原料利用方式却很接近：就地取材但高度选择。不过，周口店第 1 地点古人类为何抛弃就近的相对更为优质原料而选用石英，则是一个值得进一步思考的问题。

　　石核剥片技术上两者差别明显。周口店第 1 地点占主导的剥片方法为砸击法，锤击法只是其中重要的组成部分；此外，还可能使用碰砧法。乌兰木伦遗址砸击法虽然可能是重要的剥片方法，但从剥片产品数量上看显然锤击法是最主要的。相较而言，乌兰木伦遗址在剥片技术上要更为多样和复杂。例如，可能采用了压制剥片技术，已有石核预制技术，出现了孔

　　① 裴文中、张森水：《中国猿人石器研究》，科学出版社，1985 年。

　　② 黄慰文：《北京人的生存时代和生活环境》，《自然杂志》1979 年第 12 期。

　　③ 裴文中、张森水：《中国猿人石器研究》，科学出版社，1985 年。

　　④ 北京市地方志编纂委员会：《北京志·世界文化遗产卷·周口店遗址志》，北京出版社，2004 年。

　　⑤ 李锋、王春雪、刘德成等：《周口店第一地点第 4 ～ 5 层脉石英原料产地分析》，《第四纪研究》2011 年第 5 期。

贝瓦技术，在石核准备阶段出现了砸击开料技术等等。并且这些剥片技术构成了不同的剥片序列。

工具毛坯的选择，均以石片为主。不过，乌兰木伦遗址石片毛坯工具比例高，其比例达到99%（包括完整石片和断片毛坯），而周口店第1地点为70%。

工具类型构成上，刮削器在两个遗址都占有一定比重。不过，与周口店第1地点刮削器占主体地位（约53%）不同，乌兰木伦遗址工具类型是以成套的组合（tool-kits）形式出现，其锯齿刃器比重最高（37%），而凹缺器和刮削器也有与之相近的比例（分别为25.4%和21.7%）。工具类型的丰富和复杂性是两个遗址的共同点，各类刮削器、尖状器、雕刻器、石刀、石锥、两面器、薄刃斧、石球等在两个遗址中都是可见器形；在周口店还有先进于时代的"箭头（石镞）"，而这在乌兰木伦遗址已经较为成熟。不过，周口店第1地点更多地表现出旧石器早期的文化面貌，如包含相对大型的手斧[1]、砍砸器等；而乌兰木伦遗址中没有大型砍砸器类，且发现的两面器、薄刃斧都是由小型石片加工而成，更多地体现出旧石器时代中期的石器风格。乌兰木伦遗址工具类型的进步性还表现在端刮器、精美石镞等器形的出现。

工具修理技术上，两个遗址均以锤击法为基本方法。不同的是周口店第1地点还使用了砸击法，而乌兰木伦遗址则可能出现了更为进步的压制法。加工方式均以单向为主，且多为正向加工。而一些乌兰木伦遗址存在的特殊修理技术如修柄、修铤、有意截断等在第1地点没有见到。

（二）周口店第15地点

周口店第15地点是周口店较早发现的地点之一，但当时只是作为众多化石点中的一个而没有命名。1932年裴文中重新认识到该地点的重要性，并可能直到1935才正式命名为第15地点[2]。该地点的发掘主要集中在20世纪30年代，贾兰坡和裴文中先后分别有两篇报告发表[3]，但发表的材料并不全面。后来高星对该地点石制品进行了全面整理，并完成了英

---

[1] 黄慰文、侯亚梅、高立红：《中国旧石器文化的"西方元素"与早期人类文化进化格局》，《人类学学报》2009年第1期。

[2] 北京市地方志编纂委员会：《北京志·世界文化遗产卷·周口店遗址志》，北京出版社，2004年。

[3] 贾兰坡：《周口店第15地点开掘简单报告》，《世界日报（自然副刊）》1936年1月9日、2月9日；Pei W. C., 1939. A preliminary study on a new Palaeolithic station known as Locality 15 within the Choukoutien region. *Bulletin Geological Society of China*, 19: 207-234.

文博士论文 [1]，此外还发表了关于原料利用、石核剥片技术、工具类型和
修理技术等方面的论文 [2]。在高星的博士论文中还报道了该地点用马牙化
石铀系测年的数据，为距今 14 万～ 11 万年前。乌兰木伦遗址与该地点的
对比主要参考高星的研究成果。

原料利用方面，周口店第 15 地点原料构成较为简单，只有 6 种，包
括石英、火成岩、水晶、燧石、砂岩和石英岩等，其中石英比重最高，占
95.2%。这与乌兰木伦遗址以石英岩为主体（86%）不同。与周口店第 1
地点一样，该地点表现出来的对石英的高度选择和利用，是一个值得进一
步探讨的课题。第 15 地点的原料利用研究认为采用了"务实和灵活的应
对策略，广产薄取、以量补质"，并将锤击法应用于石英剥片的技术发展
到成熟。这主要是与周口店第 1 地点相比较而言。15 地点原料利用有一
个更为重要的特点是"对不同质量的原料采用不同的方式加以开发"，例
如对不同原料的形状采用了不同的适应策略，如平板原料采用盘状石核，
而椭圆原料采用普通剥片技术。乌兰木伦遗址原料的形状（多为圆形）虽
然不足以影响石核剥片技术等，但不同类型和大小的原料却运用了不同的
剥片方法，例如对相对更圆的石英岩在剥片准备阶段进行砸击开料处理；
对石英和尺寸较小的石英岩采取砸击法剥片等。在这一层面上，乌兰木伦
遗址与 15 地点具有较高的相似性。

石核剥片技术上两者存在不少共同点。首先，锤击法是主要的剥片方
法，砸击法比例较少（15 地点比例为 11.6%，乌兰木伦遗址比例更小）。
其次，都有对石核的预制行为，如 15 地点的盘状石核，乌兰木伦遗址的
向心石核、更新石核台面桌板、孔贝瓦技术等；但均未发现勒瓦娄哇剥片
技术。再次，石片均以素台面为主，其中 15 地点比例为 63.7%，乌兰木
伦遗址为 66.7%；此外，修理台面石片数量很少。最后，都可能存在对剥
片面的修理。周口店第 15 地点有部分石片背面疤方向与石片破裂方向相
同，表明可能有对剥片面的修理倾向；而这正是乌兰木伦遗址石核剥片的
C1.2.2.2 序列。两者的不同之处主要表现为乌兰木伦遗址剥片技术的进步、
复杂和多样。乌兰木伦遗址可能采用了压制剥片技术；石核预制技术更为
成熟，表现在预制石核剥片产品多样，包括更新石核台面桌板、向心石核、

① Gao X., 2000. *Explanations of typological variability in Paleolithic remains from Zhoukoudian Locality 15, China*. The thesis for the degree of PhD of the University of Arizona.

② 高星：《周口店第15地点剥片技术研究》，《人类学学报》2000年第3期；高星：《周口店第15地点石器原料开发方略与经济形态研究》，《人类学学报》2001年第3期；高星：《关于周口店第15地点石器类型和加工技术的研究》，《人类学学报》2001年第1期。

孔贝瓦石核和石片、修理台面石片等；在石核剥片准备阶段进行砸击开料等；不同剥片技术构成了不同的剥片序列。

　　工具毛坯的选择两者均以片状毛坯为主，15 地点为 68.2%，乌兰木伦遗址为 99%。但 15 地点仅有 12.9% 为完整石片，而乌兰木伦遗址高达73%。工具类型构成上，刮削器均为重要组成部分，不过 15 地点刮削器比例高达 92.6%，而乌兰木伦遗址仅为 21.7%。考虑到研究者在对 15 地点工具进行分类时，并没有将锯齿刃器单独列出，因此这个 92.6% 的比例可能会稍微偏高。与 15 地点刮削器占绝对主导地位不同，乌兰木伦遗址工具类型是以锯齿刃器、凹缺器和刮削器的组合形式出现的，其中锯齿刃器比例最高，但三者的比例实际上相差不大。工具类型上两者更为重要的一个不同是，乌兰木伦遗址相对而言表现出更多的旧石器晚期的石器风格特征：没有大型工具如砍砸器类；薄刃斧以小型石片加工；出现了旧石器晚期的典型器类端刮器、石镞等。工具修理技术均以锤击法为主，加工方式多样，有正向、反向、错向、交互等，以正向为主。不同的是，15 地点还存在砸击修理技术，可见砸击法在 15 地点并不能简单看作是附属地位；乌兰木伦遗址可能存在较为先进的压制修理技术。此外，乌兰木伦遗址出现的特殊修理技术如修柄和有意截断在 15 地点没有见到。不过，15 地点的 1 件尖状器底部有一个可能是故意打击形成的凹缺，可能是为了捆绑而进行的修柄（图123）。

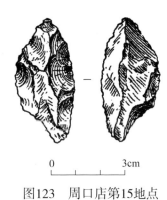

0　　　　　　　3cm

图123　周口店第15地点
可能修柄的尖状器

二、与泥河湾盆地对比

　　在泥河湾科学研究中，不同学者对泥河湾盆地常常会有广义和狭义两个概念[①]。广义的泥河湾盆地包括阳原、蔚县、大同盆地以及涿鹿、怀来盆地；狭义则仅仅指阳原盆地。无论出于地理、地貌还是旧石器文化上的理解，本书所指和涉及的考古遗址都是来自广义上的泥河湾盆地，如峙峪遗址即位于广义泥河湾盆地的西南端，行政区划属于山西省。

　　因此，从地理意义上说，泥河湾盆地是位于北京市西约 50km 以外的

---

　　① 谢飞、李珺、刘连强：《泥河湾旧石器文化》，花山文艺出版社，2006年。

桑干河及其支流壶流河河谷的一个不规整分布的山间构造盆地。它占据河北省西北部和山西省北部。其间,桑干河由西南向东北蜿蜒贯穿整个盆地。自 20 世纪 20 年代以来,泥河湾盆地发现了大量包括旧石器早、中、晚期在内的旧石器文化遗存。其中下更新统旧石器遗址的不断发现,使之成为研究中国乃至东亚早期人类及其文化的一个重要地区[1]。

乌兰木伦遗址与泥河湾盆地旧石器遗址的对比,特别是与该地区旧石器早期遗址的对比,主要是为了追寻其文化"源"的问题。贾兰坡曾提出泥河湾地层是最早人类的脚踏地[2],这里也是以小石器为主要特征的中国北方主工业类型[3]集中营,并有可能是中国北方小石器工业的中心和源头[4]。

(一)与早期遗址对比

泥河湾盆地旧石器早期文化遗存发现众多,目前已命名的至少有 60 处[5],部分遗址(马圈沟、小长梁、大长梁、半山、东谷坨、飞梁、霍家地、许家坡、岑家湾、马梁、三棵树和东坡)已有相关报道和年代测定。其中,年代较早、材料丰富和报道详细的小长梁和东谷坨遗址是本次比较的重点。

小长梁(40°13′10″N,114°39′44″E)和东谷坨(40°13′23″N,114°40′16″E)遗址位于泥河湾盆地东端东谷坨村一带,距离不远。其中小长梁遗址发现于 1978 年,经过多次发掘,出土石制品目前经报道的有 1800 余件[6]。其年代经古地磁测定为距今 136 万年[7]。关于小长梁石器工业的技术水平有两种截然不同的观点:一是认为剥片过程随意性很大,技术水平较为原始,工具加工简单且器形不复杂[8];二是认为打片技术比较

---

① Schick K. D., Dong Z., 1993. Early Paleolithic of China and Eastern Asia. *Evolutionary Anthropology*, 2:22-35.

② 贾兰坡、王建:《泥河湾期的地层才是最早人类的脚踏地》,《科学通报》1957年第1期。

③ 张森水:《管窥新中国旧石器考古学的重大发展》,《人类学学报》1999年第3期。

④ 侯亚梅:《泥河湾盆地东谷坨遗址石器工业》,中国科学院古脊椎动物与古人类研究所博士论文,2000年。

⑤ 袁宝印、夏正楷、牛平山主编:《泥河湾裂谷与古人类》,地质出版社,2011年。

⑥ 尤玉柱、汤英俊、李毅:《泥河湾组小长梁遗址的发现及其意义》,《科学通报》1979年第8期;尤玉柱:《河北小长梁旧石器遗址的新材料及其时代问题》,《史前研究》1983年第1期;陈淳、沈辰、陈万勇等:《河北阳原小长梁遗址1998年发掘报告》,《人类学学报》1999年第3期。

⑦ Zhu R. X., Hoffman K., Potts R., et al., 2001. Earliest presence of humans in Northeast Asia. *Nature*, 413: 413-417.

⑧ 陈淳、沈辰、陈万勇等:《小长梁石工业研究》,《人类学学报》2002年第1期。

纯熟，工具类型也具有一定的复杂性①。东谷坨遗址发现于 1981 年，经多次发掘，出土石制品非常丰富，见报道的有 2100 余件②。其年代经古地磁测定为距今 110 万年③。东谷坨遗址石器基本特征是小型而加工精细，且具有细石器传统旧石器时代晚期石器工业的某些风貌④，特别是东谷坨石核的发现和命名⑤ 多显示出古老地层中文化先进的性质，也一度为学者所质疑⑥。

　　考虑到乌兰木伦遗址与小长梁和东谷坨遗址年代跨度太大，而且不同学者对小长梁和东谷坨遗址文化面貌的认识还有一些差异。为了使比较更为可靠，有必要对实际材料进行考察。为此，笔者观察了现存放于中国科学院古脊椎动物与古人类研究所的小长梁和东谷坨标本，并且与西班牙 Andreu Ollé Cañellas 等学者对这两批石制品进行了再次观察。综合前人对这两处遗址石制品面貌的认识和自己的观察，它们在以下几个特征上与乌兰木伦遗址显示出密切的关系。

　　（1）原料以燧石为主（90% 以上），其主要在遗址附近采集。裴树文曾研究了东谷坨遗址的原料利用方式，认为其主要采集于砂砾岩砾石中、构造破碎带和遗址北侧断裂带⑦。小长梁遗址基本也是如此。这是一种就地取材（遗址附近）、择优选择的原料获取方式。

　　（2）石制品以小型为主。经统计，小长梁遗址石制品最大长度基本小于 40mm，东谷坨遗址则基本在 50mm 以内。

　　（3）锤击法是石核剥片的主要方法，砸击法也有使用。关于砸击法的使用程度，一般认为是偶尔使用，不过笔者在和来自西班牙具有砸击实验经验的同行观察这两个遗址的标本时，又新识别出 35 件砸击制品（图124）。其中小长梁遗址观察的 53 件标本中有 27 件砸击制品，比例为50.9%。虽然这一比例不能代表整个遗址砸击制品的比例，但可以认为有必要重新审视砸击剥片技术在泥河湾盆地早期遗址中的地位。修理台面技

---

① 黄慰文：《小长梁石器再观察》，《人类学学报》1985年第4期。

② 卫奇：《东谷坨旧石器初步观察》，《人类学学报》1985年第4期；侯亚梅、卫奇、冯兴无等：《泥河湾盆地东谷坨遗址再发掘》，《第四纪研究》1999年第2期。

③ Wang H. Q., Deng C. L., Zhu R. X., et al., 2005. Magnetostratigraphic dating of the Donggutuo and Maliang Paleolithic sites in the Nihewan Basin, North China. *Quaternary Research*, 64:1-11.

④ 卫奇：《东谷坨旧石器初步观察》，《人类学学报》1985年第4期。

⑤ 侯亚梅：《"东谷坨石核"类型的命名与初步研究》，《人类学学报》2003年第4期。

⑥ 张森水：《中国北方旧石器工业区域渐进与文化交流》，《人类学学报》1990年第4期。

⑦ 裴树文、侯亚梅：《东谷坨遗址石制品原料利用浅析》，《人类学学报》2001年第4期。

图124　小长梁、东谷坨遗址新识别出的部分砸击制品

术在小长梁和东谷坨遗址都有出现，主要表现在小长梁遗址的修理台面石片[①]和东谷坨遗址的预制台面石核[②]。石核预制技术在东谷坨遗址甚至已经较为发达。

（4）工具类型多样，以刮削器为主，且能进一步分出细类。锯齿刃器、凹缺器、尖状器等也有一定比例。此外，端刮器、雕刻器、石锥等也有出现。

（5）工具毛坯主要为石片（其中东谷坨遗址为89.7%，小长梁遗址缺乏公布的数据）。修理方法主要为锤击法，加工方式多样但以单面正向加工为主。东谷坨遗址发现的个别尖状器加工已较为精致，器形规整、加工部位平齐。值得一提的是，有2件（带肩）尖状器（图125）可能是修柄的早期证据[③]。

以上五点在乌兰木伦遗址石器工业中表现明显。不过相较而言，后者显然要更为复杂和多样。首先，原料选择上，乌兰木伦遗址古人类面对成分多样的基岩砾石层砾石原料，主要选择了相对优质的石英岩，更加体现出选择的主动性。其次，剥片方法以锤击法为主，砸击法也是重要组成部分，但还可能存在更为进步的压制法；此外，孔贝瓦技术以及多样的石核

---

① 黄慰文：《小长梁石器再观察》，《人类学学报》1985年第4期。

② 侯亚梅：《"东谷坨石核"类型的命名与初步研究》，《人类学学报》2003年第4期。

③ 侯亚梅：《泥河湾盆地东谷坨遗址石器工业》，中国科学院古脊椎动物与古人类研究所博士论文，2000年。

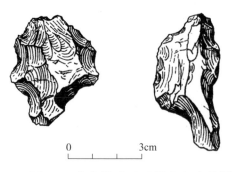

0 ———————— 3cm

图125　东谷坨遗址（带肩）尖状器

剥片序列都表明乌兰木伦遗址石核剥片的复杂性。再次，乌兰木伦遗址的工具类型更为丰富多样，除小长梁和东谷坨遗址出现的类型外，还有琢背石刀、鸟喙状器、石球等；此外，加工精制的石镞也已出现。最后，工具修理上，乌兰木伦遗址虽然也以锤击法为主，但还可能有压制法；有更多的精制加工工具，器形和形态等也更为稳定，修柄技术也更为成熟，还有有意截断的修理方法。

（二）与中期遗址对比

泥河湾盆地旧石器中期遗址发现不多，个别遗址的年代存在争议。其中，许家窑遗址是相对较为学术界所公认的一个遗址。

许家窑遗址应该说有两个地点，分别位于泥河湾盆地北部河北省阳原县侯家窑村西侧长形沟和山西省阳高县许家窑村北侧两叉沟，均处于桑干河支流梨益沟右岸，地理坐标分别为 40°06′04″ N，113°58′41″ E 和 40°06′53″ N，113°57′31″ E。其发现于 1973 年，经多次发掘，出土石制品 2 万多件。目前已发表可供对比研究的标本 14039 件[1]。该遗址的准确年代目前还没有定论，陈铁梅利用铀系法所得到的年代为距今 12.5 万～10 万年[2]，为目前学术界所普遍接受。

许家窑遗址石器工业以下几个特征表现出与乌兰木伦遗址的密切关系。

（1）石制品原料主要采自遗址附近的河漫滩或阶地砾石，属于就地取材性质。其中占有一定比例的石英原料主要用来砸击剥片，表明对不同原料采用了不同的应对策略。

---

[1]　贾兰坡、卫奇：《阳高许家窑旧石器时代文化遗址》，《考古学报》1976 年第 2 期；贾兰坡、卫奇、李超荣：《许家窑旧石器时代文化遗址 1976 年发掘报告》，《古脊椎动物与古人类》1979 年第 4 期。

[2]　陈铁梅、原思训、高世君：《铀子系法测定骨化石年龄的可靠性研究及华北地区主要旧石器地点的铀子系年代序列》，《人类学学报》1984 年第 3 期。

（2）石制品以小型为主，大部分石制品最大长在 40mm 左右。

（3）锤击法是石核剥片的主要方法，砸击法也有一定比例（根据 1976 年发表的报告，砸击石片占石片总数 8.84%[①]）。石核预制技术和台面修理技术已经较为发达，其中预制的盘状石核虽然大小不一，但是已经相当规整和典型。此外，在剥片时已经懂得利用台面的凸棱。该遗址辨认出的原始棱柱状石核被认为可能是细石器中常见的柱状和锥状石核的母型[②]，经观察确实比较原始，与其说与晚期细石器石核有关联，还不如说是对石核剥片面和台面的有效控制。从这一层面上讲，其与乌兰木伦遗址进行砸击开料并以固定砸击破裂面为台面的石核有很大的相似性。

（4）工具类型多样，刮削器、尖状器、雕刻器、石钻等均有发现。石球被认为是该遗址的一大特色，但比例也仅为 3.6%[③]。即使据 1979 年发表的报告，其比例也只有 7.76%[④]。

（5）工具毛坯主要为石片，加工方法主要为锤击法，加工方式多样但主要为单面正向加工。工具加工已较为精致，常可见修理片疤层叠的情况。

但两者也有许多不同点。首先，原料利用上，许家窑遗址据 1976 年发表的报告，原料类型有 7 种，其中（脉）石英（32.2%）、火石（燧石，30.2%）和火山岩（19.8%）比例均较高；而乌兰木伦遗址高度选择了石英岩（86%）。其次，许家窑遗址没有见到压制法和孔贝瓦剥片技术。再次，许家窑遗址工具类型中刮削器比重占了主导地位（76%），其他各类比例均较低；而乌兰木伦遗址是以工具组合的形式出现的，其是以锯齿刃器、凹缺器和刮削器为主导的一套工具组合。再次，许家窑遗址缺乏乌兰木伦遗址的石镞等精致工具，而保留了更加有旧石器早期特色的三棱尖状器（手镐）和砍砸器等。最后，许家窑遗址缺乏乌兰木伦遗址可能存在的压制修理技术，也不存在修柄和有意截断修理技术。

（三）与晚期遗址的对比

泥河湾盆地旧石器时代晚期遗址数量很多，其中虎头梁遗址群和峙峪遗址分别代表了细石器工业和小石器工业两个不同的工业类型。乌兰木伦遗址没有表现出细石器工业成分，因此，主要选择峙峪遗址进行对比。

峙峪遗址（39°24′11″N，112°21′05″E）地处泥河湾盆地西南端，

---

① 贾兰坡、卫奇：《阳高许家窑旧石器时代文化遗址》，《考古学报》1976年第2期。

② 贾兰坡、卫奇：《阳高许家窑旧石器时代文化遗址》，《考古学报》1976年第2期。

③ 贾兰坡、卫奇：《阳高许家窑旧石器时代文化遗址》，《考古学报》1976年第2期。

④ 贾兰坡、卫奇、李超荣：《许家窑旧石器时代文化遗址1976年发掘报告》，《古脊椎动物与古人类》1979年第4期。

其文化层埋藏在峙峪河第二级阶地。该遗址发现于 1963 年，进行了 20m² 的发掘，获得石制品 15000 多件[①]。其年代经 ¹⁴C 测定为 28130±1370BP、28945±1370BP[②] 和 33155±645BP[③]。

峙峪遗址作为旧石器晚期的文化遗存，与作为旧石器中期的乌兰木伦遗址相比，其不同点多表现为前者的进步性。首先，剥片技术上，石核方面出现了楔形石核的雏形——扇形石核，其可能作为细石器石核原始类型对探讨细石器文化起源具有重要的考古学意义；石片方面，锤击石片长而薄，类似于石叶，石片生产技术可能有软锤直接打击法和间接打击法。其次，从工具类型和修理技术上看，峙峪遗址工具修理非常精细，修理疤大小接近且延展性好、修理边平齐；器物形态稳定；斧形小石刀等典型的复合工具出现。

两者的不同点还表现在，峙峪遗址没有发现乌兰木伦遗址石核剥片所采用的孔贝瓦技术。此外，峙峪遗址的石镞只有乌兰木伦遗址石镞类型中的一类，而没有带铤石镞。

但两者的相同点也是很多的。首先，原料利用方面，都表现出对优质原料的选择。峙峪遗址石制品原料主要为优质的燧石；而乌兰木伦遗址主要为优质的石英岩。其次，石核剥片技术均以锤击法为主，砸击法也有使用，都存在对石核的预制。再次，工具毛坯均以石片为主，且类型都很丰富。最后，工具修理均以锤击法为主，加工方式多样但以单面正向加工为主；都有修柄技术。

三、小结

乌兰木伦遗址与邻近地区的不同阶段旧石器遗址对比，显示出很多共同点，也有很多不同点。

与泥河湾盆地距今 100 多万年前的小长梁和东谷坨遗址相比，在原料利用（选择性）、石制品大小（以小型为主）、石核剥片技术（锤击法为主，石核预制技术）、工具加工和修理技术方面（锤击法、正向修理为主）都体现出很多的共同点。值得提到的是砸击技术在泥河湾早期遗址石器工

---

① 贾兰坡、盖培、尤玉柱：《山西峙峪旧石器时代遗址发掘报告》，《考古学报》1972年第1期。

② 中国社会科学院考古研究所：《中国考古学中碳十四年代数据集（1965—1991）》，文物出版社，1991年。

③ 原思训：《加速器质谱法测定兴隆纹饰鹿角与峙峪遗址等样品的¹⁴C年代》，《人类学学报》1993年第1期。

业中的地位，可能要超出我们现在的估计。但相对来说，在很多方面，乌兰木伦遗址都更多地显示出进步性质，特别是在石核剥片技术的复杂性、工具类型的多样性和精致性、工具特殊修理技术等方面。与同样属于旧石器时代早期的周口店遗址第 1 地点对比，也是如此。需要提到的是，不仅砸击技术在石核剥片中占有很高比例，砸击修理技术在周口店遗址不论是第 1 地点还是 15 地点也很普遍，而同样使用了砸击剥片技术的乌兰木伦遗址目前还没有观察到采用砸击法进行工具修理。

与旧石器时代中期的周口店第 15 地点和泥河湾盆地许家窑遗址对比，它们的相同点更为明显。例如原料利用的选择性且对不同原料有不同的应对策略、石核剥片技术（锤击法为主，砸击法较少）、剥片过程中都表现出较强的预制性以及较强的石核控制能力、工具类型多样、工具修理以锤击法为主等。不过，周口店第 15 地点较之乌兰木伦遗址有一个很大的不同点是工具毛坯以完整石片为毛坯者比例较低。许家窑遗址较之乌兰木伦遗址则不存在修柄技术。相对来说，乌兰木伦遗址具有更多的进步性质，例如原料的选择性更强、工具类型以锯齿刃器、凹缺器、刮削器共同主导成套组合出现；可能存在压制技术；出现了精致工具如石镞等。周口店第 15 地点和许家窑遗址则还保留了旧石器时代初期的大型工具，如手镐和砍砸器类。

值得强调的是，乌兰木伦遗址的孔贝瓦技术和独有石镞类型 Aterian tanged point 在其邻近地区没有发现，即使在旧石器晚期的峙峪遗址也没有见到。

第三节　与国外相关旧石器工业对比

与国外相关旧石器工业的对比，其主要目的是为了探讨乌兰木伦遗址与世界范围内相关旧石器工业是否具有相似性，或者说在世界旧石器文化演化中的位置。鉴于世界范围内遗址众多、材料繁复，以及考虑到乌兰木伦遗址石器工业自身的特点，为了避免盲目对比，因此主要以地理上的分区、区域内石器工业面貌上的总体特征、与乌兰木伦遗址具有相关性的代表性石制品类型和技术等来进行比较。具体选择的对比区域包括中国邻近亚洲地区、欧洲和非洲，在年代上重点关注与乌兰木伦遗址相近的旧石器时代中期和晚期遗址。

一、亚洲邻近地区

中国邻近的亚洲地区又分为亚洲北部、东部、南部。

（一）亚洲北部的蒙古和阿尔泰地区

亚洲北部的蒙古和阿尔泰地区，目前已发现了大量的旧石器时代遗址，年代最早可到 100 万年前[1]。其中，旧石器时代中期、中晚期过渡以及晚期的遗址最为丰富。对这些遗址的发掘与多学科综合研究，为探讨古人类演化与迁徙提供了重要线索。该地区旧石器时代中期和晚期早段遗址的石器工业明显具有均一性和连续性[2]，且更多体现出本地文化特色[3]。鉴于此，不必要对该地区所有旧石器遗址进行梳理，而可以通过最具代表性的 Denisova 洞穴遗址来进行讨论。

Denisova 洞穴遗址位于 Anui 河谷西北 6km 的一处洞穴内，于 1977 年发现，并于 1984 年进行了首次发掘，随后又进行了连续性发掘。获得了古人类化石以及大量的石制品和精美的装饰品[4]。该遗址是一处具有旧石器时代中期至晚期连续性堆积剖面的重要遗址，目前已揭露的文化层达 13 层，时间跨度从距今 28 万年延续到距今 3 万年[5]。在遗址的下部地层（第 19 ～ 22 层）中，具有明显的以勒瓦娄哇石制品组合为代表的莫斯特文化特征，不仅发现有一定数量的勒瓦娄哇石核和盘状石核，其剥片产品表现为大量的勒瓦娄哇石片，并出现了石叶，而且工具加工的毛坯也大量选用勒瓦娄哇石片。在往上的地层（从第 18 层开始），勒瓦娄哇剥片产品开始减少，取而代之的是越来越普遍的横向石叶剥片技术，并且以石叶为毛坯加工的工具数量也明显增加。特别是到了第 11 层，其文化年代经

① Martinon-Torres M., Dennell R.,Bermudez De Castro J. M., 2011. The Denisova hominin need not be an out of Africa story. *Journal of Human Evolution*, 60:251-255.

② Brantingham P. J., Krivoshapkin A. I., Li J., et al., 2001. The initial Upper Paleolithic in Northest Asia. *Current Anthropology*, 42:735-747.

③ Derevianko A. P., 2001. The Middle to Upper Palaeolithic transition in the Altai (Mongolia and Siberia). *Archaeology, Ethnology and Anthropology of Eurasia*, 3:70-103.

④ Derevianko A. P., Shunkov M. V., Volkov P. V., 2008. A Paleolithic Bracelet from Menisova Cave. *Archaeology, Ethnology and Anthropology of Eurasia*, 34:13-25.

⑤ Derevianko A. P., 2010. Three scenarios of the Uiddle to Upper Paleolithic transition: scenario 1: the Middle to Upper Paleolithic transition in Northern Asia. *Archaeology, Ethnology and Anthropology of Eurasia*, 38:2-32.

¹⁴C 测定为距今 5 万～3 万年 [①]，开始显现出旧石器时代晚期早段的文化面貌，勒瓦娄哇剥片技术进一步减少，而石叶和细石叶制品显著增多。

阿尔泰地区的莫斯特文化实际上可以分为三个变体 [②]：阿舍利型莫斯特、经典莫斯特和锯齿刃器型莫斯特。

有关 Denisova 遗址的石器工业特点有以下三点是与乌兰木伦遗址显著不同的：下部地层（最早至距今 28 万年）中流行的勒瓦娄哇剥片技术和 18 层以后的地层中（距今 9 万～3 万年）逐渐占主导地位的石叶技术，以及工具毛坯多选用前两种剥片技术的产品。这三个特点在乌兰木伦遗址目前的考古材料中还没有确凿的证据，表明它们在剥坯文化方面的巨大差异。需要提到的是，在该地区没有发现孔贝瓦技术。

不过，它们也有一些共同点。首先，盘状石核剥片技术都有被使用。其次，工具类型中锯齿刃器、凹缺器、刮削器都有一定比例，其他类型如雕刻器、端刮器等也都有存在；特别是该地区存在的锯齿刃器型莫斯特工具组合与乌兰木伦遗址具有可比性。最后，也是最为重要的一点，在 Denisova 遗址的第 11 层（距今 5 万～3 万年）发现有 1 件带铤石镞（这件标本被研究者归类为刮削器）（图 126）。

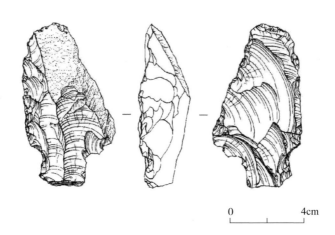

0　　　　4cm

图126　Denisova遗址第11层发现的石镞 [③]

① Derevianko A. P., 2001. The Middle to Upper Palaeolithic transition in the Altai (Mongolia and Siberia). *Archaeology, Ethnology and Anthropology of Eurasia*, 3:70-103.

② Derevanko, A. P., Shimkin D. B., Powers W. R., 1998. The Paleolithic of Siberia: new discoveries and interpretations. University of Illinois Press.

③ Derevianko A. P., 2001. The Middle to Upper Palaeolithic transition in the Altai (Mongolia and Siberia). *Archaeology, Ethnology and Anthropology of Eurasia*, 3:70-103.

（二）亚洲东部的俄罗斯远东、朝鲜半岛和日本

俄罗斯远东地区目前发现的旧石器时代遗址不多，被确定为早期的有 4 个 [1]，主要为砾石工业体系；发现有 1 件具有阿布维利特征的手斧。不过这些遗址因缺乏可靠的年代证据而使该地区是否存在旧石器早期人类活动存疑。进入到旧石器中晚期阶段，遗址相对较为丰富，其主要特征是开始出现了新的石核剥片技术以及加工更为精致的工具，而砾石工具仍然存在。该区域旧石器中晚期可区分为多个文化变体 [2]，包括推断为莫斯特晚期或旧石器晚期的奥斯诺夫类型（Osinovka type）；以各类石核、石片、两面器和尖状器为代表的地理学会洞穴和相关遗存（Geographical Society Cave and Related Inventories），值得提到的是，在该变体类型中发现有两面剥片即孔贝瓦技术，年代为距今 3 万年；包含勒瓦娄哇石核、楔状石核、棱柱状石核等的瑟勒姆德扎类型（Selemdzha type），年代为距今 2.5 万～1.5 万年；具有长石片—石叶技术的乌兹逊诺夫卡类型（Ustinovka type），时代属于旧石器晚期末段；包含楔形石核、箭头（带铤石镞）等的细石器遗存类型，年代为距今 1.4 万～1 万年。可见，该地区的所谓旧石器中晚期文化实际上基本属于旧石器晚期。

朝鲜半岛的旧石器早期属于阿舍利石器工业 [3]。而旧石器中期在韩国学术界则有所争论 [4]。有学者对朝鲜半岛旧石器中期和晚期早段遗址的发现、定年以及石制品研究做出了很大贡献，他将这一时段的石器工业特征区分为三个变体 [5]：其一是包含手斧的典型朝鲜半岛旧石器中期文化，其二是以砍砸器为主但不包含手斧的砾石工业，其三是包含手斧的石片工业。可见，该地区旧石器中期以及晚期早段的明显特征是重型、轻型工具并存。不过，在石核剥片时存在盘状石核剥片技术，而不存在勒瓦娄哇技术。进

[1] Derevanko, A. P., Shimkin D. B., Powers W. R., 1998. The Paleolithic of Siberia: new discoveries and interpretations. University of Illinois Press.

[2] Derevanko, A. P., Shimkin D. B., Powers W. R., 1998. The Paleolithic of Siberia: new discoveries and interpretations. University of Illinois Press；Kuzmin Y. V., 2008. Siberia at the Last Glacial Maximum: environment and archaeology. *Journal of Archaeological Research*, 16: 163-221.

[3] Norton C. J., Bae K., Harris J. W. K., et al., 2006. Middle Pleistocene handaxes from the Korean Peninsula. *Journal of Human Evolution*, 51: 527-536.

[4] Lycett S. J., Norton C. J., 2010. A demographic model for Palaeolithic technological evolution: the case of East Asia and the Movius Line. *Quaternary International*, 211: 55-65.

[5] Lee Y. J., Kong S. J., Le site Paléolithique de Suyanggae, Corée. *L'Anthropologie*, 2006, 110:223-240；Lee H. W., Projectilepoint and their implications. *Archaeology, Ethnology and Anthropology of Eurasia*, 2010, 38:41-49.

入距今 3 万年以后，石叶技术出现。

日本地区最早的旧石器文化可以早至距今 60 万年前[1]，一般认为可以分为早、中、晚三期。大约 13 万年前可以看作是旧石器中期的开始。这一时期，石制品原料选择与早期相比偏向大型，而相对更为优质的玉髓等小型原料较少使用。石核剥片出现了盘状石核即向心剥片技术，砸击法也有少量使用。工具类型多样，不仅有轻型的刮削器、尖状器、雕刻器等，还有重型的手斧、手镐和砍砸器等。修理方法主要是锤击法。与中期不同，进入到距今 3 万年以后的旧石器晚期，出现了石叶技术。

亚洲东部的这几个地区，进入到旧石器时代中期后，都表现出以下几个共同特征：重型石器与轻型石器并存，石核剥片技术以锤击法为主同时使用砸击法，盘状石核剥片技术出现但没有勒瓦娄哇技术，到旧石器晚期出现石叶技术。与乌兰木伦遗址对比，后者不存在重型工具，前者的重型工具可能主要继承了当地旧石器早期的阿舍利传统；而在石核剥片技术上则非常相似。此外，在工具类型上，两者也有相似之处，主要体现在工具类型的多样，且其中包含刮削器、锯齿刃器、雕刻器等器形。值得强调的是，在俄罗斯远东地区距今 3 万年的地理学会洞穴和相关遗存中出现了孔贝瓦技术，可能与乌兰木伦遗址有某种关联。

此外，在亚洲东部的这几个地区，在距今 3 万年后的旧石器晚期均出现了与乌兰木伦遗址相似的带铤石镞。

（三）亚洲南部的印度半岛

印度半岛是亚洲南部旧石器工作开展较多的地区，发现有可能是世界上年代最早的手斧[2]。该地区旧石器之初体现出强烈的阿舍利文化特征，虽然还存在可能属于连续发展的索安文化[3]。阿舍利工业表现为高比例的手斧和薄刃斧组合。特别值得提到的是，大量的薄刃斧其毛坯为孔贝瓦石片[4]。笔者 2011 年前往印度学术交流期间曾对这些薄刃斧进行了观察和测量。

[1] 佐川正敏：《日本旧石器早、中期文化研究新进展及其与邻近地区旧石器对比》，《人类学学报》1998年第1期。

[2] Pappu S., Gunnell Y., Akhilesh K., et al., 2011. Early Pleistocene presence of Acheulian Hominins in South India. *Science*, 331:1596-1599.

[3] Sankalia H. D., 1974. The prehistory and protohistory of India and Pakisitan. The thesis for the degree of PhD of the Decan College.

[4] Gaillard C., Mishra S., Singh M., et al., 2010. Lower and Early Middle Pleistocene Acheulian in the Indian Subcontinent. *Quaternary International*, 223-224: 234-241.

　　旧石器中期一度因为相关遗址缺乏地层而引起年代上的争议，但随着新的发现和研究这一争议已经不复存在 ①。在印度旧石器中期遗址中，往往存在一定数量的手斧等重型工具，可能主要受到当地早期阿舍利传统的影响，但石片工具明显增加 ②。这一时期新的文化现象是盘状石核技术、勒瓦娄哇技术甚至石叶技术的出现。目前该地区最早的石叶证据来自 Jwalapuram 遗址，其年代可早至距今 7.4 万年 ③。值得一提的是，在该遗址的第 22 地点还发现了 1 件带铤石镞（图 127）④。

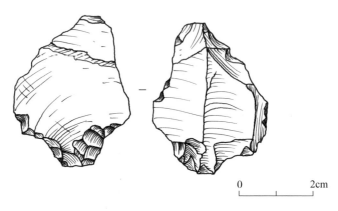

0   2cm

图127　印度Jwalapuram遗址第22地点发现的带铤石镞

　　由以上印度半岛所列的旧石器时代中期文化的特征来看，乌兰木伦遗址与之差别很大，甚至可以看作是两个不同的剥坯系统；而工具类型上则可能都更多地受到当地旧石器早期文化的影响，前者具有早期阿舍利文化的重型工具，而后者则主要为小型工具。不过，两者也表现出一些共同点，例如盘状石核剥片技术的使用以及石镞的出现。此外，印度半岛阿舍利工业中孔贝瓦技术的大量使用与乌兰木伦遗址孔贝瓦技术是否具有文化传播

① Petraglia M., Korisettar R., Boivin N., et al., 2007. Middle Paleolithic assemblages from the Indian Subcontinent before and after the Toba Super-Eruption. *Science*, 317: 114-116.

② Gaillard C., 1996. Processing sequences in the Indian Lower Palaeolithic: examples from the Acheeulian and the Soanian Indo-Pacific prehistory. *Bulletin of the Indo-Pacific Prehistory Association*, 14:57-67.

③ Haslam M., Clarkson C., Petraglia M., et al., 2010. The 74 ka Toba super-eruption and Southern Indian hominins: archaeology, lithic technology and environments at Jwalapuram Locality 3. *Journal of Archaeological Science*, 37:3370-3384.

④ Haslama M., Clarkson C., Roberts R. G., et al., 2012. A Southern Indian Middle Palaeolithic occupation surface sealed by the 74 ka Toba eruption: further evidence from Jwalapuram Locality 22. *Quaternary International*, 258: 148-164.

上的关系，值得思考。

二、欧洲

欧洲旧石器早期经历了阿布维利和阿舍利两个阶段，然而它们之间如何过渡目前还知之甚少。一般而言，阿舍利的出现以软锤法剥片为标志[1]。值得强调的是，阿舍利文化在欧洲主要分布在西部[2]（即博尔德所谓的西部现象），而往中欧和东欧阿舍利遗存发现较少（不过也有学者认为可能是这些地区旧石器工作开展较晚的原因——与波兰旧石器学者 Jan Michal Burdukiewicz 交流）。到里斯冰期，阿舍利文化遗址发现数量非常多，而且这一阶段已经出现了勒瓦娄哇技术。

欧洲的旧石器中期常常与"莫斯特文化"相联系，表现为勒瓦娄哇技术的广泛使用。实际上，很多学者将欧洲旧石器中期的技术标准定义为工具组合以预制型修理石核剥下的石片为毛坯[3]。这个定义体现该阶段古人类高度计划和灵活适应的能力。当然，这种计划性和灵活适应的能力集中体现为勒瓦娄哇剥坯技术的大量使用。不过，也应注意到，这一阶段流行的莫斯特文化，勒瓦娄哇技术是否存在并不是其最基本的特征。以法国为例，该地区莫斯特文化至少可以分为四个变体[4]：典型莫斯特（Typical Mousterian）、奎纳—菲拉西莫斯特（Quina-Ferrassie Mousterian）、锯齿刃器型莫斯特（Denticulate Mousterian）、阿舍利传统莫斯特（Mousterian of Acheulian Tradition）。实际上，除了在奎纳—菲拉西莫斯特类型中勒瓦娄哇技术产品比例较高外，其他类型该技术比例均较少甚至没有。此外，法国的这个莫斯特文化变体也表明代表莫斯特文化的石制品组合是多样的。

欧洲旧石器时代中期文化主要为莫斯特文化，如果简要地提取出该阶段文化特点，可以概括为：石核剥片预制技术占主导，其中包括勒瓦娄哇技术和盘状石核技术；工具多以预制剥片产品为毛坯，但这些石片工具常常与手斧等并存；工具组合具有多样性，并可区分不同的文化变体；工具类型中，刮削器常常占有一定比重（多在 20% 以上），并细分出不同类型；工具修理方式多样，加工也很精致，个别文化类型工具加工程度高，

[1] Bordes F., 1968. *The Old Stone Age*. McGraw-Hill Book Company.

[2] Tuffreau A., 2004. *L'Acheuleen, De L' Homoo erectus a L'homo de Neandetal*. La maison des roches.

[3] Otte M., Kozlowski J. K., 2001. The transition from the Middle to Upper Paleolithic in North Eurasia. *Archaeology, Ethnology and Anthropology of Eurasia*, 3:20-31.

[4] Bordes F., 1961. Mousterian Culture in France. *Science*, 134:803-810.

例如奎纳型莫斯特文化工具修理的阶梯状修疤以及普遍出现的两面修理的尖状器和刮削器。

　　进入旧石器时代晚期，值得提到的是该地区出现了带铤石镞。

　　乌兰木伦遗址与欧洲旧石器时代中期文化相比，差异性是主要的，但也有一些共同点。例如，乌兰木伦遗址有石核预制技术，并使用了盘状石核技术，但没有勒瓦娄哇技术；工具类型多样，刮削器占有一定比例，特别是以锯齿刃器和凹缺器为主导的工具组合可能与欧洲锯齿刃器型莫斯特文化具有相似性；工具修理主要为浅层修理，但也有两面器等。值得一提的是，在欧洲旧石器中期也有孔贝瓦技术[1]。

三、非洲

　　非洲旧石器时代早期经历了奥杜韦文化和阿舍利文化两个阶段，孔贝瓦技术也是发现于非洲旧石器文化的这个阶段而命名[2]。大约在距今30万年前，非洲进入到旧石器时代中期[3]。在这个阶段，一般认为，以撒哈拉为界，在非洲南、北部出现两个不同的旧石器文化圈：北部的Aterian文化和南部的莫斯特文化。

　　Aterian文化[4]分布于非洲北部的大部分地区，与非洲南部莫斯特文化的最主要区别是石制品组合中含有带铤石镞（tanged point），其年代为距今9.1万～6.1万年前[5]。不过，这一文化类型也被博尔德称为真实的莫斯特文化（Jenuine Mousterian Industry）[6]，而且也有学者认为作为该文化的标志石制品类型——带铤石镞实际上不能代表Aterian文化的全部文化复杂性[7]。

①　Anna I. C., 2010. The meaning of "Kombewa" method in Middle Palaeolithic: techno-economic analysis of lithic assemblages from Riparo Tagliente(VR), Carapia (RA), Podere Camponi(BO) and Fossato Conca d'Oro(MT). *Museologia Scientifica e Naturalistica*, 6: 123-130.

②　Owen W. E., 1938. The Kombewa culture, Kenya Colony. *Man*, 38: 203-205.

③　Eleanor M. L. S., 2013. The Aterian and its place in the North African Middle Stone Age. *Quaternary International*, 300: 111-130.

④　Caton-Thompson G., 1946. The Aterian Industry: its place and significance in the Palaeolithic World. *The Journal of the Royal Anthropological Institute of Great Britain and Ireland*, 76: 87-130.

⑤　Cremaschi M., Lernia S. D., Garcea E. A. A., 1998. Some insights on the Aterian in the Libyan Sahara: chronology, environment, and archaeology. *African Archaeological Review*, 15: 261-286.

⑥　Bordes F., 1968. *The Old Stone Age*. McGraw-Hill Book Company.

⑦　Eleanor M. L. S., 2013. The Aterian and its place in the North African Middle Stone Age. *Quaternary International*, 300: 111-130.

非洲南部旧石器时代中期的莫斯特文化，如果以勒瓦娄哇技术的出现为标志，至少在距今 60 万年前就已经开始[①]。实际上，勒瓦娄哇技术在阿舍利工业时期就已经开始使用，比欧洲要早[②]。

除了 Aterian 和莫斯特文化外，在非洲的中东部还有一类叫作 Sangoen 的文化类型，其可能来源于早期的阿舍利文化[③]。该文化存在手斧和手镐等类型，也有端刮器、刮削器等。勒瓦娄哇技术在该文化中也有使用，不过比欧洲和北非要晚[④]。非洲东部的肯尼亚地区，还发现了距今约 50 万年的石叶[⑤]。

总之，从目前的材料来看，非洲的旧石器时代中晚期表现出多个文化变体，其年代或同时或有早晚，但传承关系还不清楚。这些不同的文化类型具备一个共同的特点，即勒瓦娄哇技术的普遍存在。这一点正是乌兰木伦遗址目前所没有确切证据的。此外，该地区石核预制技术如盘状石核技术、孔贝瓦技术则与乌兰木伦遗址具有可比性；特别是 Aterian 的带铤石镞，极有可能是乌兰木伦遗址同类标本的源头。

四、小结

乌兰木伦遗址与中国以外的其他地区相关旧石器文化对比，明显显示出异大于同的特点。特别是与亚洲北部、南部以及欧洲和非洲相比，一个最大不同点是，乌兰木伦遗址缺少这些地区普遍存在的勒瓦娄哇石核剥片技术。这也可能是最为主要的一个文化区别。而处于亚洲东部的俄罗斯远东、韩国和日本地区，也同样缺乏勒瓦娄哇技术。这验证了 Derevianko 关于人类第二次迁徙浪潮较少影响到亚洲腹地（东亚地区）[⑥]的论断。

尽管如此，我们还是能够从这些地区的旧石器中晚期甚至旧石器早期

① Beaumont P. B., Vogel J. C., 2006. On a timescale for the past million years of human history in central South Africa. *South African Journal of Science*, 102: 217-228.

② Beaumont P. B., Vogel J. C., 2006. On a timescale for the past million years of human history in central South Africa. *South African Journal of Science*, 102: 217-228.

③ Bordes F., 1968. *The Old Stone Age*. McGraw-Hill Book Company.

④ Chavaillon J., 1992. L'Afrique. In: Chavaillon J., Farizy C., Julien M., et al. (Eds), *La préhistoire dans le monde (nouvelle édition de La Préhistoire d'André Leroi-Gourhan),(dirigé par José GARANGER)*.Presses Universitaires de France, pp. 557-650.

⑤ Johnson C. R., McBrearty S., 2010. 500,000 year old blades from the Kapthurin Formation, Kenya. *Journal of Human Evolution*, 58:193-200.

⑥ Derevianko A. P., 2001. The Middle to Upper Palaeolithic transition in the Altai (Mongolia and Siberia). *Archaeology, Ethnology and Anthropology of Eurasia*, 3:70-103.

文化中找到与乌兰木伦遗址相似的一些特点。首先，石核预制技术的出现和使用，特别是代表性的盘状石核技术普遍使用。学者将该技术作为旧石器时代中期的文化标志[1]，看来确实具有普遍的意义。其次，工具类型和组合的多样性和复杂性。此外，乌兰木伦遗址一些特殊的石核剥片技术——孔贝瓦技术和工具类型——带铤石镞可以在这些地区找到相关证据。孔贝瓦技术最早在非洲南部旧石器早期出现，在亚洲南部的印度阿舍利文化中广泛使用，在欧洲的旧石器中期也有发现，而在亚洲俄罗斯远东地区的旧石器晚期遗存中也有发现。带铤石镞的源头如果是非洲北部的 Aterian 文化的话，那亚洲南部和北部的旧石器时代中期、欧洲的旧石器时代晚期、亚洲东部的旧石器时代晚期都有出现。这是否代表了一种文化传播的路线，在后文将会有详细讨论。

第四节　乌兰木伦遗址在旧石器文化演化中的位置

通过与鄂尔多斯高原和国内邻近地区以及世界范围内的相关遗址对比，我们已基本能够回答前文所提到的三个问题：

（1）与鄂尔多斯高原旧石器遗址的关系问题。应该说，鄂尔多斯高原发现的这三个遗址关系比较密切，例如工具毛坯均以石片为主，锤击法是石核剥片和工具加工的主要方法等；都可能深受中国华北地区自旧石器早期以来的小石器工业的强烈影响[2]。但相对来说，同属旧石器时代中期的萨拉乌苏与乌兰木伦遗址在文化上更为接近，虽然两者在石制品大小上差别明显，但这显然主要受到原料可获性的影响。从技术和人类行为上讲，无论是在原料利用、石核剥片和工具加工，都体现出更多的相似性。不过，年代相对较晚的乌兰木伦遗址在石核剥片技术、工具类型上要更为多样和复杂。与水洞沟遗址的不同在于后者更多地体现出旧石器晚期和西方的一些文化元素，特别是勒瓦娄哇技术和石叶技术。这也是它们最为主要的差别。值得一提的是，虽然这三个遗址距离很近，但是只有乌兰木伦遗址发现有孔贝瓦技术和带铤石镞，其原因值得深入思考，但也暗示需要在该区域外寻找源头。

（2）有关乌兰木伦遗址石器工业源和流的文化证据。实际上，乌兰

---

① Otte M., Kozlowski J. K., 2001. The transition from the Middle to Upper Paleolithic in North Eurasia. *Archaeology, Ethnology and Anthropology of Eurasia*, 3:20-31.

② 张森水：《中国北方旧石器工业区域渐进与文化交流》，《人类学学报》1990年第4期。

木伦遗址石器工业需要放到中国北方旧石器文化发展序列中才能显示其意义，其是华北旧石器时代中晚期文化过渡的一个重要环节。与邻近地区旧石器早、中和晚期相关遗址的对比，显示出的一些不同点和相同点，表明中国北方小石器文化源和流的问题。通过与华北泥河湾盆地旧石器早期遗址对比，乌兰木伦遗址的一些石器工业技术特点在这些遗址中都能找到，例如广泛使用的锤击法，工具类型的多样和以单面正向为主的修理技术等，甚至连石核预制技术和台面修理技术在东谷坨遗址也早有使用。而砸击法则可能是中国北方小石器工业的纽带[①]，其在泥河湾盆地旧石器早期遗址的石核剥片中可能扮演了重要角色（目前的认识可能低估），在其后的周口店、许家窑、萨拉乌苏、乌兰木伦、水洞沟、峙峪等遗址都有使用。许家窑遗址的盘状石核与水洞沟相似（见贾兰坡关于许家窑的报告[②]）。此外，盘状石核技术在前文没有提及的距今约 100 万年[③]的泥河湾盆地霍家地遗址[④]已经出现（在该遗址的发掘报告中，被分类为多台面石核），在周口店第 1 和 15 地点以及许家窑、乌兰木伦、水洞沟遗址等一直存在。乌兰木伦与峙峪遗址还有一个重要的相同点是，前者石镞类型中的非带铤型石镞发展到后者更为精致。综合来看，中国北方小石器文化以泥河湾盆地为中心本土起源，从旧石器早期一直延续到晚期，表现出"线性进化"的特征[⑤]，这也从一个侧面表明贾兰坡先生提出的"周口店第 1 地点—峙峪系"的小石器传统发展理论仍具有一定的考古意义。

（3）乌兰木伦遗址在世界范围内旧石器文化演化中的位置。乌兰木伦遗址与世界范围内相近时代的旧石器文化对比，更多地显示出差异性。其中，与亚洲北部和南部、欧洲和非洲比较，最大的区别就是乌兰木伦遗址缺乏勒瓦娄哇剥片技术。这些差别可能受文化、地域（远距离）的影响。而与亚洲东部包括俄罗斯远东地区比较则不存在此差别，显示出东亚地区相对独立的文化发展序列。其中有一个例外是，旧石器晚期的水洞沟遗址则出现了与西方旧石器文化接近的一些因素。不过，乌兰木伦遗址与这些

① 张森水：《我国远古文化的纽带——砸击石片》，《化石》1983年第4期。
② 贾兰坡、卫奇：《阳高许家窑旧石器时代文化遗址》，《考古学报》1976年第2期。
③ Liu P., Deng C. L., Li S. H., et al., 2010. Magnetostratigraphic dating of the Huojiadi Paleolithic Site in the Nihewan Basin, North China. *Palaeogeography, Palaeoclimatology, Palaeoecology*, 298: 399-408.
④ 冯兴无、侯亚梅：《泥河湾盆地霍家地发现的旧石器》，《人类学学报》1998年第4期。
⑤ 刘扬：《泥河湾盆地更新世人类活动遗迹与石器技术演化》，《第四纪研究》2012年第2期。

地区的共性也是很明显的。例如，乌兰木伦遗址的工具构成是以锯齿刃器、凹缺器和刮削器为主体的器物组合，与亚洲北部的阿尔泰地区以及欧洲的锯齿刃器型莫斯特文化较为接近，甚至与非洲南部和东部的莫斯特文化也较为相似。从这一层意义上讲，将乌兰木伦遗址放在世界旧石器文化演化的尺度上看，其为东西方交流提供了证据。这些证据还表现在孔贝瓦技术和带铤石镞这两个方面，这在下一章将会有详细讨论。

第八章　结论与讨论

自 20 世纪 20 年代发现水洞沟和萨拉乌苏等遗址后，鄂尔多斯高原在近 90 年的时间里一直没有新的旧石器考古遗址发现。乌兰木伦遗址作为该地区新世纪新发现的一处重要旧石器遗址，以其良好的埋藏状况，可靠的地层序列以及丰富的人类遗物和遗迹，从一开始就受到了研究者的重视。持续性的考古发掘与多学科的综合研究，一方面积累了大量的标本，另一方面获得了遗址年代、环境等背景信息，为探讨遗址文化内涵和人类行为等创造了条件。

本书基于乌兰木伦遗址发现的石制品材料，在最新的年代学和古环境等研究成果基础上，对原料来源和开发利用、石核剥片技术、工具类型和修理技术、石制品拼合以及与相近时期中国境内和世界范围内旧石器遗址的关系等方面进行了研究和讨论。其中，石核剥片技术的研究还采用了实验考古学的方法来进行验证和提升认识。从研究结果来看，本书在所设定的研究问题和研究目标上已取得了一定的认识。

第一节　结论

一、年代、环境与埋藏状况

根据地貌和沉积特征，乌兰木伦遗址地层可以与萨拉乌苏遗址地层对比。此外，出土动物化石属于华北晚更新世的"萨拉乌苏动物群"。因此，从大的框架上看，乌兰木伦遗址的年代应归于晚更新世。为了获得比较可靠的绝对年代，根据遗址形成年代框架的初步估算和遗址堆积物的岩性，采用了 ^{14}C 和光释光两种方法进行精确测年，得出遗址文化层年代为距今 6.5 万～ 5 万年。

乌兰木伦遗址的年代范围在冰期阶段上属于末次冰期，在深海氧同位素阶段上属于 MIS 4 结束到 MIS 3 开始，在黄土—古土壤序列中属于 L1 中的 L1-5 结束到 L1-4 开始。从大的气候环境背景上看，跨越了相对寒冷和相对温暖期，而在内部还存在不同的冷暖干湿变化。遗址本身的古植被、沉积学、动物化石等古生态环境记录表明当时生态环境为草原植被景观，其中下部地层为灌丛—草原植被景观，上部地层为典型草原植被景观。遗址周围还存在湖泊环境。而在个别阶段则出现了"沙漠化"现象，其可能是 H6 事件（距今约 6 万年）的反映。总的来看，遗址气候属温凉偏干类型，但较现今相对温暖湿润。

对遗址埋藏过程的认识，有助于我们了解古人类在该遗址活动之后经过了多少改变，是后续研究的基础，特别是对遗址功能和性质的判断具有重要意义。本书从石制品组合、出土状态、拼合以及动物考古埋藏学等多个角度对遗址的埋藏状况进行了探讨，可以判断乌兰木伦遗址堆积性质属于原地快速埋藏，且基本没有受到后期改造，可以说相当完整地保存了当时古人类活动的信息。

二、石器工业特点

1. 原料

地质调查和对比分析表明，石制品原料采集于距遗址约 2km 的乌兰木伦河河岸基岩砾石层。原料在产地没有进行试剥片，而是直接搬到遗址进行剥片和工具制作。对原料的开发利用表现出一定的选择性，并能够采取相应的适应性策略。主要表现在：

（1）对原料类型的选择：原料产地砾石类型呈现出多样性分化，石英岩、石英砂岩和砂岩比例较高，硅质岩亦有一定比例，而石英、片麻岩等极少，玉髓和燧石等极为优质的原料则更为少见。乌兰木伦遗址利用的原料基本包括了产地所有的类型，而以石英岩（86%）特别是优质石英岩为主，其次为石英（12%），其余原料比例均很低。但是，石英相对较高的比例，可能并不能代表其真实利用频率，实验表明其较高的破裂率会影响产品的数量。原料产地石英比例较低也支持这一认识。此外，特别优质的玉髓、玛瑙等虽然在产地难以见到，但是在遗址却有使用。石英砂岩在原料产地比例较高，但在遗址却基本不见。总之，在原料类型利用上，具有很强的选择性。

（2）对原料等级的选择：在产地各类原料中，石英岩比例虽高，但等级优者却较少。此外，等级极好的玉髓、玛瑙等在基岩砾石面只是偶尔能够发现。乌兰木伦遗址比例极高的优质石英岩以及一定比例的玉髓、玛瑙等的构成状况，表明对原料等级的有意选择。

（3）对砾石大小的选择：产地砾石大小以＜ 20mm 为主（约 70%），

适合打制石器者主要集中在 40～100mm，而遗址初始原料主要集中在 40～80mm。这表明古人类对砾石大小的主动选择。这种选择主要考虑从产地搬运到遗址的便利性，又不影响生产满足古人类所需的剥片产品。

（4）对不同类型和形态原料采用的不同应对策略：石英和尺寸较小的优质石英岩采用砸击法来进行剥片，这是因为锤击法石英剥片难以控制，而尺寸较小者则不便持握，但砸击法恰恰能够克服这些问题。此外，对形态较圆的原料在初次剥片阶段先采用砸击开料的方法以获得较好的剥片条件。这些都表明古人类对原料性质有充分的认识，懂得采用相应的策略来应对。

总之，原料来源于就近的地理范围（2km），可能有专人采集，并对原料类型、等级和大小进行选择，表明一种"后勤移动式"的原料利用模式。砾石被完整地带入遗址以进一步处理。在石片生产过程中，打制者根据原料不同性质采用了相应的应对策略，体现出一定的"原料经济"。

2. 石制品构成

从包括发掘和筛洗、采集在内的 13146 件石制品类型上看，废片和碎片占主导地位（合计近 70%），其次为石片（23.6%）；其他类型如石核、工具、断块、备料等均较少，比例没有超过 5% 的。与剥片实验研究对比表明，石核剥片和工具加工过程会造成这样的比例构成。

遗址地层分 8 层，其中第②～⑧层均发现有石制品。但不同层位石制品在单位体积与石制品数量以及其他一些技术特征如原料利用、石制品类型和大小、剥片技术等方面均没有显示出太大的差别。虽然其中也存在一些不能忽视的差异，如较低层位石制品数量对应发掘体积相对较小、砸击技术只出现在个别层位等。但这更可能是受到了不同层位发掘体积不均的影响。因此，总的来看，乌兰木伦遗址从下部层位到上部层位，石制品类型和技术是稳定和连续的。

3. 石核剥片技术

石核剥片主要采用了硬锤锤击剥片法，此外还有砸击法以及可能使用的压制法。石英岩硬锤锤击剥片实验结果显示石核体积的大部分改变都是打制者所预期的，而且每一次有效打击都能够得到足够多有用的剥片产品，这表明锤击法是适用于石英岩剥片的较佳技术。但锤击法并不好控制石英原料。因此，古人类采用了砸击法以弥补锤击法对于石英原料的不足。不过，遗址砸击开料方法的存在以及由于缺乏砸击实验考古经验而对相当部分砸击制品可能难以识别等原因，乌兰木伦遗址砸击法剥片石核和石片的比例应该会比现在认为的要高。可能使用了压制法的石制品（不包括工具）

仅在 1 件小型砸击石核上观察到疑似的迹象。

预制技术的石核和石片数量不多，但是多种体现了该技术特征的如修理台面技术、孔贝瓦技术、盘状石核技术以及更新石核台面桌板等存在都表明其在乌兰木伦遗址石核剥片中已有一定程度的使用。

石核剥片可分为两个阶段，即初次剥片阶段（预备阶段）和持续剥片阶段（生产阶段）。这两个阶段在石核剥片过程中相互联系作为一个整体构成了石核剥片的序列。在不同剥片阶段分别采用了不同的剥片方法和技术，根据这些技术和方法之间关系的紧密程度，概括出乌兰木伦遗址石核剥片至少存在 17 个剥片序列。不同剥片序列对石核初始毛坯形状和原料等具有一定的选择性。个别序列（含 C3.2 方法序列即孔贝瓦技术序列）也显示古人类对具有特殊技术特征的石片有目的生产。以上研究结果表明乌兰木伦遗址石核毛坯利用以及剥片方法、技术和序列的多样性，反映古人类不仅具备较高的剥片技术，还具备一定的计划性和组织能力。石英岩硬锤锤击剥片实验结果与遗址的比较，也从一个侧面验证了对遗址石核剥片技术与序列的判断。

此外，各文化层由于石制品总数相差大，因此反映在剥片技术上（特别是比例）可能会有所差别。不过通过对不同文化层各项剥片技术特征的分析表明它们之间并没有特别明显的差异。这种较早地层与相对较晚地层的无差异性，表明剥片技术演化的连续和稳定。由于受到发掘面积和石制品数量的限制，目前观察到的石核剥片序列中，个别序列对应的考古标本不多。为此寄望在未来的进一步发掘中发现更多的石制品，以给现有的剥片序列增添更多的标本证据，甚至有可能增加更多的剥片序列。

4. 工具类型和修理技术

（1）毛坯：以石片毛坯为主，比例达 99%。其中可以明确判断为完整石片毛坯者占总数的 73%。而将石核加工成工具的仅 2 件，比例约 1%。

（2）大小：主要分布在 20～50mm，形态较小。

（3）工具组合：工具类型丰富，共有锯齿刃器、凹缺器、刮削器、钻具、尖状器、石镞、薄刃斧、琢背石刀、雕刻器、鸟喙状器、两面器粗坯、端刮器、石球等 13 个类型。从比例上看，锯齿刃器、凹缺器和刮削器是较为主要的成分，比例均超过 20%。其中锯齿刃器比例最高，为 37%。其他类型除钻具比例达到 6.5% 外，其余各类工具比例均较低，约为 2% 或小于 2%。显然，乌兰木伦遗址在工具类型构成上是以锯齿刃器、凹缺器和刮削器为代表的石器工业组合。锯齿刃器不仅比例高，而且根据刃缘数量和形态还可分出多个子类型；凹缺器也可分出标准型和克拉克当型两类；刮削器从刃缘形态上也可分出多个子类型。此外，工具组合中不仅有加工精致的工具类型，也有加工程度相对不高的类型。在面对丰富的较优原料时，古人类有计划地生产了精致工具和相对简单的工具。

（4）加工和修理技术：主要采用锤击法进行加工；个别尺寸较小、修疤规整者可能采用压制法。加工方式多样，但以单向加工为主（90%），其中又以正向加工为多（80%）。非石片毛坯工具主要由平面向不规则面加工。工具刃缘加工深度较浅，而加工长度指数较高，可能反映了古人类对长型刃缘的功能需求。刃缘修疤层数不多，具有三层以上修疤者仅9%，暗示古人类对工具的再利用程度不高。刃缘多为直刃，大部分（84%）工具刃缘在加工后，其角度较之原毛坯边缘角度变大。此外，遗址还有一些特殊修理，如修柄、修铤、有意截断和修理手握等。修柄和修铤可能都是为了装柄使用，表明遗址已有复合工具；修理手握则是为了使用时手持方便；有意截断是否是为了镶嵌使用，目前还难以确定。

三、乌兰木伦遗址石器工业及其文化意义

毫无疑问，乌兰木伦遗址石器工业属于以小石片工业为主导的小石器工业体系。对比贾兰坡先生提出的我国华北旧石器两大传统"匼河—丁村系（大石片—三棱大尖状器传统）"和"周口店第1地点—峙峪系（船底型刮削器—雕刻器传统）"[①]的划分，乌兰木伦遗址与后者有着传承关系。也有研究者结合新的材料，将"周口店第1地点—峙峪系"修订为"东谷坨—峙峪系"[②]，是因为这种石器工业传统最早可以追溯到泥河湾的东谷坨遗址。因此，乌兰木伦遗址的重要性需要放在整个中国旧石器文化演化序列中方能显示出来。

乌兰木伦遗址与华北泥河湾盆地旧石器早期遗址对比表明，前者石器工业中的一些技术特点在这些古老遗址中都能找到，例如广泛使用的锤击法，工具毛坯以石片为主、工具类型的多样和以单面正向为主的修理方式等，甚至石核预制技术和台面修理技术在东谷坨遗址都有使用。但相对来说，乌兰木伦遗址在石核剥片技术的复杂性、工具类型的多样性和精致性等方面都显示出更多的进步性质。以上这些对比结果同样适用于同属旧石器时代早期的周口店第1地点。

---

① 贾兰坡、卫奇：《阳高许家窑旧石器时代文化遗址》，《考古学报》1976年第2期。

② 刘扬：《泥河湾盆地更新世人类活动遗迹与石器技术演化》，《第四纪研究》2012年第2期。

与属于旧石器中期的周口店第15地点、许家窑和萨拉乌苏遗址对比，则在原料利用、剥片技术、工具类型和修理等方面都体现出更多的相似性。不同在于，年代相对较晚的乌兰木伦遗址在一些方面如出现了精致工具石镞等体现出更为进步的性质。此外，周口店第15地点和许家窑遗址还保留了旧石器时代初期的大型工具，如手镐和砍砸器类；而乌兰木伦遗址的两面器和薄刃斧都是用小型石片加工的。

与旧石器晚期的水洞沟和峙峪遗址相比，则显示出旧石器文化不同发展阶段的差异。例如，峙峪遗址出现了可能作为细石器石核原始类型的楔形石核雏形——扇形石核，生产的长而薄的石片类似于石叶；石片生产技术可能有软锤直接打击法和间接打击法。而水洞沟遗址则出现了勒瓦娄哇、石叶技术以及确切的压制技术等；工具修理不仅采用了压制技术，甚至还有指垫法和软锤修理。水洞沟遗址的勒瓦娄瓦技术和石叶技术表明其与乌兰木伦遗址是不同工业体系的差别。

由此可见，乌兰木伦遗址作为中国华北小石器传统演化序列中的一员，与东谷坨、小长梁、周口店第1地点、周口店第15地点、许家窑、萨拉乌苏、峙峪等构成了一个体系。在这个体系中，乌兰木伦遗址属于旧石器中期阶段，但同时带有一些旧石器晚期的文化因素，例如预制石核技术的成熟、一些精致工具如石镞、端刮器等的出现。因此，从文化角度来讲，乌兰木伦遗址石器工业属于小石片工业传统，具有我国华北地区小石器工业体系的一般特征。而从文化属性所代表的时代上来讲，其主要体现出旧石器时代中期的文化特征，同时又出现了一些旧石器晚期的文化因素。可见，作为具有中晚期过渡特征的乌兰木伦遗址，可以说是中国华北地区小石器工业传统演化中连接旧石器时代中期和晚期的重要一环。它的发现，也进一步表明中国旧石器文化"连续演化"的特点，也为中国古人类"连续演化附带杂交"的理论[1]提供了文化上的证据。实际上，即使在乌兰木伦遗址内部，从下部相对较早到上部相对较晚文化层，石制品面貌也没有显示出太大的变化，体现出文化演化的稳定性和连续性。

有两点值得单独提到：一是，砸击技术在中国北方旧石器文化演化中的纽带作用[2]，该技术在泥河湾盆地旧石器早期遗址的石核剥片中就扮演了重要角色（目前的认识可能低估），在其后的周口店、许家窑、萨拉乌

---

[1]　吴新智：《从中国晚期智人颅牙特征看中国现代人起源》，《人类学学报》1998年第4期。

[2]　张森水：《我国远古文化的纽带——砸击石片》，《化石》1983年第4期。

苏、乌兰木伦、水洞沟、峙峪等遗址都有使用；二是，预制石核技术在中国旧石器中期文化中的意义，虽然有学者从地层学标准认为中国（东亚）存在旧石器中期[1]，但该阶段被认为缺少代表性技术也是文化标准持有者最有力的证据[2]。本书通过与小石器传统演化序列中旧石器时代早、中、晚期遗址的比较后认为，石核剥片中预制技术的成熟使用可以考虑作为旧石器中期的文化标准。这也与欧洲现在流行的"工具主要以修理预制石核剥下的石片为毛坯"[3]的标准在一定程度是吻合的。

此外，我们还应该注意到在乌兰木伦遗址石制品中存在中国旧石器文化中鲜有的一些技术，如带铤石镞和孔贝瓦技术。这暗示我们需要从中国以外去寻找其技术来源。而遗址工具组合所显示的欧洲莫斯特文化特征，也表明其具有西方的一些文化元素。

总之，乌兰木伦遗址石器工业具有非常鲜明的本土化特征，是中国旧石器文化连续、稳定演化序列中的一员，是中国北方小石器传统体系中旧石器中晚期过渡的重要一环。但同时，它也受到西方旧石器文化的影响，并表现出一些西方旧石器文化技术特征。

第二节　讨论

一、乌兰木伦遗址的性质和功能

（一）性质和功能

对遗址功能和性质研究贡献较大者首推宾福德。他通过与不同狩猎采集群体共同生活并观察、总结他们的生活组织形式，为史前遗址研究提供了重要参考[4]。宾福德根据流动人群的不同觅食策略，将人群分为采食者（foragers）和集食者（collectors），并提出狩猎采集者的两种组织模式：迁居式移动（residential mobility）和后勤式移动（logistical mobility）。迁居式移动指整个人群从一个地方迁移到另一个地方，其包括居址营地和石

---

① 黄慰文：《中国旧石器文化序列的地层学基础》，《人类学学报》2000年第4期。

② 高星：《关于"中国旧石器时代中期"的探讨》，《人类学学报》1999年第1期。

③ Otte M., Kozlowski J. K., 2001. The transition from the Middle to Upper Paleolithic in North Eurasia. *Archaeology, Ethnology and Anthropology of Eurasia*, 3:20-31.

④ Binford L. R., 1978. Dimensional analysis of behavior and site structure: learning from an Eskimo hunting stand. *American Antiquity*, 43: 330-361；Binford L. R., 1979. Organization and formation process: look at curated technologies. *Journal of Anthropological Research*, 35:255-273.

器制造场；而后勤式移动则指单个个体或一小个群体为了特殊目的从居所转移到另外一个地点，但最后还会返回到居所，其包括临时营地、狩猎点和窖藏等。相对而言，采食者以迁居式移动为主，后勤式移动为辅；而集食者则相反。宾福德关于狩猎采集者迁移模式的采食者和集食者划分方式，给遗址功能和性质的研究以启发，但也有一些局限性，特别是这种简单的二分法迁移模式难以完整代表一个复杂遗址的性质①。

　　后来有学者在宾福德的基础上分辨出三个遗址类型②：冬季居址营地（winter base camp）、冬季狩猎营地或临时营地（winter hunt camp/field camp）和春季居留地（spring residence camp）。这三个类型主要根据遗址发现的石制品类型丰富度来划分。居址营地较之临时营地，因为要发生广泛的生存行为，因此其石制品类型要更丰富。居址营地从功能上讲，其是一个多功能（multifunctional）的生活区，相对来说可以降低迁移带来的成本。但实际上这种划分也会面临一个问题，即用以界定遗址类型的石制品类型丰富度缺乏一个可供执行的标准。

　　埋藏学和动物考古学对于解释遗址的功能与性质具有很强的现实意义。例如，Isaac 等根据埋藏学分析以及古人类狩猎、肢解或屠宰猎物的充分证据提出遗址的三种类型：A 类（临时营地）、B 类（狩猎—屠宰场）和 C 类（居址）遗址③。B 类遗址一般以某一类大型动物骨骼以及少量的石制品组合为特征；C 类遗址则包含多种类型动物骨骼以及丰富的石制品组合。而 Chazan 等也根据遗址动物化石的种类和数量将遗址分为"单个动物尸体遗址"和"多个动物尸体遗址"④，前者相当于 Isaac 的 B 类遗址，而后者相当于 C 类遗址。

　　古人类遗址的形成要受到古人类活动的影响。在充分考虑其他埋藏因素的前提下，对古人类行为从多方面进行论证，以探讨遗址的功能与性质要更为稳妥。这些需要论证的方面，包括石制品组合、石制品拼合、动物

---

① Andrefsky Jr.W., 1998. *Lithics: macroscopic approches to analysis*. Cambridge University Press.

② Chatters J., 1987. Hunter-gatherer adaptation and assemblage structure. *Journal of Anthropological Research*, 6:336-375.

③ Isaac G. L., Crader D. C., 1981. To what extent were early hominids carnivorous? An archaeological perspective. In: Harding R.S.O., Teleki G. (Eds), *Omnivorous Primates*. Columbia University Press, pp.37-103.

④ Chazan M., Horwitz L. K., 2006. Finding the message in intricacy: the association of lithics and fauna on Lower Paleolithic multiple carcass sites. *Journal of Anthropology Archaeology*, 25: 436-447.

化石以及火塘等遗迹现象。

埋藏学研究表明乌兰木伦遗址属于原地快速埋藏，较完整地保存了古人类活动的信息；对原料来源和利用的研究表明乌兰木伦遗址原料利用方式属于"后勤式移动"；对遗址石制品的研究表明石制品组合不仅包括石器生产用的备料，还包括用来剥片生产的石核及其剥片产品，以及进一步加工和利用的不同类型的工具。石制品组合以剥片和工具修理过程中产生的废片和碎片为主（68.9%），其次是没有经过加工的石片（23.6%）；其他类型如石核、工具、断块、备料等比例较小，均没有超过5%。微痕观察揭示有相当数量的石片和工具有使用痕迹[①]。此外，遗址发现有31个拼合组，不仅有石核与剥片产品之间的拼合，还有工具与石核、石片之间的拼合。可见，这一套石制品组合反映了原料采集、预剥片、剥片、加工和使用的一个完整动态链（图128）。从这一层意义上讲，乌兰木伦遗址具有石器制造场的性质。而大量的动物碎骨以及骨骼上的切割痕迹表明在乌兰木伦遗址还发生了屠宰动物的行为。此外，火塘和烧骨以及大量炭屑的发现，也表明在这里发生了生活行为。综合起来看，乌兰木伦遗址是一个多功能的古人类活动营地。

遗址的地貌（靠近河流，且遗址下部地层有泉水）、地层（具有河湖

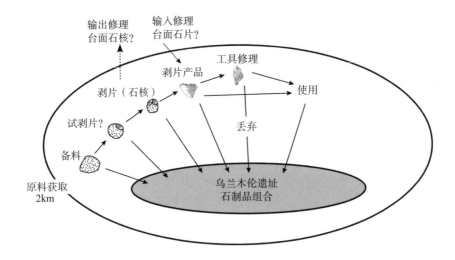

图128 乌兰木伦遗址石器动态链

① Chen H., Wang J., Lian H. R., et al., 2017. An experimental case of bone-working usewear on quartzite artifacts. *Quaternary International*, 434: 129-137.

相性质）和出土的大量螺壳都指示遗址水体环境的存在，相对较为潮湿。这种环境显然不适合人类长期居住[①]。因此，乌兰木伦遗址不太可能是古人类的居址营地，而更有可能属于狩猎—屠宰场，同时还在这里发生了生活行为。但乌兰木伦遗址作为狩猎—屠宰场显然与 Isaac 的 C 类遗址有一定的区别，其不仅发现有多个种类的大型哺乳动物化石，还包含丰富的石制品组合。乌兰木伦古人类群体属于后勤式移动，因此该遗址只是该人群一小部分人从居址为了某种目的（狩猎）而迁徙过来的一个活动场所——狩猎屠宰场。该人群从距遗址 2km 远的地方将原料带过来，在这里狩猎，并进行剥片和工具加工，以对动物进行屠宰，还在这里发生了生活行为。一些工具类型如石镞等是狩猎工具，一些工具类型如刮削器等则可能是屠宰工具。因其不属于长期居住的场所，乌兰木伦遗址工具加工程度都不是很高，而且工具比例也很低。微痕观察结果表明有大量石片被直接使用，实际上弥补了工具比例低的问题。

　　不过，虽然乌兰木伦遗址不是该人群长期居住的场所，但遗址较厚的地层堆积以及不同文化层均有大量的石制品表明，遗址应该被该人群长期重复利用。此外，各层石制品在技术、类型等方面均没有太大区别，表明技术、文化上的连续性和稳定性，反过来指示该遗址的利用可能属于同一人群。

　　（二）莫斯特难题：不同人群的文化或同一人群不同性质和功能的活动

　　进入旧石器时代中期，器物组合开始变得复杂，对它的解释相对于早期人类行为的解释就要变得困难。这其中，最有名的就是"莫斯特难题"[②]。博尔德建立了被广泛采用的石器分类系统和量化描述石器组合的技术[③]。通过这一分类体系，可以对遗址所有地层发现的工具进行分类，而不同类型工具的数量可以用比例的形式反映出来。正是采用这样的方法，博尔德对法国旧石器中期一系列遗址的研究发现，该时段的莫斯特文化可以分为

---

① Andresen J. M., Byrd B. F., Elson M. D., et al., 1981. The deer hunters: star carr reconsidered. *World Archaeology*, 13: 31-46.

② Dibble H., Rolland N., 1991. Beyond the Bordes-Binford debate: A new synthesis of factors underlying assemblage variability in the Middle Paleolithic of Western Europe. In: Dibble H., Mellars P. (Eds.), *New perspectives on human adaptation and behavior in the Middle Paleolithic*. University Museum Press.

③ Debénath A., Dibble H., 1994. *Handbook of Paleolithic typology volume one: the Lower and Middle Paleolithic of Europe*. University of Pennsylvania Museum Press.

四种不同的类型，即阿舍利传统莫斯特、典型莫斯特、锯齿刃器型莫斯特和奎纳—菲拉西莫斯特组[①]。博尔德的观点实际上认为器物组合之间的区别反映的是不同族群间的差别。但是宾福德通过长期的民族考古学和对不同遗址中动物考古学方面的研究，认为每个遗址是莫斯特时期人类在不同环境状况下使用的不同空间和技术。这就意味着，同一个族群可以在不同的地点发生不同的活动，甚至同样的活动也可以用不同的工具在不同的遗址进行。这就意味着不同的工具组合不足以代表不同的人群。

现在发现的每个遗址都是孤立的野外地点，其背后反映了人类过去的行为。而属于狩猎采集者的行为是高度流动性的，这一点已被许多民族学材料证实[②]。因此，一个遗址所获得的石制品组合可能只是该地区人类行为系统中的一个片段。

本书研究表明，乌兰木伦遗址是一处多功能的古人类活动场所。首先，遗址石制品组合反映了原料采集、预剥片、剥片、加工和使用的一个完整动态链，具有石器制造场的性质；其次，大量的动物碎骨以及骨骼上的切割痕迹表明在这里发生了动物屠宰的行为；最后，火塘和烧骨以及大量炭屑的发现则表明在这里还发生了生活行为。不过，遗址的地貌、地层和出土的大量螺壳指示遗址属于相对潮湿的环境，意味着不适合人类长期居住。因此，乌兰木伦遗址不太可能是古人类的居址营地，而更有可能是一处反复使用的狩猎屠宰场。这一点也从工具比例较低且加工程度都不高等方面表现出来。实际上，微痕观察结果表明石片被直接使用，弥补了工具比例低的问题。

如果说乌兰木伦遗址属于狩猎屠宰场，更倾向于宾福德关于"迁居式移动"的性质[③]。而这种单个个体或一小个群体为了特殊目的从居所转移到另外一个地点的迁居式移动模式在遗址石制品组合的反映，最典型的特征就是缺乏精致工具。如此，对乌兰木伦遗址的石制品组合就有重新考量

---

① Bordes F., 1961. Mousterian Culture in France. *Science*, 134:803-810.

② Binford L. R., 1978. Dimensional analysis of behavior and site structure: learning from an Eskimo hunting stand. *American Antiquity*, 43: 330-361；Andresen J. M., Byrd B. F., Elson M. D., et al., 1981. The deer hunters: star carr reconsidered. *World Archaeology*, 13: 31-46；Torrence R., 1983. Time budgeting and hunter-gatherer technology. In: Baily G.(Ed.), *Hunter-gatherers economy in prehistory*. Cambridge University Press.

③ Binford L. R., 1978. Dimensional analysis of behavior and site structure: learning from an Eskimo hunting stand. *American Antiquity*, 43: 330-361；Binford L. R., 1979. Organization and formation process: look at curated technologies. *Journal of Anthropological Research*, 35: 255-273.

的必要，因为这意味着该遗址石制品组合不能代表该人群的文化特征。

可见，在对乌兰木伦遗址进行石制品研究以及功能和性质的判断时，同样面临了有关"莫斯特难题"这样的问题，即石制品组合反映的是不同人群的文化？抑或是同一人群不同性质和功能的活动？由于乌兰木伦遗址发掘和研究工作开展不久，很多科学研究结果还没有最终出来，但有幸的是，在乌兰木伦河流域调查发现了大量的石制品。乌兰木伦河流域调查发现的石制品无论是在工具类型、加工技术方面都与乌兰木伦遗址有很大的区别，前者包含两面加工非常精致的工具类型，并有确切的压制法和软锤法等加工技术。这些石制品由于地层缺失而缺乏可靠年代，但是正如张森水对鄂尔多斯准格尔旗调查发现的石制品所讨论的结果[1]，它们应该属于旧石器时代。特别是在个别石制品上残留的钙质，表明其极有可能是从阶地堆积中冲刷出来的；而且考虑到多分布在最高阶地，因此年代不会太晚。如果与乌兰木伦遗址同时，那么，将乌兰木伦遗址与乌兰木伦河流域调查发现的地点一起考虑，前者更有可能是同一人群不同性质和功能的活动场所。

在这样的认识基础上，乌兰木伦遗址石制品组合实际上反映了该人群在此进行了石器加工的狩猎屠宰场的活动。而最能代表该人群文化性质的石制品组合还需要从其他活动地点如乌兰木伦河流域调查发现的地点中去寻找。很显然，调查发现的石制品组合表明该人群属于莫斯特文化性质。这一点实际上在乌兰木伦遗址石制品中也有一些反应，例如勒瓦娄哇技术的前身孔贝瓦技术和预制石核技术特别是盘状石核技术的发现等。

二、乌兰木伦遗址石器工业关于东西方文化交流的证据

鄂尔多斯高原可以说是旧石器时代东西方文化交流的重要驻足地[2]。20世纪20年代发现的水洞沟遗址因包含大量的石叶和勒瓦娄哇概念产品，被认为不同于中国任何一个已发现的遗址，而更有可能是东西方文化交流的结果[3]。而萨拉乌苏遗址的石制品组合也被认为具有西方莫斯特文化的特征[4]。根据本书的研究，乌兰木伦遗址石器工业至少在三个方面显示出

①　张森水：《内蒙中南部和山西西北部新发现的旧石器》，《古脊椎动物与古人类》1959年第1期。

②　刘扬：《中国北方小石器技术的源流与演变初探》，《文物春秋》2014年第1期。

③　宁夏文物考古研究所：《水洞沟——1980年发掘报告》，科学出版社，2003年。

④　黄慰文、侯亚梅：《萨拉乌苏遗址的新材料：范家沟湾1980年出土的旧石器》，《人类学学报》2003年第4期。

东西方文化交流的证据。

1. 以锯齿刃器—凹缺器为代表的工具组合

莫斯特文化是一个由多个工业组成的混合物或复合体而不是任何一个特定的成分。因此，莫斯特文化常常体现出不同的类型。在法国，博尔德就根据是否存在特定的石器类型及其比例的多少将其分为四个主要的类型，此外还有一些地方变种①。其中一个类型是锯齿刃器型莫斯特（Denticulate Mousterian），主要特征是石制品组合中包括不常见的勒瓦娄哇技术、少量刮削器、少量或者没有尖状器、非常普遍的锯齿刃器，凹缺器比例高，不见手斧和石叶。

乌兰木伦遗址工具组合中，锯齿刃器比例最高（37%），其次为凹缺器（25.4%）。这是以锯齿刃器和凹缺器为代表的工具组合，与欧洲锯齿刃器型莫斯特工具组合极为相似。虽然两者之间也有一些不同，例如乌兰木伦遗址工具组合中刮削器（21.7%）也占有一定比例、没有勒瓦娄哇技术、有两面器等。但这可以理解为地域上的差别以及乌兰木伦遗址受到本土旧石器文化的影响。

2. 孔贝瓦技术

孔贝瓦技术是一种预制石核技术，这种预制性主要表现在剥片前石片石核毛坯的预制和选择（有意打下相对鼓凸的半锥体石片）、剥片过程中对石片石核台面的修理以及剥片的目的是得到两面鼓凸有圆形锋利边缘的石片等几个方面。正因为如此，也有学者认为孔贝瓦技术是勒瓦娄哇技术的前身②。

目前，世界上发现的最早使用孔贝瓦技术的遗址在非洲的肯尼亚地区，年代超过100万年③。在亚洲南部的印度旧石器早期阿舍利文化中有大量的薄刃斧以孔贝瓦石片为毛坯④。在欧洲的意大利南部地区旧石器

① Bordes F., 1961. Mousterian Culture in France. *Science*, 134:803-810.

② Tixier J., 1967. Procedes d'analyse et questions de terminologie dans l'etude recent et de l'pipaleolithique en Afrique du Nord Ouest. In: Bishop W. W., Clark J. D.(Eds), *Background to evolution in Africa*. The University of Chicago Press, pp.771-820.

③ Tixier J., Turq A., 1999. Kombewa et alii. *Paleo*, 11: 135-143.

④ Gaillard C., Mishra S., Singh M., et al., 2010. Lower and Early Middle Pleistocene Acheulian in the Indian Subcontinent. *Quaternary International*, 223-224: 234-241.

时代中期遗址也发现有孔贝瓦石核和石片 [①]。在俄罗斯远东地区距今约 3 万年的地理学会洞穴和相关遗存（Geographical Society Cave and Related Inventories）中发现有两面剥片即孔贝瓦技术石片 [②]。乌兰木伦遗址是东亚旧石器中期遗址中首见报道的，共发现孔贝瓦石核 4 件、孔贝瓦石片 6 件。数量虽然不多，但是个别孔贝瓦石片形态规整，边缘锋利，且台面可能具有修理的特征，显示出技术的成熟。乌兰木伦遗址发现的这种东亚鲜有的石核剥片技术，可能是东西方文化交流的结果。

　　3. 带铤石镞

　　修铤一般是为了捆绑以制造复合工具，其因为能够"远距离射杀（kill at a distance）"而实现了"安全狩猎（safe hunting）"，被认为是相较于尼安德特人的一次有效的进步 [③]。其是一类非常特殊且具有文化指示意义的工具类型。在非洲北部的旧石器时代中期，以带铤石镞为标志的 Aterian 文化是与莫斯特文化并行发展的一个文化传统，年代主要集中在距今 9.1 万～ 6.1 万年前 [④]。最新的年代显示 Aterian 文化的年代可早至距今 14.5 万年 [⑤]，而最晚可至距今 4 万年 [⑥]。

　　乌兰木伦遗址发现的带铤石镞与 Aterian 文化的 Tanged point 非常相似，体现出一致的加工和修理技术，极有可能是东西方文化交流的结果。

　　事实上，通过梳理带铤石镞在整个世界范围内的分布，可以粗略窥见带铤石镞的传播路线，甚至能够为现代人走出非洲的迁徙路线提供旧石器文化上的证据。

　　目前，带铤石镞最早出现在非洲北部的 Aterian 文化的石制品组合

---

① Anna I. C., 2010. The meaning of "Kombewa" method in Middle Palaeolithic: techno-economic analysis of lithic assemblages from Riparo Tagliente(VR), Carapia (RA), Podere Camponi(BO) and Fossato Conca d'Oro(MT). *Museologia Scientifica e Naturalistica*, 6: 123-130.

② Derevianko A. P., Shim Kin D.B., Powers W.R., 1998. *The Paleolithic of Siberia: new discoveries and interpretations*. University of Illinois Press.

③ Iovita R., 2011. Shape variation in Aterian tanged tools and the origins of projectile technology: a morphometric perspective on stone tool function. *PLoS ONE*, 6:1-14.

④ Cremaschi M., Lernia S. D., Garcea E. A. A., 1998. Some insights on the Aterian in the Libyan Sahara: chronology, environment, and archaeology. *African Archaeological Review*, 15: 261-286.

⑤ Richter D., Moser J., Nami M., et al., 2010. New chronometric data from Ifri n'Ammar (Morocco) and the chronostratigraphy of the Middle Palaeolithic in the Western Maghreb. *Journal of Human Evolution*, 59: 672-679.

⑥ Garcea E. A. A., 2012. Successes and failures of human dispersals from North Africa. *Quaternary International*, 270: 119-128.

中，分布也最为集中，其年代范围在距今 14.5 万～ 4 万年 [1]。在印度的
Jwalapuram 遗址发现了 1 件带铤石镞，年代为距今 7.4 万年 [2]。俄罗斯阿
尔泰地区的 Denisova 遗址第 11 层发现有 1 件带铤石镞，年代为距今 5
万～ 3 万年 [3]。中国的乌兰木伦遗址年代与 Denisova 遗址发现带铤石镞的
地层年代遗址接近，为距今 6.5 万～ 5 万年 [4]。其他地区目前可见报道的
带铤石镞年代都属于旧石器时代晚期。欧洲的 La Ferrassie 等遗址发现有
"Font-Robert" Point，与 Tanged point 的形态和加工方式一致，年代在距
今 2.9 万～ 2.2 万年 [5]；东欧波兰的 Parisien 盆地和 Oder River 盆地发现有
距今约 1.3 万～ 1.2 万年的带铤石镞 [6]。在亚洲东部俄罗斯远东地区具有长
石片—石叶技术的乌兹逊诺夫卡类型（Ustinovka type），时代属于旧石器
晚期末段，石制品中包含带铤石镞，年代为距今 1.4 万～ 1 万年 [7]；此外，
在乌斯基湖遗址发现有距今 1.6 万年的带铤石镞 [8]。在朝鲜半岛，带铤石
镞出现在旧石器晚期距今 3.5 万～ 1.5 万年 [9]，其中垂杨介是包含带铤石镞

[1] Garcea E. A. A., 2012. Successes and failures of human dispersals from North Africa. *Quaternary International*, 270: 119-128；Richter D., Moser J., Nami M., et al., 2010. New chronometric data from Ifri n'Ammar (Morocco) and the chronostratigraphy of the Middle Palaeolithic in the Western Maghreb. *Journal of Human Evolution*, 59: 672-679.

[2] Haslama M., Clarkson C., Roberts R. G., et al., 2012. A Southern Indian Middle Palaeolithic occupation surface sealed by the 74 ka Toba eruption: further evidence from Jwalapuram Locality 22. *Quaternary International*, 258: 148-164.

[3] Derevianko A. P., 2010. Three Scenarios of the Middle to Upper Paleolithic transition: scenario 1: the Middle to Upper Paleolithic transition in Northern Asia. *Archaeology, Ethnology and Anthropology of Eurasia*, 38: 2-32.

[4] Zhang J. F., Hou Y. M., Guo Y. J., et al., 2022. Radiocarbon and luminescence dating of the Wulanmulun Site in Ordos, and its implication for the chronology of Paleolithic sites in China. *Quaternary Geochronology*, 72: 1-10.

[5] Sonneville-Bordes D.D., Perrot J., 1956. Lexique typologique du Paleolithique superior. *Bulletin de la Societe Prehistorique Francaise*, 53: 408-421.

[6] Jan M. B., Beatrice S., 1997. *Des Pointes A Cran Hambourgiennes Du Basin De L'Oder E Des Pointes A Cran Magdaleniennes Du Bassin Parisien, Analyse Comparative*. Table-ronde de numoues, pp.13-16.

[7] Derevianko A. P., 2010. Three Scenarios of the Middle to Upper Paleolithic transition: scenario 1: the Middle to Upper Paleolithic Transition in Northern Asia. *Archaeology, Ethnology and Anthropology of Eurasia*, 38: 2-32.

[8] Dikov N. N., 2004. *Early cultures of Northeastern Asia*. National Park Service, Shared Beringian Heritage Program.

[9] Seong C., 2008. Tanged points, microblades and Late Palaeolithic hunting in Korea. *Antiquity*, 82: 871-883.

最著名的遗址之一，其石制品组合中同时还有细石器类型[①]。而日本地区发现的带铤石镞则出现在旧石器晚期晚段，年代在距今 1.55 万～1.38 万年[②]。在美洲许多沿河岸的遗址都发现有带铤石镞，年代在距今 1.45 万～1.25 万年[③]。以上这些含有带铤石镞的遗址或地区分布如图 129 所示。

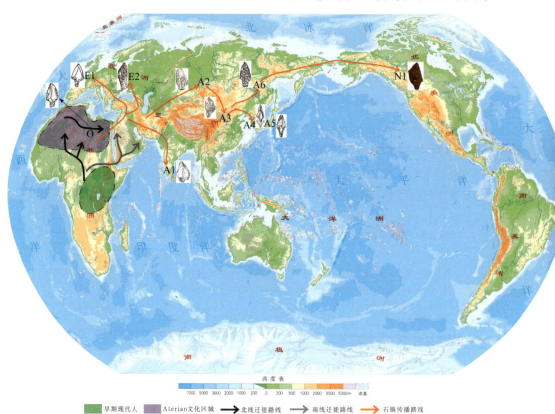

图129　现代人走出非洲的两条迁徙路线与带铤石镞的传播路线图[④]

O：北非Aterian文化，145ka～40ka BP；E1：法国，29ka～22ka BP；E2：波兰，13ka～12ka BP；A1：印度，74ka BP；A2：阿尔泰地区，50ka～30ka BP；A3：中国鄂尔多斯乌兰木伦遗址，65ka～50ka BP；A4：韩国，35ka～15ka BP；A5：日本，15.5ka～13.8ka BP；A6：俄罗斯远东地区，16ka～10ka BP；N1：北美地区，14.5ka～12.5ka BP

①　Nelson S. M., 1993. *The archaeology of Korea*. Cambridge University Press.

②　Ono A., Sato H., Tsutsumi T., et al., 2002. Radiocarbon dates and archaeology of the Late Pleistocene in the Japanese islands. *Radiocarbon*, 44:477-494.

③　Beck C., Jones G. T., 2010. Clovis and western stemmed: population migration and the meeting of two technologies in the intermountain West American. *Antiquity*, 75: 81-116.

④　中国科学院古脊椎动物与古人类研究所、鄂尔多斯市文物考古研究院、中山大学社会学与人类学学院：《乌兰木伦——鄂尔多斯旧石器时代中期遗址发掘报告》，文物出版社，2023年。

现代人起源和迁徙是国际古人类学界和旧石器考古学界共同关注的课题。学术界提出了许多模式[①]，其中最广为人知的是走出非洲模式和多地区起源模式。目前这两种模式都没有足够的证据来说明另一方是错误的。这也不是本书要讨论的问题。在这里，主要以带铤石镞为文化纽带关注走出非洲模式中的几种迁徙路线假说。有学者曾总结了走出非洲模式的两种最为主要的迁徙路线[②]。其中之一称之为北线[③]，主要经过北非然后到达地中海地区。该路线可能经历的两次走出非洲的过程，一次发生在距今13万～8万年，并被认为以失败而告终；另一次发生在距今5万年之后，并最终占领了全球。另一条称之为南线[④]，经过东非进入到阿拉伯半岛，主要发生在 MIS 6 到 MIS 5 阶段，其发生年代大概在距今 12.5 万年前。

从带铤石镞的分布和传播路线来看（见图 129），这种技术的传播显然是支持北线迁徙路线的。早期现代人最先到达北非，受到 Aterian 文化的影响，并将该文化最为典型的工具类型——带铤石镞带入世界其他地方。从目前的材料看，带铤石镞技术最早在距今 7.4 万年前到达印度。在旧石器时代中期，约在距今 5 万年左右到达亚洲北部的俄罗斯阿尔泰地区和中国北方内蒙古鄂尔多斯地区。继续向东传播的过程，乌兰木伦遗址具有中转站的地位。目前的材料表明极有可能是由乌兰木伦遗址向东进一步扩散到朝鲜半岛和日本，并向东北扩散到俄罗斯远东地区和北美。值得注意的是，是否存在从印度向北传播到乌兰木伦遗址的路线，目前还难以确认，需要中国西南部的材料证据。

三、乌兰木伦遗址石器工业体现的现代性人类行为

人类行为研究最为引人注目的课题是现代行为在何时、何地最早出现。但实际上要解决这两个问题的前提是现代行为的界定，即什么是所谓的"现代性"。

研究关注点的不同会有不同的"现代性"定义。例如古人类学家会更多地关注人类体质进化上的现代性，心理学家则会关注认知能力上的现代

---

①　Stringer C., 2001. Modern Human origins-distinguishing the models. *African Archaeological Review*, 18: 67-75.

②　Lahr M. M., Foley R., 1994. Multiple dispersals and Modern Human origins. *Evolutionary Anthropology*, 3: 48-60.

③　Forster P., Matsumura S., 2005. Did early humans go North or South? *Science*, 308: 965-966.

④　Armitage S. J., Jasim S. A., Marks A. E., et al., 2011. The Southern Route "Out of Africa": evidence for an early expansion of Modern Humans into Arabia. *Science*, 331: 453-456.

性，考古学家则主要关注行为上的现代性。关于行为上的现代性，考古学家提出了很多的指标[①]，包括人工制品的多样性、人工制品类型的标准化、石叶技术、骨器和其他有机材料的运用、个人装饰品和艺术或者图像的出现、生活空间的结构及功能分区、仪式（retual）、地理领域的扩大等。但这些现代性行为的不同指标很少在一个遗址同时出现，因此，有学者提出与其同时关注所有的指标还不如先对某一项进行充分讨论[②]。

　　在这里，我们主要关注现代性人类行为中一个重要方面——认知（cognition）能力，而又重点讨论认知能力中的计划能力（planning abilities）。计划是指预先明确所追求的目标以及相应的行动方案的活动，并在这一过程中进行控制[③]。在考古记录上主要从组织能力和计划深度两个方面来反映计划能力[④]。宾福德还提出在考古记录中是否存在计划性的标准[⑤]，即是否有策划型技术（curated technology），其一般通过对不同原料的选择、石核剥片的预制性和复杂性、工具修理、复杂性工具设计、长距离工具运输、废弃方式多样化等表现出来。

　　乌兰木伦遗址石器工业至少在原料选择、石核剥片的预制性和复杂性、工具修理、复杂工具设计等方面体现出一定的策划型技术。

　　（1）原料的选择性：通过对原料来源和利用的研究，乌兰木伦遗址原料的选择主要体现在"多、好、中"三个方面。多是指对数量相对较多的原料的选择，好是指对优质原料的选择，中是指对大小适中利于搬运的原料的选择。地质调查表明，原料产地的原料类型中等级优的石英岩并不是最多的，但是比石英岩更为优质的燧石、玛瑙等则更少之又少。原料采集者选择了相对容易获得且相对优质的石英岩。原料产地砾石大小集中在 40 ～ 100mm，此外还有大于 100mm 甚至 200mm 的砾石，但原料采集者

① McBrearty S., Brooks A. S., 2000. The revolution that wasn't: a new interpretation of the origin of Modern Human behavior. *Journal of Human Evolution*, 39:453-536.

② Gowlett J.A.J., Hedges R. E. M., 1986. Lessons of context and contamination in dating the Upper Palaeolithic. In: Gowlett J. A. J., Hedges R. E. M. (Eds), *Archaeological results from accelerator dating*. British Archaeological Reports International Series 11, pp. 63-72.

③ Miller G. A., Galanter E., Pribram K. H., 1960. *Plans and the structure of behavior*. Henry Holt and Company.

④ Binford L.R., 1985. Human ancestors: changing views of their behavior. *Journal of Anthropology Archaeology*, 4: 292-327.

⑤ Binford L.R., 1989. Isolating the transition to cultural adaptations: an organizational approach. In: Trinkaus E. (Eds), *The emergence of Modern Humans: biocultural adaptations in the Late Pleistocene*. Cambridge University Press, pp. 18-41.

主要选择了尺寸在 40 ～ 80mm 的砾石。乌兰木伦遗址原料采集所体现的计划能力表现为，原料采集模式属于"后勤移动式"，即由专门人员进行原料采集；在原料采集之前，已经了解哪一种原料容易获得，又便于搬运，并且这类原料能够较好地剥下产品，其大小还适于进一步被加工利用。

（2）石核剥片的预制性和复杂性：石核剥片研究表明，乌兰木伦遗址剥片技术和方法多样，不仅有锤击法、砸击法，还可能有压制法，而孔贝瓦技术和向心剥片技术以及更新石核台面桌板、修理台面石片等则表现出较为成熟的预制性。石核剥片多达 17 个序列。此外，对不同类型、大小和形态的原料采用适应的剥片技术，如石英采用砸击法，形态较圆的石英岩则先进行砸击开料。以上都体现出石核剥片的多样性和复杂性，而复杂的石核剥片程序显然需要预期计划（plan ahead）才能较好地实现。

（3）工具类型和修理：首先体现在工具类型的多样性，遗址共有 13 个工具类型；其次，修理方式的多样性，正向、反向、交互、错向、对向、两面等加工方式在乌兰木伦遗址均有使用；最后，一些较为特殊的修理方式，如修柄、修铤、有意截断和修理手握等，则更加体现出工具修理的组织能力和计划深度。

（4）复杂性工具设计：装柄等复合工具在乌兰木伦遗址已确切出现。比如在器身中部修理出凹缺适合捆绑的端刮器以及在器身末端修铤的石镞等。微痕观察发现的捆绑痕迹也证实了这一点[1]。

有铤石镞是一种带尖修柄的工具。民族学[2]和实验[3]表明其使用方式主要为投射、装柄后插刺，或当作箭头使用。可以帮助古人类主动避免与猎物近距离搏斗，从而实现"远距离射杀（kill at a distance）"，使原本危险的狩猎活动变成了相对"安全狩猎（safe hunting）"[4]，被研究者认为是现代人走出非洲后早于尼安德特人的重要竞争优势[5]，也被看作是

---

[1] Chen H., Wang J., Lian H. R., et al., 2017. An experimental case of bone-working usewear on quartzite artifacts. *Quaternary International*, 434: 129-137.

[2] Keeley L., 1996. *War before civilization*. Oxford University Press.

[3] Ahler S. A., Geib P. R., 2000. Why Flute? Folsom point design and adaptation. *Journal of Archaeological Science*, 27:799-820.

[4] Churchill S., 1993. Weapon technology, prey size selection, and hunting methods in modern hunter-gatherers: implications for hunting in the Palaeolithic and Mesolithic. *Archaeological Papers of the American Anthropological Association*, 4: 11-24.

[5] Mellars P., 2004. Neanderthals and the Modern Human colonization of Europe. *Nature*, 432: 461-465.

现代性人类行为的重要标志之一[①]。此外，这类工具的出现还表明系统狩猎（systematic hunting）行为已经出现，这也是现代性人类行为的重要表现[②]。

以上这些策划型技术的实证表明乌兰木伦古人类已具备较强的认知能力，特别是带铤石镞的出现表明"安全狩猎"和"系统狩猎"已经出现。而这几个方面正是现代性人类行为的重要表现。当然，遗址现代性行为的研究还需要更多其他方面的证据，如遗址空间利用、艺术（遗址出土有颜料）以及对骨制品的系统使用等，还待更为深入地研究。

四、剥片实验对石制品研究的意义

石制品研究会面对不同类型学体系的选择。在这一过程中，需要应用到多种形态或技术方面的特征属性（attributes）。这些特征属性常常被用于不同遗址间的对比，以判断它们石制品技术乃至文化上的异同。在这样一种情境下，选择合适的特征属性就成了石制品研究最重要的问题之一。

许多石制品的特征属性和这些属性的集合体被研究者用到，它们似乎已经成为一种理所当然的标准。最典型的一个例子就是，在区分石叶和石片时采用的长/宽标准（长/宽≥2）。这样一个广泛使用又极其重要的标准，却很少进行反思。该标准的理论依据是什么？为什么仅仅只有长/宽这一项？有没有必要同时参考其他指标？当然，本书意不在讨论石叶和石片的区分标准问题，但这个例子至少说明石制品研究时反思理所当然经典标准的必要性。

乌兰木伦遗址的石制品研究，有关剥片技术的研究本书就利用了实验考古学的方法来进行验证分析。乌兰木伦遗址有一类剥片产品其长是宽的2倍以上，且两侧边近似平行，属于符合石叶标准的长石片类型。但这类长石片还有如下特点：数量少，似乎不属于重复生产；台面不修理；没有

①　Churchill S., Rhodes J., 2009. The evolution of the human capacity for "killing at a distance": the human fossil evidence for the evolution of projectile weaponry. In: Hublin J.J., Richards M. P. (Eds), *The evolution of hominin diets: integrating approaches to the study of Palaeolithic subsistence*. Springer, pp. 201-210.

②　Knecht H., 1997. Projectile points of bone, antler, and stone: experimental explorations of manufacture and use, In: Knecht H. (Ed.), *Projectile technology*. Plenum, pp.191-212; Bar-Yosef O., 2002. The Upper Paleolithic Revolution. *Annual Review of Anthropology*, 31:363-393; Ellis C. J., 1997. Factors influencing the use of stone projectile tips, In: Knecht H. (Ed.), *Projectile technology*. Plenum, pp.37-74.

预制背面脊等。这些特点暗示它们与真正的石叶剥片技术是有差别的，更有可能是在剥片时偶然产生。事实上，石英岩硬锤锤击剥片实验就得到了与遗址类似的长石片，但这些实验长石片显然是剥片过程中偶然掉下来的。因此，实验考古学其中一个重要意义在于，它能够帮助研究者反思现有的某些特征属性，并提供有力证据。

石英岩硬锤锤击剥片实验还给石制品研究提供了其他方面的启发。

首先，剥片阶段与剥片程度（石核利用率）。六型石片分类法[1]、不同台面数量类型石核、石片背面石皮比例常常被用来指示石核的剥片程度或石核的利用率。由于本实验设计可以较好控制石核的剥片阶段，因此有利于了解以上属性指标对于判断石核剥片程度的意义。事实上，至少本实验的研究结果显示，不同类型石片和石核并不具备判断意义，而石片背面石皮比例则可能具有判断的意义。

其次，原料与剥片产品数量。石制品研究常常统计不同原料利用的百分比，而统计依据一般是不同原料石制品的数量。本实验结合他人实验结果表明，不同原料特别是不同质量的原料在剥片时会产生数量相差很大的剥片产品。这就意味着，判断哪一种原料在遗址中的主体地位就会遇到麻烦。特别是面对一批劣质原料石制品时，很多信息会淹没在大量的剥片废品当中，所以在面对劣质原料石制品时需要加倍认真对待。这进一步暗示东西方旧石器文化的差异可能与原料有很大关系，而并不具有技术或文化上的差别。

最后，剥片技术和序列与原料的适用性。本项实验证明，锤击法适用于石英岩剥片，而砸击法更适用于石英或小型原料的剥片。这为乌兰木伦古人类对不同原料选择不同剥片方法提供了实验支持。

此外，本实验还为乌兰木伦遗址功能与性质的判断、石核剥片序列的验证、人类行为方面提供了实验考古学的证据。

模拟实验作为考古学研究的一项重要手段，可以为探究古代人类行为提供启发。而剥片实验作为打制实验的重要组成部分，其主要关注石片的生产方式和过程以及背后的人类行为，可以为石制品研究提供较多启示和实验证据的支持。剥片实验在我国开展较少，希望本次实验能够给相关研究提供有益的参考。

---

[1] Toth N., 1985. The Oldowan reassessed: a close look at early stone artifacts. *Journal of Archaeological Science*, 12:101-120.

附录一　剥片实验过程描述

序号	实验过程	描述
1	实验	本次剥片实验只进行了一项石英岩锤击剥片实验；实验共分三组，每组由不同人进行剥片
2	组别	
3	原料	原料指的是初始石核的原料类型；等级是指原料是否有利于剥片，一般分为优、中、差三个等级
4	等级	
5	形态	初始石核的状态；对每一件初始石核进行照相、测量和描述；初始石核最大尺寸视为最大长，最小尺寸视为最大厚，以石核本身的三条主要轴线来测量
6	重量	
7	最大长	
8	最大宽	
9	最大厚	
10	节理	
11	颜色	
12	包含物	
13	目标	直到石核再也不适合剥片为止
14	剥片方法	本次实验主要采用硬锤锤击法
15	技术	手握石核，硬锤锤击
16	石锤性质和重量	硬锤
17	剥片技术过程	无预制台面；不可以转换台面和剥片面
18	剥片停止原因	缺乏合适剥片角，或者石核太小不利于手握
19	第1片剥片打击次数	剥下第1片石片即石核开料的打击次数。按等级，分为≤5次，＞5/≤10次和＞10次
20	有效打击次数	产生剥片的打击次数
21	每次有效打击产生的平均剥片数量	计算每次有效打击产生的总体平均剥片数量和剔除完整石片的平均剥片数量
22	终止石核数量	
23	剥片（＞1/≤5mm）重	
24	剥片（＞5/≤10mm）重	
25	剥片（＞10mm）重	
26	剥片（＞10mm）数量	

附录二　剥片实验石核特征与描述

序号	石核特征		描述
1	子石核		当初始石核在剥片过程中分裂成子部分且被再次利用，则这个子部分被称为子石核
2	类型	单台面	
		双台面	
		多台面	
3	剥片		
4	剥片成员		能够与石核进行拼合剥片
5	台面可见失败打击痕迹	数目	按等级，≤3次，>3/≤6次和>6次
		分布	靠近成功打击点，远离成功打击点
6	最大长		石核最大尺寸视为最大长，最小尺寸视为最大厚，以石核本身的三条主要轴线来测量
7	最大宽		
8	最大厚		
9	重		
10	台面角	最大台面角	
		最小台面角	
		平均台面角	
11	石皮	0%	
		1%～49%	
		50%～99%	
		100%	

附录三　剥片实验剥片产品特征与描述

序号	剥片特征			描述
1	类别	石片		废片指没有石片特征的片状产品；长型废片指长为宽的2倍或以上，且侧边接近平行者；断块指非石核类的块状产品
		废片	普通废片	
			长型废片	
		断块		
2	石片类型	完整石片	Ⅰ～Ⅵ型	完整石片以台面和背面特征为依据
		非完整石片	左、右裂片；近、远端，中段	
3	石片子类型	双锥石片		长石片是指石片长为宽的2倍或以上
		长石片		
4	形态	曲度	直	
			凸	
			凹	
		侧边形态	汇聚	
			反汇聚	
			扇形	
			平行	
			不规则	
		边缘形态	平滑	
			锯齿	
5	锥疤	有	明显	
			散漫	
		无		
6	打击点	有		
		无		
7	同心波	有		
		无		
8	放射线	有		
		无		

序号	剥片特征			描述
9	远端	羽状		Plunging 指远端圆钝棱状，向背面微卷
		台阶状		
		贝壳状		
		Plunging		
		不规则		
10	尺寸	技术长		
		技术宽		
		最大长		
		最大宽		
		最大厚		
		重		
11	台面	点状台面		
		线状台面		
		破裂面台面		
		自然台面		
		长		
		宽		
		台面内角		
		台面外角		
		台面可见失败打击痕迹	数目	按等级，≤3次，>3/≤6次和>6次
			分布	靠近成功打击点，远离成功打击点
		台面石皮	0%	
			1%～49%	
			50%～99%	
			100%	
12	背面	石皮	0%	
			1%～49%	
			50%～99%	
			100%	
		剥片阴疤	数量	
			方向	与该石片方向关系，只区分同向和异向

附录四 剥片实验石锤特征与描述

序号	石锤特征		描述
1	完成石核数	实际数量	指 1 件石锤成功剥完的石核数目
		交替打，但未完成 1 件	
		交替打，完成 1 件或更多	
2	形状	扁圆	
		长椭圆	
		圆形	
		三角形	
		不规则	
3	质地	弹性	分优、中、差三等	
		均质	分优、中、差三等	
		脆性	分优、中、差三等	
		节理	分有、无	
4	是否有好的着力点	有	好的着力点指剥片时与石核的接触面不宜太大
		无	
5	尺寸	长	
		宽	
		厚	
		重	
6	废弃原因	断裂	
		无合适着力点	
7	断裂方式	与着力点平行	
		与着力点垂直	
8	着力点失去原因	极度磨损	
		产生裂片	
9	裂片	数量	
		类型	I ～ VI 型	
			废片	
		尺寸	最大裂片尺寸	长、宽、厚、重
			最小裂片尺寸	
10	磨损分布	着力点周围	
		石锤一周	
		分散	
		平面	

后 记

　　本书是在我博士论文的基础上修改而成的。博士论文以乌兰木伦遗址石制品为研究对象，有挑战，但更是缘分。挑战在于，这是一个新发现的遗址，很多工作才刚刚开展，因此在对一些问题进行深入探讨时难免会遇到一些困难；而且由于遗址目前的揭露面积还不大，很多重要的科学问题还难以得到清楚的阐释。

　　但说到缘分，我甚至认为乌兰木伦遗址是上天送给我的礼物。从吉林大学毕业后保送到中国科学院古脊椎动物与古人类研究所，师从侯亚梅研究员开始硕士阶段的学习。那时候，跟着她走南闯北，对河北泥河湾盆地和广西百色盆地的旧石器考古研究都产生了浓厚的兴趣。承蒙广西右江民族博物馆各位朋友的信任，应允我观察馆藏所有百色盆地旧石器标本。事实上，我在提前攻博后确定的博士论文研究方向就是"GIS 支持下广西百色盆地旧石器时代遗存的空间分布及其文化背景"，为此还专门参加了一个中国科学院计算机研究所组织的 GIS 培训课程。但这个题目正如百色旧石器考古老前辈黄慰文先生所言是极难的，而我一开始心里虽然志忑，却又坚定地想啃下这块硬骨头。2010 年发现乌兰木伦遗址，当时负责遗址发掘等各项事务的鄂尔多斯青铜器博物馆邀请侯亚梅研究员来观察标本并洽谈合作事宜，我也一同前往。从此，我与乌兰木伦遗址结下了深厚缘分。随后 2010 年 9 月份的试掘、2011 ～ 2016 年的正式发掘，我都以野外工作的主要负责人身份全程参与。每年的发掘时间都很长，加上室内整理，我进入博士阶段后的大部分时间都是在鄂尔多斯度过的。如此一来，在极为有限的时间里要将百色盆地上万件标本全部摸一遍几乎是不可能了。于是，我向导师申请是否可以改变研究课题，转而研究乌兰木伦遗址的石制品。面对这么重要的遗址，我很感激导师对我的信任，让我有机会以"鄂尔多斯乌兰木伦遗址石器工业"为题进行博士论文的研究和写作。细心的读者可能会发现，这个题目与侯亚梅研究员荣获"全国百篇优秀博士论文"的博士论文《泥河湾盆地东谷坨遗址石器工业》十分相像，虽然有脸上贴金的嫌疑，但我想说这就是"我的师承"。

　　确定新研究题目的时间点已是 2012 年年中，当时我又即将奔赴鄂尔多斯负责该年度的发掘工作。2012 年的发掘从 7 月份开始，到 10 月份结束的时候距我既定的博士论文答辩时间仅有 8 个月，而距正式定稿的时间则只有 6 个月了。在这半年的时间里，我住在鄂尔多斯博物馆的 7 楼，工作在 8 楼，亲身体会了什么叫作争分夺秒，什么叫作不舍昼夜，什么叫作废寝忘食。每天将近 16 个小时的工作时间，或在观察和测量标本，或在统计数据，或在冥思苦想，或在挥笔疾书。这种情形不禁令我想起王小波先生的所谓"磨屁股"，时常忍俊不禁，而最后的结果就是磨破了一条我极喜欢的裤子。博士论文最后得以顺利完成，还得到了袁宝印、陈星灿、王幼平、高星、李小强、杜水生等各位评委老师的肯定，高兴之余，个中艰辛和压力只有自己知道。可以说，论文中的每一个字符都渗透着自己辛勤劳作的汗水。

　　博士论文的完成到本书的出版实在是凝结了太多师友的鼓励和帮助，在这里，我很想一一列出他们的名字，却难免挂一漏万。但我特别感激我的导师侯亚梅研究员。她在我推荐免试研究生报考的时候毫不犹豫地接纳了我，使我有机会来到古脊椎所，更使我有机会踏入旧石器考古学的大门。她鼓励我多摸标本，多去遗址实地考察，多跟前辈请教。为让我有更多的旧石器考古实践经验，她多次带我前往泥河湾，还有百色，还有内蒙古、浙江、湖北、辽宁、吉林、上海等地；更为重要的是，她对我从来都是如此信任，多次让我独自负责考古工地的发掘工作，使我积累了受益无穷的田野考古本领。她还五次带我走出国门，以扩大我的视野，也让我结识了许多曾经是传说中的国外同行和朋友。侯老师是一位非常认真严谨的学者，凡事一丝不苟，她的这种治学精神，在我未来的学术道路上是一种激励和鞭策。黄慰文先生虽然年岁已高，但对旧石器考古孜孜以求，对学生诲人不倦。他不仅时刻关注国际、国内最新的研究进展，还经常跑野外、写著作论文、指导学生。我经常向黄老师请教，他不仅给予了我很多宏观上的指导，也让我知道了什么叫作知无不言、言无不尽。鄂尔多斯市文物考古研究院前任院长杨泽蒙先生，胸怀博大，才学渊厚。论文写作期间，没有他无微不至地关怀，对乌兰木伦遗址标本的观察和研究不可能如此顺利地完成。他为了鄂尔多斯的考古事业，可谓求贤若渴，这一点我深有体会。早在 2012 年杨院长即问我是否有意来鄂尔多斯工作，当时我并未明确表态。他为了打消我家庭其他成员的顾虑，还邀请我的爱人王华英来鄂尔多斯体验生活。同年 7 月份王华英第一次来鄂尔多斯，我们第一次欣赏了草原和沙漠的风光，但她离开时悄无声息，杨院长还以为她不喜欢这里。于是下半年又邀请她来，并且表示应该多待一段时间。其间，还多次和我谈来鄂尔多斯工作的各项事宜，包括生活上和工作上的，以让我放心。毕业后我真的来到鄂尔多斯工作过一段时间，很大部分原因是杨院长的盛情难却。这样好的领导和长辈，悲恸的是，他在 2023 年因病离世。我希望杨院长在天之灵能够看到这本书，我也相信他会喜悦我的这份喜悦。还有鄂尔多斯市文博单位的兄弟姐妹，我们一块调查，一起发掘，一道做实验，高兴的时候把酒言欢，困难的时候伸以援手，感谢亲近的陪伴，他们见证了我的青春和成长。最后我还要特别感谢两个人：一个是古日扎布，他发现了乌兰木伦遗址，才使本书的写作成为可能；乌兰木伦遗址发现之初，时任鄂尔多斯青铜器博物馆馆长王志浩先生付出最多，也正是他的重视和坚守，才有了乌兰木伦遗址的今天。

国外学者 Marcel Otte（比利时）、Ofer Bar-Yosef（以色列）、Harold Dibble（美国）、Andreu Ollé Cañellas（西班牙）对本论文和相关工作的指导使我受益颇多，他们的真诚更让人感动。我与 Marcel Otte 教授因 2009 年的北京人会议相识，之后一直联系，他还多次无私地帮助我修改英文论文。本论文的实验部分曾与 Ofer Bar-Yosef 教授多次讨论，受益匪浅；在论文写完后，我发给他电子版，他又鼓励我好好修改以发表一些论文。在论文写作期间查找相关文献时，我曾写信向 Dibble 教授寻求帮助，没想到他不仅爽快答应，还让他的学生 Sam Lin 来京时带了一部他的著作送我，很是感动。Ollé Cañellas 教授不仅在我参与西班牙 Atapuerca 遗址发掘时对我多有关照，2012 年来华考察泥河湾时，还指导我做砸击剥片实验；并对砸击技术在周口店和泥河湾标本上的表现与我交换看法和给予指导。

小时候，我生长的那个偏远山村可谓物资匮乏。父母每天辛勤劳作，除草种田，才勉强能有一年糊口的粮食。但他们在我面前从来都是乐观的，并对我抱有极大的期待。在他们眼里，要想有前途就要好好学习，好好学习的重要标准就是要多看书。所以，他们为了让我能多在家看书，宁可自己每天早出晚归多干些农活。在我小的时候，面临着想看书却无书的苦恼，于是我只能搜寻大人们用过的课本，特别是我们家唯一上过大学的姑妈的高中读本，就成了我重要的精神食粮。现在我还能有点看书的习惯，就是在那时候养成的。父母的期待，使我在漫漫求学路上从来不敢松懈。可以说，我的父母同天下所有父母一样，对孩子有无限的爱。但他们对我的爱与其他父母至少是我们那个小山村的父母不一样的是，他们无论在多么艰难的时候，都是鼓励我要好好上学。特别是我的母亲，在父亲去世后，她几乎独自一人撑起这个家，身体日渐不好，但她最担心的却是我的学业。

我很感激父母对我的维护，在我走上考古这条路时，父母身边很多人都认为这是一个没有前途的行业（他们不知道这可以是一个事业），在这样的言论面前我想父母也曾担忧过，但他们从来都是维护我、鼓励我。我的姑父何欢乐和姑妈刘秀丽是小县城里的高中教师，收入并不丰厚，但他们有宽广的胸怀以及对亲友诚心的关爱，屡屡给我们这些在外求学的人提供最无私的帮助。于我而言，更是如此。在我（包括我弟弟）最艰苦迷茫的时候，他们一直给我们提供了最好的港湾。我的妻子在我论文写作的那几个月，每天都陪伴着我。我日复一日地忙碌，艰苦却充实，但于我妻子而言，日复一日地却是没有浪漫，有时甚至还得和我分担焦虑。在她的理解和支持下，本书才得以顺利完成。在我毕业论文答辩时，我们家的大姑娘已经在妈妈的肚子里。出生后，我们给她取小名"小石头"，就是希望她谦逊而坚强。后来，小姑娘"玖玖"也出生了。她们是这个世界赠予我的最美好的礼物。毕业后我辗转多个地方和单位，经历几多风风雨雨，都因她们而更坚强。

　　在博士论文的写作以及本书的修改过程中，我一直秉持一个原则：从材料本身出发，一切研究结果和认识必须建立在实际材料的基础上。这就意味着不会走另外一条路子，即先套用一个特定的理论，然后把材料往里放。这种理论—材料的研究方式，很容易"先入为主"，甚至可能为适应这个理论而忽视材料的另一面。正如罗志田先生在《中国近代史学十论》中所言，"在具体题目的研究上，则不一定非要套用什么特定的理论不可。因为任何具体的理论都自成'体系'，尤其附带的框架，未必完全适用于异时异地学科的研究。""从治学的层面来讲，引进新方法其实不一定非落实在成体系的'理论'之上不可；很多时候，只要换个新的视角，就会拓宽我们的史学视野。"这两段话虽然讲的是史学研究，但我认为对于考古学研究也同样如是。更有直言者如武汉大学余西云教授所云："如果纯粹推销西方考古学已有理论，或者生搬硬套地用西方考古学理论解释中国的考古材料，大概就只能算作是中国考古学的逆流和暗流，这些人大概不能算作'中国学派'。"我还很喜欢已故中国考古学大家徐苹芳先生的一段话，在这里请允许我全段抄录：

　　　"中国现代考古学的肇兴，是在引进欧洲考古学的同时，又继续发扬中国学术传统，形成了一个全新的学科。上个世纪二三十年代之际，中国的一批知识分子为了探索学术真理，走向西方，接受科学先进的思路和治学方法。我们清楚地看到在傅斯年、李济、梁思永和夏鼐身上存在着一个共同的特点，即他们都受过乾嘉学派旧学的训练，在接受欧洲考古学的理论和方法时，不是生搬硬套，而是密切结合中国的实际，有所选择，为我所用，来解决中国考古学的实际问题。所谓'实际'，包含两个方面，一是中国历史文化的实际，二是中国古代遗迹遗物及其保存实况的实际。以科学的理念和方法之矢，去射中国历史文化和考古学实况之的。既引进了现代考古学，又保持了中国特色的考古学研究传统。"

（《中国现代考古学的引进及其传统》，《中国文物报》

2007 年 7 月 9 日第 7 版）

本书不算宏大，也不敢说我在自己秉持的这个原则上走了多远。但其中的每一个数据的产生和每一个观点的提出，都是实实在在的，我相信也是经得起考验的。

作为阐释乌兰木伦河流域灿烂的古人类活动与文化计划中的第四本书，本书算是乌兰木伦遗址的第一部专门研究性著作。但我从不敢奢望它将在乌兰木伦遗址研究史上会有多高的地位。一则乌兰木伦遗址实在太过重要，内涵太过丰富，这本小书恐只得窥其一孔。再则乌兰木伦遗址的工作是所有人的结晶，而且"所有人"全是我的师长。先生们见识广博，高屋建瓴，对于乌兰木伦遗址，我只不过有幸标本摸得早一些和久一些。所以，这本书能够起的作用，也就是抛砖引玉而已。而要说本书的重要性，则只是占了"头一份"的先机。

当然，我更愿意将这本书看作是乌兰木伦遗址研究工作的一个新起点。乌兰木伦遗址由古日扎布发现并由王志浩研究员主持首次试掘以来，工作能够持续至今，主要得益于各级部门和领导的关心与支持，特别是时任鄂尔多斯青铜器博物馆馆长王志浩，新成立的鄂尔多斯市文物考古研究院前两任院长杨泽蒙、尹春雷以及秦旭光代理院长等的持续重视，发掘和研究工作从未中断，未来也仍将继续。我相信，新的成果将层出不穷，一如我们已出版的一本图录的书名"红水流长、繁华竞逐"。而更激动人心的是，从我的导师侯亚梅研究员一开始主持并带我参与乌兰木伦遗址工作，至今已 15 年光景，我从一名学生成长为一位培养旧石器考古人才的高校教师。现在我带着自己的学生来到乌兰木伦遗址，想到他们也将在这里成长成才，不禁壮怀激烈。

需要说明的是，本书相关章节精精简简已在《考古学报》《考古》《人类学学报》等期刊发表，这除了得益于乌兰木伦遗址材料的重要性，更要感谢评审老师的认可。当然，读者朋友们也不要觉得本书因此失去了可读的必要性，因为我想大家都了解精简版和完整版的差别。

　　常有人问我为什么走上了考古之路。我想这是缘分。其中有个小故事，在我童年的时候，有一次和父亲一起看电视，那时候的电视还是黑白的。那次看的节目具体内容实际上已无法完全记得，但其中的一个片段却让我深记至今。电视中一个人在被采访，旁边打上的字幕说明是考古学博士。而父亲的一句话深深地印入了我的心灵，他说以后你也要读博士。在我父亲的眼里，博士是一个崇高象征。作为一个上学甚少的农民，他对做学问的尊重和敬仰，至今我都难以理解。就这样，我不仅读了考古，成了考古学博上，甚至还成了能够培养博士的教师。虽然父亲没有说过，但我可以肯定父亲最大的愿望就是有个拿到博士学位的儿子。在我们那个穷乡僻壤的地方，当时父亲很高兴地看着我在我们村第一个考上重点大学。但我大学还未毕业，父亲就离开了我。我无法和他分享我读博士的喜悦，所以在我博士毕业并且论文即将出版的时刻，我要郑重地将这本书献给远在天堂护佑着我的父亲，只是可惜再也看不到他喜悦的面容。因而，要说这本书献给谁，那它最应该属于我的父亲。

　　最后，虽然本书的出版得益于国家社会科学基金后期项目（19FKGB003）的资助，但是乌兰木伦遗址的发掘和研究等相关工作包括本论文的完成还得到了中国科学院战略性先导科技专项（XDA05130203、XDB26000000）、国家自然科学基金项目（42472035、41171007、41977379）、国家社会科学基金青年项目（14CKG001）、国家社会科学基金中国历史研究院重大历史问题研究专项（LSYZD21018）、中央高校创新人才培育计划——青年拔尖人才项目（23wkqb02）、中国科学院古脊椎动物与古人类研究所重点部署项目、鄂尔多斯市政府专项基金等的资助，在此要一并表以谢忱。